LA FRANCE

W9-AIB-308

Langues maternelles
- Le français langue maternelle majoritaire
- Le français langue maternelle d'une minorité importante

Langues officielles
- Le français est la seule langue officielle
- Le français est une des langues officielles du pays ou de l'état
- Le français est la langue de culture ou des affaires pour une partie importante de la population

LE ROYAUME-UNI

LA MER DU NORD

LES PAYS-BAS (m. pl.)

LA BELGIQUE
la Wallonie

LE LUXEMBOURG

LA MANCHE

Dunkerque
Calais
Boulogne
Lille
LA PICARDIE
Amiens
Dieppe
Cherbourg
Le Havre
Rouen
Charleville-Mézières
LA CHAMPAGNE
Verdun
Metz
LA LORRAINE
Nancy
Strasbourg
L'ALSACE (f.)
Caen
la Seine
Paris
Reims
St. Malo
LA NORMANDIE
Versailles
I'ÎLE-DE-FRANCE (f.)
Brest
le Mont-St. Michel
Chartres
Fontainebleau
Troyes
LES VOSGES
Colmar
L'ALLEMAGNE (f.)
LA BRETAGNE
Rennes
Le Mans
Orléans
la Loire
Dijon
la Saône
Besançon
Angers
Blois
Nantes
la Loire
Tours
Bourges
LA TOURAINE
LA BOURGOGNE
LA SUISSE
LA VENDÉE
Poitiers
LA FRANCE
LE JURA
LE POITOU
La Rochelle

L'OCÉAN ATLANTIQUE (m.)

Limoges
Clermont-Ferrand
Lyon
le Val d'Aoste
L'ITALIE (f.)
L'AUVERGNE (f.)
Rocamadour
Grenoble
LES ALPES
Bordeaux
LE MASSIF CENTRAL
le Rhône
LE DAUPHINÉ
la Garonne
Moissac
Albi
Nîmes
Avignon
LA PROVENCE
Nice
Cannes
Montpellier
Arles
Aix-en-Provence
MONACO
Biarritz
Toulouse
Carcassonne
Marseille
LE PAYS BASQUE
Lourdes
LE LANGUEDOC
la Corse
LES PYRÉNÉES (f. pl.)
Perpignan
LA MER MÉDITERRANÉE
L'ANDORRE (f.)
L'ESPAGNE (f.)

0   50   100 MILLES
0   50   100   150 KILOMÈTRES

LE MONDE

À L'ÉQUATEUR

0	1,000	2,000 MILLES

| 0 | 1,000 | 2,000 | 3,000 KILOMÈTRES |

LE GROENLAND

L'OCÉAN
ARCTIQUE (m.)

LA
FÉDÉRATION
RUSSE

l'Alaska (m.)
(LES
ÉTATS-UNIS)

le
Yukon

les Territoires
du Nord-Ouest
(m.)

LE CANADA

la Colombie
Britannique

l'Alberta
(m.)

le
Saskatchewan

la
Manitoba

le Québec

Terre-
Neuve (f.)

L'AMÉRIQUE
DU NORD (f.)

l'Ontario
(m.)

le
Maine

le New-Hampshire

le Vermont

LES ÉTATS-UNIS (m. pl.)

la Louisiane

Saint-Pierre-
et-Miquelon
(LA FRANCE)

le Nouveau-
Brunswick

la Nouvelle-Écosse

le Massachusetts

le Rhode Island

le Connecticut

Les Îles Hawaii (f. pl.)
(LES ÉTATS-UNIS)

L'AMÉRIQUE
CENTRALE (f.)

LE
MEXIQUE

LE
BELIZE

LES
CARAÏBES
(m. pl.)

L'OCÉAN
ATLANTIQUE
(m.)

LE GUATEMALA
LE SALVADOR
LE HONDURAS
LE NICARAGUA
LE PANAMA

LE COSTA
RICA

LE VENEZUELA

LA
COLOMBIE

la Guyane
française
(LA FRANCE)

VANUATU (m.)

Wallis-et-Futuna
(LA FRANCE)

TUVALU

KIRIBATI

LES SAMOA
(f.pl.)

LA POLYNÉSIE
FRANÇAISE

FIDJI
(m.)

TONGA
(m.)

la Nouvelle-Calédonie
(LA FRANCE)

L'ÉQUATEUR
(m.)

LE PÉROU

LA GUYANA

LE SURINAM

L'AMÉRIQUE
DU SUD (f.)

LA
BOLIVIE

LE BRÉSIL

LE PARAGUAY

L'ARGENTINE (f.)

LE CHILI

L'URUGUAY (m.)

L'OCÉAN
PACIFIQUE (m.)

LA NOUVELLE-ZÉLANDE

LA SUÈDE

LA FINLANDE

LA NORVÈGE

LA MER DU NORD

l'ISLANDE (f.)

LE ROYAUME-UNI

L'IRLANDE (f.)

LA FRANCE

L'EUROPE (f.)

L'AZERBAIDJAN (m.)

L'ARMÉNIE (f.)

LA GÉORGIE

LA TURKMÉNIE

LA FÉDÉRATION RUSSE

L'ASIE (f.)

LE KAZAKHSTAN

L'OUZBÉKISTAN (m.)

LA MONGOLIE

LA CORÉE DU NORD

LA KIRGHIZIE

LA CHINE

L'ANCIEN SAHARA OCCIDENTAL (m.)

LA GAMBIE

LE MAROC

LA TUNISIE

LA TURQUIE

L'IRAK (m.)

L'IRAN (m.)

LE TADJIKISTAN

L'AFGHANISTAN (m.)

LE NÉPAL

LE BHOUTAN

LE LAOS

LE VIÊT-NAM

LA CORÉE DU SUD

TAÏWAN

LE JAPON

LE SÉNÉGAL

L'ALGÉRIE (f.)

LA LIBYE

L'ÉGYPTE (f.)

L'ARABIE SAOUDITE (f.)

LE PAKISTAN

L'INDE (f.)

LA MAURITANIE

L'AFRIQUE (f.)

LE MALI

LE NIGER

LE TCHAD

LE SOUDAN

L'OMAN (m.)

LE YÉMEN

LE BANGLA-DESH

LA THAÏLANDE

LE KAMPUCHÉA

LE BURKINA-FASO

LA GUINÉE-BISSAU

LA GUINÉE

LE NIGERIA

LA RÉPUBLIQUE CENTRAFRICAINE

LE CAMEROUN

L'OUGANDA (m.)

L'ÉTHIOPIE (f.)

LA SOMALIE

DJIBOUTI

L'UNION DE MYANMAR (f.)

LE SRI LANKA

Pondichéry

LES PHILIPPINES (f. pl.)

LA PAPOUASIE-NOUVELLE GUINÉE

LA FÉDÉRATION DE MALAISIE

LA SIERRA LEONE

LE LIBERIA

LA CÔTE D'IVOIRE

LE GHANA

LE TOGO

LE BÉNIN

LE ZAÏRE

LE GABON

LE CONGO

LE RUANDA

LE BURUNDI

LE KENYA

LA TANZANIE

LA ZAMBIE

L'INDONÉSIE (f.)

L'ANGOLA (m.)

LE MALAWI

LA GUINÉE-ÉQUATORIALE

LA NAMIBIE

LE BOTSWANA

MADAGASCAR

L'AUSTRALIE (f.)

LE LESOTHO

LE ZIMBABWE

L'AFRIQUE DU SUD (f.)

LE SWAZILAND

LE MOZAMBIQUE

Langues maternelles

☐ Le français langue maternelle majoritaire

▨ Le français et un créole français langues maternelles

▨ Créole français langue maternelle majoritaire

■ Le français langue maternelle d'une minorité importante

Langues officielles

⬚ Le français est la seule langue officielle

▨ Le français est une des langues officielles du pays ou de l'état

☐ Le français sert de langue administrative ou dans l'enseignement

☐ Le français est la langue de culture ou des affaires pour une partie importante de la population

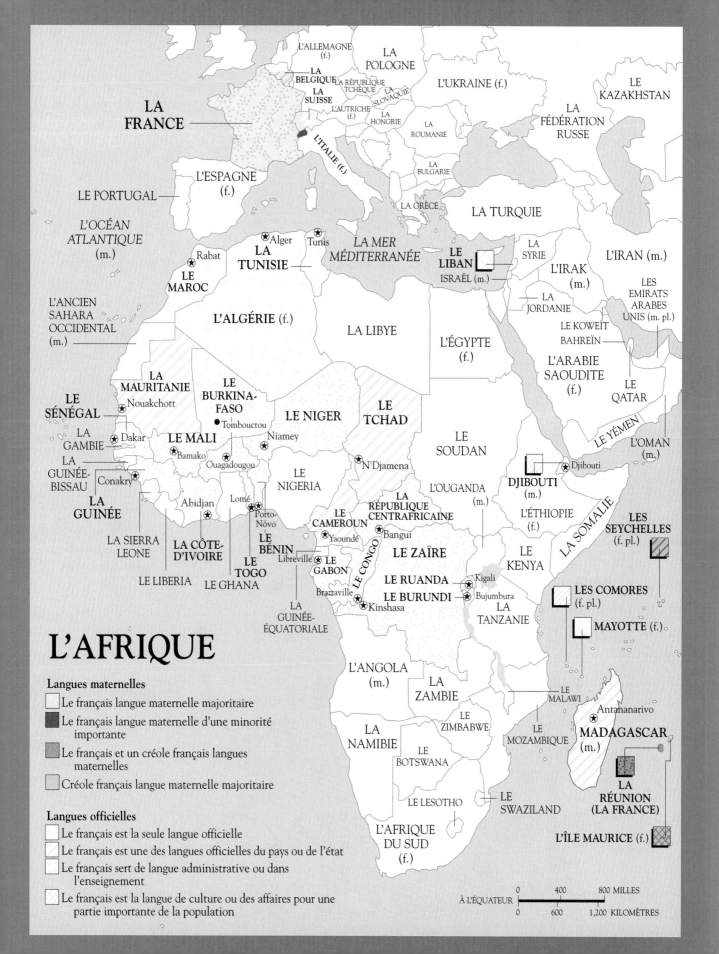

L'AMÉRIQUE
DU NORD

LE GROENLAND

L'OCÉAN
ARCTIQUE (m.)

L'Alaska
(LES ÉTATS-UNIS)

les Territoires
du Nord-Ouest
(m.)

le Yukon

Saint-Pierre-
et-Miquelon
(LA FRANCE)

L'AMÉRIQUE
DU NORD (f.)

LE CANADA

le Québec

la Colombie
Britannique

l'Alberta
(m.)

le
Manitoba

Terre-
Neuve (f.)

la Saskatchewan

l'Ontario
(m.)

le Maine

le New-Hampshire

le Vermont

Québec
Montréal
Ottawa

l'Île du
Prince-
Edouard (f.)

la Nouvelle-Écosse

Langues maternelles

Le français langue maternelle
majoritaire

Le français et un créole français
langues maternelles

Créole français langue maternelle
majoritaire

Le français langue maternelle d'une
minorité importante

Langues officielles

Le français est la seule langue officielle

Le français est une des langues officielles
du pays ou de l'état

Le français sert de langue administrative
ou dans l'enseignement

Les Îles Hawaii (f. pl.)
(LES ÉTATS-UNIS)

LES ÉTATS-UNIS (m. pl.)

la Louisiane

LE
MEXIQUE

GOLFE DU
MEXIQUE
LE BELIZE

le Nouveau-
Brunswick

le Massachusetts

le Rhode Island

le Connecticut

L'OCÉAN
ATLANTIQUE (m.)

LES CARAÏBES

L'AMÉRIQUE
CENTRALE

CUBA
(m.)

LA JAMAÏQUE

HAÏTI
(m.)

LA GUYANE
FRANÇAISE
(LA FRANCE)

LE GUATEMALA

LE SALVADOR

LE HONDURAS

LE NICARAGUA

LE COSTA
RICA

LE
VENEZUELA

LA
COLOMBIE

LA GUYANA

Cayenne

LE PANAMA

L'OCÉAN
PACIFIQUE (m.)

LE SURINAM

L'ÉQUATEUR
(m.)

LE BRÉSIL

L'AMÉRIQUE DU SUD

LE PÉROU

LA
BOLIVIE

CUBA
(m.)

LA RÉPUBLIQUE
DOMINICAINE

LES CARAÏBES

la Guadeloupe
(LA FRANCE)

Port-au-
Prince

HAÏTI
(m.)

Pointe-à-Pitre

DOMINIQUE (f.)

Fort-
de-
France

LA MER DES CARAÏBES

la Martinique
(LA FRANCE)

SAINTE
LUCIE (f.)

150   300 MILLES

200   400 KILOMÈTRES

À 45
LATITUDE

0   400   800 MILLES

0   600   1,200 KILOMÈTRES

ENSEMBLE

Grammaire en action

SEPTIÈME ÉDITION

Raymond F. Comeau

Harvard University

Normand J. Lamoureux

College of the Holy Cross, Emeritus

WILEY

John Wiley & Sons, Inc.

PUBLISHER	Jay O'Callaghan
ACQUISITIONS EDITOR	Helene Greenwood
SENIOR PRODUCTION EDITOR	William A. Murray; Production Management Services provided by Christine Cervoni, Camelot Editorial Services
MARKETING MANAGER	Emily Streutker
SENIOR DESIGNER	Kevin Murphy
COVER ART	Dave Cutler/Images.com
SENIOR ILLUSTRATION EDITOR	Anna Melhorn
ASSOCIATE PHOTO EDITOR	Elle Wagner
MEDIA EDITOR	Sasha Giacoppo

This book was set in ITC Century Book by Pre-Press Company, Inc. and printed and bound by Donnelley/Willard. The cover was printed by Phoenix Color.

This book is printed on acid free paper. ∞

To order books or for customer service please, call 1-800-CALL WILEY (225-5945).

Library of Congress Cataloging-in-Publication Data
Comeau, Raymond F.
    Ensemble. Grammaire en action / Raymond F. Comeau, Normand J.
Lamoureux.—7th ed.
        p. cm.
    Includes index.

    ISBN-13: 978-0-471-48826-2 (pbk.)
    ISBN-10: 0-471-48826-7 (pbk.)
    1. French language—Textbooks for foreign speakers—English. 2. French
language—Grammar. I. Lamoureux, Normand J. II. Title.
    PC2129.E5C66 2005
    448.2'421—dc22
                                    2005025155

Printed in the United States of America

10 9 8 7 6 5 4 3 2 1

Contents

Preface

Ensemble : Grammaire en action is a review grammar text that integrates grammar study and thematic vocabulary. For example, most of the grammar exercises in Chapter 3, which reviews nouns and articles and presents the theme of the family, use vocabulary related to family issues. The integration of grammar and theme, which *Ensemble : Grammaire en action* pioneered in 1977, encourages students to express themselves more fully by using grammar in meaningful contexts. Although *Ensemble : Grammaire en action* has been designed for the intermediate level of language study, it has been used successfully in more advanced courses as well.

Since one of the goals of intermediate language programs is to improve reading skills, most classes use a reader or readers in conjunction with a review grammar. *Ensemble : Grammaire en action* can be used most effectively with its three companion readers, *Ensemble : Littérature, Ensemble : Culture et Société,* and *Ensemble : Histoire,* which include the same chapter-by-chapter themes.

Format of *Ensemble : Grammaire en action*

Ensemble : Grammaire en action has eleven chapters. Chapter 1 is devoted primarily to review, since intermediate students need a rapid yet comprehensive review of basic points of grammar at the beginning of a semester. This mini-review consists of two graded groups of activities that stress key grammatical structures. It should be noted that no answers are given to these activities. Instead, students are given specific page references indicating where the particular points are treated in the textbook. In this way, the mini-review provides a lesson in the use of the grammar text as a reference tool. The first lesson also includes a review of the literary past tense, the **passé simple,** and guidelines for writing essays.

The remaining chapters (2 through 11) have the following format:

- *Chapter at a Glance* is a capsule preview composed of model activities treating all the grammar points in the chapter. Answers to these activities can be found at the end of the book. A preliminary self-diagnostic test for students, *Chapter at a Glance* will indicate to both student and instructor how much time and effort should be spent on a given chapter or grammar point. This section can also be used as a study guide for quizzes and exams.
- The **Vocabulaire du thème** lists the thematic vocabulary of the chapter. Following each vocabulary list are four activities that allow students to use and expand the vocabulary, and also test their knowledge of the theme: **Le Monde des mots** presents vocabulary-building activities; **Testez vos connaissances** asks questions about current issues in French and Francophone life related to the theme (answers are given at the end of the activity); **Votre Opinion** asks straightforward personal questions related to the theme; and **Mise en scène** presents dialogue completions.

- The *Grammar presentations*, in English, have been made as clear and concise as possible. Special attention has been given to grammar points that normally present the most difficulty to English-speaking students.
- The **Activités** allow students to practice each point of grammar in context. These activities are comprehensive and varied, ranging from imaginary activities and creative completions to translations and substitution drills. Most of all, however, they are interactive and communicative, intended to be done in pairs or groups.
- **Dissertation (première partie) : remue-méninges** is the first part of a two-part essay-writing activity. As the title implies, this is a brainstorming exercise that encourages students to answer thematic questions individually and then discuss them in pairs or groups, taking notes as they do. They will then use their notes and ideas to write a one-to-two page essay, the subject of which is presented at the end of the chapter in **Dissertation (seconde partie)**. Some instructors may want students to begin writing the essay right after they have done the **remue-méninges**; others may want to wait until the chapter has been completed to do so.
- The final group of activities is called **Synthèse**. Here, in **Activités d'ensemble,** students will be presented with activities that summarize all of the grammar points in the chapter. In **Sujets de discussion,** they will find discussion topics related to the theme. Finally, in **Dissertation (seconde partie),** as explained above, they will be asked to write a one-to-two page essay on a topic they have already explored in **Dissertation (première partie) : remue-méninges**.

The end matter in *Ensemble : Grammaire en action* includes information about numbers, dates, and weather; a description of the formation and use of three tenses (the past anterior, the imperfect subjunctive, and the pluperfect subjunctive); an extensive verb chart; the answers to the *Chapter at a Glance* sections; French-English and English-French vocabularies that include words used in the activities; an **Index des noms propres** that identifies briefly many French proper names used in activities; and, finally, a complete index of the grammar points found in the text.

Changes in the Seventh Edition

This seventh edition of *Ensemble : Grammaire en action* has undergone extensive revision, as our users will recognize. These revisions are intended to make the text an even more effective tool for student interaction and cultural awareness. First, we have reviewed every grammar explanation for clarity and conciseness. Second, we have re-focused the majority of the grammar activities so they can be done in pairs and groups in order to encourage more student interaction. We have also rewritten a number of activities to accomplish this goal. Third, we have added for the first time a two-part essay-writing activity, as explained above. Fourth, we have reshaped the themes in some of the chapters to bring them in line with current cultural trends, and added two new themes, one on art, the other on sports. Fifth, we have made it a point to stress contemporary French and Francophone culture. This cultural orientation appears in a number of guises, from the **Testez vos connaissances** section at the beginning of each chapter, to the short cultural notes interspersed throughout the text, to the **Index des noms propres** at the end of the text. Finally, we have made all of the modifications above without losing sight of the liveliness and naturalness that has characterized *Ensemble : Grammaire en action* since its first edition in 1977.

The Complete Program

The **Activities Manual (*Cahier d'activités*)** includes **Workbook, Lab Manual,** and **DVD Manual** activities. The activities in the **Workbook** are intended to reinforce important points of grammar and review thematic vocabulary. The **Lab Manual** is accompanied by a **Lab Audio Program,** the first chapter of which presents a review of pronunciation. The other ten chapters feature lively pattern practice drills, listening comprehension activities, and dictées. The activities in the **DVD Manual** are intended to reinforce viewing comprehension.

The **Lab Audio Program** features recordings of the written questions in the **Workbook,** for added listening practice, as well as the recording of the **Lab Manual** listening comprehension activities and dictées. The **Lab Audio Program** is available on CDs and in mp3 format on the Book Companion Site for Students and Instructors.

The ***Caméra* Video** is available on DVD and in QuickTime format on the **Book Companion Site for Students and Instructors,** and is accompanied by viewing activities included in the **Activities Manual**.

The **Student's Book Companion Site** (www.wiley/college/comeau) includes the **Lab Audio Program** and recordings of the *Ensemble : Littérature* reading selections in mp3 format, as well as the *Caméra* **DVD** in QuickTime format.

The **Instructor's Book Companion Site** (www.wiley/college/comeau) features the **Online Instructor's Resource Manual** including **Tests, the Lab Audio Transcript, and Answer Keys to the Textbook and Activities Manual,** as well as the **Lab Audio Program** and recordings of the *Ensemble : Littérature* reading selections in mp3 format, and the *Caméra* **DVD** in QuickTime format.

About the *Ensemble series*

The four books that make up the *Ensemble* series—*Ensemble : Grammaire en action, Ensemble : Littérature, Ensemble : Culture et Société,* and *Ensemble : Histoire*—can each stand alone; but, more important, they fit together to form an "ensemble." The review grammar and the workbook with CDs integrate grammar and theme by incorporating thematic vocabulary in the examples and activities. The three readers, in turn, treat the same chapter themes in their selections and activities. The first program of its kind in French, *Ensemble*'s integrated approach continues to encourage lively and meaningful student participation and foster a mature treatment of the subject.

For most intermediate classes, it is recommended that instruction begin with a chapter in the grammar text and proceed to the same chapter in whichever readers are adopted. Instructors may wish to vary the reading selections within a given chapter by alternating between readers. An instructor teaching an advanced course may wish to assign the grammar as outside work and spend class time on readings and oral activities. Since the three texts are thematically coordinated, a lesson may even begin with the reading or activity and end with a rapid grammar review.

Acknowledgements

We are grateful to the following reviewers, whose comments and suggestions helped shape this edition of ***Ensemble : Grammaire en action***:

Kathryn Murphy-Judy, Virginia Commonwealth University; Nina Hellerstein, University of Georgia; Janette Funaro, Johnson County Community College; Arlene Malinowski, North Carolina State University; Pierre J. Lapaire, University of North Carolina, Wilmington; Lauretta Clough, University of Maryland; Dorothy M. Betz, Georgetown University; Glena Brown, University of Northern Colorado; Patrice Caux, University of Houston; Dominick DeFilippis, Wheeling Jesuit College; Francoise Gebhart, Ithaca College; Martine Goddeyne, Western Michigan University; Mary Lou Wosely, University of Saint Thomas; Charlotte Costa Kleis, Temple University; D. Hampton Morris, Auburn University; Francoise Sullivan, Tulsa Community College; Mary Gutermuth, Sam Houston State University.

We especially thank Elodie Phan, Spokane Falls Community College.

We also wish to express our appreciation to the staff of John Wiley & Sons, especially Helene Greenwood, Anne Smith, Kristen Babroski, Mark Reckeweg, William Murray, Ellinor Wagner, Sasha Giacoppo; to Harriet C. Dishman and Katherine Gilbert of Elm Street Publications; to Christine Cervoni of Camelot Editorial Services; to Bridget Small, our photo researcher; and to Suzanne Spreadbury and Ania Barciak for assistance through the Harvard University Extension School's Faculty Aide program.

Finally, we thank our wives, Jean Comeau and Priscilla Lamoureux, for their unfailing moral support, their endless patience, and their willingness to make the many personal sacrifices that a project of this kind requires.

R.F.C./N.J.L.

Vocabulaire du thème : *Les Jeunes*

Les Distractions des jeunes

la **jeunesse** youth

l' **ami** *m*, l'**amie** *f* friend, boyfriend, girlfriend

le **copain**, la **copine** (*fam*) friend, chum

le **petit ami**, la **petite amie** boyfriend, girlfriend

avoir rendez-vous avec to meet

le **passe-temps** pastime

sortir (seul[e], à deux, en bande) to go out (alone, as a couple, in a group)

sortir en boîte to go out to a club

aller au cinéma, au théâtre, au café to go to the movies, to the theater, to the café

aller à une soirée, à une fête to go to a party

écouter la radio, une cassette, un CD (disque compact) to listen to the radio, a cassette, a CD (compact disc)

regarder un DVD to look at a DVD

faire des achats, du shopping to shop

rigoler (*fam*) to laugh

bavarder sur son portable to talk, to chat on one's cell phone

faire la grasse matinée to sleep late

faire du sport to play sports

faire de la natation (du ski, du jogging, du cyclisme, de la randonnée, du patinage, etc.) to swim (to ski, to jog, to cycle, to hike, to skate, etc.)

jouer au football (au tennis, au basket, au rugby, au hockey sur glace, etc.) to play soccer (tennis, basketball, rugby, hockey, etc.)

jouer aux cartes, à des jeux vidéo to play cards, video games

l' **ordinateur** *m* computer

l' **internet** *m*, le **net** the Internet, the net

surfer sur le net to surf the net

le **site** site

bien s'amuser to have a good time

gaspiller, perdre son temps to waste one's time

gagner de l'argent to earn money

économiser to save

avoir le cafard to feel blue

travailler à temps partiel, à plein temps to work part-time, full-time

Les Jeunes à l'université

se spécialiser en to major in

faire ses études to go to college

suivre un cours to take a course

assister à un cours, à une conférence to attend a class, a lecture

sécher un cours (*fam*) to skip a class

le **cours facultatif** elective course

le **cours obligatoire** required course

les **devoirs** *m* homework

écrire une dissertation to write an essay

l' **emploi** *m* **du temps** schedule

obtenir son diplôme to graduate

les **matières** *f* subjects

le **commerce** business

l' **anglais** *m* English

l' **anthropologie** *f* anthropology

la **biologie** biology

la **chimie** chemistry

le **français** French

la **géographie** geography

l' **informatique** *f* computer science

la **littérature** literature

les **mathématiques** *f* mathematics

la **philosophie** philosophy

la **psychologie** psychology

les **sciences** *f* **économiques** economics

les **sciences** *f* **politiques** political science

la **salle de classe** classroom

la **bibliothèque** library

la **résidence (universitaire)** residence hall

le, la **camarade de chambre** roommate

passer un examen to take an exam

réussir à un examen to pass an exam

échouer à un examen to fail an exam

la **note** grade

1

Mini-review, *Passé Simple,* and *Dissertation*

Étudiants à Strasbourg

Les Jeunes

étudier to study
bûcher (*fam*) to cram
tricher to cheat

l' étudiant(e) student
le cancre bad student, dunce
être une grosse tête (*fam*) to be a nerd,
    a brain
curieux, curieuse curious
sage well-behaved

indépendant(e) independent
génial(e) (*fam*) great
intelligent(e) intelligent
travailleur, travailleuse hardworking
enthousiaste enthusiastic
gâté(e) spoiled
égoïste selfish
bête stupid
paresseux, paresseuse lazy
ennuyeux, ennuyeuse boring
insupportable unbearable

ACTIVITÉS

Le Monde des mots

Comment s'appelle le cours ?   Dans quel cours êtes-vous probablement si vous étudiez les sujets suivants ? Dans votre réponse, employez les cours indiqués dans le *Vocabulaire du thème*. Comparez vos réponses à celles d'un(e) camarade de classe.

> MODÈLE   les idées de Pascal[1] sur la probabilité
> *Je suis dans un cours de mathématiques.*

1. les idées politiques de Charles de Gaulle
2. où sont situées les Alpes et les Pyrénées
3. les idées fondamentales du marketing
4. la différence entre le passé composé et l'imparfait
5. la vie des primitifs qui ont peint (*painted*) les figures dans les grottes (*caves*) préhistoriques de Lascaux
6. la signification profonde de la phrase célèbre de Descartes, « Je pense, donc je suis »
7. les changements cellulaires causés par le SIDA (*AIDS*)
8. la poésie de Léopold Senghor
9. le complexe d'Œdipe
10. comment marche le logiciel (*software*) le plus récent

Testez vos connaissances

Essayez de répondre aux questions suivantes. Les réponses suivent l'activité. Y a-t-il des réponses qui vous étonnent ? Comparez vos réponses à celles d'un(e) camarade de classe.

1. Comment s'appelle l'examen national que les lycéens (*high school students*) français sont obligés de passer s'ils veulent aller à l'université ?
2. Est-ce que les études universitaires en France sont plus chères ou moins chères que les études universitaires aux États-Unis ?
3. Qu'est-ce qu'ERASMUS ?
4. Quel est le sport préféré des jeunes Français ?

---

[1] La plupart des noms propres dans les activités sont identifiés dans l'*Index des noms propres* (pp. 411–413).

5. Quelle langue les jeunes Français choisissent-ils d'étudier comme (*as*) première langue étrangère ?

6. Quel est l'âge légal pour conduire (*legal driving age*) en France ?

RÉPONSES :   1. le baccalauréat   2. moins chères; en 2004 les frais d'inscription (*tuition*) ont rarement dépassé 300 € (300 euros).   3. un programme d'échanges qui permet aux étudiants français d'étudier à l'étranger, notamment en Europe, et qui permet aux étudiants étrangers d'étudier en France   4. le football   5. L'anglais est la langue la plus populaire, suivie de l'allemand et de l'espagnol.   6. 18 ans.

Votre Opinion

Répondez aux questions suivantes, puis comparez vos réponses à celles d'un(e) camarade de classe.

1. À peu près combien de temps par jour surfez-vous sur le net ? Quels sont vos sites préférés ?

2. Dans quelles circonstances avez-vous le cafard ?

3. Quelle sorte d'étudiant(e) êtes-vous ? Quelle sorte d'étudiant(e) voulez-vous être ?

4. Travaillez-vous ? Si oui, est-ce à temps partiel ou à plein temps ?

5. Quel genre de divertissement (*entertainment*) préférez-vous : le cinéma, le théâtre, la musique, le net ou la fête avec vos copains ?

6. Faites-vous du sport toutes les semaines ? Quel(s) sport(s) préférez-vous ?

Mise en scène

Complétez en employant une ou plusieurs expressions du *Vocabulaire du thème*, puis jouez les dialogues.

1. UN CANCRE :   Moi, je m'appelle...

   UNE GROSSE TÊTE :   Et moi, je m'appelle...

   UN CANCRE :   J'aime le rock. Et toi ?

   UNE GROSSE TÊTE :   J'aime...

   UN CANCRE :   Je sors souvent en boîte avec mes copains.

   UNE GROSSE TÊTE :   Moi, je...

   UN CANCRE :   (Nom), tu es... !

   UNE GROSSE TÊTE :   Et toi, (Nom), tu es... !

2. PROFESSEUR :   (Nom), pourquoi est-ce que vous avez échoué à votre examen de français ?

   ÉTUDIANT(E) :   Parce que je... hier soir.

   PROFESSEUR :   Comment !

   ÉTUDIANT(E) :   Et je... aussi.

   PROFESSEUR :   (Nom), je voudrais vous parler après le cours !

Dans l'amphithéâtre

Mini-review

Révision de grammaire

The following two groups of grammar activities are intended as a rapid review of some essential points of grammar. The activities in Group I are more basic than the ones in Group II. References in parentheses indicate where the grammar points are treated in the text. No answers are given.

ACTIVITÉS I

A. Transformez les phrases selon le modèle. (pp. 27–31, 100–101)

MODÈLE   Je joue aux cartes. (nous)
Nous jouons aux cartes.

1. Je travaille à temps partiel. (nous, tu, mes copains, vous, mon meilleur ami, on, je)
2. Je réussis toujours. (vous, tu, les grosses têtes, on, cet athlète, nous, je)
3. Je réponds au téléphone. (vous, Bruno, tu, nous, mes parents, on, je)
4. J'ai un cours facile ! (tu, nous, ces joueurs de football, vous, on, cette étudiante paresseuse, je)
5. Je vais au café. (nous, vous, ma grand-mère, on, le professeur et les étudiants, tu, je)
6. Je sais la réponse ! (tu, cet étudiant curieux, nous, vous, on, les grosses têtes, je)
7. Je m'amuse bien en classe. (nous, vous, on, tu, le professeur, je, les cancres)
8. Je fais la grasse matinée. (nous, tu, ma sœur, vous, mes camarades de chambre, on, je)
9. Je suis égoïste. (nous, vous, mon petit frère, tu, les enfants gâtés, on, je)
10. Je veux gagner de l'argent. (nous, tu, Marie et Sylvie, vous, Mme Richard, on, je)

B. Répondez affirmativement ou négativement selon le modèle. (pp. 27–31, 100–101, 144–146)

MODÈLE   Est-ce que tu es sage ?
Oui, je suis sage.   ou :
Non, je ne suis pas sage !

1. Est-ce que tu es original(e) (gâté[e], insupportable, sincère) ?
2. Est-ce que tu fais la grasse matinée ?
3. Est-ce que tu choisis tes parents ?
4. Est-ce que tu surfes sur le net ?
5. Est-ce que tu veux être riche (célèbre, utile, respecté[e]) ?
6. Est-ce que tu te spécialises en français (en psychologie, en histoire) ?
7. Est-ce que tu travailles à temps partiel ?
8. Est-ce que tu économises ton argent ?
9. Est-ce que tu vas sortir ce soir ?
10. Est-ce que tu as le cafard ?

C. En employant l'**impératif** dites à un(e) camarade de classe... (pp. 38–39, 103)

1. d'aller à la porte.
2. de regarder le professeur.
3. de se lever.
4. de ne pas rigoler.
5. de ne pas gaspiller son temps.
6. de ne pas se reposer.

Proverbes et dictons

1. Si jeunesse savait, si vieillesse pouvait.
2. Il faut que jeunesse passe.
3. À vingt ans, on affirme ; à trente ans, on doute ; et à quarante ans, on commence à s'apercevoir (*notice*) qu'on ne savait rien.

D. Répondez par une phrase complète en employant **le, la, les, lui** ou **leur**. (pp. 42–44)

1. Aimes-tu le sport (la vie, le rock, le rap) ?
2. Souris-tu à tes parents (aux étrangers, aux dentistes, aux snobs) ?
3. Réponds-tu au professeur (à Mimi la chatte, à Serge le criminel) ?
4. Détestes-tu le français (les mathématiques, les hypocrites) ?
5. Sèches-tu les cours ?
6. Parles-tu aux étrangers (aux cancres) ?

E. Remplacez les tirets (*dashes*) par **les** ou **des**. (pp. 83–84)

1. _____ étudiants sont généralement sérieux.
2. Avez-vous _____ cours intéressants ?
3. On a trouvé _____ insectes dans la résidence universitaire !
4. Notre professeur n'aime pas _____ étudiants paresseux et insupportables.

F. En employant l'inversion, demandez à un(e) camarade de classe... (pp. 131–133)

1. s'il (si elle) fait du ski.
2. s'il (si elle) perd son temps.
3. si sa vie est ennuyeuse (intéressante).
4. s'il (si elle) a passé un examen hier.
5. s'il (si elle) a travaillé hier.
6. s'il (si elle) a surfé sur le net hier.

Regarde !

G. Mettez les **adjectifs** au féminin. (pp. 166–167)

1. paresseux	3. curieux	5. français	7. formidable
2. sportif	4. beau	6. travailleur	8. bon

H. Mettez les adjectifs à la position convenable (*appropriate*) en faisant l'accord (*agreement*), s'il y a lieu (*if necessary*). (pp. 169–170)

MODÈLE   (vaniteux) Quelle fille !
Quelle fille vaniteuse !

1. (génial) C'est une soirée !
2. (actif) Quelle fille !
3. (beau) C'est une voiture !
4. (bon) C'est une étudiante !
5. (curieux) Quelle réponse !

I. Composez une phrase comparative en employant **plus... que, moins... que** ou **aussi... que**. Faites l'accord de l'adjectif, s'il y a lieu. (p. 187)

MODÈLE   l'Amérique ; la France ; grand
L'Amérique est plus grande que la France.

1. le ski ; le golf ; dangereux
2. une bibliothèque ; un bar ; vivant
3. une fête ; un examen ; agréable
4. le français ; l'anglais ; facile
5. l'argent ; l'amour ; utile
6. la psychologie ; la géographie ; intéressant

J. Complétez la phrase avec l'**adverbe** qui correspond à l'adjectif. (p. 178)

MODÈLE   Un étudiant naïf pense _____ .
Un étudiant naïf pense naïvement.

1. Un professeur généreux note (*grades*)_____ .
2. Un étudiant brillant réussit _____ .
3. Un étudiant sérieux bûche _____ .
4. Un enfant adorable sourit _____ .
5. Un skieur courageux skie _____ .

K. Répondez en employant **bon** ou **bien** selon le modèle. (p. 190)

MODÈLE   Pourquoi êtes-vous un bon joueur ?
Parce que je joue bien !

Pourquoi jouez-vous bien ?
Parce que je suis un bon joueur !

1. Pourquoi êtes-vous un bon chanteur ?	Pourquoi chantez-vous bien ?
2. Pourquoi êtes-vous un bon danseur ?	Pourquoi dansez-vous bien ?
3. Pourquoi êtes-vous un bon skieur ?	Pourquoi skiez-vous bien ?
4. Pourquoi êtes-vous un bon nageur ?	Pourquoi nagez-vous bien ?

L. Formulez une seule phrase en employant les pronoms **qui** ou **que** selon le modèle. (pp. 228–229)

MODÈLE   Voilà un étudiant. Il étudie toujours.
Voilà un étudiant qui étudie toujours.

Voilà un livre. Je vais le lire.
Voilà un livre que je vais lire.

1. Voilà un étudiant. Il rigole toujours.
2. Voilà un cancre. Il gaspille son temps !
3. Voilà un professeur. Je vais l'aimer.
4. Voilà un bonbon. Je vais le manger !
5. Voilà un livre. Je vais l'acheter.
6. Voilà un étudiant. Il travaille à plein temps.
7. Voilà un jeune homme. Je le vois partout.
8. Voilà une étudiante. Elle se spécialise en informatique.

M. Remplacez **le, la, l'** ou **les** par l'adjectif démonstratif **ce, cet, cette** ou **ces**. (p. 243)

1. les soirées	4. l'examen	7. l'emploi du temps
2. les jeunes	5. le cours	8. les devoirs
3. la note	6. le sport	9. la résidence

N. Transformez les phrases en employant le temps **futur**. (pp. 200–201)

1. Je travaillerai ce weekend. (nous, vous, le président, tu, les artistes, on, je)
2. Je dormirai en classe. (on, tu, les étudiants paresseux, le cancre, nous, vous, je)
3. Je répondrai au téléphone. (tu, nous, M. Bavard, vous, mes copains, on, je)

Trois étudiantes heureuses

O. Mettez les infinitifs suivants au **futur**. (p. 202)

1. avoir dix ans (tu, nous)
2. être sage (je, mes frères)
3. aller à Paris (vous, Gigi)
4. faire la grasse matinée (Denis et Didier, on)
5. s'amuser (je, Brigitte)
6. obtenir un diplôme (tu, ma mère)

P. Qu'est-ce que vous ferez dans les situations suivantes ? Répondez au **futur**. (pp. 200–202)

1. Vous voulez étudier le français.
2. Vous êtes en vacances sur la Côte d'Azur.
3. Vous êtes à une fête avec vos amis.
4. Vous avez un examen important demain.
5. Vous allez voir un film très amusant.
6. Vous voulez faire un voyage à Paris, mais vous n'avez pas assez d'argent.

Q. Remplacez **le, la, l'** ou **les** par l'adjectif possessif **mon, ma** ou **mes**. (pp. 293–294)

1. la composition
2. le CD
3. le cours
4. l'université
5. les copains
6. le professeur
7. les devoirs
8. l'emploi du temps
9. la note

R. Les Nombres. (pp. 347–348)

1. Comptez de 1 à 20.
2. Complétez : 10, 20,... 100.
3. Exprimez en français : 21, 35, 61, 80, 81, 99, 100, 120.
4. Traduisez en français : *first, fifth, twentieth, forty-fifth, one hundredth.*
5. Traduisez en français en employant le suffixe **-aine** : *about twenty, about thirty, about fifty, about one hundred.*

S. Les Dates et le Temps. (pp. 348–350)

1. Quels sont les jours de la semaine ?
2. Quels sont les mois de l'année ?
3. Quand êtes-vous né(e) ?
4. Quel temps fait-il en hiver ? au printemps ?
5. Quel temps fait-il à Nice en été ?

T. Quelle heure est-il ? (pp. 349–350)

ACTIVITÉS II

A. Indiquez le genre (**masculin** ou **féminin**) sans consulter le dictionnaire. (pp. 64–65)

1. télévision
2. tableau
3. classicisme
4. gentillesse
5. librairie
6. gouvernement
7. Californie
8. papier
9. cigarette

B. Répondez en employant **y** ou **en**. (pp. 46–47)

MODÈLE   Allez-vous à la résidence ?
Oui, j'y vais.   ou :
Non, je n'y vais pas.

Avez-vous de la patience ?
Oui, j'en ai.   ou :
Non, je n'en ai pas.

1. Allez-vous au cinéma (à la bibliothèque, au café) ?
2. Avez-vous des cours faciles (des enfants, de bons amis) ?
3. Est-ce que vous vous intéressez à la politique (aux sports, à l'amour, à la philosophie, à la musique) ?
4. Combien de bicyclettes (de livres de français, de télés, de CD, d'amis) avez-vous ?
5. Combien de cours suivez-vous ce semestre ?
6. Jouez-vous à des jeux vidéo ?

C. Remplacez les tirets par **du, de la, de l', des** ou par **de** (**d'**) tout seul. (pp. 81–82)

1. Louise écrit beaucoup _____ dissertations !
2. Cet étudiant n'a pas _____ copain.
3. Le professeur a _____ patience.
4. Cette étudiante va réussir parce qu'elle a _____ idées originales.
5. Mon camarade de chambre gagne peu _____ argent.
6. Frédéric aime faire _____ ski.

D. Complétez au **passé composé**. (pp. 108–110)

1. **bavarder** : j'ai bavardé, tu _____, il (elle, on) _____, nous _____, vous _____, ils (elles) _____.
2. **grossir** : j'ai grossi, tu _____, il (elle, on) _____, nous _____, vous _____, ils (elles) _____.
3. **vendre** : j'ai vendu, tu _____, il (elle, on) _____, nous _____, vous _____, ils (elles) _____.
4. **avoir** : j'ai eu, tu _____, il (elle, on) _____, nous _____, vous _____, ils (elles) _____.
5. **être** : j'ai été, tu _____, il (elle, on) _____, nous _____, vous _____, ils (elles) _____.
6. **aller** : je suis allé(e), tu _____, il (elle, on) _____, nous _____, vous _____, ils (elles) _____.
7. **s'amuser** : je me suis amusé(e), tu _____, il (elle, on) _____, nous _____, vous _____, ils (elles) _____.

E. Demandez à un(e) camarade de classe... (pp. 131–133)

1. s'il (si elle) a acheté un nouvel ordinateur.
2. s'il (si elle) a fait des études en France.
3. à quelle heure il (elle) s'est couché(e) hier soir.
4. s'il (si elle) est allé(e) à la bibliothèque hier.
5. s'il (si elle) a écrit une dissertation cette semaine.
6. s'il (si elle) a séché un cours ce semestre.

F. Complétez à **l'imparfait**. (pp. 114–115)

1. **parler** : je parlais, tu _____, il (elle, on) _____, nous _____, vous _____, ils (elles) _____.
2. **finir** : je finissais, tu _____, il (elle, on) _____, nous _____, vous _____, ils (elles) _____.
3. **perdre** : je perdais, tu _____, il (elle, on) _____, nous _____, vous _____, ils (elles) _____.
4. **avoir** : j'avais, tu _____, il (elle, on) _____, nous _____, vous _____, ils (elles) _____.
5. **être** : j'étais, tu _____, il (elle, on) _____, nous _____, vous _____, ils (elles) _____.

Une conversation dans le couloir

G. Lisez l'histoire suivante, puis mettez-la au passé en employant **l'imparfait** ou le **passé composé**. (pp. 116–117, 119)

1. Hélène se réveille à sept heures.
2. Elle se lève,
3. se lave
4. et s'habille.
5. Mais Hélène a le cafard
6. parce qu'elle est seule.
7. À huit heures elle décide de faire une promenade.
8. Il fait beau
9. et il y a du soleil
10. mais Hélène est toujours triste
11. parce qu'elle est toujours seule.
12. Pendant qu'elle se promène,
13. elle voit Philippe.
14. Philippe sourit à Hélène
15. et Hélène sourit à Philippe.
16. Ils vont ensemble au café.
17. Hélène n'est plus triste
18. parce qu'elle n'est plus seule !

H. Formulez une question en employant les adverbes **comment, où** ou **pourquoi**. (pp. 134–135)

MODÈLE   Je vais au café.
          Où allez-vous ?

1. Je fais mes études à Paris.
2. François est formidable !
3. Je travaille parce que j'ai besoin d'argent.
4. Francine habite dans la résidence.
5. Je bûche parce que j'ai un examen demain.
6. La classe est amusante !

I. Transformez les phrases en employant le **conditionnel présent**. (pp. 200–202, 210)

1. Je voudrais obtenir mon diplôme. (tu, vous, Nathalie, nous, ces étudiants, on, je)
2. Si j'étais riche, je rigolerais toujours ! (vous, on, le cancre, nous, tu, ces étudiants, je)

J. Complétez les phrases suivantes avec imagination en employant le **conditionnel présent**. Comparez vos réponses à celles d'un(e) camarade de classe. (p. 210)

1. Si j'étais un cancre, je...
2. Si j'étais un petit chat, je...
3. Si j'étais à la montagne, je...
4. Si j'étais le président des États-Unis, je...
5. Si j'étais le professeur de français, je...
6. Si j'étais à Paris, je...
7. Si j'étais dans un café, je...
8. Si j'étais une grosse tête, je...

K. Qu'est-ce que les personnes suivantes devraient faire dans les situations suivantes, et qu'est-ce qu'elles ne devraient pas faire ? Répondez selon le modèle. Comparez vos réponses à celles d'un(e) camarade de classe. (p. 214)

MODÈLE   un étudiant dans une classe de français
Il devrait parler français.
Il ne devrait pas parler anglais !

1. une étudiante à la bibliothèque
2. un étudiant qui passe un examen
3. une étudiante qui veut avoir des amis
4. un étudiant qui veut comprendre la pensée de Sartre
5. une étudiante qui veut obtenir son diplôme

L. Remplacez les tirets par **c'est** ou **il est**. (pp. 247–248)

1. Comment est mon emploi du temps ? _____ formidable !
2. Un « D » ? _____ une mauvaise note !
3. Quelle est la profession de votre père ? _____ avocat.
4. Où est ton camarade de chambre sympathique ? _____ en classe.
5. Allons au cinéma. — Oui, _____ une bonne idée.

M. Complétez au **présent du subjonctif**. Mettez **il faut que** devant chaque forme du verbe : **il faut que je parle,** etc. (pp. 261–265)

1. **parler** : il faut que je parle, tu _____, il (elle, on) _____, nous _____, vous _____, ils (elles) _____.
2. **finir** : il faut que je finisse, tu _____, il (elle, on) _____, nous _____, vous _____, ils (elles) _____.
3. **perdre** : il faut que je perde, tu _____, il (elle, on) _____, nous _____, vous _____, ils (elles) _____.
4. **avoir** : il faut que j'aie, tu _____, il (elle, on) _____, nous _____, vous _____, ils (elles) _____.
5. **être** : il faut que je sois, tu _____, il (elle, on) _____, nous _____, vous _____, ils (elles) _____.
6. **aller** : il faut que j'aille, tu _____, il (elle, on) _____, nous _____, vous _____, ils (elles) _____.
7. **faire** : il faut que je fasse, tu _____, il (elle, on) _____, nous _____, vous _____, ils (elles) _____.
8. **savoir** : il faut que je sache, tu _____, il (elle, on) _____, nous _____, vous _____, ils (elles) _____.

N. **Que faut-il que je fasse... ?** Répondez en employant « **Il faut que vous...** » + **subjonctif**. Comparez vos réponses à celles d'un(e) camarade de classe. (pp. 271–272)

> MODÈLE   PROFESSEUR : Que faut-il que je fasse si je veux aller au Sénégal ?
>   VOUS :   *Il faut que vous preniez l'avion (appreniez le français, etc.)*

1. si je veux faire mes études à Québec ?
2. si je veux devenir avocat(e) ?
3. si je veux trouver un(e) petit(e) ami(e) ?
4. si j'ai besoin d'argent ?
5. si je veux obtenir mon diplôme ?
6. si je veux devenir homme (femme) politique ?

O. Remplacez les tirets par la préposition **à** ou **de**, s'il y a lieu. (pp. 308–309)

1. J'ai enfin réussi _____ obtenir mon diplôme !
2. Je n'ai jamais essayé _____ faire du ski.
3. Il faut _____ suivre ce cours.
4. J'hésite _____ acheter un nouvel ordinateur.
5. Marie veut _____ assister à la conférence de M. Descartes !

Étudiants sur la pelouse

Passé Simple

Students who plan to read French literature should be aware of the **passé simple** or *past definite*, a literary past tense that is often used in literature but is almost never used in conversation. The **passé simple** is generally translated in English in the same way as the **passé composé** or *compound past;* **j'ai parlé,** *I spoke;* **je parlai,** *I spoke.* The **passé simple** is formed by dropping the ending of the infinitive and adding the following endings for regular verbs:

-er verbs		**-ir** and **-re** verbs			
parler		**finir**		**perdre**	
je	parl**ai**	je	fin**is**	je	perd**is**
tu	parl**as**	tu	fin**is**	tu	perd**is**
il elle on	parl**a**	il elle on	fin**it**	il elle on	perd**it**
nous	parl**âmes**	nous	fin**îmes**	nous	perd**îmes**
vous	parl**âtes**	vous	fin**îtes**	vous	perd**îtes**
ils elles	parl**èrent**	ils elles	fin**irent**	ils elles	perd**irent**

The **passé simple** forms of **avoir** and **être** are irregular. These forms and the **passé simple** of other common irregular verbs may be found in the verb charts in the Appendix.

avoir and **être**			
avoir		**être**	
j'	**eus**	je	**fus**
tu	**eus**	tu	**fus**
il elle on	**eut**	il elle on	**fut**
nous	**eûmes**	nous	**fûmes**
vous	**eûtes**	vous	**fûtes**
ils elles	**eurent**	ils elles	**furent**

ACTIVITÉ

Voici un extrait (*selection*) du *Petit Prince*, le célèbre roman d'Antoine de Saint-Exupéry. Venu d'un autre monde, le protagoniste explore l'univers en visitant une série de planètes.

Identifiez les verbes au **passé simple** et mettez-les au passé composé.

La planète suivante était habitée par un buveur (*drinker*). Cette visite fut très courte mais elle plongea le petit prince dans une grande mélancolie :

— Que fais-tu là ? dit-il au buveur, qu'il trouva installé en silence devant une collection de bouteilles (*bottles*) vides et une collection de bouteilles pleines.

— Je bois, répondit le buveur, d'un air lugubre [tristement].

— Pourquoi bois-tu ? lui demanda le petit prince.

— Pour oublier, répondit le buveur.

— Pour oublier quoi ? s'enquit[2] (*inquired*) le petit prince qui déjà le plaignait (*pitied*).

— Pour oublier que j'ai honte (*I'm ashamed*), avoua (*confessed*) le buveur en baissant (*lowering*) la tête.

— Honte de quoi ? s'informa (*asked*) le petit prince qui désirait le secourir [aider].

— Honte de boire ! acheva (*concluded*) le buveur qui s'enferma (*shut himself up*) définitivement dans le silence.

DISSERTATION

A well-organized essay has an introduction, a body, and a conclusion. Study the following terms, which will be helpful in preparing essays and oral reports.

1. Introduction

   De nos jours...
   These days. . .

   Au moment où...
   At a time when. . .

   On dit souvent que...
   It is often said that. . .

   Dans cette dissertation, je vais discuter (décrire, examiner, traiter)...
   In this essay, I am going to discuss (describe, examine, treat) . . .

   Je vais diviser mes remarques en deux parties : d'abord... et ensuite...
   I am going to divide my remarks into two parts: first . . . and then . . .

   Je vais diviser mes remarques en trois parties : d'abord... , puis... et ensuite...
   I am going to divide my remarks into three parts: first . . . , then . . . , and then . . .

---

[2] Le participe passé du verbe *s'enquérir* est *enquis*.

2. Body

On peut se demander *One can wonder*
Supposons que... *Let's suppose that . . .*
Je suis d'accord que... *I agree that . . .*
Il est vrai que... *It is true that . . .*

D'une part... d'autre part... *on one hand . . . on the other hand . . .*

En ce qui concerne *concerning*
Quant à *as for*

D'ailleurs *besides*
De plus *furthermore, in addition, moreover*
En plus de *in addition to*

Par contre *on the other hand*
Au contraire *on the contrary*
Cependant, pourtant *however*

Mais *but*
Tandis que *whereas*

Dans un sens *in a way*
Bien que (+ subjonctif) *although*
Quoique (+ subjonctif) *although*
Même si *even if*

3. Conclusion

En conclusion *in conclusion*
Donc *therefore*
Par conséquent *consequently*
À mon avis *in my opinion*
Bref, en résumé *in short*
À tout prendre *all in all, on the whole*
Tout bien considéré *everything considered*
Tout compte fait (Toute réflexion faite) *all things considered*
Au fond *fundamentally, when you come right down to it*
En fin de compte *in the final analysis*
De toute façon *in any case*
En tout cas *in any case*
En d'autres termes *in other words*

Le baccalauréat

Créé en 1808, le baccalauréat est un diplôme qui marque la fin des études secondaires et donne le droit (*right*) de poursuivre des études universitaires. On reçoit le « bac » après avoir réussi à un examen national. Le bac actuel ne représente plus la même sélection rigoureuse que dans le passé. En 1945, seulement 3 % des étudiants y réussissaient ; en 1975, 25 % ; en 2000, 62 % ; et en 2002, 78 %.

Complétez cette dissertation en utilisant **tandis que, par exemple, mais, de nos jours, donc, je vais examiner, par contre** ou **en conclusion.**

_____[1] on parle souvent des différences fondamentales qui existent entre les jeunes et les adultes. Dans cette dissertation, _____[2] ce fossé (*gap*) entre les générations. Il me semble que les jeunes et les adultes doivent avoir des idées différentes parce qu'ils mènent des vies différentes.

Les jeunes passent beaucoup de temps à l'université où ils pensent à leurs études et à leurs amis. L'université est un monde fermé et protégé où les responsabilités sont réduites (_____[3], les étudiants ne sont pas toujours obligés de faire la cuisine !). Je ne dis pas que les étudiants n'ont pas de responsabilités, _____[4] leurs responsabilités sont limitées. Puisqu'ils ne sont pas encore dans la vie active, ils ont tendance à être idéalistes et impatients. Ils veulent réformer la société en un jour !

Les adultes, _____[5], ont beaucoup d'expérience. Ils sont obligés de faire face aux réalités de la vie. Ce sont eux, _____[6], qui doivent payer les frais d'inscription (*tuition*) de leurs enfants ! Quand ils étaient jeunes, eux aussi ont voulu réformer la société, _____[7] quand ils ont essayé de le faire, ils n'ont pas toujours réussi. Ils sont _____[8] devenus réalistes.

_____[9], on peut dire que les adultes acceptent de vivre dans un monde qui n'est pas parfait _____[10] les jeunes rêvent d'un monde meilleur. Le fossé entre les générations est peut-être inévitable.

Sujets de discussion

1. **Mes passe-temps favoris.** Quels passe-temps préférez-vous et lesquels n'aimez-vous pas ? Indiquez votre participation aux passe-temps suivants en marquant la ligne appropriée, puis comparez vos réponses à celles de vos camarades de classe.

	pas du tout	de temps en temps	souvent	beaucoup
écouter de la musique	_____	_____	_____	_____
aller au cinéma	_____	_____	_____	_____
sortir en boîte	_____	_____	_____	_____
faire du sport	_____	_____	_____	_____
faire des achats, du shopping	_____	_____	_____	_____
surfer sur le net	_____	_____	_____	_____
sortir avec des copains	_____	_____	_____	_____
bûcher pour les examens	_____	_____	_____	_____
gagner de l'argent	_____	_____	_____	_____
regarder la télé	_____	_____	_____	_____
jouer à des jeux vidéos	_____	_____	_____	_____
bavarder sur son portable	_____	_____	_____	_____
sécher les cours	_____	_____	_____	_____
être en famille	_____	_____	_____	_____
lire	_____	_____	_____	_____

2. Avec un(e) camarade de classe, écrivez un dialogue entre les personnes suivantes et présentez-le devant la classe.

   a. un professeur et un cancre
   b. un(e) étudiant(e) qui veut aller à la bibliothèque et un(e) autre qui veut s'amuser
   c. un(e) étudiant(e) qui parle avec sa petite amie (son petit ami) au téléphone
   d. un(e) étudiant(e) qui veut tricher à un examen et un(e) étudiant(e) qui essaie de l'en dissuader
   e. un(e) étudiant(e) qui se dispute avec son (sa) camarade de chambre

2

Present Tense, Imperative, and Personal Pronouns

Un moment de réflexion

La Femme

Chapter 2 at a Glance

The Present Tense

I. Complétez au **présent**.

1. vous (flirter)	5. je (boire)	9. vous (apprendre)
2. nous (finir)	6. ils (aller)	10. nous (divorcer)
3. vous (mentir)	7. ils (craindre)	11. tu (acheter)
4. ils (répondre)	8. nous (mettre)	12. elles (employer)

II. Quelle traduction n'est pas correcte ?

1. Elle cherche un emploi.

   a. *She is looking for a job.*
   b. *She had been looking for a job.*
   c. *She does look for a job.*
   d. *She looks for a job.*

2. Il est en train de terminer son travail.

   a. *He is finishing his work on the train.*
   b. *He is busy finishing his work.*
   c. *He is in the act of finishing his work.*

3. Elle est mariée depuis seize ans.

   a. *She has been married for sixteen years.*
   b. *She got married at sixteen.*

III. Remplacez les mots entre parenthèses par **depuis quand** ou **depuis combien de temps**.

1. (*Since when*) Bernard flirte-t-il avec ma petite amie ?
2. (*How long*) sortez-vous avec Alain ?

IV. Traduisez en français en employant l'expression **venir de**.

1. *Brigitte has just found a house.*
2. *They just got married.*

The Imperative

V. Traduisez en français.

1. *Choose a career!*	3. *Let's do the dishes.*
2. *Answer now!*	4. *Let's go on a diet.*

VI. Mettez au négatif en employant **ne... pas**.

    1. Allons au cinéma !   2. Faites votre lit !

VII. Remplacez les tirets par **Tiens** ou **Voyons**.

    1. _____ ! C'est une bonne idée, ça !
    2. _____ ! Vous n'êtes pas vraiment sérieuse !
    3. _____ ! Il pleut !

Personal Pronouns

VIII. Remplacez les mots en italique par un **pronom** et mettez le pronom à la place convenable.

    1. Louise déteste *les menteurs !*
    2. Elle ne parle jamais *de son mariage.*
    3. Elles veulent habiter *à Paris.*
    4. Ne parlez pas *à mon petit ami !*

IX. Remplacez les mots en italique par deux **pronoms** et mettez les pronoms à la place convenable.

    1. Robert donne *des cadeaux à Babette.*
    2. Laure a annoncé *son mariage à ses amies.*

X. Traduisez en français en employant un **pronom disjoint** (*disjunctive*).

    1. Je suis sûr que Madeleine est amoureuse de (*him*) !
    2. (*You and I*), nous sommes toujours en retard.

XI. Complétez en employant le pronom **le (l')**.

    1. Votre sœur est-elle indépendante ? — Oui, (*she is*).
    2. Hélène et Barbara sont-elles ambitieuses ? — Non, (*they aren't*).

Vocabulaire du thème : *La Femme*

Le Couple

la **femme** woman; wife
le **mari** husband
le, la **partenaire** partner, mate
le, la **célibataire** bachelor; single woman
se marier avec, épouser (quelqu'un) to marry (someone)
se marier to get married
marié(e) married
le **mariage** marriage
l' **union** *f* **libre** cohabitation
cohabiter to live together

divorcer (d'avec quelqu'un) to divorce (someone)
passer la lune de miel to honeymoon
être enceinte to be pregnant
avoir, élever des enfants to have, to bring up children
la **liberté sexuelle** sexual freedom
le **contrôle des naissances** birth control
l' **avortement** *m* abortion
partager to share
fidèle faithful

L'Amour

être, tomber amoureux, amoureuse de
  to be (to fall) in love with
embrasser to kiss
flirter to flirt
fidèle faithful

séduisant(e) attractive
doux, douce sweet
traiter bien (mal) to treat well (badly)
tromper to cheat on, to deceive
jaloux, jalouse jealous

L'Égalité des sexes

l' **égalité** *f* equality
égal(e) equal
indépendant(e) independent
libéré(e) liberated
le, la **féministe** feminist
refuser les rôles traditionnels to refuse
  the traditional roles
entrer dans la vie active to enter the
  work force
**chercher, trouver une situation, un
  emploi** to look for, to find a job

gagner sa vie to earn one's living
poursuivre une carrière to pursue a
  career
recevoir un salaire to receive a salary
réussir professionnellement to succeed
  professionally
la **discrimination** discrimination
le **stéréotype** stereotype
le **macho** male chauvinist
autoritaire overbearing
le **harcèlement sexuel** sexual harassment

Les Travaux ménagers

partager les travaux ménagers to share
  the housework
faire la cuisine to do the cooking
faire le lit to make the bed
faire la vaisselle to do the dishes
faire les courses to do the shopping

faire le ménage to do the housework
faire la lessive to do the laundry
passer l'aspirateur *m* to vacuum
la **femme (l'homme) au foyer** housewife
  (househusband)

L'Apparence f

impressionner to impress
s' habiller à la mode to dress in style
grossir to put on weight

maigrir to lose weight, to slim down
suivre un régime to be on a diet

ACTIVITÉS

Le Monde des mots

A. Jeu d'association. Quels sont les mots ou expressions que vous associez aux mots et expressions suivants ? Écrivez deux mots pour les mots ou expressions donnés et comparez vos réponses à celles d'un(e) camarade de classe. Employez le *Vocabulaire du thème* ou d'autres mots que vous savez.

1. la lune de miel
2. le, la célibataire
3. les travaux ménagers
4. la discrimination
5. suivre un régime
6. l'union libre

B. Cherchez des verbes. Il est parfois possible en français de deviner (*guess*) le verbe qui correspond à un nom particulier. En vous servant des verbes dans le *Vocabulaire du thème*, essayez de trouver le verbe qui correspond à chacun des noms suivants.

MODÈLE   l'entrée (f)
          entrer

la réussite
le mari
le divorce
le refus
la tromperie
l'impression (f)
le partage

Testez vos connaissances

Connaissez-vous les femmes suivantes ? Lisez chaque description à haute voix et demandez à un(e) camarade de classe d'identifier la femme. Les réponses suivent l'activité.

1. Amie du philosophe Jean-Paul Sartre et philosophe elle-même, elle écrit en 1949 le manifeste (*manifesto*) féministe, *Le Deuxième Sexe.*
2. Scientifique (*Scientist*) d'origine polonaise, elle gagne avec son mari, Pierre, le prix Nobel en physique en 1903. Elle gagne aussi à elle seule (*on her own*) le prix Nobel en chimie en 1911. Elle est enterrée (*buried*) au Panthéon à Paris.
3. Elle entre dans la vie active en 1914 avec une petite boutique à chapeaux et finit par inventer une nouvelle mode mondiale. Parmi ses nombreuses innovations de mode notons la petite robe noire, le pantalon à pattes d'éléphant (*bell bottoms*) et un parfum qui porte son nom.
4. Chanteuse française très reconnue dans les années 1940 et 50, elle commence sa carrière en chantant dans les rues de Paris. Parmi ses chansons les plus connues on retrouve *Milord* et *La Vie en rose.*
5. Danseuse américaine d'origine afro-américaine, elle déménage (*moves*) à Paris en 1925 et finit par éblouir (*dazzle*) le public français avec ses danses dynamiques et risquées.
6. Née au Sénégal en 1929, elle grandit dans un milieu musulman traditionnel. En 1979, elle écrit un roman célèbre, *Une si longue lettre*, qui traite de problèmes sociaux tels que la polygamie et l'exploitation de la femme.
7. Vedette de cinéma reconnue, elle jouit (*enjoys*) d'une longue carrière. C'est la vedette principale dans le film classique de François Truffaut, *Jules et Jim*, réalisé (*made*) en 1961.
8. Héroïne sainte du 15e siècle, elle rassemble les forces françaises pour repousser l'armée anglaise qui occupe une grande partie de la France. Elle est finalement saisie par les Anglais et condamnée à mourir sur le bûcher (*stake*). Elle est canonisée en 1920. Sa fête (le deuxième dimanche de mai) devient une fête nationale française.

RÉPONSES :   1. Simone de Beauvoir (1908–1986)   2. Marie Curie (1861–1934)   3. Coco Chanel (1883–1971)   4. Édith Piaf (1906–1957)   5. Joséphine Baker (1906–1975)   6. Mariama Bâ (1929–1981)   7. Jeanne Moreau (1928–)   8. Jeanne d'Arc (1412–1431)

Votre Opinion

Répondez aux questions suivantes, puis comparez vos réponses à celles de vos camarades de classe.

1. Aimez-vous faire les travaux ménagers ? Lesquels préférez-vous (n'aimez-vous pas du tout) ?
2. Suivez-vous un régime actuellement ?
3. Êtes-vous féministe ? Qu'est-ce que ça veut dire pour vous ?
4. Lequel est le plus important pour vous, réussir professionnellement ou réussir personnellement ?
5. Êtes-vous dans la vie active actuellement ? Si oui, qu'est-ce que vous faites comme travail ?
6. Donnez des exemples de stéréotypes féminins que vous trouvez particulièrement faux.
7. Essayez-vous d'impressionner les gens ? Si oui, lesquels surtout ?
8. Flirtez-vous souvent ?

Mise en scène

Complétez en employant une ou plusieurs expressions du *Vocabulaire du thème.*

1. **A** : Comment Nathalie peut-elle aimer Jacques ?
   B : Je ne sais pas. Il...
   A : Oui, et il... aussi !
   B : L'autre jour, je l'ai vu au café. Il...
   A : Pauvre Nathalie ! Elle est folle !

2. **A** : Le ménage, le ménage, le ménage ! Comme je déteste faire le ménage !
   B : Tu es si..., (Nom) ! Qu'est-ce qu'il y a ?
   A : Les travaux ménagers, comme je les déteste ! Je ne veux plus... Je ne veux plus...
   B : Tu ne voudrais plus... ?
   A : Non !
   B : Et tu ne voudrais plus... ?
   A : Non plus !
   B : Bravo, (Nom), tu es finalement libéré(e) !

Une mère avec son enfant

The Present Tense

Formation of the Present

Regular Formations

Regular verbs can be classified in three major groups according to the ending of the infinitive.

1. Group 1: infinitives ending in **-er**

	aimer (*stem*: **aim-**)			
j'	aim**e**		nous	aim**ons**
tu[1]	aim**es**		vous	aim**ez**
il			ils	
elle }	aim**e**		elles }	aim**ent**
on[2]				

2. Group 2: infinitives ending in **-ir**

   a. Verbs like **finir**

	finir (*stem*: **fin-**)			
je	fin**is**		nous	fin**issons**
tu	fin**is**		vous	fin**issez**
il			ils	
elle }	fin**it**		elles }	fin**issent**
on				

   Most verbs ending in -**ir** are conjugated like **finir**.

   b. Verbs like **mentir**

	mentir (*stems*: **men-** [sing.], **ment-** [pl.])			
je	men**s**		nous	ment**ons**
tu	men**s**		vous	ment**ez**
il			ils	
elle }	ment		elles }	ment**ent**
on				

---

[1] Remember that **tu,** the familiar form, is used in addressing members of one's family, close friends, children, and animals; otherwise, the more formal **vous** is used. Young people today use **tu** freely among themselves.

[2] **On** is an indefinite pronoun, meaning *one* or, in the indefinite sense, *we, you, they,* or *people,* depending on the context. It always takes a singular verb.

Common verbs like **mentir** are **dormir, partir, sentir, servir,** and **sortir**. Note that there is no **-iss-** in the plural, and that the consonant before the **-ir** ending is dropped in the singular but retained in the plural: **je mens,** but **nous mentons.**

3. Group 3: infinitives ending in **-re**

répondre (*stem*: **répond-**)

je	réponds	nous	répond**ons**
tu	réponds	vous	répond**ez**
il elle on	répond	ils elles	répond**ent**

The verbs **rompre** and **interrompre** add an unpronounced **t** in the third person singular: **il rompt, elle interrompt.**

L'amour vu par certains écrivains

J'entends ta voix dans tous les bruits (*sounds*) du monde. (Paul Éluard)

Aimer, ce n'est pas se regarder l'un l'autre, c'est regarder ensemble dans la même direction. (Antoine de Saint-Exupéry)

L'harmonie la plus douce est le son de la voix de celle que l'on aime. (Jean de La Bruyère)

ACTIVITÉS

A. **Savez-vous bien vos verbes ?**   Avec un(e) camarade de classe, transformez les phrases suivantes en employant les sujets entre parenthèses, selon le modèle. Faites l'activité à tour de rôle (*taking turns*).

MODÈLE   CAMARADE :   Je grossis trop ! (nous)
         VOUS :   *Nous grossissons trop !*

         VOUS :   tu
         CAMARADE : *Tu grossis trop !*
                     Etc.

1. Je grossis trop ! (nous, tu, Justin, vous, on, la petite Sylvie, je)
2. Je cherche un emploi. (vous, on, ces jeunes filles, nous, tu, ce garçon, je)
3. Je sors tous les soirs. (tu, on, cette femme d'affaires, mes frères, vous, nous, je)
4. J'attends un enfant. (tu, nous, Mme Petit, vous, on, mes parents, je)

B. Soyez original(e) !   Créez une phrase (sérieuse ? amusante ? bizarre ?) au présent en employant un élément de chaque colonne selon le modèle. Comparez vos réponses à celles d'un(e) camarade de classe.

MODÈLE   *Isabelle et Jean-Luc attendent un bébé.*   *ou :*
Isabelle et Jean-Luc mentent souvent !

1. Isabelle et Jean-Luc	passer	professionnellement
2. Le macho	travailler	beaucoup
3. Nous	s'habiller	un bébé
4. Ce couple charmant	détester	les travaux ménagers
5. Les hommes libérés	étudier	souvent
6. Je	mentir	les stéréotypes féminins
7. Ce jeune homme séduisant	attendre	une belle lune de miel
8. Cette femme compétente	respecter	les femmes
9. Les nouveaux mariés	réussir	flirter avec tout le monde
	partager	le harcèlement sexuel
	impressionner	à la mode
	aimer	

Un chef dans sa cuisine

Irregular Formations

1. Verbs with irregular present tenses must be learned individually (see Appendix). Verbs with similar formations may be organized into groups.

   a. Common verbs

aller	boire	dire	falloir[4]	plaire	rire
s'asseoir	courir	être	lire	prendre	savoir
avoir	devoir[3]	faire	mourir	recevoir	valoir

   b. Common verb groups

battre, mettre	offrir, ouvrir, souffrir
connaître, paraître	plaire, taire
croire, voir	pouvoir, vouloir, pleuvoir[5]
cueillir, accueillir	tenir, venir
écrire, vivre, suivre	

   verbs ending in **-indre**: craindre, joindre, peindre, etc.
   verbs ending in **-uire**: construire, détruire, séduire, etc.

   Note that compounds derived from these verbs are conjugated in the same way: **apprendre, comprendre,** and **surprendre** like **prendre; devenir, revenir,** and **se souvenir** like **venir;** etc.

2. Some common **-er** verbs undergo spelling changes.

   a. Verbs ending in **-cer** and **-ger: c** changes to **ç** (**c cédille**) and **g** to **ge** before the ending **-ons**.

   commencer : je commence but **nous commençons**

   nager : je nage but **nous nageons**

   Other such verbs:

avancer	lancer	divorcer
changer	manger	partager

---

[3] See Chapter 7 for the use of **devoir**.
[4] **Falloir** is used only in the third person singular: **il faut**.
[5] **Pleuvoir** is used only in the third person singular: **il pleut**.

b. Verbs ending in **-yer: y** changes to **i** before endings in mute **e: -e, -es, -ent**.

nettoyer: nous nettoyons, vous nettoyez but **je nettoie, tu nettoies, elle nettoie, ils nettoient**

Other such verbs:

ennuyer	employer	essayer
essuyer	envoyer	payer

Verbs ending in **-ayer** may retain the **y: ils paient, ils payent**.

c. Verbs ending in **e** + *consonant* + **er: e** changes to **è** (**e accent grave**) before endings in mute **e**.

lever : nous levons, vous levez but **je lève, tu lèves, il lève, ils lèvent**

Other such verbs:

mener	promener
élever	peser

Verbs ending in **-eler** or **-eter** are exceptions. They double the **l** or **t,** respectively, before endings in mute **e**.

appeler : nous appelons, vous appelez but **j'appelle, tu appelles, elle appelle, ils appellent**

jeter : nous jetons, vous jetez, but **je jette, tu jettes, elle jette, ils jettent**

The verbs **acheter** and **geler,** however, change **e** to **è** before endings in mute **e: j'achète, il gèle**.

d. Verbs ending in **é** + *consonant* + **er: é** (**e accent aigu**) changes to **è** (**e accent grave**) before endings in mute **e**.

suggérer : nous suggérons, vous suggérez but **je suggère, tu suggères, elle suggère, ils suggèrent**

Other such verbs:

considérer	espérer	posséder
préférer	répéter	exagérer

A C T I V I T É S

A. **Imaginez !**   Répondez aux questions suivantes, puis comparez vos réponses à celles d'un(e) camarade de classe.

1. Imaginez que vous allez avoir un enfant. Voulez-vous un garçon ou une fille ?
2. Imaginez que vous êtes une femme (un homme) au foyer. Qu'est-ce que vous savez faire ?
3. Imaginez que vous êtes sans emploi. Qu'est-ce que vous devez faire ?
4. Imaginez que vous êtes enceinte. Qu'est-ce que vous buvez ? Qu'est-ce que vous ne buvez pas ?
5. Imaginez que vous êtes Simone de Beauvoir (Édith Piaf, Joséphine Baker). Qu'est-ce que vous savez faire ?
6. Imaginez que vous grossissez. Qu'est-ce que vous devez faire ?

B. **Que pensez-vous ?**   Complétez les phrases suivantes affirmativement ou négativement en employant le présent des verbes entre parenthèses, selon le modèle. Comparez vos réponses à celles d'un(e) camarade de classe. Soyez prêt(e) à écrire vos réponses au tableau.

MODÈLE   **PROFESSEUR** :   Les femmes (craindre)...
          VOUS :   *Les femmes craignent les stéréotypes féminins.*   *ou :*
                           Les femmes ne craignent pas les hommes polis.

1. Les femmes professionnelles (préférer)...
2. Les célibataires (espérer)...
3. Les hommes au foyer (faire)...
4. Les personnes au régime (acheter)...
5. Les mauvais parents (élever)...
6. Je (nettoyer)...
7. Les cancres (étudier)...
8. Les charmeurs (séduire)...
9. Les bons employés (recevoir)...
10. Les partenaires (essayer de)...
11. Les femmes enceintes (accueillir)...
12. Les bons parents (protéger)...

C. **Savez-vous bien vos verbes ?**   Transformez les phrases suivantes en employant les sujets entre parenthèses, selon le modèle. Faites l'activité à tour de rôle (*taking turns*) avec un(e) camarade de classe.

MODÈLE   **CAMARADE** :   Je reçois un bon salaire. (nous)
          VOUS :   *Nous recevons un bon salaire.*

          VOUS :   Je reçois un bon salaire. (vous)
          CAMARADE :   *Vous recevez un bon salaire.*
                         Etc.

1. Je reçois un bon salaire. (nous, vous, Janine, Paul et Virginie, on, tu, je)
2. Je fais le ménage. (cet homme au foyer, nous, ces célibataires, on, tu, vous, je)

3. J'avance au bureau. (Isabelle, ces jeunes femmes, nous, vous, tu, on, je)

4. Je poursuis une carrière intéressante. (ma femme, nous, vous, on, tu, mon mari, je)

5. Je partage un emploi. (ce couple, vous, tu, on, ma partenaire et moi, nous, je)

6. Je préfère l'union libre. (vous, nous, tu, ce couple, Jean-Louis et Babette, on, je)

7. J'appelle Serge demain. (tu, on, nous, vous, sa femme, ses amis, je).

D. Posez les questions suivantes à un(e) camarade de classe, selon le modèle. (Remarquez qu'il [elle] y répondra en employant les pronoms **le**, **la** ou **les** parce que c'est plus naturel.)

> MODÈLE   PROFESSEUR :   Demandez à un(e) camarade de classe s'il (si elle) nettoie sa chambre régulièrement.
>
> VOUS :   *Nettoies-tu ta chambre régulièrement ?*
>
> CAMARADE :   *Oui, je la nettoie tous les samedis. Et toi ?*
>
> VOUS :   *Moi, je la nettoie tous les quinze jours.*

Demandez à un(e) camarade de classe...

1. s'il (si elle) exaspère ses parents (ses amis, le professeur).
2. s'il (si elle) fait souvent la cuisine (la vaisselle, le ménage).
3. s'il (si elle) tutoie le professeur (ses amis, ses parents, les animaux).
4. s'il (si elle) paie tous ses achats avec une carte de crédit.
5. s'il (si elle) jette ou garde ses vieux vêtements.
6. s'il (si elle) allume la radio quand il (elle) étudie.
7. s'il (si elle) appelle souvent ses amis sur un téléphone portable.
8. s'il (si elle) craint le harcèlement sexuel.

On dresse une contravention.

Use of the Present

The single form of the French present tense corresponds to several possible variations in English.

$$\textbf{je travaille} \begin{cases} \textit{I work} \\ \textit{I do work} \\ \textit{I am working} \\ \textit{I have been working} \end{cases}$$

The precise English equivalent of the French present tense depends on the use of the verb in the sentence.

Uses that Correspond to the English Present

Like the English present tense, the French present is used to indicate present or customary actions, and general truths.

> Comment ! Bruno reçoit le même salaire que moi?
> *What! Bruno gets the same salary as I?*

> Paul bavarde au téléphone tous les après-midis.
> *Paul gossips on the phone every afternoon.*

> L'amour idéal n'existe pas.
> *Ideal love doesn't exist.*

The English Progressive Present

The French present tense is used to express the English progressive present: *I am walking.*

> Que fait Nadine ? — Elle cherche un emploi.
> *What is Nadine doing? —She's looking for a job.*

The expression **être en train de** + *infinitive (to be busy, or in the act or process of, doing something)* is used to stress the progressive nature of the present.

> Silence ! Je suis en train de travailler !
> *Quiet! I'm busy working!*

> La femme moderne est en train de se créer une nouvelle image.
> *Modern woman is in the process of creating a new image for herself.*

With *depuis, il y a... que, voici... que, voilà... que, ça fait... que*

The French present is used with **depuis, il y a... que, voici... que, voilà... que,** and **ça fait... que** to express an action that began in the past and is still going on in the present (the English present perfect tense).

> Charles et Emma sortent ensemble depuis longtemps.
> Il y a longtemps que Charles et Emma sortent ensemble.

Voici (Voilà) longtemps que Charles et Emma sortent ensemble.
Ça fait longtemps que Charles et Emma sortent ensemble.
Charles and Emma have been going out together for a long time.

Note that the verb precedes **depuis,** but follows the other expressions.

Il y a meaning *there is (are)* or *ago* should not be confused with **il y a... que.**

Il y a deux lits dans la chambre.
There are two beds in the room.

Ils se sont mariés il y a deux ans.
They got married two years ago.

Il y a deux ans qu'elle suit un régime !
She has been on a diet for two years!

The Immediate Future

The French present can also be used with a future temporal expression to indicate an action in the immediate future.

Elle vient dans une heure.   Je te téléphone demain.
She's coming in an hour.   *I'll telephone you tomorrow.*

ACTIVITÉS

A. Quelle surprise !   Vous faites une déclaration à un(e) camarade de classe. Il (Elle) y réagit en employant le temps présent avec **depuis**, selon le modèle.

MODÈLE   **VOUS :**   Voici cinq heures que je t'attends.
            CAMARADE :   *Tu m'attends depuis cinq heures ?*

1. Voilà dix mois que ma femme est enceinte.
2. Ça fait une demi-heure que je suis divorcé.
3. Il y a cinquante ans que je suis au régime.
4. Voici cinq heures que mon père fait la cuisine.
5. Ça fait trois ans que mon oncle Édouard cherche un emploi.
6. Il y a deux jours que je fais le ménage.

B. Qu'est-ce que les personnes suivantes sont probablement en train de faire ?

MODÈLE   Amélie est dans une boîte de nuit.
            Elle est en train de danser (de bavarder avec ses amies, etc.).

1. Anne-Marie est à la bibliothèque.
2. Micheline est à l'hôpital.
3. Georges est dans la cuisine.
4. Charles est au café.
5. Hélène et Thérèse sont à une soirée.
6. Florence est dans le parc.

C. **Traduisez en français.**   Comparez vos réponses à celles d'un(e) camarade de classe.

1. Jeanne is smart, attractive, and very liberated.
2. She has been married for four years.
3. She and her husband Louis share the housework.
4. Louis, for example, is raising their two children.
5. A good househusband, he also does the shopping, the cooking, and the housework.
6. He's so tired that he's losing weight!
7. And Jeanne ? She is busy pursuing a career in business (*dans les affaires*).
8. She is going to succeed professionally.
9. Oh, yes. She does the dishes from time to time (*de temps en temps*).

Related Expressions

depuis quand... ? and *depuis combien de temps... ?* + present tense

1. **Depuis quand... ?** (*Since when . . . ?*) is used to ask a question concerning the point of origin of an action. The answer will usually indicate a specific point in time : a year, day of the month or week, hour of the day, etc.

    Depuis quand êtes-vous marié ? — Je suis marié depuis 1980 (depuis l'âge de 25 ans, etc.). *Since when have you been married? —I've been married since 1980 (since the age of 25, etc.).*

2. **Depuis combien de temps... ?** (*How long . . . ?*) is used to ask a question concerning the duration of an action. The answer will usually indicate a length of time.

    Depuis combien de temps êtes-vous divorcé ? — Je suis divorcé depuis sept ans. *How long have you been divorced? —I've been divorced for seven years.*

venir de + infinitive

The present tense of **venir de** + *infinitive* indicates that an action has just been completed.

Elle vient d'avoir un bébé.   Elle vient de trouver un emploi.
She has just had a baby.   *She just found a job.*

Note that the English equivalents do not use the present tense.

ACTIVITÉS

A. Posez les questions suivantes à un(e) camarade de classe. Il (Elle) y répondra en employant le présent de **venir de**, selon le modèle. Faites l'activité à tour de rôle.

MODÈLE   VOUS :   Pourquoi cette célibataire normalement si triste est-elle si contente aujourd'hui ?

           CAMARADE :   *Elle vient de trouver un petit ami qui l'adore.*

1. Pourquoi Denis distribue-t-il des cigares à tous ses amis ?
2. Pourquoi Maurice n'est-il plus avec sa femme ?

3. Pourquoi cette étudiante est-elle si fière ?
4. Pourquoi est-ce que cet auteur boit du champagne ?
5. Pourquoi ce vendeur d'automobiles est-il si content ?
6. Pourquoi sommes-nous si fatigués ?

B. Traduisez en français, puis jouez les dialogues avec un(e) camarade de classe.

1. **A:** How long have you been looking for a job?
   B: For fifteen years.
   A: !!!

2. **A:** How long have you been pregnant, Miss?
   B: Since when have you been so indiscreet, Sir?

3. **A:** How long have you been married, (*Nom*)?
   B: For 40 years.
   A: How long have you been in love?
   B: For 40 years.
   A: (*un sourire*)

4. **A:** Since when have you been cooking, (*Nom*)?
   B: Since 6:00 A.M.
   A: But it's noon!
   B: Do you want a good meal or not?

5. **A:** How long have you been on a diet, (*Nom*)?
   B: For a long time, for a very long time !!!

C. Posez les questions suivantes à un(e) camarade de classe, selon le modèle. (Dans vos réponses, n'oubliez pas d'employer le pronom entre parenthèses. C'est plus naturel.) Faites l'activité à tour de rôle.

MODÈLE   **VOUS :**   Depuis combien de temps es-tu à l'université ? (y)
         CAMARADE :   *J'y suis depuis deux mois.*

         CAMARADE :   Depuis quand bois-tu de l'alcool ? (en)
         VOUS :   *J'en bois depuis l'âge de 21 ans.*

1. Depuis combien de temps parles-tu français ? (le)
2. Depuis quand conduis-tu ta voiture ? (la)
3. Depuis quand es-tu dans cette classe ? (y)
4. Depuis combien de temps bois-tu du lait ? (en)
5. Depuis quand connais-tu le professeur ? (le, la)
6. Depuis combien de temps fais-tu cette activité ? (la)

D. **Interrogez le professeur.** Posez au moins deux questions (pas trop indiscrètes !) au professeur en employant le présent avec **depuis combien de temps** et **depuis quand**, selon le modèle.

MODÈLE   *Depuis combien de temps parlez-vous français ?*
         Depuis quand êtes-vous professeur ?

Devant l'ordinateur

The Imperative

The imperative mood expresses a command or a request. In French, it has three forms: the second person singular, and the first and second person plural.

Regular Imperatives[6]

The imperatives of most verbs have the same form as the present indicative without the subject pronouns.

Present indicative	**Imperative**
Tu attends.	Attends !
You are waiting.	*Wait!*
Tu fais ton lit.	Fais ton lit !
You make your bed.	*Make your bed!*
Vous suivez un régime.	Suivez un régime !
You are on a diet.	*Go on a diet!*
Nous faisons le ménage.	Faisons le ménage !
We're doing the housework.	*Let's do the housework!*

---

[6] The imperative of reflexive verbs will be treated in Chapter 4.

The Negative Imperative

The negative imperative is formed by placing **ne** before the verb and **pas** after it.

Ne trompez pas Robert !   Ne faisons pas cela.
Don't cheat on Robert!   *Let's not do that.*

The Second Person Singular of -er Verbs

The second person singular of **-er** verbs (and of verbs like **offrir, ouvrir,** and **souffrir,** which conjugate like **-er** verbs) does not take **-s** except when followed by **y** or **en.**

Reste à la maison.	BUT	Reste**s**-y.
Stay home.		*Stay there.*
Va au bureau.	BUT	Va**s**-y.
Go to the office.		*Go (there).*
Mange des légumes.	BUT	Mange**s**-en.
Eat (some) vegetables.		*Eat some.*

Irregular Imperatives

The verbs **avoir, être, savoir,** and **vouloir** have irregular imperatives.

avoir	être	savoir	vouloir
aie	sois	sache	veuille
ayons	soyons	sachons	veuillons
ayez	soyez	sachez	veuillez

Aie de la patience !   Sachez la leçon par cœur.
Have patience!   *Know the lesson by heart.*

Ne soyons pas idiots !   Ne sois pas autoritaire.
Let's not be silly!   *Don't be overbearing.*

Veuillez is a formal, polite form of *please.*

Veuillez vous asseoir, Mme Deslauriers.
Please be seated, Mrs. Deslauriers.

ACTIVITÉS

A. Imaginez que vous êtes le conseiller (la conseillère) de Brigitte, une jeune fille de 16 ans. Répondez en employant l'impératif affirmatif ou négatif à la deuxième personne du singulier, selon le modèle. Faites l'activité à tour de rôle avec un(e) camarade de classe.

> MODÈLE   Qu'est-ce que vous allez dire à Brigitte si elle sort avec un jeune homme autoritaire ?
> *Cherche un autre petit ami !*   ou :
> *Ne sors plus avec cet imbécile !*   ou :
> *Trouve un jeune homme libéré !*

Qu'est-ce que vous allez dire à Brigitte...

1. si son petit ami la traite mal ?
2. si elle veut devenir présidente ?
3. si elle sort trop ?
4. si elle veut quitter l'école ?
5. si elle passe trop de temps à la maison ?
6. si elle est paresseuse et ne veut pas travailler ?

B. Imaginez que vous avez un(e) camarade de chambre avec qui vous vous entendez très bien. Qu'est-ce que vous allez l'inviter à faire dans les situations suivantes ? Répondez en employant l'impératif à la première personne du pluriel, selon le modèle. Faites l'activité à tour de rôle.

> MODÈLE   **VOTRE CAMARADE :**   Je voudrais aller voir un film qui vient de sortir.
> **VOUS :**   *Allons au cinéma !*

1. Je voudrais préparer un grand repas pour nos amis.
2. Nous grossissons un peu trop tous (toutes) les deux.
3. J'ai besoin de nouveaux vêtements.
4. Nous sommes invité(e)s à une fête pour l'anniversaire d'Yvonne.
5. Dis donc, notre chambre est vraiment sale et en désordre.

Related Expressions

Some imperatives have become commonplace in the spoken language and are often used as interjections.

tiens (from *tenir*)

Tiens expresses surprise.

Tiens ! C'est une bonne idée, ça !	Tiens ! Le voilà !
Hey! That's a good idea!	*Look! There he is!*

voyons (from *voir*)

Voyons expresses disapproval or disbelief.

Voyons ! Vous savez que c'est impossible !
Come on! You know that's impossible!

Voyons ! Elle grossit, oui, mais après tout elle est enceinte !
Come now! She's putting on weight, all right, but after all she's pregnant!

ACTIVITÉ

Remplacez les tirets par **Tiens** ou **Voyons** et lisez les phrases à haute voix d'un ton naturel.

1. _____ ! C'est bizarre. Je viens d'avoir une idée exceptionnelle !
2. _____ ! Elle est belle, oui, mais elle n'est pas vedette de cinéma !
3. _____ ! Tu ne vas pas vraiment sortir avec lui !
4. _____ ! Tu sais qu'elle n'a pas fait ça !
5. _____ ! Voilà Maurice !
6. _____ ! Tu veux déjà une augmentation de salaire !
7. _____ ! Elle est arrivée à l'avance !
8. _____ ! Ils sont déjà là !
9. _____ ! Tu sais que c'est impossible !
10. _____ ! Quelle bonne idée !

DISSERTATION (première partie) : REMUE-MÉNINGES

In the first chapter (pp. 17–18) you were introduced to some useful vocabulary for organizing an essay and were asked to insert this vocabulary into a prepared essay. From this chapter on, you will be asked to write your own essay, an activity that will be divided into two parts.

The first part, called Dissertation (première partie) : remue-méninges, *is a brainstorming activity (the word* remue-méninges *means "brainstorming"). As homework, you will prepare short written answers to the following questions. Then, in class the next day, be ready to share your answers with classmates in a brainstorming session.*

The goal of the brainstorming session is to help prepare you to write the actual essay, the subject of which is found in the second part of the essay activity, Dissertation (seconde partie), *on page 58. As you brainstorm with your classmates, try to keep the subject of the essay in mind and take notes accordingly, jotting down expressions and ideas you think will be useful in answering the essay question.*

Considérez la question de l'égalité entre les femmes et les hommes. À votre avis, est-ce qu'il y a égalité dans les domaines suivants ? Écrivez vos réponses et soyez prêt(e) à en discuter avec vos camarades de classe.

A. Questions sur la vie active

1. Les femmes sont-elles libres de poursuivre les mêmes carrières que les hommes, ou y a-t-il certains domaines qui leur restent fermés ?
2. Les femmes reçoivent-elles le même salaire que les hommes pour le même travail ou est-ce que les hommes sont mieux rémunérés ?
3. Ont-elles les mêmes heures de travail que leurs collègues masculins ou doivent-elles travailler à des heures défavorables ?
4. Reçoivent-elles des responsabilités importantes ou leur réserve-t-on les postes sans influence ?
5. Ont-elles les mêmes possibilités de promotion ou y a-t-il des limites qu'elles ne peuvent pas dépasser ?
6. Pour réussir professionnellement, est-ce que les femmes sont obligées d'agir comme des hommes ? Peuvent-elles réussir aussi bien que les hommes ?

B. Questions sur la vie de famille

1. Les femmes sont-elles dominées par les hommes à la maison ou sont-elles libres d'agir comme elles veulent ?
2. Participent-elles à part égale aux décisions importantes ou sont-elles obligées d'accepter le jugement de l'homme ? Qui est-ce qui s'occupe des finances, par exemple ?
3. Les responsabilités d'élever les enfants sont-elles partagées également ? Qui est-ce qui nourrit (*feeds*) les enfants et les mène à l'école et à leurs activités après l'école ?
4. L'amour du mari pour sa femme est-il égal à celui de la femme pour son mari ? Est-ce toujours la même personne qui est prévenante (*thoughtful*) ?

C. Questions sur les travaux ménagers

1. Les travaux à la maison sont-ils partagés également ? Qui passe l'aspirateur ? Qui lave les fenêtres ? Qui tond la pelouse (*mow the lawn*) ?
2. Les maris acceptent-ils leur part des travaux ménagers ? Font-ils la vaisselle, la lessive, le nettoyage, les courses ?
3. Dans un ménage où mari et femme ont un emploi hors de la maison, ont-ils le même degré de responsabilité à la maison ? Qui prépare les repas ? Qui fait le lit tous les jours ?

Personal Pronouns

A pronoun is a word that replaces a noun. In French, a pronoun has the same gender and number as the noun it replaces.

Connaissez-vous les Giroud ? — Oui, je les connais.
Do you know the Girouds? —Yes, I know them.

Condamnez-vous le divorce ? — Non, je ne le condamne pas.
Do you condemn divorce? —No, I don't condemn it.

Parle-t-il avec Adèle ? — Oui, il parle avec elle.
Is he speaking with Adele? —Yes, he's speaking with her.

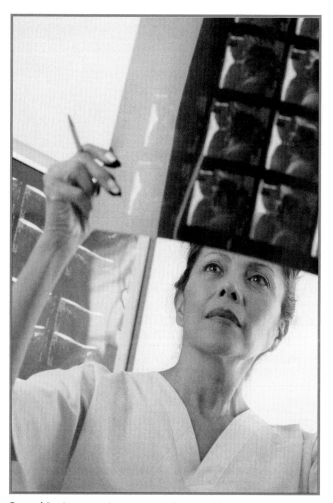

Le médecin examine une radiographie.

Direct and Indirect Object Pronouns; *y* and *en*

A direct object receives the action of the verb directly.

Il embrasse Françoise.　　　　　　　Il l'embrasse.
He kisses Françoise.　　　　　　　*He kisses her.*

An indirect object receives the action of the verb indirectly—that is, through the preposition **à** (*to* in English), expressed or understood.

Elle donne la bague à son fiancé.　　　Elle lui donne la bague.
She gives the ring to her fiancé.　　　*She gives him the ring.*

Direct Object Pronouns

me	*me*	**nous**	*us*
te	*you*	**vous**	*you*
le	*him, it*	**les**	*them*
la	*her, it*		

Je la traite comme une égale.
I treat her as an equal.

Je te vois demain.
I'll see you tomorrow.

The pronouns **me, te, le,** and **la** adopt the elided forms **m', t', l'** before verbs beginning with a vowel or mute **h**.[7]

Je l'aime beaucoup.
I love her (him, it) very much.

Je t'attends depuis une heure !
I've been waiting for you for an hour!

BUT: Ils me haïssent !
They hate me!

Indirect Object Pronouns

me	*to me*	**nous**	*to us*
te	*to you*	**vous**	*to you*
lui	*to him*	**leur**	*to them*
	to her		

Sa femme lui parle tendrement.
His wife speaks tenderly to him.

Il me donne son chèque.
He gives me his check.

Keep in mind that some common French verbs followed by **à** (e.g., **téléphoner à, plaire à, offrir à, demander à, dire à**) require an indirect object in French, but are often not introduced by *to* in English.

Ce roman plaît-il à Ophélie ? — Oui, il lui plaît beaucoup !
Does this novel please Ophelia? —Yes, it pleases her a lot!

Téléphones-tu à Pierre ? — Oui, je lui téléphone.
Are you phoning Peter? —Yes, I'm phoning him.

Il m'a offert sa bague.
He offered me his ring.

---

[7] There are two kinds of **h**'s in French, the mute **h** and the aspirate **h**. In pronunciation, both are silent. Elision occurs before a word beginning with a mute **h** (**l'heure**), but not before a word beginning with an aspirate **h** (**le héros**). Words beginning with an aspirate **h** are marked with an asterisk in most French dictionaries, as in the end vocabulary of this book.

ACTIVITÉS

A. Comment trouvez-vous les personnes et les choses suivantes ? Répondez aux questions de votre camarade de classe. Dans vos réponses, employez **le, la** ou **les,** et un adjectif de la colonne de droite, selon le modèle. Faites l'activité à tour de rôle.

> MODÈLE   **CAMARADE :**   Comment trouves-tu le mariage ?
>   **VOUS :**   *Je le trouve bête et ridicule. Et toi ?*
>   **CAMARADE :**   *Moi, je le trouve romantique, sublime !*

Comment trouves-tu...

1. ta vie ?	triste
2. ta chambre ?	beau
3. les vins français ?	romantique
4. le président ?	idiot
5. la musique classique ?	sale
6. les films comiques ?	autoritaire
7. les tableaux de Renoir ?	intéressant
8. la poésie ?	fascinant
9. tes professeurs ?	ridicule
10. l'union libre ?	amusant
11. le divorce ?	bizarre
12. le harcèlement sexuel ?	sublime
13. ton salaire ?	petit
14. ton ami(e) ?	bon
15. l'avortement ?	tendre
	intelligent
	bête
	difficile
	ennuyeux
	insupportable

B. Répondez en employant **lui** ou **leur**.

1. Qu'est-ce que vous donnez à un ami qui a soif ?
2. Qu'est-ce que vous donnez à un pauvre clochard dans la rue ?
3. Téléphonez-vous souvent à vos parents (à votre meilleur[e] ami[e]) ?
4. Qu'est-ce que vous dites à vos amis quand vous les rencontrez dans la rue (quand vous les quittez) ?
5. Qu'est-ce que vous offrez à un(e) ami(e) qui va se marier (qui vous invite à dîner) ?
6. Parlez-vous aux animaux (aux plantes) ?
7. Qu'est-ce que vous ne donnez pas à un végétarien (à un alcoolique, à un[e] ami[e] qui suit un régime) ?

C. Traduisez en français, puis comparez vos réponses à celles d'un(e) camarade de classe.

    1. They are lying to us!
    2. Her boyfriend is cheating on her.
    3. He is offering me a happy life if I marry (*épouser*) him.
    4. When I speak to her, she doesn't hear me!
    5. Our parents write us often.
    6. Her new position pleases her.
    7. Her parents treat her well.

y as an adverb and pronoun

  1. As a pronoun, **y** refers to things or ideas, whether singular or plural. It is used as the object of verbs and expressions ending in **à**. **Y** is not used to refer to persons.

    Pensez-vous à la soirée ? — Oui, j'y pense.
    Are you thinking about the party? —Yes, I'm thinking about it.

    S'intéresse-t-elle aux travaux ménagers ? — Non, elle ne s'y intéresse pas du tout !
    Is she interested in housework? —No, she's not at all interested in it!

  2. As an adverb, **y** means *there*. It refers to a previously mentioned noun preceded by a preposition of place such as **à, dans,** or **chez**. It is almost always expressed in French, though often it need not be translated in English.

    J'ai vu Sylvie chez Bernard. Elle y est toujours.
    I saw Sylvia at Bernard's. She's always there.

    Allez-vous à Paris ? — Oui, j'y vais.
    Are you going to Paris? —Yes, I'm going.

If a place has not been previously mentioned, **là** is used instead of **y**.

    Mettez-vous là, s'il vous plaît.   Où est-elle ? — Là, dans la cuisine.
    Sit (Stand) there, please.   *Where is she? —There, in the kitchen.*

The adverb **y** is not used with the verb **aller** in the future and conditional tenses because the two juxtaposed *i*- sounds cannot be easily pronounced: **j'y vais,** but **j'irai** and **j'irais; nous y allons,** but **nous irons** and **nous irions**.

L'émancipation de la femme

Voici quelques dates importantes dans l'histoire de l'émancipation des femmes en France :

1944 : Elles obtiennent le droit de vote.

1965 : Elles ont le droit d'exercer une profession sans le consentement de leur mari.

1972 : Elles ont le droit d'avoir un salaire égal pour un travail égal.

1975 : Elles ont le droit d'avorter.

1988 : Un Secrétariat d'État chargé des droits des femmes est créé.

en as an adverb and pronoun

1. As a pronoun, **en** usually refers to things or ideas, whether singular or plural. It replaces nouns in expressions formed with **de**: the partitive (**de l'argent, du pain,** etc.); objects of expressions of quantity (**assez de, beaucoup de,** etc.); and objects of verbs and expressions ending in **de** (**parler de, être capable de,** etc.). Its English equivalents are *some, any, of it,* or *of them,* expressed or understood.

   A-t-elle des vêtements élégants ? — Oui, elle en a.
   Does she have any elegant clothes? —Yes, she has (some).

   A-t-elle beaucoup d'ambition ? — Oui, elle en a beaucoup.
   Does she have a lot of ambition? —Yes, she has a lot.

   Parle-t-elle de son divorce ? — Oui, elle en parle.
   Does she talk about her divorce? —Yes, she talks about it.

   Est-elle capable de réussir professionnellement ? — Oui, elle en est très capable.
   Is she capable of succeeding professionally? —Yes, she's very capable of it.

   En also replaces nouns modified by numbers.

   Combien de pièces y a-t-il dans l'appartement ? — Il y en a huit.
   How many rooms are there in the apartment? —There are eight (of them).

   En may replace persons with numbers and expressions of quantity, and with indefinite plural nouns.

   Combien d'enfants avez-vous ? — J'en ai deux.
   How many children do you have? —I have two (of them).

   Combien d'amis ta femme a-t-elle ? — Elle en a beaucoup.
   How many friends does your wife have? —She has a lot (of them).

   A-t-elle des ennemis aussi ? — Non, elle n'en a pas.
   Does she also have enemies? —No, she doesn't (have any).

   To avoid confusing **y** and **en,** remember that **y** (one letter) is associated with **à** (one letter), whereas **en** (two letters) is associated with **de** (two letters).

2. As an adverb, **en** means *from there,* expressed or understood.

   Viennent-ils d'Allemagne ? — Oui, ils en viennent.
   Do they come from Germany? —Yes, they come from there.

   Revient-elle de Paris ce soir ? — Non, elle en revient demain.
   Is she coming back from Paris tonight? —No, she's coming back (from there) tomorrow.

ACTIVITÉS

A. Posez les questions suivantes à un(e) camarade de classe qui y répondra en employant **y** selon le modèle.

> MODÈLE   PROFESSEUR :   Demandez à un(e) camarade de classe s'il (si elle) pense à l'amour.
> VOUS :   *Penses-tu à l'amour, Philippe ?*
> PHILIPPE :   *Oui, j'y pense souvent (toujours, quelquefois, rarement, le week-end, etc.). Et toi ?*
> VOUS :   *Moi, je n'y pense jamais !*

Demandez à un(e) camarade de classe...

1. s'il (si elle) pense au mariage (au choix d'une carrière, aux vacances).
2. s'il (si elle) va à la bibliothèque (au restaurant, au café, au bureau, à la plage, chez le dentiste, à des soirées, à l'église).
3. s'il (si elle) s'intéresse aux travaux ménagers (au mariage, à la politique, aux sports, à la religion, à la philosophie).
4. s'il (si elle) joue au golf (au tennis, aux cartes, à des jeux vidéo).
5. s'il (si elle) répond aux questions du professeur (au téléphone).

B. Posez les questions suivantes à un(e) camarade de classe qui y répondra en employant **en** selon le modèle.

> MODÈLE   PROFESSEUR :   Demandez à un(e) camarade de classe s'il (si elle) a peur du divorce.
> VOUS :   *As-tu peur du divorce, Angélique ?*
> ANGÉLIQUE :   *Oui, j'en ai peur (Non, je n'en ai pas peur). Et toi ?*
> VOUS :   *Moi aussi, j'en ai peur (Moi non plus, je n'en ai pas peur).*

Demandez à un(e) camarade de classe...

1. s'il (si elle) a peur du mariage (de la discrimination).
2. s'il (si elle) a besoin d'argent (d'imagination, de courage, de patience).
3. s'il (si elle) a peur d'avoir des enfants (de grossir, de divorcer).
4. s'il (si elle) parle de son emploi (du harcèlement sexuel, de l'avortement).
5. s'il (si elle) est content(e) d'être célibataire (de faire le ménage, d'être une femme [un homme]).

C. Posez les questions suivantes à un(e) camarade de classe qui y répondra en employant **en** selon le modèle.

> MODÈLE   PROFESSEUR :   Demandez à un(e) camarade de classe combien de téléphones portables il (elle) a.
> VOUS :   *Combien de téléphones portables as-tu, Gérard ?*
> GÉRARD :   *J'en ai un (plusieurs, beaucoup, assez, trop). Et toi ?*
> VOUS :   *Moi, je n'en ai pas.*

Demandez à un(e) camarade de classe...

1. combien de bicyclettes (de professeurs de français, de problèmes, de voitures, de téléviseurs en couleur, de nez) il (elle) a.
2. combien d'idées originales (de cartes de crédit, de courage, de patience, d'ambition, d'opinions bizarres) il (elle) a.
3. combien de cours il (elle) suit.
4. combien de verres d'eau il (elle) boit par jour.

D. Remplacez les tirets par **y** ou **en,** puis jouez les dialogues avec un(e) camarade de classe.

1. A : Est-ce que tu obéis toujours aux ordres de ta femme ?
   B : J'_____ obéis toujours... quelquefois !

2. A : Pourquoi est-ce que tu cherches toujours des disputes ?
   B : Mais je n'_____ cherche jamais.
   A : Si, tu _____ cherches !
   B : Tu dis des bêtises !
   A : Mais non, c'est toi qui _____ dis !

3. A : Maman (Papa), est-ce que les féministes achètent du parfum ?
   B : Mais oui, Babette (Pierrot), ta tante Léonie est une féministe enragée (*rabid*), et elle _____ achète, n'est-ce pas ?

4. A : (Nom), pourquoi est-ce que tu penses toujours à ta carrière ? Tu en es obsédé(e). Il me semble que tu ne penses qu'à ça !
   B : J'_____ pense parce que ça m'intéresse. Il faut que je gagne de l'argent !

5. A : (Nom), as-tu répondu à la lettre de ta sœur ?
   B : Non, papa, pas encore.
   A : Et pourquoi est-ce que tu n'_____ réponds pas ?
   B : Parce que Raymonde me demande toujours de l'argent !

Deux femmes politiques

En 1991, Édith Cresson (née en 1934) a été nommée premier ministre par le président François Mitterrand, devenant ainsi la première femme à occuper ce poste.

Martine Aubry (née en 1950) a aidé à créer la loi Aubry (2000), selon laquelle la durée légale du travail est fixée à 35 heures par semaine. Elle est devenue maire (*mayor*) de la ville de Lille en 2001.

Position of Pronouns

1. Except in the affirmative imperative, **y** and **en** and the other object pronouns directly precede the verb. If there is more than one pronoun with a verb, the order is as follows:

me					
te	**le**	**lui**			
nous	**la**	**leur**	**y**	**en**	*verb*
vous	**les**				
se[8]					

Me donnez-vous ces fleurs ? — Oui, je vous les donne.
Are you giving me these flowers? —Yes, I'm giving them to you.

Mettez-vous le vase sur cette table ? — Oui, je l'y mets.
Are you putting the vase on this table? —Yes, I'm putting it there.

This order is also observed with infinitives and negative imperatives.

Je vais les leur donner.   Ne le lui montrez pas !
I am going to give them to them.   *Don't show it to him (her)!*

Il veut nous y envoyer.   Ne m'en donne pas.
He wants to send us there.   *Don't give me any.*

2. In the affirmative imperative, however, the pronouns follow the verb and are joined to it by hyphens. If there is more than one pronoun with a verb, the order is as follows:

verb	*direct object*	*indirect object*	**y**	**en**

Donnez-les-leur.   Envoyons-les-y.
Give them to them.   *Let's send them there.*

The pronouns **me** and **te** change to **moi** and **toi** in final position.

Si vous avez un secret, dites-le-moi.   Explique-toi !
If you have a secret, tell it to me.   *Explain yourself!*

Note that when **me, te, le,** or **la** elide with **y** or **en,** the hyphen between them disappears.

Achetez-m'en !
Buy me some!

---

[8] The reflexive pronoun **se** is treated in Chapter 4.

ACTIVITÉS

A. Votre camarade de classe vous offre les choses suivantes. Les voulez-vous ou préférez-vous qu'il (elle) les donne à votre voisin(e) de droite ou de gauche ? Répondez selon le modèle. Faites l'activité à tour de rôle.

> MODÈLE   CAMARADE : Voici un bonbon délicieux !
>   VOUS : *Donne-le-moi !*
>
>   VOUS : Voici un serpent dangereux !
>   CAMARADE : *Ne me le donne pas !*

1. Voici un escargot.
2. Voici un oignon.
3. Voici un petit chat.
4. Voici un gros rat.
5. Voici une cigarette.
6. Voici une rose.
7. Voici la clé d'une nouvelle voiture.
8. Voici une pizza.

B. Votre camarade de classe vous pose les questions suivantes. Répondez-y négativement en employant les pronoms **lui** et **en** selon le modèle. Faites l'activité à tour de rôle.

> MODÈLE   CAMARADE : Donnerais-tu des fleurs au professeur ?
>   VOUS : *Non, je ne lui en donnerais pas. Et toi ?*
>   CAMARADE : *Moi, je ne lui en donnerais pas non plus !*

Donnerais-tu...

1. du whisky à une femme enceinte ?
2. du caviar à un chat ?
3. des perruques (*wigs*) à Marie-Antoinette ?
4. du chocolat à quelqu'un qui est au régime ?
5. des vêtements à Yves Saint-Laurent ?

C. Votre camarade de classe vous pose les questions suivantes. Répondez-y en employant les pronoms **leur** et **en** selon le modèle. Faites l'activité à tour de rôle.

> MODÈLE   CAMARADE : Offres-tu du bifteck aux végétariens ?
>   VOUS : *Non, je ne leur en offre pas. Et toi ?*
>   CAMARADE : *Moi, je ne leur en offre pas non plus.*

1. Offres-tu du café aux insomniaques ?
2. Offres-tu des cigarettes aux enfants ?
3. Offres-tu du whisky aux alcooliques ?
4. Offres-tu des cadeaux à tes ennemis ?

D. Qu'est-ce que vous aimez faire et qu'est-ce que vous n'aimez pas faire ? Répondez en employant le pronom approprié selon le modèle. Faites l'activité à tour de rôle avec un(e) camarade de classe.

> MODÈLE   regarder la télévision
> *J'aime la regarder.*   *ou :*
> *Je n'aime pas la regarder.*

1. manger des sardines (de la pizza)
2. aller à la bibliothèque (au cinéma, au musée)
3. faire la cuisine (le ménage, le lit)
4. critiquer les femmes ambitieuses (les stéréotypes, le président)
5. mentir au professeur (à vos amis)

Disjunctive Pronouns

Disjunctive pronouns are personal pronouns that do not form a word group with the verb (hence the name *disjunctive*).

moi	**nous**
toi	**vous**
lui	**eux**
elle	**elles**
soi	

Lui and **eux** are masculine; **elle** and **elles** are feminine. **Soi** is reflexive and indefinite, corresponding to the English *oneself* or *itself*.

Use of Disjunctive Pronouns

1. To respond directly to a question without using a verb:

   Qui frappe à la porte ? — Moi !
   Who's knocking at the door? —I am!

2. After a preposition:

   Il part sans elle.   Elle va arriver avant vous.
   He leaves without her.   *She's going to arrive before you.*

But the disjunctive pronoun is used with **à** only after reflexive verbs ending in **à** (e.g., **s'intéresser à, s'habituer à, se fier à**) and a small group of expressions such as **faire attention à, penser à,** and **songer à**. In most cases **à** + *person* is replaced by an indirect object pronoun.

   Je pense à lui.   Je m'intéresse à elle.
   I am thinking of him.   *I'm interested in her.*

BUT:

Je lui parle.	Je leur obéis.
I'm speaking to him (to her).	*I obey them.*

When replacing persons after verbs or verbal expressions ending in **de** (e.g., **avoir besoin de, parler de, avoir peur de, être content(e) de**, etc.), a disjunctive pronoun is usually used for definite nouns.

Avez-vous peur de votre mari ? — Non, je n'ai pas peur de lui !
Are you afraid of your husband? —No, I'm not afraid of him!

Êtes-vous content de votre secrétaire ? — Oui, je suis content de lui (d'elle).
Are you happy with your secretary? —Yes, I'm happy with him (her).

Avez-vous besoin de Valérie et de Louis ? — Oui, j'ai besoin d'eux.
Do you need Valérie and Louis? —Yes, I need them.

3. To emphasize the subject:

Toi, tu flirtes toujours !	Moi, je suis pour la tradition.
<u>*You*</u> *are always flirting!*	<u>*I*</u> *am for tradition.*

Both a disjunctive and a subject pronoun are used, except in the third person, where a disjunctive pronoun may be used alone.

Lui ne part pas !	Eux ne vont jamais l'accepter !
<u>*He's*</u> *not leaving!*	<u>*They*</u> *will never accept it!*

4. In compound subjects:

Toi et moi ferons le ménage ensemble.
Toi et moi, nous ferons le ménage ensemble.
You and I will do the housework together.

Hélène et moi faisons la vaisselle.
Hélène et moi, nous faisons la vaisselle.
Helen and I do the dishes.

In compound subjects the disjunctive pronouns are often summed up by a personal pronoun (**nous** in the above examples). If both disjunctive pronouns are of the third person, however, they are generally not summed up.

Lui et elle travaillent ensemble.
He and she work together.

5. With comparisons and the expression **ne... que** (*only*):

Sa sœur est plus autoritaire que lui.
His sister is more overbearing than he.

Elle est si amoureuse qu'elle ne voit que lui !
She is so in love that she sees only him!

6. After **ni**:

Elle n'impressionne ni lui ni moi.
She impresses neither him nor me.

7. After **c'est** and **ce sont**:

C'est moi.   C'est lui.   Ce sont eux.
It is I.   *It is he.*   *It is they.*

Note that **ce sont** is used only with the third person plural: **ce sont elles, ce sont eux,** but **c'est nous, c'est vous**.

8. To express the emphatic *myself* (*yourself*, etc.):

Je le fais moi-même.   Elles l'ont réparé elles-mêmes.
I do it myself.   *They repaired it themselves.*

In this case, the disjunctive pronoun is joined by a hyphen to **même,** which takes **-s** in the plural.

9. With indefinite subjects:

The indefinite disjunctive **soi** is used after prepositions in sentences with indefinite subjects like **on, chacun,** and **tout le monde;** after impersonal verbs; and in fixed indefinite expressions such as **chacun pour soi, en soi,** and **de soi**.

Chacun travaille pour soi.
Each is working for himself/herself.

Il faut être content de soi.
One must be content with oneself.

Le divorce est-il condamnable en soi ?
Is divorce to be condemned in itself?

Quelques Françaises contemporaines connues

Marie-José Pérec, coureuse (*runner*), est née en 1968 à la Guadeloupe. Elle a remporté la victoire au 400 m (*400 meter run*) lors des (à l'occasion des) Jeux Olympiques de 1992. Aux Jeux Olympiques de 1996, elle a été victorieuse dans le 400 m et le 200 m.

Laetitia Casta, actrice et mannequin (*model*), est née en 1978. Un des mannequins contemporains les plus connus, elle a été choisie pour représenter Marianne, le symbole de la République française.

Catherine Deneuve, actrice, est née à Paris en 1943. Elle a commencé sa carrière dans le cinéma à l'âge de treize ans et a joué dans les films des plus grands réalisateurs du monde, tels (*such as*) Vadim, Buñuel, Polanski et Truffaut.

Isabelle Adjani, actrice, est née en 1955. Elle est célèbre pour ses rôles de femmes passionnées et parfois troublées, telles Camille Claudel dans *Camille Claudel* et Adèle Hugo dans *L'Histoire d'Adèle H.*

ACTIVITÉS

A. Dialogues. Remplacez les tirets par le **pronom disjoint** convenable. Puis, jouez les dialogues avec un(e) camarade de classe.

1. **A** : Veux-tu te marier avec _____, Jacqueline ?
   B : Voyons, tu exagères, Frédéric !
   A : _____ et moi ensemble, ce n'est peut-être pas idéal...
   B : _____, tu flirtes toujours.
   A : Et si je ne flirtais qu'avec _____ ?
   B : Restons bons amis, Frédéric. C'est plus sage.

2. **A** : Georges, j'ai peur de ma femme.
   B : Peur d'_____ ? Tu blagues ! Elle est si petite !
   A : Mais elle est plus forte que _____.
   (à voix basse) Sais-tu qu'elle est haltérophile (*weightlifter*) ?
   B : (Regard d'étonnement)
   A : Regarde mon bras. Tu ne vois pas les bleus ? Quand elle se met en colère contre _____, elle me bat (*beats*) !

3. **A** : Où as-tu acheté cette tarte aux fraises, chérie ?
   Elle est vraiment délicieuse.
   B : Je l'ai faite _____, exprès (*specially*) pour toi.
   A : C'est vraiment toi qui l'as faite ?
   B : Imbécile ! Comment est-ce que tu peux douter de _____ !

B. Votre camarade de classe vous pose les questions suivantes. Répondez-y en employant des **pronoms disjoints** selon le modèle. Faites l'activité à tour de rôle.

MODÈLE   **CAMARADE** :   Dînes-tu avec tes parents ?
           VOUS :   *Non, je ne dîne pas avec eux.*   *ou :*
                      Oui, je dîne avec eux.

1. Est-ce que tu penses souvent à ta mère (à tes ancêtres) ?
2. Joues-tu avec les enfants (les athlètes professionnels) ?
3. Est-ce que tu te moques de tes parents (du professeur, du président, de la femme du président) ?
4. Est-ce que tu te méfies des hommes d'affaires (des flatteurs, des agents de police) ?
5. Est-ce qu'on se moque de toi parfois ?

C. Votre camarade de classe vous pose les questions suivantes. Répondez-y en employant un **pronom disjoint, y** ou **en,** selon le modèle. Faites l'activité à tour de rôle.

> MODÈLE   CAMARADE :   As-tu peur de l'amour ?
> VOUS :   *Oui, j'en ai peur (Non, je n'en ai pas peur). Et toi ?*
> CAMARADE :   *Moi aussi j'en ai peur (Moi non plus je n'en ai pas peur).*
>
> VOUS :   As-tu peur de ta mère ?
> CAMARADE :   *Oui, j'ai peur d'elle (Non, je n'ai pas peur d'elle). Et toi ?*
> VOUS :   *Moi aussi j'ai peur d'elle (Moi non plus je n'ai pas peur d'elle).*

1. As-tu peur des fanatiques (de l'indépendance, du professeur, des étrangers) ?
2. Parles-tu de la discrimination (du harcèlement sexuel, de ta vie intime) ?
3. As-tu besoin de patience (d'argent, de liberté, de tes parents) ?
4. Es-tu content(e) de tes cours (de ton travail, de tes notes, de tes camarades de classe, de toi-même) ?

Related Expressions

The Neuter Pronoun *le*

Pronouns generally replace nouns. The invariable neuter pronoun **le,** however, is used to replace an adjective or an entire phrase or clause. It is the equivalent of *it* or *so* in English, but often is not translated.

> Mon frère est indépendant mais mes sœurs ne le sont pas.
> *My brother is independent but my sisters aren't.*
>
> Est-ce qu'elles vont réussir ? — Oui, je le crois.
> *Are they going to succeed? —Yes, I think so.*

ACTIVITÉS

A. Posez une question à un(e) camarade de classe, selon le modèle.

> MODÈLE   PROFESSEUR :   ambitieux
> VOUS :   *Es-tu ambitieux (ambitieuse) ?*
> CAMARADE :   *Oui, je le suis.*   *ou :*
> *Non, je ne le suis pas.*

1. jaloux	5. doux
2. autoritaire	6. sentimental
3. critique	7. fidèle
4. amoureux	8. honnête

B. Interrogez le professeur en employant des adjectifs de votre choix, selon le modèle. (Attention ! Soyez prudent(e) dans vos questions.)

> MODÈLE   VOUS :   Êtes-vous sentimental(e) ?
> PROFESSEUR :   *Oui, je le suis.*   *ou :*
> *Non, je ne le suis pas.*

Synthèse

Activités d'ensemble

I. Répondez en remplaçant les mots en italique par un pronom. Comparez vos réponses à celles d'un(e) camarade de classe.

MODÈLE   Êtes-vous *marié(e)* ?
Je le suis.   ou :
Je ne le suis pas.

1. Faut-il accepter ou refuser *les rôles féminins traditionnels* ?
2. Qui fait *la cuisine* chez vous ?
3. Voulez-vous avoir *des enfants ?* Si oui, combien ?
4. Caractérisez-vous ! Êtes-vous *doux ? séduisant ? jaloux ? original ? indépendant ? autoritaire ? fidèle ?*
5. Avez-vous l'intention *de poursuivre une carrière ?*
6. Qu'est-ce qu'on donne *aux nouveaux mariés ?*
7. Avez-vous peur *de votre professeur ?*
8. Discutez-vous *de vos problèmes personnels* avec *votre ami(e) ?*
9. Rêvez-vous quelquefois *d'un amour idéal ?*
10. Approuvez-vous *le contrôle des naissances ?*
11. Pensez-vous *au mariage ?*
12. Connaissez-vous *des couples heureux ?*

II. Traduisez en français, puis comparez vos réponses à celles d'un(e) camarade de classe.

1. *My husband and I are equal; we share the housework.*
2. *Let's avoid stereotypes because they aren't true.*
3. *She's just found a job.*
4. *Don't go out with him if he doesn't work!*
5. *Let's do the cooking together tonight.*
6. *Jean-Louis wants to get married and have a family.*
7. *Janine is entering the work force next year.*
8. *How long has she been going out with David?*
9. *Impress me, please.*
10. *He's angry (fâché) because his girlfriend doesn't treat him like an equal.*
11. *That young woman wants to pursue a career and succeed professionally.*
12. *Renée is pregnant, but I'm not.*

Sujets de discussion

1. Une féministe essaie de convertir à sa cause une femme au foyer traditionaliste. Imaginez les arguments qu'elle va employer.
2. Imaginez que vous êtes parent et que votre fille sort régulièrement avec un jeune homme qu'elle veut épouser. Quels conseils allez-vous lui donner à propos du mariage ?
3. Nommez une femme que vous admirez et expliquez pourquoi vous l'admirez.
4. Comment voyez-vous votre place dans la société maintenant et à l'avenir ?
5. Quelle sorte de partenaire préférez-vous ?
6. À votre avis, y a-t-il des différences essentielles entre la mentalité féminine et la mentalité masculine ? Expliquez.

DISSERTATION (seconde partie)

Using the expressions and ideas you came up with in the brainstorming session, you will write an essay on the topic below. Keep in mind that each essay will have the three following parts: 1) the introduction, which presents the general topic and how you plan to approach it; 2) the body, the heart of the essay, which presents your ideas, in from one to several paragraphs, in an orderly and logical fashion; 3) the conclusion, which synthesizes the ideas you discussed in the body. On occasion, you may want to include in the conclusion some broader questions that your ideas have raised.

En employant les notes que vous avez prises dans *Dissertation (première partie) : remue-méninges*, écrivez une dissertation d'une page ou deux. Vous allez traiter le sujet de la libération des femmes, à savoir (*that is to say*), si on a toujours besoin du mouvement pour la libération des femmes aujourd'hui. Dans votre dissertation, vous allez remarquer le progrès que les femmes ont fait dans les années récentes ainsi que les obstacles qui leur restent à franchir (*overcome*). N'oubliez pas que, pour bien présenter vos idées avec ordre et clarté et ainsi convaincre le lecteur ou la lectrice, vous aurez besoin des expressions indiquées dans le premier chapitre (pp. 17–18).

3

Nouns and Articles

On fait les courses en famille.

La Famille

Chapter 3 at a Glance

Nouns

I.   Indiquez le genre (**masculin** ou **féminin**) sans consulter le dictionnaire.

1. communication
2. biologie
3. latin
4. Californie

5. promesse
6. travail
7. moment
8. symbolisme

II. Mettez au **féminin**.

1. l'ami
2. l'oncle

3. l'acteur
4. le chat

III. Mettez au **pluriel**.

1. la mère
2. l'œil
3. le fils

4. le bijou
5. le journal
6. le feu

IV. Remplacez les mots entre parenthèses par la forme convenable de **gens, personnes** ou **peuple**.

1. (*The people*) américain respecte la famille.
2. Il y avait dix (*people*) à notre réunion de famille.
3. Ces vieilles (*people*) sont très sympathiques.

Articles

V.   Traduisez en français les mots entre parenthèses.

1. (*Parents*) devraient-ils jouer avec leurs enfants ?
2. (*Little Robert*) est impossible (*in the morning*) !

VI. Situez le nom donné.

MODÈLE   Montréal
           Montréal se trouve au Canada.

1. Paris
2. La Nouvelle-Orléans
3. New York

4. Londres
5. les Champs-Élysées
6. Tokyo

VII. Remplacez les tirets par **les** ou **des**.

1. _____ enfants ont-ils _____ obligations envers leurs parents ?
2. J'ai _____ tantes qui adorent _____ chats.

VIII. Remplacez les tirets par **du, de la, des** ou **de**.

1. Il a deux sœurs mais il n'a pas _____ frères.
2. Les Mercier font beaucoup _____ sacrifices pour leurs enfants.
3. Je connais _____ enfants qui n'obéissent pas à leurs parents.
4. Ma camarade de chambre a _____ bons rapports avec sa famille.
5. Avez-vous souvent _____ disputes avec vos parents ?

IX. Remplacez les tirets par **de, des** ou **du**.

1. Quand votre famille va-t-elle revenir _____ France ?
2. Mon avion part _____ États-Unis la semaine prochaine.
3. Mon camarade de chambre vient _____ Canada.
4. Ma cousine vient _____ Saint Louis.

Vocabulaire du thème : *La Famille*

La Famille et le Foyer

la **famille nucléaire, élargie, monoparentale** nuclear, extended, single-parent family
le **foyer** home
fonder un foyer to set up a household
les **parents** *m* parents; relatives
le **père** father
la **mère** mother
la **mère (le père) célibataire** single mother (father)
l' **enfant** *m, f* child
l' **enfant adoptif (adoptive)** adopted child

l' **enfant naturel (naturelle)** illegitimate child
la **fille** daughter
le **fils** son
les **grands-parents** *m* grandparents
le, la **gosse** (*fam*) kid
l' **enfant** *m, f* **unique** only child
l' **aîné** *m*, l'**aînée** *f* the elder, the eldest
le **cadet** *m*, la **cadette** *f* the younger, the youngest
le **jumeau** *m*, la **jumelle** *f* twin
l' **orphelin** *m*, l'**orpheline** *f* orphan

Rapports familiaux

avoir de bons (mauvais) rapports avec to have a good (bad) relationship with
s'entendre bien (mal) avec (quelqu'un) to get along well (badly) with (someone)
faire des sacrifices pour to make sacrifices for
mériter l'amour de to deserve, to earn the love of
respecter to respect
admirer to admire

faire une sortie en famille to have a family outing
ensemble together

le **fossé entre les générations** generation gap
le **manque de communication** lack of communication
se séparer de to break away from
la **dispute** quarrel
se disputer to quarrel

L'Éducation

l' **éducation** *f* upbringing
la **crèche** day-care center
s'occuper des enfants to take care of the children
négliger to neglect
sévère strict
exigeant(e) demanding
indulgent(e) lenient
compréhensif, compréhensive understanding
responsable responsible

prévenant(e) considerate
bien élevé(e) well brought up
sage well-behaved
poli(e) polite
obéir à to obey
irresponsable irresponsible
négligé(e) neglected
mal élevé(e) badly brought up
gâté(e) spoiled
ingrat(e) ungrateful
désobéir à to disobey

La Discipline

être juste (injuste) envers to be fair (unfair) to
corriger to correct
punir to punish

gronder to scold
gifler to slap
donner une fessée à to give a spanking to

ACTIVITÉS

Le Monde des mots

A. Jeu des antonymes. Essayez de trouver les antonymes des adjectifs et des verbes suivants dans le *Vocabulaire du thème*. Puis employez cet antonyme dans une phrase originale.

> MODÈLE   **PROFESSEUR :**   Ce parent <u>sévère</u>...
>   **VOUS :**   *Ce parent <u>indulgent</u>...*
>   *Ce parent indulgent gâte terriblement ses enfants.*

1. Cette fille <u>bien élevée</u>...
2. Ces enfants <u>méprisent</u>...
3. Ma mère me <u>caresse</u>...
4. Nous <u>nous entendons</u>...

B. Cherchez des adjectifs. Voici une liste de noms. Quel adjectif dans le *Vocabulaire du thème* correspond à chaque nom ?

1. l'indulgence
2. la négligence
3. l'ingratitude
4. la sévérité
5. l'exigence
6. la compréhension
7. la responsabilité
8. la sagesse
9. la politesse

> ### Le PACS
>
> En 1999, la France a inauguré le PACS (pacte civil de solidarité), contrat conclu entre deux personnes majeures, de sexe différent ou du même sexe, pour institutionnaliser leur union hors du mariage. La majorité des Français sont favorables au PACS.

Testez vos connaissances

Essayez de répondre aux questions suivantes. Les réponses suivent l'activité. Y a-t-il des réponses qui vous étonnent (*surprise*) ? Comparez vos réponses à celles d'un(e) camarade de classe.

1. Est-ce qu'il y a beaucoup d'enfants en France qui sont nés hors (*outside of*) mariage ?
2. Est-ce que le divorce est commun en France ?
3. Quel est le nombre moyen d'enfants par couple en France ?
4. Est-ce que l'obésité est un problème pour les enfants en France ?
5. Est-ce que le nombre de familles monoparentales en France est en hausse ou en baisse ?

RÉPONSES : 1. Oui. À peu près la moitié de toutes les naissances. 2. Oui. À peu près un mariage sur trois est rompu (*broken*) par le divorce. 3. Deux 4. Oui. Au début de ce siècle, presque 10 % des enfants français étaient obèses. 5. En hausse. Par exemple, entre 1980 et 2001, il a augmenté de 100 % : de 3,6 % à 7,2 % des ménages.

(Renseignements tirés de *Francoscopie 2003*, Gérard Mermet, Larousse)

Votre Opinion

A. Répondez aux questions suivantes, puis comparez vos réponses à celles d'un(e) camarade de classe.

1. Avez-vous des enfants ? Si non, voulez-vous en avoir ?
2. Étiez-vous un(e) enfant gâté(e) ?
3. Connaissez-vous des mères (pères) célibataires (des jumeaux, des enfants adoptifs) ?
4. Est-ce que vos parents étaient sévères ou exigeants ?
5. À votre avis, vaut-il mieux corriger les enfants avec des fessées ou avec des paroles ?
6. À votre avis, est-ce que les enfants d'aujourd'hui sont généralement polis ?
7. Vous entendiez-vous bien avec vos parents quand vous étiez petit(e) ?

— *Nicolas, chéri, qu'est-ce que tu fais ?*

B. **Enquête.**   À votre avis, qu'est-ce qui constitue une famille ? Répondez et comparez vos réponses à celles d'un(e) camarade de classe.

	OUI	NON

1. un mari, une femme, leur fille ?
2. un couple cohabitant avec des enfants ?
3. des grands-parents vivant avec leurs petits enfants ?
4. des frères et des sœurs habitant ensemble ?
5. deux homosexuels (lesbiennes) qui habitent ensemble depuis vingt ans, sans enfants ?
6. une mère célibataire et son fils ?
7. un couple marié sans enfants ?
8. une femme divorcée et un homme divorcé, non-mariés, vivant ensemble depuis vingt ans ?

Mise en scène

Complétez en employant une ou plusieurs expressions du *Vocabulaire du thème*, puis jouez les dialogues.

1. **CLIENT :**   Ma famille me dégoûte !

   PSYCHIATRE :   Mais pourquoi donc ?

   CLIENT :   Eh bien, mon père...

   PSYCHIATRE :   Continuez.

   CLIENT :   Et ma mère...

   PSYCHIATRE :   Je comprends. Continuez.

   CLIENT :   Et mon frère cadet...

   PSYCHIATRE :   Vous ne vous entendez avec personne ?

   CLIENT :   Si ! Je m'entends bien avec mon chat. Il est toujours gentil !

2. **A :** (Nom), pourquoi est-ce que tu donnes toujours des fessées à tes enfants ?

   B : Parce qu'ils sont...

   A : Mais si tu continues à les gifler...

   B : Tant pis ! La discipline est nécessaire pour les enfants !

Nouns

A noun is a word used to name a person, place, or thing. Unlike English nouns, all French nouns are either masculine or feminine in gender.

Recognition of Gender

The gender of most nouns is arbitrary and must be learned. However, certain indications can be helpful.

Sex

Nouns that refer to persons and animals of the male or female sex are usually masculine and feminine, respectively.

le père	la mère
le chat	la chatte

Endings and Words Usually Masculine

1. Nouns ending in **-ail, -eau, -ent, -ier,** and **-isme** are usually masculine.

le travail	le gouvernement	le classicisme
le couteau	le papier	

   Exceptions: **l'eau** (*f*), **la peau** (*skin*), **la dent** (*tooth*).

2. The names of languages, trees, metals, days, months and seasons, and adjectives used as nouns, are usually masculine.

le français	l'or (*gold*)	l'hiver
le russe	le mardi	le pauvre
le chêne (*oak*)	(le mois de) septembre	le beau

Endings and Words Usually Feminine

1. Nouns ending in **-esse, -ette, -ie, -ion, -té,** and **-ure** are usually feminine.

la finesse	la copie	la société
la cigarette	la génération	la nourriture

   Exceptions: **le génie, le parapluie** (*umbrella*).

2. The names of natural and social sciences are usually feminine.

la biologie	la chimie
la physique	la sociologie

3. The names of continents, countries, provinces, and states ending in unaccented **e** are usually feminine.

l'Asie	la Bretagne	la Virginie
l'Angleterre	la France	la Floride

   Exceptions: **le Mexique, le Maine**.

Astérix le Gaulois

Les enfants français aiment les bandes dessinées (*comics*). Une de leurs BD préférées est *Astérix le Gaulois*. Apparue pour la première fois en 1961, elle raconte les aventures d'Astérix, un Gaulois (habitant de la Gaule, ancien nom de la France) qui résiste à l'occupation des Romains en l'an 50 avant Jésus-Christ. Cette BD a été traduite en plus de 40 langues et a inspiré de nombreux films.

A. Demandez à un(e) camarade de classe d'indiquer le genre des noms suivants sans consulter le dictionnaire. Faites l'activité à tour de rôle.

1. français	7. vrai	13. manteau	19. octobre
2. partialité	8. eau	14. conception	20. allocation
3. lundi	9. botanique	15. ceinture	21. détail
4. fer (*iron*)	10. peuplier (*poplar*)	16. discernement	22. promesse
5. Louisiane	11. moment	17. latin	23. assiette
6. Afrique	12. communication	18. activité	24. communisme

B. **Jeu d'équipe.**   Créez des équipes de trois personnes chacune. Chaque équipe va préparer une liste de dix mots. Un membre de l'équipe va lire un mot sur la liste à haute voix et va demander à un membre d'une autre équipe d'en identifier le genre. L'équipe qui identifiera correctement le genre du plus grand nombre de mots gagnera le jeu. (Si vous en avez besoin, vous pouvez consulter la liste de vocabulaire à la fin du livre.)

Formation of the Feminine Singular

Feminine Nouns Derived From the Masculine

1. French nouns usually form the feminine singular by adding an unaccented **e** to the masculine singular.

Masculine singular	Feminine singular
un avocat	une avocat**e**
un orphelin	une orphelin**e**
un Français	une Français**e**

Chansons d'enfant

1. Frère Jacques,
   Frère Jacques,
   Dormez-vous ?
   Dormez-vous ?
   Sonnez les matines (*Sound the morning bells*) !
   Sonnez les matines !
   Ding, ding, dong !
   Ding, ding, dong !

2. Sur le pont d'Avignon
   On y danse,
   On y danse.
   Sur le pont d'Avignon
   On y danse
   Tout en rond.

2. Nouns with certain endings form the feminine in other ways.

Ending			Masculine	Feminine
el	⎫	elle	Gabriel	Gabrielle
eau	⎭		jumeau	jumelle
en	→	enne	lycéen	lycéenne
on	→	onne	baron	baronne
et	→	ette	cadet	cadette
eur	→	euse	danseur[1]	danseuse
teur	→	trice	acteur[2]	actrice
er	→	ère	écolier	écolière
x	→	se	époux	épouse
f	→	ve	veuf (*widower*)	veuve (*widow*)

Feminine Nouns Not Derived From the Masculine

The feminine of some common nouns is not derived regularly from the masculine and simply must be learned.

Masculine	Feminine
le fils	la fille
le frère	la sœur
le mari	la femme
le neveu	la nièce
l'oncle	la tante
le père	la mère
le roi	la reine
le dieu	la déesse
le héros	l'héroïne

Nouns Without a Separate Feminine Form

1. Many masculine nouns indicating professions previously associated with males do not have a feminine form.[3]

auteur	ingénieur	ministre
diplomate	juge	peintre
écrivain	médecin	professeur

---

[1] Like **danseur:** other nouns derived from the present participle (**buvant → buveur**), such as **chanteur, flatteur, menteur, trompeur, travailleur,** etc.

[2] Like **acteur:** other nouns ending in **-teur** that are not derived from the present participle: **auditeur, conducteur, directeur, instituteur,** etc.

[3] Actual usage is changing regarding the feminization of nouns. Some writers and speakers, especially Francophones outside of France, are tending to feminize some of these nouns by using the feminine articles **la** and **une,** or by adding an **e:** e.g., *la ministre, une écrivaine, une auteure.*

The feminine of these nouns is often indicated by using a feminine personal pronoun in the sentence, or by placing the word **femme(s)** before or after the noun.

J'aime mon professeur parce qu'elle est sympathique.
I like my teacher because she's nice.

Il y a trois femmes écrivains dans la famille.
There are three women writers in the family.

2. Some nouns indicating persons form the feminine by simply using the feminine article **la** or **une**. Many of these nouns end in unaccented **e**.

architecte	dentiste	pianiste
artiste	élève	secrétaire
athlète	enfant	touriste
célibataire	journaliste	

ACTIVITÉS

A. **Jeu.**   Choisissez un(e) camarade de classe et demandez-lui de mettre les noms suivants au féminin. Faites l'activité à tour de rôle. Celui ou celle qui aura le plus grand nombre de bonnes réponses gagnera le jeu.

1. le menteur	5. le dieu	9. le chanteur	13. le Juif
2. le chien	6. l'aîné	10. le fils	14. l'infirmier
3. l'Italien	7. le couturier	11. le cadet	15. le héros
4. le conducteur	8. le frère	12. le chat	16. le neveu

B. Identifiez les personnes suivantes dans votre famille. Comparez vos réponses à celles d'un(e) camarade de classe.

MODÈLE   Ma tante...

Ma tante est la sœur de mon père ou de ma mère.   *ou :*
Ma tante est la mère de mes cousins.

1. Ma cousine...
2. Mon neveu...
3. Mon grand-père...
4. Mon cousin...
5. Mon oncle...
6. Ma grand-mère...

> **Proverbes familiaux**
>
> Qui aime bien châtie (*chastises*) bien.
> Tel père, tel fils.

C. Identifiez la profession des personnages suivants. (Si nécessaire, consultez l'*Index des noms propres* à la fin du livre.) Comparez vos réponses à celles d'un(e) camarade de classe.

MODÈLE   Le Corbusier...
         Le Corbusier était architecte.

1. Henri Matisse
2. Édith Piaf
3. Honoré de Balzac
4. Simone de Beauvoir
5. Coco Chanel

6. Louis XIV
7. Georges Bizet
8. Marie-Antoinette
9. René Descartes
10. Sarah Bernhardt

Formation of the Plural

The Plural with *s*

The plural of French nouns is generally formed by adding **s** to the singular. A noun that already ends in **s** in the singular will not change in the plural.

la fille	les filles
le fils	les fils

Names of families do not take **s** in the plural.

Je suis allé chez les Dupont hier.
I went to the Duponts' yesterday.

Même s'il pleut, les enfants sont heureux.

The Plural with *x* or *z*

1. Nouns with certain endings form the plural in **x** or **z**.

Change		Singular	Plural
al	→ **aux**[4]	le cheval	les chevaux
au	→ **aux**	le noyau (*stone of a fruit*)	les noyaux
eau	→ **eaux**	le couteau	les couteaux
eu	→ **eux**	le neveu	les neveux
x	(no change)	le prix	les prix
z	(no change)	le nez	les nez

2. Seven nouns ending in **-ou** form the plural in **x**.

le bijou	**les bijoux**	le hibou	**les hiboux**
jewel		*owl*	
le caillou	**les cailloux**	le joujou	**les joujoux**
pebble		*toy*	
le chou	**les choux**	le pou	**les poux**
cabbage		*louse*	
le genou	**les genoux**		
knee			

Irregular Plurals

A small group of common nouns have unusual plurals.

Singular	Plural
le ciel	**les cieux**
l'œil	**les yeux**
le travail	**les travaux**
madame	**mesdames**
mademoiselle	**mesdemoiselles**
monsieur	**messieurs**

---

[4] The nouns **le bal, le récital, le carnaval,** and **le festival** add **s** to form the plural.

The Plural of Compound Nouns

A compound noun is a noun formed by two or more words connected by a hyphen: **le grand-père, le premier-né**. The formation of the plural depends on the words that make up the compound noun. As a rule, only nouns and adjectives can be made plural in a compound noun, the other elements—verbs, adverbs, prepositions, pronouns—being invariable. Since this rule has many exceptions, the plural of compound nouns should always be checked in a dictionary. Here are the plurals of some common ones:

le beau-fils *stepson, son-in-law*	**les beaux-fils**	la belle-fille *stepdaughter*	**les belles-filles**
le beau-frère *brother-in-law*	**les beaux-frères**	le grand-parent *grandparent*	**les grands-parents**
la belle-sœur *sister-in-law*	**les belles-sœurs**	le premier-né *firstborn (child)*	**les premiers-nés**
le beau-père *father-in-law, stepfather*	**les beaux-pères**	le dernier-né *last child*	**les derniers-nés**
la belle-mère *mother-in-law, stepmother*	**les belles-mères**	le nouveau-né *newborn child*	**les nouveau-nés**
le demi-frère *stepbrother*	**les demi-frères**	la demi-sœur *stepsister*	**les demi-sœurs**
le grand-père *grandfather*	**les grands-pères**	le pique-nique *picnic*	**les pique-niques**
la grand-mère *grandmother*	**les grands-mères**	le réveille-matin *alarm clock*	**les réveille-matin**

ACTIVITÉS

A. Jeu. Choisissez un(e) camarade de classe et demandez-lui de mettre les noms suivants au pluriel. Faites l'activité à tour de rôle. Celui ou celle qui aura le plus grand nombre de bonnes réponses gagnera le jeu.

1. madame
2. le carnaval
3. le fou
4. le ciel
5. le tapis
6. le feu
7. le tableau
8. la grand-mère
9. le pique-nique
10. l'œil
11. le général
12. la croix
13. le beau-frère
14. le manteau
15. le nez

B. Mettez les phrases suivantes au pluriel. Faites tous les changements nécessaires. Comparez vos réponses à celles d'un(e) camarade de classe.

1. Il y a un joujou sous le genou de mon neveu.
2. L'œil de ma fille est très beau.
3. Ce chou n'est pas un bijou !
4. Il y a un cheveu sur ce nouveau-né.

C'est bon, n'est-ce pas ?

C. Traduisez en français, puis jouez le dialogue avec un(e) camarade de classe.

> **A:** Do you get along well with your stepmother?
> **B:** Yes, I have a good relationship with her. She's demanding but very fair.
> **A:** And your stepbrother?
> **B:** Him? He's impossible!

Related Expressions

In French, a number of words are used to express the concept of *people*.

Les gens

The most common word to express the word *people* is **gens**, a collective plural. It is unusual in that it is feminine if an adjective precedes it, but masculine if an adjective follows it.

Il faut aider les vieilles gens.	Ce sont des gens courageux.
One must help old people.	*They are courageous people.*

Note also that **jeunes gens** (*young people*) is used as the plural of **jeune homme** (**jeunes hommes** is rarely used).

Ces jeunes gens ont des liens de famille étroits.
These young men have close family ties.

Les personnes

Les personnes (*f*) usually indicates a small number of people who can be counted (the collective noun **gens** cannot be counted).

> J'ai rencontré plusieurs personnes intéressantes chez les Pelletier.
> *I met several interesting people at the Pelletiers'.*

Le peuple

Le peuple refers to those who constitute a nation or other ethnic or cultural grouping. It also can have the somewhat pejorative meaning of *the masses, the common people.*

> Le peuple français a élu un nouveau chef d'État.
> *The French people elected a new leader.*

> Sans une presse libre, le peuple est ignorant.
> *Without a free press, the masses are ignorant.*

ACTIVITÉS

A. Remplacez les mots entre parenthèses par la forme convenable de **gens, personnes** ou **peuple**. Comparez vos réponses à celles d'un(e) camarade de classe.

1. (*The people*) du quartier trouvent cette famille un peu bizarre.
2. Plusieurs (*people*) m'ont demandé le prix de ce bijou.
3. (*The American people*) est souvent généreux.
4. Il y a des (*people*) qui négligent leurs enfants.
5. J'ai invité cinq (*people*) à dîner.
6. Les vieilles (*people*) ressemblent souvent aux enfants.
7. Parfois les jeunes (*men*) font très bien la cuisine.
8. Combien de (*people*) vont venir déjeuner chez nous cet après-midi ?
9. Je n'aime pas les (*people*) qui se disputent toujours.

B. Demandez à un(e) camarade de classe :

1. combien de personnes il (elle) aime inviter quand il (elle) organise un dîner.
2. quelles sont quelques caractéristiques du peuple américain (du peuple français).
3. ce que les jeunes gens aiment faire (ce qu'ils n'aiment pas faire).
4. quelle sorte de gens il (elle) aime.
5. s'il (si elle) pense que les vieilles gens méritent le respect.

DISSERTATION (première partie) : REMUE-MÉNINGES

Remember that the goal of the brainstorming session is to help prepare you to write the actual essay, the subject of which is found in the second part of the essay activity, Dissertation (seconde partie), *on page 93. As you brainstorm with your classmates, try to keep the subject of the essay in mind and take notes accordingly, jotting down expressions and ideas you think will be useful in answering the essay question.*

Rapports familiaux

Pour vous aider à préparer votre dissertation sur le thème de la famille, songez aux rapports qui existent entre les différents membres d'une famille. Voici quelques questions qui pourront vous aider à considérer ce sujet.

1. Y a-t-il des parents qui sont trop tolérants, trop indulgents, trop prêts à toujours dire oui ? Citez un ou deux exemples concrets.
2. Est-ce que la discipline est un élément essentiel dans la vie d'une famille ? Quelle sorte de discipline faut-il ? Trouvez-vous qu'il y en a assez dans la famille contemporaine ?
3. Vos parents ont-ils fait des sacrifices pour vous ? Dressez-en une petite liste.
4. Avez-vous jamais fait des sacrifices pour les autres membres de votre famille ? Indiquez-en quelques-uns. En général, est-ce que vous vous entraidez (*help each other out*) ?
5. Est-ce que l'amour dans une famille est quelque chose de tout à fait naturel ou doit-il être mérité ?
6. En général êtes-vous prévenant(e) envers les membres de votre famille ? Citez un ou deux exemples.
7. Essayez-vous d'être honnête dans vos rapports familiaux ? Est-il toujours possible de l'être ? Y a-t-il par exemple certaines situations qui vous font songer au mensonge ?
8. Vous entendez-vous bien avec tous les membres de votre famille ou est-ce que vous vous disputez souvent ? À votre avis, sur quoi se basent ces bons (mauvais) rapports ?

Aide familiale

Pour aider la famille, l'État (*the French government*) donne des allocations familiales (*family allowances*) à toute (*any*) personne qui réside en France, sans considération de nationalité, et qui a la charge d'au moins deux enfants qui résident en France. Il n'est pas nécessaire que ces enfants aient un lien de parenté (*blood relationship*) avec cette personne.

Articles

An article is a word placed before a noun to indicate its number and degree of determination. There are three kinds of articles in French: definite, indefinite, and partitive.

The Definite Article

	Simple form	with *à*	with *de*
masculine singular	le	au	du
feminine singular	la	à la	de la
plural	les	aux	des

The elided form **l'** replaces **le** and **la** before singular nouns and adjectives beginning with a vowel or mute **h: l'enfant, l'hôtel, l'autre gosse**. The definite article has varied uses in French.

To Indicate a Particular Noun

Here the French definite article is used like *the* in English.

La mère a oublié la moutarde et l'eau minérale pour le pique-nique.
The mother forgot the mustard and the mineral water for the picnic.

In French, the article is generally repeated before each noun in a series, whereas in English often it is not.

J'ai pu trouver le pain, le vin et le fromage !
I was able to find the bread, wine, and cheese!

Before Nouns Used in a General Sense

Here usage differs from English, which uses no article at all in generalizations and abstractions.

La vie est difficile.   L'histoire me passionne.
Life is difficult.   *History excites me.*

Les femmes sont aussi ambitieuses que les hommes.
Women are just as ambitious as men.

Since noun objects following the verbs **adorer, aimer, détester,** and **préférer** are usually understood in a general sense, the definite article is almost always used with these nouns.

Louise aime les bonbons.
Louise likes candy.

Mes parents préfèrent les enfants sages.
My parents prefer well-behaved children.

With Temporal Expressions

The singular definite article is used with days of the week, and with the nouns **matin, après-midi,** and **soir,** to indicate habitual recurrence.[5]

Papa nous emmène au cinéma le vendredi.
Dad takes us to the movies on Fridays.

En été, notre famille fait un pique-nique le dimanche.
In the summer, our family goes on a picnic on Sundays.

Je fais le lit le matin et elle fait la vaisselle le soir.
I make the bed in the morning and she washes the dishes at night.

Note, however, that when a particular day is indicated, the article with the day is omitted.

Ces gosses sont ravis parce que les vacances commencent vendredi.
These kids are delighted because vacation begins Friday.

With Proper Nouns

1. The definite article is used with proper nouns preceded by a title or an adjective.

Le général de Gaulle a gouverné la France.
General de Gaulle governed France.

Dans ce roman de Balzac, le vieux Goriot fait beaucoup de sacrifices pour ses filles ingrates.
In this novel by Balzac, old Goriot makes many sacrifices for his ungrateful daughters.

Otherwise, proper nouns are used without the article.

Anne-Marie est une mère célibataire.
Anne-Marie is a single mother.

2. The definite article is not used before a title, if one is speaking to the person directly.

Docteur Leblond, comment va notre enfant ?
Doctor Leblond, how is our child?

With Units of Weight and Measure

To express weights and measures, French generally uses the definite article whereas English uses the indefinite article.

Ces bonbons coûtent cinq euros le kilo.
These candies cost five euros a kilo.

Les œufs coûtent deux euros la douzaine.
Eggs cost two euros a dozen.

---

[5] For the use of the definite article with days and dates, see Appendix, p. 348.

But note these related expressions:

1. frequency or amount per unit of time = **par** + *noun*

   Je vais à New York deux fois par an (mois, semaine, etc.).
   I go to New York twice a year (month, week, etc.).

   Nous gagnons trois cents euros par jour.
   We earn three hundred euros a day.

2. money per hour = **de l'heure**

   Mon fils gagne dix euros de l'heure pendant les grandes vacances.
   My son earns ten euros an hour during summer vacation.

3. speed per hour = **à l'heure**

   La voiture roulait à 130 kilomètres[6] à l'heure !
   The car was traveling at 130 kilometers an hour!

ACTIVITÉS

A. Posez les questions suivantes à un(e) camarade de classe. Faites l'activité à tour de rôle.

1. Qui a découvert le vaccin antipolio ?
2. Quelle est ta date de naissance ?
3. Dans quelle partie de la journée aimes-tu étudier ?
4. Y a-t-il un jour spécial où tu nettoies ta chambre ? où tu fais la lessive ? où tu sors avec des amis ? où tu fais la grasse matinée ?
5. Te rappelles-tu ton premier emploi ? Combien gagnais-tu ?
6. Quel professeur te donne le plus de devoirs ?
7. Combien coûte un paquet de cigarettes ?
8. Combien de fois par mois vas-tu au cinéma ?

B. Traduisez les mots entre parenthèses. Puis jouez le dialogue.

A : Bonjour, Mademoiselle. Je voudrais fixer rendez-vous avec (*Dr. Lachance*) (*next Wednesday*) à 16 h. Est-elle disponible ?
B : Non, Monsieur, elle n'est pas disponible parce que le bureau est fermé (*on Wednesdays*).
A : (*Next Monday*), alors ?
B : Voyons... Elle a déjà un rendez-vous à 16 h. (*next Monday*) mais elle peut vous voir à 15 h.
A : Bien, (*Monday*), à 15 h alors. Merci, Mademoiselle. Oh, pardon, j'ai une petite question à vous poser. Êtes-vous disponible (*Saturday night*) ?
B : Je sors avec mon petit ami (*Saturday nights*). Au revoir, Monsieur.

---

[6] un mile = 1,6 kilomètres

Un pique-nique en famille

The Definite Article with Geographical Names

The definite article is used with most geographical names (continents, countries, provinces, states, mountains, rivers, oceans, etc.): **l'Afrique, la France, la Normandie, le Massachusetts, la Seine, la Nouvelle-Zélande**.

Le Mexique est riche en pétrole.   La Seine est polluée.
Mexico is rich in oil.   *The Seine is polluted.*

The definite article is not used with cities unless it forms an integral part of the name: **Le Havre, La Haye** (*The Hague*), **La Nouvelle-Orléans**.

Boston est une ville historique.   Le Havre est un port important.
Boston is a historical city.   *Le Havre is an important port.*

To and in with Geographical Names

1. With cities

   The preposition **à** alone is used before names of cities.

   Nous comptons passer nos vacances à Paris et à Londres.
   We intend to spend our vacation in Paris and London.

   The names of cities that include the article make the normal contraction with **à**.

   Demain je vais au Havre.
   Tomorrow I'm going to Le Havre.

2. With states

   En is used before the feminine states of the union (i.e., **Californie, Caroline du Nord, Caroline du Sud, Floride, Géorgie, Louisiane, Pennsylvanie, Virginie, Virginie de l'Ouest**); **dans** + *definite article*, or the expression **dans l'état de,** is often used before masculine states (i.e., those not ending in unaccented **e**).

   Si vous avez froid l'hiver, allez en Floride ou en Californie.
   If you are cold in winter, go to Florida or California.

   Elle est née dans l'état de New York.   Mon père est né dans le Kentucky.
   She was born in New York.   *My father was born in Kentucky.*

   Exceptions: **au Texas, au Nouveau-Mexique, dans le Maine, dans le New Hampshire**.

3. With countries

   En is used before continents and feminine countries, and before masculine singular countries beginning with a vowel.

   Je l'ai rencontré en France.
   I met him in France.

   Michel a rendu visite à ses parents en Israël.
   Michael visited his parents in Israel.

   Je vais voyager en Asie et en Europe.
   I'm going to travel to Asia and Europe.

   The preposition **à** + *definite article* (**au, aux**) is used before plural names of countries and masculine singular countries beginning with a consonant.

   Les enfants sont-ils gâtés aux États-Unis ?
   Are children spoiled in the United States?

   Je vais au Portugal.
   I'm going to Portugal.

From with Geographical Names

In French, *from* is expressed by **de** alone before most feminine singular geographical names, and before islands and cities. *From* is expressed by **du** before masculine singular names, and by **des** before all plural names.

D'où venez-vous, des États-Unis ou de France ?
Where do you come from, the United States or France?

Toute ma famille vient du Japon.
My whole family comes from Japan.

Je viens de rentrer de Paris.
I have just returned from Paris.

A C T I V I T É S

A. Demandez à un(e) camarade de classe où se situent les endroits suivants. Faites l'activité à tour de rôle.

> MODÈLE   VOUS :   Où se trouve Tokyo ?
>   CAMARADE :   *Tokyo se trouve au Japon.*
>
>   CAMARADE :   Où se trouve San Francisco ?
>   VOUS :   *San Francisco se trouve en Californie.*

1. Tokyo
2. San Francisco
3. Miami
4. Detroit
5. le Vatican
6. les Nations Unies
7. Moscou
8. Houston
9. la vallée de la Loire
10. Tel-Aviv
11. la Chine
12. la province de Québec

B. Demandez à un(e) camarade de classe dans quel pays ou quelle ville il (elle) se trouve...

1. s'il (si elle) est en train de visiter l'Arc de Triomphe ?
2. s'il (si elle) porte un kimono ?
3. si tout le monde parle chinois ?
4. s'il (si elle) monte dans la statue de la Liberté ?
5. si tout le monde parle espagnol ?
6. s'il (si elle) est en train de manger beaucoup de spaghettis ?
7. s'il (si elle) prend une photo du Kremlin ?
8. s'il (si elle) fait des courses à Montréal ?

C. Demandez à un(e) camarade de classe de quel pays viennent probablement les personnes fictives suivantes. Répondez en employant les pays de la liste ci-dessous. Faites l'activité à tour de rôle.

Allemagne	Mexique	Japon	États-Unis
Russie	Angleterre	Grèce	France
Italie	Irlande		

> MODÈLE   VOUS :   Luigi Fiorentini
>   CAMARADE :   *Il vient d'Italie.*

1. Maria Garcia
2. Dimitrios Politakis
3. Colleen O'Flanagan
4. Angelina Carifio
5. Horst Heine
6. Micheline Duchamp
7. Sally Jones
8. Misako Kyoto (*f*)
9. Ivan Raskolnikov
10. Maxwell Hamilton

The Indefinite Article

	Singular	Plural
masculine	un	des
feminine	une	des

In the singular, the indefinite article in French expresses the English indefinite articles *a* and *an*. In the plural, the indefinite article is translated by *some* or *any* in English, or often by no word at all.

> Nous avons un fils de quinze ans.
> *We have a fifteen-year-old son.*

> Mon fils a acheté des pommes et des oranges.
> *My son bought (some) apples and oranges.*

Unlike in English, the indefinite article in French is normally repeated before each noun in a series.

> Je vois un homme, une femme et un enfant.
> *I see a man, woman, and child.*

The Partitive Article

	Singular	Plural
masculine	du de l'	des
feminine	de la de l'	des

As its name indicates, the partitive article designates a part of the whole represented by the noun. English does not possess a partitive article, but expresses the partitive notion by placing *some* or *any* before the noun, or by using the noun alone.

> Achetez-moi du pain et du vin, s'il vous plaît.
> *Buy me some bread and wine, please.* OR
> *Buy me bread and wine, please.*

> Avez-vous des épinards ?
> *Do you have any spinach?* OR
> *Do you have spinach?*

Note that **de (d')** usually replaces the indefinite and the partitive article in the negative.

> Avez-vous une voiture ? — Non, je n'ai pas de voiture.
> *Do you have a car? —No, I don't have a car.*

> Avez-vous des frères ? — J'ai une sœur mais je n'ai pas de frères.
> *Do you have brothers? —I have a sister but I don't have any brothers.*

> Votre sœur a-t-elle de l'ambition ? —Non, elle n'a pas d'ambition.
> *Does your sister have ambition? —No, she has no ambition.*

Before an Adjective Preceding a Plural Noun

Before a plural adjective, **de** is used instead of **des**.[7]

> Ils ont de beaux enfants.
> *They have beautiful children.*

Des is used, however, if the adjective and the plural noun form a unity: **les petits pois** (*peas*), **les jeunes filles, les jeunes gens**.

> Je connais des jeunes filles qui ne veulent pas se marier.
> *I know some girls who don't want to get married.*

quelques

The adjective **quelques** is the equivalent of the expression *a few*.

> Maman, as-tu quelques dollars ?
> *Mom, do you have a few dollars?*

ACTIVITÉS

A. Remplacez les tirets par **du, de la, des** ou **de (d')**, puis jouez les dialogues.

1. **A :** M. Maquet a _____ fils remarquables.
   B : Tu trouves ?

2. **A :** Notre père a _____ bons rapports avec nous.
   B : Tant mieux !

3. **A :** Nos parents ont fait _____ grands sacrifices pour nous.
   B : J'espère que vous les méritez.

4. **A :** Mes parents n'ont jamais _____ dispute.
   B : Tu as _____ chance !

---

[7] Although this rule is followed by many cultivated speakers and writers, the use of **des** + *adjective* + *plural noun* is becoming increasingly popular.

5. **A :** Sais-tu que ce couple n'a pas _____ enfant ?

   B : Et alors (*And so*) ?

6. **A :** Nous avons entendu _____ belle musique au concert hier soir.

   B : Qui nous ?

   A : Ma femme et moi, et notre fille aînée, Chloé.

B. Traduisez en français. Comparez vos réponses à celles d'un(e) camarade de classe.

1. I have some friends.
2. I have a few friends.
3. I have friends.
4. Do you have any friends?
5. I have good friends.
6. I have no friends.
7. I don't have any friends.

C. Demandez à un(e) camarade de classe ce qu'il (elle) mange ou boit, en employant **du, de la** ou **des** selon le modèle. Faites l'activité à tour de rôle.

MODÈLE   **VOUS :**   Manges-tu des escargots ?

         CAMARADE :   *Oui, je mange des escargots.*   *ou :*

                     Non, je ne mange pas d'escargots.

         CAMARADE :   Bois-tu du café express ?

         VOUS :   *Oui, je bois du café express.*   *ou :*

                     Non, je ne bois pas de café express.

1. escargots
2. café express
3. caviar
4. vin français
5. soupe à l'oignon
6. pizza
7. cuisses de grenouille (*frogs' legs*)
8. croissants
9. omelettes
10. lait

Des or *Les*? The Indefinite Article Versus the Definite Article

The distinction between the plural indefinite article (**des**) and the plural definite article used in the general sense (**les**) may sometimes be confusing. A convenient rule of thumb is to insert in the sentence the word *some* or *any* as a test for the indefinite article, and *all* or *in general* as a test for the definite article. The word that fits most naturally *without changing the sentence's meaning* indicates the appropriate article.

Men are mortal.

All men or *some* men? Clearly, *all* men, since *some* would change the meaning of the sentence. The definite article is therefore appropriate:

Les hommes sont mortels.

> ### *Do you have brothers?*
>
> *All* or *any* brothers? Clearly, *any* brothers, since *all* brothers is awkward and does not convey the meaning of the sentence. The indefinite article is therefore appropriate:
> **Avez-vous des frères ?**

ACTIVITÉS

A. Posez les questions suivantes à un(e) camarade de classe qui y répondra en employant l'article défini ou l'article indéfini selon le cas. Faites l'activité à tour de rôle.

1. Quelle sorte d'étudiants les professeurs préfèrent-ils ?
2. Quelle sorte d'enfants sont généralement ingrats ?
3. Quelle sorte d'amis as-tu ?
4. Quelle sorte de parents admires-tu ?
5. As-tu des ennemis farouches (*fierce*) ?
6. Quelle sorte d'enfants ne voudrais-tu pas avoir ?
7. Quelle sorte de parents comprennent leurs enfants ?
8. Quelle sorte d'enfants obéissent à leurs parents ?
9. Quelle sorte de devoirs (*homework*) aimes-tu ?

B. Traduisez en français, puis jouez les dialogues avec un(e) camarade de classe.

1. **A:** Do you have brothers?
   B: Yes.
   A: Do you have sisters?
   B: Yes. And you?
   A: I am an only child. I only have parents!

2. **A:** I hate stereotypes.
   B: So do I (*Moi aussi*). "Only children are spoiled!"
   A: "Orphans are sad!"
   B: "Parents are always right!"
   A: "Stereotypes are stupid!"

Omission of the Article

Under certain circumstances, nouns may be used in French without any article at all. It is important to note that in all the cases that follow, the noun is understood in an indefinite sense, and not in a specific sense.

Donne-moi ça, papa.

After Certain Expressions Ending in *de*

1. After expressions of quantity

   After expressions of quantity such as **beaucoup de, combien de, trop de, peu de, plus de, assez de, une boîte de, un sac de, un million de, une douzaine de,** etc., no article is used.

   Beaucoup de mères croient que leurs enfants sont parfaits.
   Many mothers think that their children are perfect.

   Il y avait peu de disputes chez nous.
   There were few quarrels at our house.

   However, **de** + *definite article* (**du, de la, de l', des**) is used with certain expressions: **bien de, la plupart de, la plus grande partie de,** and **la majorité de**.

   La majorité des étudiants sont sérieux.
   The majority of students are serious.

   La plupart des enfants aiment l'école.
   Most children like school.

2. After **ne... pas de** and other general negations

Like all expressions of quantity, the negative expression of quantity **ne... pas de** is followed directly by an indefinite noun without an article. Remember that **ne... pas de** may be the negative of both the partitive article (**du, de la, de l', des**) and the indefinite article (**un, une, des**).

Cette fille pauvre a-t-elle des jouets ? — Non, elle n'a pas de jouets.
Does this poor girl have any toys? —No, she doesn't have any toys.

Avez-vous un frère ? — Non, je n'ai pas de frère.
Do you have a brother? —No, I don't have a brother.

De without an article is also used after other negative expressions like **ne... plus** and **ne... jamais**.

Jacques a-t-il toujours de l'ambition ? — Non, il n'a plus d'ambition.
Does James still have ambition? —No, he no longer has any ambition.

Il n'a jamais gagné d'argent.
He has never earned any money.

But the normal indefinite and partitive forms are used after **être** in the negative.

Ce ne sont pas des enfants sages !
They are not well-behaved children!

Ce n'est pas une bonne idée !
It's not a good idea!

3. After verbal and adjectival expressions with **de**

No article is used after verbal and adjectival expressions ending in **de**, such as **avoir besoin de** (*to need*), **avoir envie de** (*to feel like*), **manquer de** (*to lack*), **remplir de** (*to fill with*), **entouré de** (*surrounded by*), **plein de** (*full of*), and **couvert de** (*covered with*).

Cette mère célibataire a besoin de courage.
That single mother needs courage.

Mon frère manque de prudence.
My brother lacks prudence.

4. After **de** + *noun* used to qualify another noun

In French, when a noun qualifies another noun, it follows that other noun and is joined to it by **de;** no article is used after **de**.

une robe de soie	un verre de cidre
a silk dress	*a glass of cider*
la maison de campagne	un kilo[8] de pommes de terre
the country house	*a kilo of potatoes*

---

[8] one kilo = 2.2 pounds

After *avec* and *sans*

After the prepositions **avec** (with abstract nouns only) and **sans,** no article is used.

La famille a adopté l'enfant avec enthousiasme.
The family adopted the child enthusiastically.

Est-ce qu'un ménage sans enfants est incomplet ?
Is a household without children incomplete?

But if the noun with **avec** is not abstract, the partitive is used.

Mon frère est allé jouer au tennis avec des amis.
My brother went to play tennis with friends.

With Languages after *parler* and *en*

No article is used if the verb **parler** or the preposition **en** are directly followed by the name of a language.

Je parle russe.
I speak Russian.

Je ne peux pas lire cet article écrit en français.
I can't read this article written in French.

When **parler** is followed by **pas,** no article is used. When other adverbial expressions intervene between **parler** and the name of a language, the article may or may not be used.

Elle ne parle pas chinois.
She doesn't speak Chinese.

Ma femme parle couramment (le) portugais.
My wife speaks Portuguese fluently.

Vous parlez très bien (le) japonais !
You speak Japanese very well!

Note that languages do not take a capital letter in French.

With Qualifying Nouns after *être*

No article is used when nouns designating profession, nationality, political allegiance, religion, or social class follow the verb **être.**

Mon père est employé de bureau.
My father is an office worker.

Sa grand-mère est américaine.
His grandmother is an American.

Son père est communiste.
His father is a Communist.

Ils sont catholiques.
They are Catholics.

Il est avocat, mais ses amis sont ouvriers.
He is a lawyer, but his friends are workers.

The indefinite article is used, however, when the sentence begins with **c'est** or **ce sont**. It is also usually used when the noun is modified by an adjective.

C'est un docteur.
He is a doctor.

Le Corbusier était un excellent architecte.
Le Corbusier was an excellent architect.

Remember that the article is retained after **ce n'est pas** and **ce ne sont pas**.

Ce n'est pas un docteur.
He is not a doctor.

Ce ne sont pas des amis.
They are not friends.

Note that in all the cases just covered, where a noun is used without any article, that noun is understood in an indefinite sense. If the noun is particularized in any way, an article must be used.

J'ai mangé trop de gâteau !
I ate too much cake!

BUT: J'ai trop mangé du gâteau que vous m'avez donné !
I ate too much of the cake you gave me!

Cet enfant a besoin de jouets.
This child needs toys.

BUT: Cet enfant a besoin des jouets de son frère.
This child needs his brother's toys.

Balzac est écrivain.
Balzac is a writer.

BUT: Balzac est un écrivain célèbre.
Balzac is a famous writer.

Une famille musulmane à Paris

ACTIVITÉS

A. Demandez à un(e) camarade de classe s'il (si elle) trouve les choses, les personnes ou les qualités suivantes chez lui (elle) ? Dans la réponse, employez **beaucoup de, trop de, assez de, peu de** ou **ne... pas de** selon le modèle. Faites l'activité à tour de rôle.

MODÈLE VOUS : les enfants
     CAMARADE : *Il y a beaucoup d'enfants (assez d'enfants, peu d'enfants, etc.) chez moi.*

     CAMARADE : les plantes
     VOUS : *Il n'y a pas de plantes chez moi.*

1. les enfants
2. les plantes
3. les disputes
4. la tolérance
5. les magazines
6. les animaux
7. la tendresse
8. l'humour

B. Qu'est-ce que les personnes suivantes n'ont pas ? Préparez les réponses avec un(e) camarade de classe.

1. un orphelin
2. un nouveau-né
3. un pauvre
4. une femme divorcée
5. un enfant unique

C. **Jeu d'association.**   Demandez à un(e) camarade de classe de compléter les expressions suivantes en employant **de** + le premier nom qui lui vient à l'esprit, selon le modèle. Faites l'activité à tour de rôle.

MODÈLE   VOUS :   une tasse
            CAMARADE :   *une tasse de thé*

1. un verre
2. une salle
3. un kilo
4. un professeur
5. un litre
6. une douzaine
7. une chanson
8. un livre
9. une robe

D. De quoi les personnes suivantes ont-elles besoin ? Répondez aux questions selon le modèle, puis comparez vos réponses à celles d'un(e) camarade de classe.

MODÈLE   les enfants gâtés
        Les enfants gâtés ont besoin de discipline (de fessées, de compassion).

1. les nouveau-nés
2. les professeurs
3. les skieurs
4. les nageurs
5. les alcooliques
6. les étudiants
7. les parents
8. les personnes âgées

E. Traduisez en français, puis jouez le dialogue avec un(e) camarade de classe.

A: Do you take your coffee with milk or sugar?
B: With sugar but without milk.
A: And your tea?
B: With milk but without sugar.
A: But that's not logical!
B: Is life logical?

F. Remplacez les tirets, si nécessaire, par **un** ou **une**.

1. Ma mère était _____ banquière bourgeoise.
2. Êtes-vous _____ étudiant sérieux ?
3. De Gaulle était _____ général.
4. Édith Piaf était _____ très bonne chanteuse.
5. Je veux être _____ artiste, mais mes parents veulent que je sois _____ médecin !
6. M. Lesage n'est pas _____ professeur exigeant.
7. Est-elle _____ protestante ?

Synthèse

Activités d'ensemble

I. Demandez à un(e) camarade de classe d'indiquer le genre des noms suivants sans consulter le dictionnaire. Faites l'activité à tour de rôle.

1. espagnol
2. mariage
3. bonté
4. dimanche
5. imagination
6. brusquerie
7. Belgique
8. culture
9. pin (*pine tree*)
10. été
11. trompette
12. Floride
13. cynisme
14. politesse
15. vitrail

II. Mettez les mots en italique au **pluriel,** puis comparez vos réponses à celles d'un(e) camarade de classe.

1. Le père a donné une fessée *au jumeau.*
2. Mon frère n'aime pas *le travail manuel.*
3. M. Dupuy a mal *au genou.*
4. Quand j'étais enfant, j'avais *un cheval.*
5. Ma tante a regardé *le bijou* de ma mère avec intérêt.
6. Voulez-vous répéter *le prix* de ces vêtements, s'il vous plaît ?
7. Invitons *notre beau-frère* à déjeuner.
8. Vous rappelez-vous *notre pique-nique* ensemble ?
9. Vous êtes trop injuste envers *votre neveu américain* !

III. Voici l'histoire de l'éducation d'un enfant. Remplacez les tirets, si nécessaire, par la forme convenable de l'article (**défini, indéfini** ou **partitif**) ou par **de**. Comparez vos réponses à celles d'un(e) camarade de classe, puis lisez le passage entier à haute voix.

1. _____ membres de ma famille sont faciles à décrire.
2. Ma mère est _____ dentiste.
3. Mon père est _____ avocat célèbre.
4. Tous les deux sont _____ catholiques et _____ républicains.
5. Ils parlent couramment _____ français et _____ anglais.
6. Mon père est _____ républicain très sérieux ; il travaille même pour _____ parti républicain.
7. Et moi ? Je suis bien élevé maintenant, mais j'étais _____ enfant très gâté !
8. Quand j'étais petit, mes parents ne me donnaient pas _____ fessée.
9. Puisque mon éducation était négligée, j'étais vraiment _____ enfant impossible !
10. Je fumais _____ cigarettes dans ma chambre à l'âge de treize ans.
11. Je rentrais très tard _____ soir.
12. Quand mon professeur _____ français m'appelait, je dormais !
13. Je sortais avec _____ garçons et _____ filles très mal élevés.
14. Mes parents ont finalement vu que je manquais _____ respect pour eux et que j'avais besoin _____ discipline.
15. Heureusement, j'avais assez _____ intelligence pour comprendre qu'il fallait changer mes mauvaises habitudes.
16. Il n'y a plus _____ manque de communication entre mes parents et moi.
17. Maintenant je suis _____ avocat, _____ catholique et _____ républicain !

IV. **Traduisez en français.** Comparez vos réponses à celles d'un(e) camarade de classe, puis lisez les phrases à haute voix.

1. *Do American parents often scold their children?*
2. *She has cousins who live in Mexico.*
3. *I have a good relationship with my parents.*
4. *Many parents do not make sacrifices for their children.*
5. *The Merciers like to have family outings on Sundays.*
6. *My stepbrother wants to be a teacher.*
7. *Doctor Colbert is not fair to his eldest son.*
8. *Can strict parents correct their children with love?*
9. *She doesn't speak French, but she speaks English very well.*
10. *Children obey their parents if they respect them.*
11. *My sisters always quarrel!*
12. *My father is happy when he is surrounded by his extended family.*

Sujets de discussion

1. Discutez le pour et le contre : le fossé entre les générations est inévitable.
2. Les parents et les enfants peuvent-ils être de véritables amis ?
3. Discutez le pour et le contre : la famille est une institution en train de mourir.
4. Discutez le pour et le contre : un enfant est négligé si ses parents travaillent tous les deux.
5. Quelles sont les obligations des parents envers leurs enfants et les obligations des enfants envers leurs parents ?

DISSERTATION (seconde partie)

Comme vous le savez, la famille d'aujourd'hui est en train de se redéfinir (voir Activité B, p. 64). Malgré ce fait, il y a certaines qualités qu'il faut développer et certains défauts (*faults, shortcomings*) qu'il faut éviter si on veut avoir de bons rapports familiaux. Dans votre dissertation, vous allez discuter ces qualités et ces défauts. Quels sont-ils, d'après vous ? Rafraîchissez votre mémoire en révisant les réponses que vous avez préparées dans *Dissertation (première partie) : remue-méninges.*

Pour bien présenter vos idées avec ordre et clarté, vous devez les proposer clairement dans votre introduction. Ensuite, développez votre thème en vous servant des expressions de transition dans le premier chapitre (pp. 17–18) pour passer d'un paragraphe à l'autre. Enfin, dans votre conclusion, résumez brièvement les idées principales que vous avez traitées.

4

Reflexives, *Passé Composé* and the Imperfect

L'Arche de la Défense à Paris

Un paysan plante des légumes.

Ville et Campagne

Chapter 4 at a Glance

Reflexive Verbs

I. Complétez au **présent**.

1. je (se laver)
2. tu (se coucher)
3. elle (s'habiller)
4. nous (se parler)
5. vous (s'endormir)
6. ils (se téléphoner)

II. Mettez au **négatif**.

1. Asseyez-vous.
2. Dépêche-toi !
3. Marions-nous !

III. Traduisez en français.

1. *They listen to each other.*
2. *We look at each other.*

IV. Traduisez en français les verbes entre parenthèses en employant **se rappeler** et **se souvenir de**.

1. _____ (*We remember*) la pollution à Los Angeles.
2. Oui, _____ (*I remember*) Geneviève !

The *Passé Composé* and the Imperfect

V. Mettez les verbes au **passé composé** en faisant l'accord du participe passé, s'il y a lieu.

1. nous (visiter)
2. ils (entendre)
3. je (finir)
4. nous (dire)
5. je (faire)
6. tu (prendre)
7. elle (aller)
8. elles (se promener)
9. ils (se parler)

VI. Mettez les verbes à **l'imparfait**.

1. je (danser)
2. tu (aller)
3. elle (choisir)
4. nous (être)
5. vous (avoir)
6. elles (nager)

VII. Traduisez les verbes entre parenthèses au **passé composé** ou à **l'imparfait,** selon le cas.

1. Elle _____ (*heard*) un oiseau chanter dans les arbres.
2. Ils _____ (*were talking*) de l'ambiance poétique de Paris.
3. Quand il _____ (*was*) plus jeune, il _____ (*used to look at*) ce lac pendant des heures !
4. Hier le ciel _____ (*was*) bleu et l'air _____ (*was*) frais !
5. Oui, nous (*did see*) _____ un artiste célèbre à Montmartre !
6. Ils _____ (*had been waiting*) depuis une heure quand ils ont vu le train arriver.

VIII.   Mettez les verbes entre parenthèses au **passé composé** ou à **l'imparfait,** selon le cas.

Le mois dernier ma famille et moi _____¹ (aller) à la campagne. Il _____² (faire) beau et le ciel _____³ (être) bleu. Alors nous _____⁴ (décider) de faire un pique-nique dans le bois. Pendant que nous _____⁵ (déjeuner), nous _____⁶ (entendre) un bruit étrange derrière nous. Nous _____⁷ (se retourner) et nous _____⁸ (voir) un ours (*bear*) qui _____⁹ (s'approcher) de nous ! Il _____¹⁰ (être) très grand et _____¹¹ (avoir) l'air méchant ! Nous _____¹² (se lever) tout de suite et nous _____¹³ (courir) jusqu'à la voiture. L'ours _____¹⁴ (manger) tous les sandwichs !

IX.   Traduisez en français les mots entre parenthèses.

1. Nous _____ (*left*) du bar à trois heures du matin.
2. Où _____ (*did you leave*) votre chapeau ?
3. Nous _____ (*left*) la ville à cause du bruit.

X.   Traduisez en français les mots entre parenthèses en employant l'expression **venir de**.

1. Ils _____ (*had just finished*) l'examen quand le professeur a ramassé les copies.
2. Nous _____ (*had just visited*) New York quand il a commencé à pleuvoir.

Vocabulaire du thème : *Ville et Campagne*

La ville

le **citadin,** la **citadine** city dweller
le **quartier** section, district
le **métro** subway
le **mendiant,** la **mendiante** beggar
le, la **sans-abri** (*inv*) homeless person
la **voiture** car

garer une voiture to park a car
la **banlieue** suburbs
l' **habitant(e) de la banlieue** suburbanite
le **centre-ville** downtown
le **gratte-ciel** skyscraper

Plaisirs de la ville

la **vie culturelle** cultural life
les **distractions** *f* entertainment
la **boîte de nuit** nightclub
le **grand magasin** department store
la **boutique** shop
faire des courses, du shopping to shop
stimulant(e) stimulating
dynamique dynamic
animé(e) lively

s'amuser bien to have a good time
flâner to stroll
se promener to take a walk, to walk
visiter un endroit to visit a place
rendre visite à une personne to visit a person
fréquenter (un café, un bar, etc.) to frequent (a café, a bar, etc.)

Inconvénients de la ville

le **bruit** noise
le **crime** crime
la **circulation** traffic
la **pollution** pollution
le **voyou** hoodlum, thug
le **clochard,** la **clocharde** bum

se perdre to get lost
attaquer to attack, to mug
louche shady, suspicious
anonyme anonymous
sale dirty
inhumain(e) inhuman

La campagne

le **campagnard,** la **campagnarde** country dweller
le **paysan,** la **paysanne** peasant ; hick
le **fermier,** la **fermière** farmer
la **ferme** farm
l' **herbe** *f* grass

le **bois** woods
le **champ** field
la **rivière** (small) river
le **fleuve** (large) river
le **lac**
la **montagne** mountain

Plaisirs de la campagne

faire du camping to go camping, to camp
faire de la bicyclette to go bicycle riding
faire un pique-nique to have a picnic
faire une randonnée to go on a hike
aller à la pêche to go fishing
attraper un poisson to catch a fish
prendre un bain de soleil to sunbathe
bronzé(e) tanned
se détendre to relax

se reposer to rest
coucher à la belle étoile to sleep outdoors
méditer (sur) to meditate (about)
paisible peaceful
isolé(e) isolated
rustique rustic
la **solitude** solitude
tranquille tranquil, calm

Inconvénients de la campagne

s'ennuyer to be bored
tondre la pelouse to cut, mow the lawn
l' **ennui** *m* boredom
l' **insecte** *m* insect
l' **abeille** *f* bee

la **mouche** fly
le **moustique** mosquito
piquer to sting
l' **ours** *m* bear
le **serpent** snake

ACTIVITÉS

Le Monde des mots

A. Trouvez des adjectifs. Voici une liste de noms. Cherchez dans le *Vocabulaire du thème* l'adjectif qui correspond à chaque nom. Faites l'activité à tour de rôle avec un(e) camarade de classe.

MODÈLE   VOUS :   le dynamisme
CAMARADE :   *dynamique*

CAMARADE :   la paix
VOUS :   *paisible*

1. l'isolement (*m*)
2. la tranquillité
3. la saleté
4. l'anonymat (*m*)
5. le bronzage
6. l'inhumanité (*f*)
7. la stimulation

> **Pour rire**
>
> Deux canards se promènent sur la rivière. Tout à coup l'un d'eux se retourne et fait (*goes*) « coin coin » . Le second répond : « Tiens ! C'est ce que j'allais dire. »

B. Trouvez des verbes.   Voici une liste de noms. Cherchez dans le *Vocabulaire du thème* le verbe qui correspond à chaque nom. Faites l'activité à tour de rôle avec un(e) camarade de classe.

MODÈLE   VOUS :   la visite
CAMARADE :   *visiter*

CAMARADE :   la perte
VOUS :   *se perdre*

1. la piqûre
2. la détente
3. l'attaque (*f*)
4. la promenade
5. la flânerie
6. l'ennui (*m*)
7. le repos
8. la méditation

Quelques proverbes français

1. Il ne faut pas dire : Fontaine, je ne boirai jamais de ton eau.
2. On reconnaît l'arbre à ses fruits.
3. Petit à petit, l'oiseau fait son nid.
4. Les petits ruisseaux (*streams*) font les grandes rivières.
5. Une (*One*) hirondelle (*swallow*) ne fait pas le printemps.

Testez vos connaissances

Essayez de répondre aux questions suivantes. Les réponses suivent l'activité. Y a-t-il des réponses qui vous étonnent ? Comparez vos réponses à celles d'un(e) camarade de classe.

1. Quelle était la population de la France en 2001 : a. environ 30 millions d'habitants b. environ 60 millions d'habitants c. environ 90 millions d'habitants ?
2. Quelle ville est la plus visitée du monde par les touristes ?
3. Quel est le site le plus visité de France ?
4. Voici quelques grandes villes francophones : Alger, Brazzaville, Casablanca, Dakar, Montréal, Port-au-Prince, Tunis. Dans quels pays se trouvent-elles ?

RÉPONSES :   1. environ 60 millions   2. Paris   3. Disneyland Paris (environ 12,5 millions de visiteurs en 2001) ; le deuxième est la tour Eiffel (environ 6,1 millions de visiteurs)   4. Alger en Algérie, Brazzaville au Congo, Casablanca au Maroc, Dakar au Sénégal, Montréal au Canada, Port-au-Prince en Haïti, Tunis en Tunisie.

(Renseignements 1–3 tirés de *Francoscopie 2003*, Gérard Mermet, Larousse)

Votre Opinion

Répondez aux questions suivantes, puis comparez vos réponses à celles d'un(e) camarade de classe.

1. Quelles sont vos activités préférées à la campagne ?
2. Avez-vous une ville préférée ? Si oui, pourquoi l'aimez-vous ?
3. Quel(s) endroit(s) à la campagne voudriez-vous visiter ? Pourquoi ?
4. Quelle(s) ville(s) voudriez-vous visiter ? Pourquoi ?
5. Préférez-vous la ville, la banlieue, la campagne, la montagne ou la mer ? Savez-vous pourquoi ?
6. Où voudriez-vous habiter à l'avenir ?

Mise en scène

Complétez en employant une ou plusieurs expressions du *Vocabulaire du thème*, puis jouez les dialogues.

1. (Deux hommes/femmes qui habitent à la campagne se parlent.)

   A : Qu'est-ce que tu as, (Nom) ? Tu as l'air triste.

   B : C'est bien vrai. Hier je suis allé(e) en ville et...

   A : C'est dommage !

   B : Et...

   A : Pauvre (Nom) !

2. **A :** Nous voilà à la montagne !

   B : Oui, nous voilà à la montagne.

   A : Est-ce que tu voudrais... ?

   B : Non, ça ne m'intéresse pas.

   A : Peut-être que tu aimerais... ?

   B : Non, ça ne m'intéresse pas.

   A : Qu'est-ce que tu veux faire, alors ?

   B : ...

Un bateau-mouche sur la Seine

Reflexives

Reflexives may express either reflexive action (reflexive verbs) or reciprocal action (reciprocal verbs).

Reflexive Verbs

The subject acts upon itself in reflexive verbs. This reflexive action is expressed by a reflexive pronoun: **se voir** (*to see oneself*), **s'admirer** (*to admire oneself*), **se parler** (*to speak to oneself*). Most of the common reflexive verbs in French have lost their reflexive meaning and are not translated as reflexives in English:

s'amuser	*to have a good time*	se maquiller	*to put on make-up*
se coucher	*to go to bed*	se marier	*to get married*
se dépêcher	*to hurry*	se méfier de	*to distrust*
se détendre	*to relax*	se mettre à	*to start, begin*
s'en aller	*to go away, to leave*	se moquer de	*to make fun of*
s'endormir	*to fall asleep*	se promener	*to take a walk*
s'énerver	*to get agitated, irritated*	se reposer	*to rest*
s'ennuyer	*to be bored*	se réveiller	*to wake up*
se fier à	*to trust*	se sauver	*to run away*
s'habiller	*to get dressed*	se suicider	*to commit suicide*
s'habituer à	*to get used to*	se taire	*to be quiet, to shut up*
se laver	*to wash up*	se tromper	*to be mistaken*
se lever	*to get up*		

Quelques calembours (*Plays on words*)

1. Deux araignées (*spiders*) se promènent dans le musée du Louvre. Que se disent-elles ?

   RÉPONSE :   Quelle belle toile !
   (Est-ce qu'une toile d'araignée est la même chose qu'une toile de peintre ?)

2. Deux poissons discutent :

   — Comment ça va ?
   — Pas bien du tout ; je suis déprimé (*depressed*).
   — Allez, prends donc un ver ; ça va te remonter (*perk up*).

   RÉPONSE :   (Quelle est la différence entre les deux homonymes un *ver* et un *verre* ?
   Connaissez-vous l'expression prendre un *verre* ?)

3. Quel est le fruit que les poissons n'aiment pas ?

   RÉPONSE :   La pêche.
   (Quels sont les deux sens du nom *pêche* ?)

Reflexive pronouns

1. The reflexive pronouns **me, te, se, nous,** and **vous** agree in person and number with the subject.

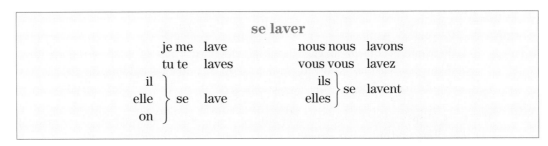

se laver

je me lave	nous nous lavons
tu te laves	vous vous lavez
il ⎫	ils ⎫
elle ⎬ se lave	elles ⎬ se lavent
on ⎭	

2. Reflexive pronouns follow the same rules of position as other object pronouns in the formation of questions and negative expressions.

   Simone se lève-t-elle de bonne heure ?
   Does Simone get up early?

   Vous brossez-vous les dents tous les soirs ?
   Do you brush your teeth every night?

   Je ne me couche pas avant minuit.
   I don't go to bed before midnight.

   Je ne m'habille jamais devant la fenêtre !
   I never get dressed in front of the window!

   The pronouns **me, te,** and **se** change to **m', t',** and **s',** respectively, before a verb beginning with a vowel or mute **h : je m'habille, elle s'endort.**

3. Reflexive pronouns used in an infinitive construction must also agree with the subject.

   Allez-vous vous lever de bonne heure à la campagne ?
   Are you going to get up early in the country?

   Je ne veux pas m'énerver.
   I don't want to get agitated.

4. Reflexive pronouns can function as either direct or indirect object pronouns, depending on whether the verb takes a direct or indirect object.

   Direct: Elle se regarde dans le lac. (**Regarder** takes a direct object.)
   She looks at herself in the lake.

   Indirect: Il se parle quand il est seul dans le bois. (**Parler** here takes an indirect object.)
   He speaks to himself when he's alone in the woods.

A C T I V I T É S

A. Transformez les phrases.

> MODÈLE **PROFESSEUR :** Je m'ennuie à la campagne. (nous)
>
> **VOUS :** *Nous nous ennuyons à la campagne.*

1. Je m'ennuie à la campagne. (nous, ce clochard, vous, tu, ces voyous, on, je)
2. Je ne me rase pas. (vous, ma grand-mère, tu, nous, les enfants, on, je)
3. Je vais me promener. (tu, Jean-Jacques, nous, on, Paul et Virginie, vous, je)

B. Avec un(e) camarade de classe, conjuguez les verbes suivants au **présent** en employant les sujets donnés entre parenthèses. Faites l'activité à tour de rôle.

> MODÈLE **VOUS :** se laver (vous)
>
> **CAMARADE :** *Vous vous lavez.*
>
> **CAMARADE :** se laver (nous)
>
> **VOUS :** *Nous nous lavons.*

1. se laver (vous, nous)
2. se réveiller (ils, je)
3. se regarder (nous, tu)
4. se lever (elles, vous)
5. se coucher (tu, elles)
6. se marier (ils, nous)
7. se perdre (nous, il)
8. s'endormir (nous, je)
9. se méfier (elles, nous)
10. se raser (ils, vous)
11. s'habiller (vous, je)
12. se parler (nous, vous)
13. se taire (elles, je)
14. s'énerver (je, vous)
15. se détendre (tu, elles)

C. Posez les questions suivantes à un(e) camarade de classe qui y répondra en employant un verbe réfléchi. Faites l'activité à tour de rôle.

1. Que fais-tu quand le réveille-matin sonne ?
2. Qu'est-ce que tu veux faire quand il y a beaucoup de tension chez toi ?
3. Que fais-tu quand tu es sale ?
4. Comment te sens-tu (*feel*) quand tu n'as rien à faire ?
5. Que fais-tu quand tu es à une soirée avec tes amis ?
6. Que fais-tu le matin avant de sortir ?
7. Que fais-tu quand tu es fatigué(e) ?
8. Que fait un jeune homme vaniteux devant le miroir ?
9. Que fais-tu quand tu es en retard ?

D. Demandez à un(e) camarade de classe...

1. à quelle heure il (elle) se couche.
2. à quelle heure il (elle) se lève.
3. où il (elle) va pour s'amuser.
4. s'il (si elle) se moque du président.
5. s'il (si elle) s'ennuie en ville (à la campagne, en banlieue).

6. s'il (si elle) s'endort souvent pendant la classe de français.
7. s'il (si elle) se perd souvent.
8. s'il (si elle) aime se promener dans le bois (à la campagne).
9. s'il (si elle) s'énerve souvent.

The Imperative

1. In the affirmative imperative, the reflexive pronouns follow the verb and are connected to it by a hyphen. Note that in the affirmative imperative **te** becomes **toi**.

Indicative	**Imperative**
Tu te couches.	Couche-toi !
You go to bed.	*Go to bed!*
Vous vous levez.	Levez-vous !
You get up.	*Get up!*
Nous nous sauvons.	Sauvons-nous !
We run away.	*Let's run away!*

2. In the negative imperative, the reflexive pronouns precede the verb.

Ne vous dépêchez pas !	Ne te marie pas !
Don't hurry!	*Don't get married!*

ACTIVITÉS

A. Demandez à un(e) camarade de classe de répondre à chaque question en employant à **l'impératif** un des verbes de la liste ci-dessous, selon le modèle. Faites l'activité à tour de rôle.

se réveiller	se laver	se lever	se reposer
s'amuser bien	se raser	se taire	se dépêcher

MODÈLE   **VOUS:**   Que dis-tu à ton ami quand il met trop de temps à s'habiller ?
       CAMARADE :   *Dépêche-toi !*

1. quand il parle pour parler ?
2. quand il a une grande barbe qui te fait horreur ?
3. quand il est fatigué après avoir tondu la pelouse ?
4. quand il est tout sale parce qu'il pleuvait quand il est allé à la pêche ?
5. quand il va dans une boîte de nuit avec sa petite amie ?
6. quand il s'endort pendant que tu parles brillamment ?
7. quand il est en retard pour le cinéma ?
8. quand il fait la grasse matinée ?

Maisons en Alsace

B. Posez les dilemmes suivants à un(e) camarade de classe qui y répondra en employant **l'impératif** d'un verbe réfléchi. Faites l'activité à tour de rôle.

1. Il est dix heures du matin et ton (ta) camarade de chambre est toujours au lit. Mais il (elle) a un cours à dix heures dix ! Qu'est-ce que tu lui dis ?
2. Ta petite sœur a mangé du chocolat et elle en a sur les mains, sur ses vêtements, partout ! Qu'est-ce que tu lui dis ?
3. Ta cousine a été demandée en mariage par un homme très riche et distingué. Son problème : elle le respecte beaucoup mais elle ne l'aime pas. Qu'est-ce que tu lui dis ?
4. Tu es très pressé(e) et tu veux entrer dans la salle de bains, mais ton petit frère y est déjà ! Qu'est-ce que tu lui dis ?
5. Tu es assis(e) dans une salle de cinéma et tu attends le commencement du film. Deux adolescents viennent s'asseoir devant toi. Ils commencent à parler fort et à manger des bonbons, et quand le film commence, ils continuent à parler. Qu'est-ce que tu leur dis ?

Reciprocal Verbs

In a reciprocal action the subjects act on each other. Reciprocal verbs are formed in exactly the same way as reflexive verbs. Because a reciprocal action requires at least two people, reciprocal verbs exist only in the plural.

Depuis leur premier rendez-vous, ils s'écrivent tous les jours.
Since their first date, they have been writing to each other every day.

Pourquoi vous regardez-vous comme ça ?
Why do you look at each other like that?

ACTIVITÉS

A. Formulez une phrase en employant un verbe réciproque, selon le modèle. Faites l'activité à tour de rôle avec un(e) camarade de classe.

MODÈLE   CAMARADE :   Hélène écrit à Marie et Marie écrit à Hélène.
             VOUS :   *Elles s'écrivent.*

             VOUS :   Jean regarde Marie et Marie regarde Jean.
          CAMARADE :   *Ils se regardent.*

1. Jean ressemble à Henri et Henri ressemble à Jean.
2. Groucho frappe Harpo et Harpo frappe Groucho.
3. Napoléon écrit à Joséphine et Joséphine lui écrit.
4. Brigitte cherche Anne et Anne cherche Brigitte.
5. Pierre embrasse Catherine et Catherine embrasse Pierre.
6. Elle dit bonsoir à Agnès et Agnès lui dit bonsoir.
7. Isabelle téléphone à Yves et Yves téléphone à Isabelle.
8. Denis aime Laure-Hélène et Laure-Hélène aime Denis.
9. Le voyou regarde sa victime et sa victime le regarde.

B. Traduisez en français, puis jouez les dialogues.

1. **A:** Pierre and Jean-Louis look like each other.
   B: Too bad. They hate each other.

2. **A:** Are Héloïse and Guy kissing each other again?
   B: Why not?

3. **A:** They write to each other every day.
   B: Are you serious?

Related Expressions

Se souvenir de and *se rappeler:* to remember

1. **Se souvenir** is used with the preposition **de**.

Vous souvenez-vous de cet auto-stoppeur ?
Do you remember that hitchhiker?

Je me souviens très bien de lui.
I remember him very well.

Vous souvenez-vous de la circulation à Rome ?
Do you remember the traffic in Rome?

Non, je ne m'en souviens pas.
No, I don't remember it.

2. **Se rappeler** is used without **de**.

Il se rappelle notre rendez-vous au Quartier latin.
He remembers our meeting in the Latin Quarter.

Vous rappelez-vous son adresse ? — Non, je ne me la rappelle pas.
Do you remember his address? —No, I don't remember it.

ACTIVITÉS

A. Dites si vous vous souvenez des personnes ou des événements suivants. Faites l'activité à
tour de rôle avec un(e) camarade de classe.

MODÈLE   CAMARADE :   ton premier petit ami (ta première petite amie)
          VOUS :   *Oui, je me souviens de lui (d'elle).   ou :*
                        Non, je ne me souviens pas de lui (d'elle).

          VOUS :   ta première visite chez le dentiste
          CAMARADE :   *Oui, je m'en souviens.   ou :*
                        Non, je ne m'en souviens pas.

1. ta première institutrice
2. ta naissance
3. ton premier rendez-vous (*date*)
4. ta première journée à l'université
5. ton premier voyage tout(e) seul(e)
6. ton premier professeur de français
7. la première voiture que tu as conduite
8. ton premier meilleur ami (ta première meilleure amie)

B. Posez les questions suivantes à un(e) camarade de classe, puis comparez sa réponse à la
vôtre.

1. Quels hommes ou quelles femmes politiques du passé te rappelles-tu surtout ?
2. Tu as eu sans doute des chanteurs ou chanteuses préférés. Lesquels te rappelles-tu
   toujours ?
3. Quels événements sportifs du passé te rappelles-tu toujours ?
4. Est-ce que, en général, tu te rappelles les blagues (*jokes*) ? Si oui, essaie de raconter une
   de tes favorites en français.
5. Te rappelles-tu le dessert que tu préférais quand tu étais petit(e) ? Si oui, identifie-le.

DISSERTATION (première partie) : REMUE-MÉNINGES

Réfléchissez aux questions suivantes, puis répondez-y brièvement en prenant quelques
notes. En classe, vous allez discuter vos réponses et vos idées avec un(e) camarade de
classe. Dans votre discussion, essayez de noter les expressions que vous pourrez utiliser
éventuellement dans la *Dissertation (seconde partie)* (voir p. 125).

Ville, banlieue et campagne

Voici quelques questions pour vous aider à apprécier les différences qui existent entre la vie en ville, la vie en banlieue et la vie en campagne. Répondez-y, puis comparez vos réponses à celles de vos camarades de classe.

La ville

1. On dit que la ville est malsaine (*unhealthy*). Êtes-vous d'accord ? À votre avis, pourquoi dit-on cela ? Dressez une liste des choses malsaines dans la ville.
2. Connaissez-vous des gens qui adorent ou qui détestent la ville ? Pourquoi la ville suscite-t-elle des réactions extrêmes ? À votre avis, pourquoi est-ce que la ville est si attirante pour certaines gens ?
3. Quelles sortes de gens préfèrent surtout vivre en ville ?

La banlieue

1. À votre avis, est-ce que la banlieue ressemble un peu à la ville ? Comment ? Soyez précis(e) dans votre réponse.
2. Est-ce que la banlieue ressemble un peu à la campagne ? Comment ? Encore une fois, soyez précis(e) dans votre réponse.
3. Où habitent la plupart de vos amis : en ville, en banlieue ou à la campagne ? Est-ce que c'est par préférence ou par hasard ?

La campagne

1. On prétend (*claim*) que la campagne est plus naturelle que la ville. Pourquoi, à votre avis, affirme-t-on cela ? Êtes-vous d'accord avec cette constatation (*observation*) ?
2. Connaissez-vous des endroits à la campagne qui sont purs et naturels ?
3. Connaissez-vous des endroits à la campagne qui sont aussi malsains ou plus malsains que certains endroits dans la ville ?
4. À votre avis, est-ce que ce sont surtout les rêveurs et les idéalistes qui aiment la campagne ?

Skieurs qui se détendent dans les Alpes françaises

The *Passé Composé* and the Imperfect

The **passé composé** (compound past) and the imperfect are treated together here because they are often used together in expressing past actions and states.

Formation of the *Passé Composé*

The **passé composé** is composed of two parts:

parler		
j'ai parlé		nous avons parlé
tu as parlé		vous avez parlé
il elle ⎬ a parlé on		ils elles ⎬ ont parlé

Formation of the Past Participle

1. The past participle of regular verbs is formed from the infinitive: parl**er**, parl**é**; fin**ir**, fin**i**; vend**re**, vend**u**.
2. The past participles of irregular verbs must simply be learned.

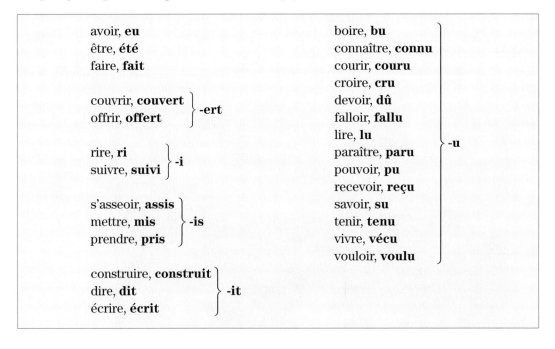

avoir, **eu**
être, **été**
faire, **fait**

couvrir, **couvert** ⎫
offrir, **offert** ⎬ **-ert**

rire, **ri** ⎫
suivre, **suivi** ⎬ **-i**

s'asseoir, **assis** ⎫
mettre, **mis** ⎬ **-is**
prendre, **pris** ⎭

construire, **construit** ⎫
dire, **dit** ⎬ **-it**
écrire, **écrit** ⎭

boire, **bu** ⎫
connaître, **connu**
courir, **couru**
croire, **cru**
devoir, **dû**
falloir, **fallu**
lire, **lu**
paraître, **paru** ⎬ **-u**
pouvoir, **pu**
recevoir, **reçu**
savoir, **su**
tenir, **tenu**
vivre, **vécu**
vouloir, **voulu** ⎭

Formation of the Auxiliary Verb

The auxiliary verb is the present tense of either **avoir** or **être**.

1. **Avoir** is used in the **passé composé** of most verbs.

   J'ai vécu à Grenoble pendant cinq mois.
   I lived in Grenoble for five months.

   Ils ont bu de l'eau de source à la campagne.
   They drank spring water in the country.

2. **Être** is used in the **passé composé** of certain verbs.

   a. All reflexive and reciprocal verbs

se lever			
je me suis	levé(e)	nous nous sommes	levé(e)s
tu t'es	levé(e)	vous vous êtes	levé(e)(s)
il	levé	ils	levés
elle s'est	levée	elles se sont	levées
on	levé		

   Je me suis bien amusé dans ce bistro.   Ils se sont téléphoné tous les jours.
   I had a good time in that bistro.   *They called each other every day.*

   b. Certain intransitive[1] verbs of motion

aller			
je suis	allé(e)	nous sommes	allé(e)s
tu es	allé(e)	vous êtes	allé(e)(s)
il	allé	ils	allés
elle est	allée	elles sont	allées
on	allé		

   Hier nous sommes allés en ville.
   Yesterday we went downtown.

---

[1] A transitive verb takes a direct object. In the sentence *She throws the ball, ball* is the direct object of the transitive verb *throws.* An intransitive verb does not take a direct object: *She is coming from France; They went out; He died yesterday.*

Following are the main intransitive verbs that take **être**. Some are grouped by opposites to help you remember them.

aller / venir	passer
arriver / partir	rester
descendre / monter	retourner
entrer / sortir	tomber
naître / mourir	

Ils sont tombés dans la rivière.
They fell in the river.

Elle est morte jeune.
She died young.

Compounds of these verbs also take **être**.

Ils sont redescendus du train.
They got off the train again.

Le voyou est devenu violent.
The hoodlum became violent.

Agreement of the Past Participle

In certain cases there is agreement of the past participle in the **passé composé**.

1. Verbs conjugated with **avoir**

    a. The past participle of verbs conjugated with **avoir** generally remains invariable.

        Elle a médité sur la destinée humaine au sommet d'une montagne isolée.
        She meditated about human destiny on top of an isolated mountain.

        Nous avons respiré l'air frais et pur de la campagne.
        We breathed the fresh, pure air of the country.

    b. However, the past participle agrees in number and gender with any *preceding direct object*. The preceding direct object may be indicated by a personal pronoun, the relative pronoun **que,** or a noun preceded by the adjective **quel.**

        Où avez-vous vu les serpents ? — Je les ai vus dans l'herbe.
        Where did you see the snakes? —I saw them in the grass.

        Voici les poissons gigantesques que nous avons attrapés !
        Here are the gigantic fish that we caught!

        Quelles villes avez-vous visitées ?
        What cities did you visit?

    c. But there is *no* agreement with a preceding *indirect* object or with the pronoun **en.**

        Elle leur a dit au revoir à l'aéroport.
        She said goodbye to them at the airport.

        Avez-vous vu des filles dans le bar ? — Oui, j'en ai vu.
        Did you see any girls in the bar? —Yes, I saw some.

2. Verbs conjugated with **être**

    a. **Reflexive and reciprocal verbs:** In most cases the reflexive pronoun is a direct object. This is true for verbs that have an obvious reflexive value, such as **se voir** (*to see oneself*), and for those that do not translate as reflexives in English, such as **se lever** (*to get up*). With these verbs the past participle agrees with the direct object reflexive pronoun. If the reflexive pronoun is clearly an indirect object, however, there is no agreement with the past participle.

> Elle s'est levée de bonne heure.
> *She got up early.*

> Elles se sont regardées au même instant et se sont mises à rire !
> *They looked at each other at the same moment and began to laugh!*

BUT: Elles se sont parlé au téléphone pendant quatre heures !
        They spoke to each other on the phone for four hours!

> Ils se sont dit au revoir les larmes aux yeux.
> *They said goodbye to each other with tears in their eyes.*

Note that when a reflexive verb is used with a part of the body in expressions such as **se laver les mains, se brosser les dents,** and **se gratter le dos,** the part of the body is the direct object and the reflexive pronoun is the indirect object. There is, therefore, no agreement with the past participle.

Elle s'est lavé les mains et s'est brossé les dents.
She washed her hands and brushed her teeth.

Note that the past participle also remains invariable in the common expression **se rendre compte de** (*to realize*), since the reflexive pronoun is an indirect object.

Nous ne nous sommes pas rendu compte des conséquences de nos actions.
We did not realize the consequences of our actions.

    b. **The intransitive verbs of motion:** The past participle agrees in gender and number with the subject of the verb.

Nous sommes montés dans l'autobus.
We got on the bus.

Elles sont passées quatre fois devant la boutique.
They passed in front of the shop four times.

Occasionally, some of these verbs are used transitively: that is, they take a direct object. When used transitively, they are conjugated with **avoir,** in which case the past participle does not agree with the subject. However, as with all verbs conjugated with **avoir**, the past participle does agree with a preceding direct object.

Malheureusement, nous avons monté la tente près d'une ruche !
Unfortunately, we put up the tent near a beehive!

Elles ont passé leurs vacances à Cannes.
They spent their vacation in Cannes.

A-t-elle sorti sa voiture du garage ? — Oui, elle l'a sortie.
Did she take her car out of the garage? —Yes, she took it out.

A C T I V I T É S

A. Transformez les phrases.

MODÈLE   **PROFESSEUR :**   J'ai fait du camping. (nous)

   VOUS :   *Nous avons fait du camping.*

1. J'ai fait du camping. (nous, vous, ces citadins blasés, tu, le vieux général, on, je)
2. Je me suis promené(e) dans le centre-ville. (tu, ces amoureux, nous, vous, ce clochard, on, je)
3. Je suis sorti(e) du café. (vous, tu, ces paysans, on, nous, le mendiant, je)

B. Mettez les verbes au **passé composé** en faisant l'accord s'il y a lieu. Faites l'activité à tour de rôle avec un(e) camarade de classe, puis écrivez les réponses au tableau.

MODÈLE   **VOUS :**   aller (elle)

   CAMARADE :   *Elle est allée.*

   CAMARADE :   aller (nous)

   VOUS :   *Nous sommes allés.*

1. aller (elle, nous)	11. se chercher (ils, nous)
2. courir (nous, je)	12. se sauver (elles, nous)
3. couvrir (je, vous)	13. se parler (nous, elles)
4. flâner (nous, tu)	14. rentrer (ils, vous)
5. faire (ils, vous)	15. se mentir (elles, ils)
6. offrir (je, nous)	16. voir (vous, je)
7. s'amuser (elle, je)	17. se téléphoner (nous, elles)
8. se rendre compte (ils, tu)	18. devenir (elle, je)
9. rire (nous, elle)	19. se dire au revoir (nous, elles)
10. visiter (elles, nous)	20. se détendre (ils, elles)

C. Complétez en employant un des verbes ci-dessous. Faites l'activité à tour de rôle avec un(e) camarade de classe.

j'ai perdu	j'ai tondu	je suis né(e)	je suis allé(e)
j'ai pris	j'ai flâné	j'ai dit	j'ai bu
j'ai fait	j'ai fini	je suis rentré(e)	j'ai visité

MODÈLE   **VOUS :**   trop tard

   CAMARADE :   *Je suis rentré(e) trop tard.*

   CAMARADE :   à la pêche

   VOUS :   *Je suis allé(e) à la pêche.*

1. trop tard
2. à la pêche
3. un pique-nique
4. un bain de soleil
5. dans les rues de Paris

6. une vieille église
7. le 25 décembre
8. « l'addition, s'il vous plaît ! »
9. de la limonade
10. mon travail
11. mon innocence
12. la pelouse

D. Demandez à un(e) camarade de classe ou au professeur...

1. s'il (si elle) a jamais visité Paris. Si oui, quels endroits est-ce qu'il (elle) a visités ?
2. s'il (si elle) a pris une douche (s'est lavé les cheveux, s'est brossé les dents) ce matin.
3. à quelle heure il (elle) s'est couché(e) hier soir.
4. s'il (si elle) a jamais habité dans une grande ville (dans une ferme).
5. à quelle heure il (elle) s'est réveillé(e) (s'est levé[e]) ce matin.
6. s'il (si elle) est jamais allé(e) à Monte-Carlo (en Afrique, en Chine).
7. s'il (si elle) a jamais couché à la belle étoile. Si oui, où ?

E. Mettez les deux histoires suivantes au **passé composé**, puis lisez-les en entier à haute voix.

1. Christine se réveille.
   Elle se lève.
   Elle se lave.
   Elle s'habille.
   Elle regarde par la fenêtre.
   Elle voit un éléphant.
   Elle se déshabille.
   Elle retourne au lit.

2. André va à la pêche.
   Il attrape un gros poisson.
   Il met le poisson dans son sac.
   Le poisson saute du sac !
   Le poisson tombe dans l'eau !
   André rentre.
   Il mange une pizza.

F. **Une histoire collective** (*activité à faire en classe*). Voici le début d'une histoire. Chaque étudiant(e) de la classe de français va y ajouter une petite phrase au passé composé pour faire avancer la narration.

André a quitté son appartement à huit heures...

G. Faites l'accord du **participe passé** s'il y a lieu. Comparez vos réponses à celles d'un(e) camarade de classe.

1. Voici la cathédrale que nous avons (visité).
2. Est-elle (allé) à la campagne pour oublier ses ennuis ?
3. Ils ont (fait) un pique-nique au bord du lac.
4. Quels champs le fermier a-t-il (cultivé) ?
5. Je les ai (vu) dans cette boutique hier soir.
6. La pollution atmosphérique a (couvert) la ville.
7. Je leur ai (téléphoné) trois fois hier soir.
8. Regardez les poissons contaminés que les gens ont (attrapé) dans la Seine.
9. Malheureusement, ils ne se sont pas (rendu) compte de l'indifférence des citadins.
10. Nous nous sommes vite (habitué) à la vie de banlieue.
11. Voici la maison que nous avons (construit).
12. Quelle circulation nous avons (vu) en ville !
13. Ils sont (allé) à la pêche à deux heures du matin !
14. Voici l'un des grands magasins où nous avons (fait) des courses.
15. Les chauffeurs ont (garé) leurs élégantes voitures dans l'avenue des Champs-Élysées.
16. Pourquoi se sont-ils (moqué) des sans-abri ?
17. Dorine s'est (lavé) les cheveux dans le lac.
18. Agnès s'est (endormi) dans l'herbe.

Formation of the Imperfect

The imperfect is formed by replacing the **-ons** ending of the first person plural of the present tense with the imperfect endings **-ais, -ais, -ait, -ions, -iez, -aient**.

boire		(*stem:* nous **buv**ons)	
je	buv**ais**	nous	buv**ions**
tu	buv**ais**	vous	buv**iez**
il		ils	
elle	buv**ait**	elles	buv**aient**
on			

Both regular and irregular verbs follow this rule: nous parlons, **je parlais;** nous finissons, **je finissais;** nous vendons, **je vendais;** nous avons, **j'avais;** nous faisons, **je faisais;** etc.

Note, however, the irregular imperfect stem of the verb **être: j'étais, tu étais,** etc. Note also the spelling changes of **-cer** and **-ger** verbs:

	commencer		*(stem:* nous **commençons**)	
je	commen**çais**		nous	commen**cions**
tu	commen**çais**		vous	commen**ciez**
il			ils	
elle	commen**çait**		elles	commen**çaient**
on				
	manger		*(stem:* nous **mange**ons)	
je	man**geais**		nous	man**gions**
tu	man**geais**		vous	man**giez**
il			ils	
elle	man**geait**		elles	man**geaient**
on				

La vendange (harvest) *en Bretagne*

ACTIVITÉ

Mettez les verbes suivants à l'**imparfait**. Faites l'activité à tour de rôle avec un(e) camarade de classe.

MODÈLE   VOUS :   tenir (elle)

CAMARADE :   *Elle tenait.*

CAMARADE :   flâner (nous)

VOUS :   *Nous flânions.*

1. tenir (elle)
2. flâner (nous)
3. mentir (il)
4. être (vous)
5. avoir (je)
6. faire (vous)
7. piquer (il)

8. sortir (je)
9. finir (nous)
10. construire (ils)
11. punir (on)
12. recevoir (tu)
13. rendre (je)
14. pouvoir (vous)

15. courir (nous)
16. se connaître (elles)
17. arranger (on)
18. rire (nous)
19. offrir (vous)
20. avancer (ils)
21. se détendre (tu)

Use of the *Passé Composé* and the Imperfect

The *Passé Composé*

The **passé composé** is used to express a completed action in the past. The single form of the **passé composé** corresponds to three forms of the English past tense.

ils ont couru $\begin{cases} \textit{they ran} \\ \textit{they have run} \\ \textit{they did run} \end{cases}$

Hier j'ai visité quatre musées et trois cathédrales !
Yesterday I visited four museums and three cathedrals!

Avez-vous jamais couché à la belle étoile ?
Have you ever slept outdoors?

Avez-vous entendu le bruit de la circulation hier soir ?
Did you hear the noise of the traffic last night?

The action expressed is always a completed action. It may have been of short or long duration, or have been repeated a specified number of times.

Ma mère et moi, nous avons vécu à Rome pendant dix ans.
My mother and I lived in Rome for ten years.

Je vous ai téléphoné quatre fois lundi dernier.
I phoned you four times last Monday.

The Imperfect

1. The imperfect expresses a continuing action in the past (equivalent to *was + verb + -ing*, in English). The **passé composé**, on the other hand, is used to indicate any action that interrupts this continuing action.

   Elle traversait la rue quand elle a vu l'accident.
   She was crossing the street when she saw the accident.

   Je rentrais à bicyclette quand il s'est mis à pleuvoir.
   I was going home on my bicycle when it began to rain.

2. It indicates a customary action in the past (equivalent to the past tense, to *used to* + verb, or to *would* + verb in English).

   Quand j'étais plus jeune, je faisais du camping presque tous les mois.
   When I was younger, I went (used to go, would go) camping almost every month.

   L'année dernière, je quittais la ville le vendredi soir et j'y revenais le lundi matin.
   Last year I used to leave (left, would leave) the city on Friday night and come back (came back, would come back) on Monday morning.

3. It is used to describe a past condition or state of mind that has no specified beginning or end.

   Hier le ciel était bleu et la campagne était belle.
   Yesterday the sky was blue and the country was beautiful.

   Il savait que je n'aimais pas la ville !
   He knew I didn't like the city!

   However, when verbs denote a *change* in conditions or in a state of mind, they are put into the **passé composé**. Such states have a beginning and an end, and are therefore considered completed.

   Soudain, il a fait nuit.
   Suddenly, it became dark.

   Il a eu peur quand ce type louche s'est approché de lui.
   He got scared when that shady character approached him.

4. It is used with **depuis** or **il y avait... que** to express an action that began in the past and continued until another time, also in the past. English uses the progressive form of the pluperfect (*had been + present participle*, or *had been*) to express this idea.

   Ils faisaient de la bicyclette depuis cinq minutes quand il s'est mis à pleuvoir.
   They had been bicycle riding for five minutes when it began to rain.

   Il y avait cinq heures qu'elle flânait dans Paris quand elle est tombée malade.
   She had been strolling in Paris for five hours when she got sick.

   Il y avait deux heures qu'il était dans le bois quand il a vu le feu.
   He had been in the woods for two hours when he saw the fire.

ACTIVITÉS

A. Posez chaque série de questions suivantes à un(e) camarade de classe, qui y répondra par une phrase complète. Faites l'activité à tour de rôle.

1. Où es-tu allé(e) hier ? Pleuvait-il ? Faisait-il beau ? Neigeait-il ? De quelle couleur était le ciel ?
2. Où as-tu dîné hier ? Qu'est-ce que tu as mangé ? Comment était le repas ? Comment était le décor ?
3. Quand tu étais petit(e), quelles émissions (*programs*) regardais-tu à la télévision ? Où habitais-tu ? Quel était ton bonbon préféré ?
4. Qu'est-ce que je faisais à six heures ce matin ? Je dormais ! Et toi, qu'est-ce que tu faisais à six heures (à huit heures) ?

B. Traduisez les verbes entre parenthèses à l'**imparfait** ou au **passé composé**. Comparez vos réponses à celles d'un(e) camarade de classe, puis lisez-les à haute voix.

1. Elle _____ (*was meditating*) sur la condition humaine quand un vilain moustique l'a piquée !
2. Quand j'_____ (*was*) étudiant à Paris, je _____ (*used to frequent*) un petit café à côté de Notre-Dame de Paris.
3. Comment ! Vous _____ (*visited*) le musée Rodin trois fois en une journée !
4. Heureusement, nous _____ (*were eating*) sous la tente quand il _____ (*began*) à pleuvoir.
5. Parlez-moi de tous les musées que vous _____ (*visited*) à Paris.
6. Gérard et son amie Nathalie _____ (*were having a picnic*) à Versailles quand Gérard _____ (*got sick*).
7. Ils _____ (*returned*) à la campagne à cause de la pollution et du bruit de la ville.
8. Nous _____ (*could not*) garer notre voiture parce que la circulation _____ (*was*) trop intense.
9. Pendant nos grandes vacances, nous _____ (*used to go fishing*) tous les matins.
10. Il _____ (*was*) très chaud ce matin-là, mais nous y _____ (*went*) quand même.
11. Les campagnards qui _____ (*were visiting*) Paris_____ (*got lost*) dans un grand magasin.
12. Il _____ (*became frightened*) quand il _____ (*heard*) un bruit étrange dans la rue derrière lui.

C. Complétez les phrases suivantes en employant l'**imparfait** ou le **passé composé**, puis comparez vos réponses à celles d'un(e) camarade de classe.

1. Quand j'avais seize ans...
2. Je faisais mes devoirs quand...
3. Hier après-midi, il faisait très chaud et les oiseaux...
4. Samedi dernier, je faisais une promenade et soudain...
5. Je faisais de la pêche depuis une heure quand...

D. **Traduisez en français.** Comparez vos réponses à celles d'un(e) camarade de classe.

1. She had been shopping for five minutes when she lost her purse (*le sac*).
2. We'd been strolling in the park for an hour when the hoodlum attacked us!
3. He had been meditating for two days when he found the solution (*la solution*).
4. The farmer had been in the field for two minutes when he saw the snake.
5. She had been mowing the lawn for five minutes when it began to rain.

The *Passé Composé* and Imperfect in Narration[2]

The **passé composé** and the imperfect often appear together in past narrations. The **passé composé**, with its emphasis on completed action, is used to advance the narration: it indicates facts, actions, and events. The imperfect, with its emphasis on incomplete actions or states, is used to set the background: it describes outward conditions and inner states of mind.

ACTIVITÉS

A. Voici un passage anglais écrit au temps passé. Identifiez (ne traduisez pas) les verbes qu'il faut mettre au **passé composé** ou à l'**imparfait**. Comparez vos réponses à celles d'un(e) camarade de classe.

Yesterday morning I woke up early. I didn't feel well. I got out of bed, walked to the bedroom window, lifted the shade, and looked out. I immediately felt better. It was a beautiful summer day. There were no clouds in the sky and the sun was shining gloriously. I could hear the usual cacophony of city sounds. I went into the kitchen and kissed Barbara, who was already awake. She knew that I wanted to take a walk in the park.

We quickly ate breakfast, left the building, took the subway, got off after a short ride, and began our walk in the Luxembourg Gardens. We were quietly walking along, minding our own business, when we suddenly heard the sound of music behind us. We stopped, turned around, and saw an odd-looking old man who was playing the accordion. Passers-by were throwing coins at his feet while a small monkey was picking them up and putting them in a tin cup. As this one-man show was passing in front of me, I threw a couple of coins at his feet. Barbara barked approvingly. We then continued our walk.

B. Mettez les histoires suivantes au passé en employant l'**imparfait** ou le **passé composé** selon le cas. Comparez vos réponses à celles d'un(e) camarade de classe, puis lisez les passages à haute voix.

1. Michel et André, deux jumeaux gâtés, _____[1] (entrer) dans le salon. Leur père _____[2] (fumer) sa pipe. Leur mère _____[3] (lire) un magazine. Leur frère _____[4] (regarder) la télé.

    Tout à coup, ils _____[5] (crier) ensemble : « Il y a le feu dans le jardin ! » Leur père, leur mère et leur frère _____[6] (se lever) et _____[7] (regarder) par la fenêtre. Tout _____[8] (être) calme. Il n'y _____[9] (avoir) pas de feu dans le jardin.

    Quand ils _____[10] (se retourner), ils _____[11] (voir) Michel et André qui _____[12] (rire) aux éclats (*heartily*). Leur père leur _____[13] (donner) une bonne fessée.

---

[2] In formal narrations—historical works, novels, short stories, etc.—the **passé simple** (past definite) is often used instead of the **passé composé** (see p. 16).

2. Il _____¹ (être) sept heures du matin et Julie _____² (dormir) encore. Tout à coup, sa mère l'_____³ (appeler). Julie _____⁴ (se réveiller) mais elle _____⁵ (ne pas bouger). Son lit _____⁶ (être) le paradis ! Alors, sa mère _____⁷ (avoir) une idée. Elle _____⁸ (téléphoner) à Julie ! Quand Julie _____⁹ (répondre) au téléphone, qui _____¹⁰ (se trouver) à côté de son lit, elle _____¹¹ (entendre) sa mère qui _____¹² (dire) : « Lève-toi, paresseuse, tu vas être en retard ! »

C. Une visite à Paris. Lisez l'histoire suivante en entier, puis mettez les verbes au **passé composé** ou à l'**imparfait,** selon le cas. Comparez vos réponses à celles d'un(e) camarade de classe.

1. Georges, un fermier de Normandie, décide de visiter Paris.
2. Il se lève à quatre heures du matin,
3. il prend son petit déjeuner,
4. et il part de Rouen en voiture.
5. Il arrive à Paris à six heures du matin !
6. Comme Paris est beau à six heures du matin !
7. Il n'y a pas de bruit,
8. il n'y a pas de circulation,
9. il n'y a pas de pollution.
10. Georges fait beaucoup de choses.
11. Il flâne le long des quais,
12. il regarde les pigeons,
13. et il parle aux clochards.
14. À sept heures du matin, il monte dans sa voiture
15. et il rentre chez lui.

Sur la plage à Cannes

Related Expressions

The verbs **partir, sortir, s'en aller, quitter**, and **laisser** all mean *to leave*. The first three are conjugated with **être**, the last two with **avoir**.

Partir: to leave

À quelle heure est-elle partie hier soir ?
What time did she leave last night?

When **partir** means *to leave a place*, it must be followed by **de**.

Il est parti de Paris en 2000.
He left Paris in 2000.

Sortir: to go out

Il est sorti il y a dix minutes, mais il va revenir tout de suite.
He left (went out) ten minutes ago, but he'll be back right away.

Je suis sorti avec Hélène parce qu'elle adore faire de la bicyclette.
I went out with Helen because she adores bike riding.

When **sortir** means *to leave* or *go out of* a place, it must be followed by **de**.

Ils riaient quand ils sont sortis du café.
They were laughing when they left the café.

Like the English verb *to go out*, **sortir** often implies leaving an enclosed area, such as a room, a car, a restaurant, etc.

S'en aller: to go away

Les voyous s'en vont quand ils voient le gendarme.
The hoodlums leave when they see the policeman.

Allez-vous-en ! Vous nous avez assez dérangés !
Go away! You've bothered us enough!

Quitter: to leave someone or something

Nous avons quitté la ville à cause de la pollution.
We left the city because of the pollution.

Elle faisait des courses quand je l'ai quittée.
She was shopping when I left her.

Quitter is never used alone; it always takes a direct object.

Un poème de Paul Verlaine (1844–1896)

Le ciel est, par-dessus (*above*) le toit,
    Si bleu, si calme !
Un arbre, par-dessus le toit,
    Berce (*Rocks*) sa palme.

La cloche, dans le ciel qu'on voit,
    Doucement tinte (*chimes*).
Un oiseau sur l'arbre qu'on voit
    Chante sa plainte (*complaint*).

Mon Dieu, mon Dieu, la vie est là,
    Simple et tranquille.
Cette paisible rumeur-là (*peaceful murmur*)
    Vient de la ville.

— Qu'as-tu fait, ô toi que voilà (*you there*)
    Pleurant sans cesse,
Dis, qu'as-tu fait, toi que voilà,
    De ta jeunesse ?

— Paul Verlaine, 1881

Laisser: to leave someone or something somewhere

Zut ! J'ai laissé mon parapluie au Louvre !
Darn it! I left my umbrella at the Louvre!

Quand j'ai laissé Alain à la soirée, il s'amusait beaucoup.
When I left Alain at the party, he was having a great time.

Like **quitter, laisser** always takes a direct object.

Venir de + infinitive

The imperfect tense of **venir de** + *infinitive* is the equivalent of the English *had just* + *past participle.*

Elle venait de sortir de la banque quand le voleur l'a attaquée.
She had just left the bank when the thief attacked her.

Remember that the present tense of **venir de** + *infinitive* means *to have just* + *past participle* in English.

Je viens de rentrer.
I have just returned home.

ACTIVITÉS

A. Traduisez en français les mots entre parenthèses. Comparez vos réponses à celles d'un(e) camarade de classe.

1. Ils _____ (*left the city*) pour faire un petit séjour à la campagne.
2. Nous _____ (*left Madeleine*) à Chartres parce qu'elle voulait y passer toute la journée !
3. Nous _____ (*went out*) parce qu'il faisait beau.
4. Elle m'a dit qu'elle allait rester avec moi, mais elle _____ (*left*) quand même.
5. Quand le clochard _____ (*left*) le bar, tout le monde s'est mis à rire.
6. Elle _____ (*left her book*) sur la littérature romantique au bord d'un lac.
7. Après avoir passé deux jours à Paris, le campagnard _____ (*left*).
8. Appelez-moi si les abeilles _____ (*leave*).
9. Elle avait si peur de faire son exposé qu'elle _____ (*left the classroom*).
10. _____ (*Leave*) ! J'en ai assez de vos histoires !

B. Posez les questions suivantes à un(e) camarade de classe. Comparez vos réponses. Faites l'activité à tour de rôle.

1. En général, à quelle heure quittes-tu la maison ?
2. Es-tu parti(e) ce matin sans prendre le petit déjeuner ?
3. Sors-tu avec quelqu'un en ce moment ? Comptes-tu le (la) quitter bientôt ?
4. (Situation imaginaire : Tu es à la campagne.) Dans quelles circonstances dirais-tu : « Allez-vous-en (Va-t'en) » ?
5. (Situation imaginaire : Tu es en ville.) Dans quelles circonstances dirais-tu : « Allez-vous-en (Va-t'en) » ?
6. À ton avis, qu'est-ce que les clients laissent souvent au restaurant ?
7. As-tu jamais laissé tes clés dans une voiture fermée ?

C. **Qu'est-ce que le petit Toto vient de faire ?** Complétez en employant *venir de* avec une expression de la liste ci-dessous. Faites l'activité à tour de rôle avec un(e) camarade de classe.

attraper un gros poisson	faire des courses	perdre sa bicyclette
tomber dans l'escalier	jouer dans la boue (*mud*)	voir un gros serpent
se perdre dans la forêt	tomber dans un lac	jouer au soleil

MODÈLE   **VOUS :**   Toto est bronzé.

            CAMARADE :   *Il vient de jouer au soleil.*

1. Toto pleure.
2. Toto a peur.
3. Toto est tout mouillé.
4. Toto est très content.
5. Toto s'est cassé le bras.
6. Toto est très sale.

D. Traduisez en français en employant **venir de**. Comparez vos réponses à celles d'un(e) camarade de classe.

1. I had just left the nightclub when I had the accident.
2. M. Saumon had just caught a fish when we arrived.
3. They had just left when I arrived.
4. They'd just gotten lost when I found them!

Synthèse

Activités d'ensemble

I. Posez les questions suivantes à un(e) camarade de classe. Faites l'activité à tour de rôle.

1. Te coupes-tu quand tu te rases ?
2. Es-tu de bonne ou de mauvaise humeur quand tu te réveilles ?
3. Aimes-tu te coucher tôt ou tard ?
4. Quand est-ce que tu te tais ? Quand est-ce que tu ne te tais pas ?
5. En quoi te spécialises-tu à l'université ?
6. T'intéresses-tu à la vie culturelle de la ville ?
7. Te fies-tu aux autres ou te méfies-tu des autres ?
8. Es-tu né(e) en ville ou à la campagne ?
9. À quelle heure t'es-tu couché(e) hier soir ?
10. Te fâches-tu souvent ?
11. Te détends-tu en ville ?

II. Posez les questions suivantes à un(e) camarade de classe. Faites l'activité à tour de rôle.

   1. As-tu peur de te promener en ville le soir ?
   2. As-tu déjà fait du camping ?
   3. Si tu as visité une grande ville récemment, explique comment tu l'as trouvée et ce que tu y as fait.
   4. As-tu déjà rencontré un serpent ? Si oui, qui s'est sauvé le plus vite, toi ou lui ?
   5. Es-tu déjà allé(e) en France ? Si oui, quand ?
   6. Comment comptes-tu t'amuser ce week-end ?
   7. Qu'est-ce que tu as fait pendant ton dernier séjour à la campagne ?
   8. T'ennuies-tu en ville ?
   9. T'es-tu déjà perdu(e) en ville ou à la campagne ?
   10. As-tu déjà couché à la belle étoile ? Si oui, où ?

III. **Traduisez en français.**   Comparez vos réponses à celles d'un(e) camarade de classe.

   1. *They had just visited friends in Marseilles when they got sick.*
   2. *We had been waiting for him for two hours when he arrived!*
   3. *We had just returned from the suburbs.*
   4. *We have just discovered an interesting shop.*
   5. *We had been bicycling for five days when finally we saw Paris!*

IV. Décrivez au présent une de vos journées typiques en employant les verbes suivants. Arrangez-les par ordre chronologique. Comparez vos réponses à celles d'un(e) camarade de classe.

se raser	se couper	se mettre au travail
se coucher	s'endormir	s'habiller
se regarder dans la glace	se maquiller	se mettre à table
se laver	se lever	se reposer
	se réveiller	se déshabiller

V. Mettez les histoires suivantes au passé en employant le **passé composé** ou l'**imparfait,** selon le cas. Comparez vos réponses à celles d'un(e) camarade de classe, puis lisez les passages à haute voix.

   A. Il _____[1] (faire) frais et le ciel _____[2] (être) bleu à Paris. Roger et Suzanne Smith, touristes intrépides et hardis, _____[3] (prendre) le petit déjeuner, un café crème et des croissants, dans un café. Ils _____[4] (venir) de se lever. Ils _____[5] (se parler) et _____[6] (lire) avec beaucoup d'attention le guide Michelin. Ils _____[7] (avoir) l'air un peu tristes parce qu'ils _____[8] (savoir) que la fin de leur tour d'Europe était arrivée et ils n'_____[9] (avoir) qu'une journée à passer à Paris ! Leur avion _____[10] (aller) partir le lendemain matin.

À 9 h précises, ils _____ ¹¹ (aller) en taxi au Musée du Louvre. Ils y _____ ¹² (admirer) la Joconde et la Vénus de Milo. Malheureusement, ils y _____ ¹³ (rester) très peu de temps parce qu'il _____ ¹⁴ (falloir) se dépêcher ! Entre 10 h et 11 h, ils _____ ¹⁵ (courir) dans les galeries du musée d'Orsay, le musée des peintres impressionnistes. Les tableaux de Van Gogh les _____ ¹⁶ (impressionner). Entre 11 h et 12 h 30, ils _____ ¹⁷ (se promener) sur les Champs-Élysées, le grand boulevard chic de Paris. Il y _____ ¹⁸ (avoir) beaucoup de distractions intéressantes : des boutiques, des cinémas, des boîtes de nuit. Ils _____ ¹⁹ (se promener) depuis une heure quand ils _____ ²⁰ (décider) d'entrer dans un café pour déjeuner. Ils _____ ²¹ (être) si pressés qu'ils _____ ²² (finir) de déjeuner en un quart d'heure ! Pendant le reste de l'après-midi, ils _____ ²³ (visiter) la cathédrale de Notre-Dame de Paris, la Sainte-Chapelle, les Invalides (le tombeau de Napoléon) et, finalement, le Quartier latin. À 17 h, ils _____ ²⁴ (rentrer) à l'hôtel où ils _____ ²⁵ (se reposer) un peu.

Ils _____ ²⁶ (passer) une soirée aussi extraordinaire que leur journée. Ils _____ ²⁷ (dîner) dans un bon restaurant, puis, ils _____ ²⁸ (aller) voir *Le Bourgeois gentilhomme* de Molière à la Comédie-Française. À minuit, pendant que Roger _____ ²⁹ (faire) les valises, Suzanne _____ ³⁰ (se rendre compte) qu'ils avaient oublié de visiter la tour Eiffel. Quel dommage !

B. Quand Chantal _____ ¹ (être) élève à l'école primaire, elle _____ ² (passer) chaque été en Bretagne chez son oncle Marc et sa tante Agnès. Ils _____ ³ (habiter) une petite ferme à la campagne. Le matin, Chantal _____ ⁴ (accompagner) son oncle aux champs où il _____ ⁵ (cultiver) la terre. Elle _____ ⁶ (aimer) respirer l'air pur et goûter le silence dans cet endroit tranquille et paisible. Le soir elle _____ ⁷ (écouter) le chant des insectes en se reposant sur son lit.

La petite Chantal ne _____ ⁸ (s'ennuyer) jamais avec son oncle et sa tante. Ils la _____ ⁹ (traiter) bien mieux que ses parents qui ne _____ ¹⁰ (s'occuper) jamais d'elle et qui ne _____ ¹¹ (sembler) pas l'aimer.

Sujets de discussion

1. Racontez une histoire (réelle ou imaginaire, amusante ou sérieuse) qui vous est arrivée en ville.
2. Racontez une histoire (réelle ou imaginaire, amusante ou sérieuse) qui vous est arrivée à la campagne.
3. Vous avez l'occasion de passer une semaine à la campagne ou dans une ville de votre choix. Où voudriez-vous aller ? Pourquoi ?

DISSERTATION (seconde partie)

On a tendance à stéréotyper la vie en ville, la vie en banlieue et la vie à la campagne. Dans votre dissertation, vous allez présenter quelques stéréotypes et expliquer pourquoi ils sont faux. Employez les idées que vous avez développées dans *Dissertation (première partie) : remue-méninges*, pp. 106–107.

Pour bien présenter vos idées avec ordre et clarté, vous devez les proposer clairement dans votre introduction. Ensuite, développez votre thème en vous servant des expressions de transition dans le premier chapitre (pp. 17–18) pour passer d'un paragraphe à l'autre. Enfin, dans votre conclusion, résumez brièvement les idées principales que vous avez traitées.

5

Interrogatives and Negatives

Clochards dans une station de métro

Employés heureux dans un bureau

La Vie sociale

Chapter 5 at a Glance

Interrogatives

I. Voici les réponses ; quelles sont les questions ? Posez vos questions en employant l'**inversion**.

   1. Il respecte les pauvres.
   2. Ces ouvriers vont faire la grève.
   3. Cette étrangère a de la classe.
   4. Ses parents ont gagné beaucoup d'argent.

II. Reposez les questions de l'activité I en employant **est-ce que** et **n'est-ce pas**.

III. Formulez une question pour chaque réponse en employant **combien, comment, où, pourquoi** ou **quand**.

   1. Ce fonctionnaire ira loin parce qu'il est ambitieux.
   2. Ce vendeur est gentil et poli.
   3. Ce snob habite dans mon quartier.
   4. Le patron est arrivé après avoir dîné.

IV. Posez une question en employant les pronoms interrogatifs **qui, qui est-ce qui, que, qu'est-ce que** ou **qu'est-ce qui**.

   1. Il est devenu médecin après ses études.
   2. La politique l'intéresse beaucoup !
   3. C'est Jeanne qui a une grande fortune.

V. Traduisez en employant la forme convenable de **quel** ou **lequel**.

   1. (*What a*) mauvais patron !
   2. (*Which one*) de ces jeunes filles a de si bonnes manières ?

VI. Traduisez en français en employant **quelle est** ou **qu'est-ce que c'est que**.

   1. (*What is*) la bourgeoisie ?
   2. (*What is*) la date aujourd'hui ?

Negatives

VII. Mettez au **négatif** en employant **ne... pas**.

   1. Elle est vendeuse.
   2. Jouent-ils au bridge ce soir ?
   3. J'aime critiquer les gens.
   4. Pourquoi suis-je né riche ?
   5. Il est important d'être snob. [*Mettez l'infinitif au négatif.*]

VIII. Répondez au **négatif** en employant **ne... jamais** ou **ne... plus**.

1. Êtes-vous jamais allé à l'opéra ?
2. Voulez-vous encore de la bière ?

IX. Répondez au **négatif** en employant **ne... personne, personne ne, ne... rien** ou **rien ne**.

1. Qu'est-ce que ce millionnaire a fait pour aider les pauvres ?
2. Qui veut vivre dans la misère ?

X. Substituez l'expression **ne... que** à l'adverbe **seulement**.

1. Elle est vulgaire seulement avec ses amies.
2. Elle aime seulement les gens cultivés.

XI. Répondez au **négatif** en employant **ne... aucun(e), aucun(e)... ne** ou **ne... ni... ni**.

1. Ont-ils l'intention de partir ?
2. Quelle classe sociale est parfaite ?
3. Qu'est-ce que votre frère veut devenir, médecin ou avocat ?

XII. Traduisez en français.

1. *I don't think so.*
2. *There is nothing interesting here!*
3. *Thanks. —It's nothing.*

Vocabulaire du thème : *La Vie sociale*

Les Classes

la **classe moyenne** middle class
la **classe ouvrière** working class
la **classe privilégiée** privileged class
la **classe défavorisée** underprivileged class
la **diversité** diversity
le **peuple** the people
le **patron**, la **patronne** boss
l' **ouvrier** *m*, l' **ouvrière** *f* worker
l' **immigré(e)** *m, f* immigrant
l' **étranger**, l'**étrangère** stranger
le **racisme** racism

entrer, être dans la vie active to enter, to be in the work force
la **profession**[1] profession
le, la **fonctionnaire** civil servant, government official
le **métier** trade
le **charpentier** carpenter
l' **électricien** *m*, l'**électricienne** *f* electrician
le **mécanicien**, la **mécanicienne** mechanic
le **plombier** plumber

---

[1] For a list of the masculine and feminine forms of many professions, see pp. 67–68.

La Richesse

le, la **millionnaire** millionaire
le **nouveau riche** nouveau riche
l' **ambition** *f* ambition
ambitieux, ambitieuse ambitious
gagner sa vie to earn one's living
aller loin to go far, to get ahead
améliorer sa condition sociale to improve one's social position

l' **arriviste** *m, f* social climber
le, la **snob** snob
impressionner to impress
le **pouvoir** power
le **prestige** prestige
le **luxe** luxury
somptueux, somptueuse luxurious
aisé(e) well-to-do

La Pauvreté

le **quartier pauvre** poor district, neighborhood
le **taudis** *m* slum
le **clochard**, la **clocharde** bum, street person
le, la **sans-abri** (*inv.*) homeless person
la **misère** misery, distress
misérable miserable

malsain(e) unhealthy
pénible hard (difficult), painful

se révolter contre to revolt against
faire la grève to go on strike, to strike
le, la **gréviste** striker
être exploité(e) to be exploited
le **syndicat** union

Manières et Goût

les **manières** *f* manners
être bien (mal) élevé(e) to be well- (ill-) bred
avoir bon (mauvais) goût to have good (bad) taste
avoir de la classe to have class
comme il faut proper; properly
poli(e) polite

raffiné(e) refined
sophistiqué(e) sophisticated
élégant(e) elegant

arrogant(e) arrogant
grossier, grossière gross, coarse
vulgaire vulgar

ACTIVITÉS

Le Monde des mots

A. Complétez en employant un nom tiré du *Vocabulaire du thème*. Comparez vos réponses à celles d'un(e) camarade de classe.

MODÈLE   *Les snobs* veulent impressionner tout le monde.

1. _____ réparent les voitures.
2. _____ aiment montrer leur argent et leurs biens.
3. _____ construisent des meubles et des maisons en bois.
4. _____ font la grève.
5. _____ sont parfois exploités par les riches.
6. _____ n'ont pas de soucis financiers.
7. _____ comprennent bien l'électricité.
8. _____ travaillent pour l'État.
9. _____ viennent de pays étrangers.

B. Cherchez, dans le *Vocabulaire du thème*, un antonyme pour chacun des adjectifs suivants. Faites l'activité à tour de rôle avec un(e) camarade de classe, selon le modèle.

MODÈLE   VOUS :   un quartier pauvre
          CAMARADE :   *un quartier riche*

          CAMARADE :   un millionnaire modeste
          VOUS :   *un millionnaire arrogant*

1. un travail facile
2. un patron vulgaire
3. un métier sain
4. une usine sale
5. un clochard heureux
6. un repas simple
7. un enfant bien élevé
8. des manières grossières

Testez vos connaissances

Voici quelques tendances sociales récentes en France. Trouvez-vous que les mêmes tendances existent actuellement dans votre pays ? Comparez vos impressions à celles d'un(e) camarade de classe.

1. Les femmes continuent à jouer un rôle de plus en plus important dans la société. Par exemple, elles représentent à peu près 55 % des effectifs universitaires (*total number of university students*). La grande majorité des femmes françaises travaillent hors de la maison et il y a cinq fois plus de femmes que d'hommes qui travaillent à temps partiel.
2. La délinquance des jeunes augmente en France.
3. La France est un pays à tendance socialiste. Environ 30 % des Français travaillent pour l'État.

(Renseignements tirés de *Francoscopie 2003*, Gérard Mermet, Larousse)

Un bal de débutantes

Votre Opinion

Répondez aux questions suivantes. Comparez vos réponses à celles d'un(e) camarade de classe.

1. Avez-vous déjà fait la grève ou connaissez-vous quelqu'un qui a fait la grève ? Si oui, décrivez brièvement l'expérience.
2. Quel métier ou quelle profession voulez-vous exercer ?
3. Avez-vous déjà rencontré une personne très pauvre ? Si oui, racontez brièvement les circonstances.
4. Voudriez-vous être très riche ? Pourquoi ou pourquoi pas ?
5. Connaissez-vous des immigrés ? Si oui, d'où viennent-ils ?
6. Voudriez-vous améliorer votre condition sociale ? Si oui, comment comptez-vous le faire ?
7. Tracez un petit portrait de votre caractère en répondant aux questions suivantes : avez-vous bon ou mauvais goût ? avez-vous de la classe ? êtes-vous raffiné(e) ? êtes-vous grossier (grossière) ? êtes-vous bien ou mal élevé(e) ?

Mise en scène

Complétez en employant une ou plusieurs expressions du *Vocabulaire du thème*, puis jouez les dialogues.

1. **A :** Tu veux devenir avocat(e) ? Mais c'est impossible ! Tu n'as pas d'argent.
   B : Je suis pauvre, c'est vrai, mais...
   A : Tu devrais choisir un bon métier. C'est plus sage.
   B : Non, (Nom), je vais devenir avocat(e). Je...

2. **A :** J'aime Isabelle, tu sais. Elle a de la classe.
   B : C'est vrai. Elle...
   A : Elle est si différente de sa sœur Anne-Marie !
   B : Tu as raison. Anne-Marie est...

Interrogatives

Formation of Questions

Inversion of the Subject and Verb

1. Simple tenses

   a. If the subject is a pronoun, it is inverted with the verb and connected to the verb by a hyphen.

   Voudriez-vous être riche ?
   Would you like to be rich?

   Vous méfiez-vous de votre patron ?
   Do you distrust your boss?

Verbs ending in a vowel in the third person singular insert **-t-** between the verb and the inverted subject pronoun, for the sake of euphony.

Travaille-t-elle maintenant comme électricienne ?
Is she working now as an electrician?

Admire-t-il vraiment les snobs ?
Does he really admire snobs?

b. If the subject is a noun, the order is *noun subject + verb + pronoun subject.*

Marie habite-t-elle une grande maison ?
Does Mary live in a large house?

Une société sans classe est-elle possible ?
Is a classless society possible?

2. Compound tenses

In compound tenses, inversion takes place only with the auxiliary verb. Inversion of the auxiliary verb follows the same rules as for simple verbs.

Cet arriviste a-t-il impressionné son patron ?
Did that social climber impress his boss?

Avez-vous remarqué ses manières impeccables ?
Did you notice his (her) impeccable manners?

Vous êtes-vous reposé après le travail ?
Did you rest after work?

Est-ce que

The expression **est-ce que** placed before any sentence transforms it into a question.

Est-ce que vous êtes trop ambitieux ?
Are you too ambitious?

Est-ce que les classes privilégiées sont assez généreuses ?
Are the privileged classes generous enough?

Est-ce que is almost always used when asking a question in the first person singular. However, the expressions **ai-je** (*have I*), **dois-je** (*must I*), **puis-je** (*may I*), and **suis-je** (*am I*) are sometimes used.

Est-ce que j'ai l'air d'être avare ?
Do I look greedy?

Est-ce que je vous gêne parce que je ne m'habille pas comme il faut ?
Do I bother you because I don't dress properly?

Puis-je vous poser une question indiscrète ?
May I ask you an indiscreet question?

N'est-ce pas

The expression **n'est-ce pas,** usually placed at the end of a sentence, seeks confirmation or denial. It is equivalent to expressions such as *aren't you, didn't you, isn't he, isn't it*, etc., in English.

> Ta femme entre dans la vie active, n'est-ce pas ?
> *Your wife's entering the work force, isn't she?*

> Vous cherchez un bon emploi, n'est-ce pas ?
> *You're looking for a good job, aren't you?*

Rising Intonation

Any sentence can be made interrogative by pronouncing it with a rising intonation. This manner of asking a question is conversational and colloquial; the other interrogative patterns should be used in formal writing.

> Bonjour ! Vous avez bien dormi ?
> *Hi! (Did) you sleep well?*

> Tu viens à la réunion syndicale demain ?
> *(Are) you coming to the union meeting tomorrow?*

ACTIVITÉS

A. Votre camarade de classe vous donne les réponses suivantes. Vous allez poser les questions convenables en employant l'inversion. Faites l'activité à tour de rôle.

MODÈLE   CAMARADE :   Au contraire, je gagne très peu d'argent.
          VOUS :   *Gagnes-tu beaucoup d'argent ?*

1. Au contraire, mon frère a mauvais goût.
2. De la classe ? Tu plaisantes. Louise n'a pas de classe !
3. Oui, Delphine est très snob !
4. Oui, il m'a beaucoup impressionné.
5. Mécanicien ? Non, Pierre n'est pas mécanicien. Il est charpentier.
6. Oui. Malheureusement, les pauvres sont exploités.
7. Oui. Malheureusement, les millionnaires réussissent toujours !
8. Non, Sylvie n'est pas devenue professeur. Elle est devenue médecin.
9. Oui, j'habite un quartier pauvre.
10. Oui, mon fils est dans la vie active.

B. En employant les phrases de l'activité A, posez des questions avec **est-ce que** et **n'est-ce pas**.

C. En employant l'inversion ou **est-ce que,** demandez à un(e) camarade de classe...

1. s'il (si elle) aime les snobs.
2. si ses amis ont de la classe.
3. si son (sa) meilleur(e) ami(e) est aisé(e).
4. si ses parents sont français.
5. s'il (si elle) a jamais travaillé dans une usine (dans une banque, dans un bar).
6. s'il (si elle) s'est jamais révolté(e) contre ses parents (le professeur).
7. s'il (si elle) se méfie des clochards (des hommes d'affaires, des vendeurs de voitures).
8. s'il (si elle) a jamais eu un accident de voiture.

D. Voulez-vous connaître la vie du professeur ? Par exemple, voulez-vous savoir où il (elle) est né(e), s'il (si elle) va souvent en France, s'il (si elle) mange souvent des escargots ? Préparez cinq questions (amusantes ? sérieuses ? bizarres ?) et posez-les au professeur. Comparez vos questions à celles d'un(e) de vos camarades de classe.

Interrogative Words

The Interrogative Adverbs

With the common interrogative adverbs **combien** (*how much, how many*), **comment** (*how*), **où** (*where*), **pourquoi** (*why*), and **quand** (*when*), the order *adverb + inverted verb* is always correct.

Comment les pauvres vont-ils vivre ?
How are the poor going to live?

Pourquoi ce mécanicien n'aime-t-il pas son métier ?
Why doesn't this mechanic like his trade?

Quand cessera-t-il de faire ce travail ingrat ?
When will he stop doing this thankless work?

In short questions composed only of **combien, comment, où,** or **quand** with a noun subject and a verb, the order *adverb + verb + noun* may be used. The adverb **pourquoi,** however, does not follow this rule.

Combien a gagné le patron ?
How much did the boss make?

Comment vont les enfants ?
How are the children?

Où vont les employés ?
Where are the employees going?

BUT: Pourquoi ce clochard chante-t-il ?
Why is that street person singing?

Note that **Comment** + **être** asks for a description; it corresponds to *What is (are) . . . like?* in English.

> Comment est la haute société en France ? — Très snob !
> *What's high society like in France? —Very snobbish!*

> Comment est ton patron ? — Il est sympathique mais exigeant.
> *What's your boss like? —He's nice but demanding.*

ACTIVITÉS

A. Les phrases suivantes sont des réponses. Formulez des questions en employant **combien, comment, où, pourquoi** ou **quand.** Faites l'activité à tour de rôle avec un(e) camarade de classe.

> MODÈLE   CAMARADE :   Ce clochard s'appelle Georges.
> VOUS :   *Comment s'appelle ce clochard ?*

1. Ce clochard s'appelle Georges.
2. Il est sale et mal habillé, mais il est intelligent aussi.
3. Il habite sous un pont.
4. Il ne travaille pas parce que le travail l'ennuie.
5. Il a beaucoup d'amis.
6. Il a très peu de vêtements.
7. Il se lève de bonne heure.
8. Il se couche après minuit.
9. Il est clochard parce qu'il aime la liberté.

B. Préparez trois questions originales en employant **comment, combien, où, pourquoi** ou **quand,** et posez-les à un(e) camarade de classe ou au professeur.

C. Imaginez que vous pouvez poser une seule question aux personnes suivantes. Commencez votre question par **comment, combien, où, pourquoi** ou **quand.** Faites l'activité à tour de rôle avec un(e) camarade de classe.

> MODÈLE   CAMARADE :   à un clochard
> VOUS :   *Pourquoi ne travaillez-vous pas ?   ou :*
> *Où dormez-vous ?*

1. à un gangster
2. à un sans-abri
3. à une femme enceinte
4. au professeur
5. au président des États-Unis
6. à un alcoolique
7. à une actrice
8. à un gréviste

The Invariable Interrogative Pronouns

Function	Persons	Things
subject	qui OR qui est-ce qui (*who*)	qu'est-ce qui (*what*)
direct object	qui (*whom*)	que (*what*)
object of preposition	qui (*whom*)	quoi (*what*)

As the table shows, the invariable interrogative pronouns are classified according to their nature (persons, things) and their function (subject, direct object, object of a preposition). Both factors must be considered in choosing the proper interrogative pronoun. Note, however, that **qui** referring to persons is correct for all functions.

Qui (qui est-ce qui) va travailler dans ce bureau ?
Who (person, subject) is going to work in this office?

Qu'est-ce qui vous empêche d'aller loin ?
What (thing, subject) is keeping you from getting ahead?

Qui veut-elle impressionner ?
Whom (person, direct object) does she want to impress?

Que voulez-vous comme salaire ?
What (thing, direct object) do you want for a salary?

Contre qui allez-vous vous révolter ?
Against whom (person, object of preposition) are you going to revolt?

Avec quoi le charpentier réparera-t-il cette maison ?
With what (thing, object of preposition) will the carpenter repair this house?

Madame dîne au bistrot.

Note that **que** elides to **qu'** before a vowel or mute **h** (**qui** does not).

Qu'a-t-il choisi comme profession ?
What has he chosen as a profession?

1. In sentences beginning with the subject pronouns, the order *pronoun + uninverted verb* is always followed.

Qui remplacera notre patronne ?　　Qu'est-ce qui se passe ?
Who will replace our boss?　　*What's happening?*

2. In sentences beginning with the object pronouns (direct objects and objects of prepositions), the two most common ways of asking questions, **est-ce que** or inversion, are used.

Qui a-t-elle impressionné ?
Qui est-ce qu'elle a impressionné ?
Whom did she impress?

Qu'avez-vous trouvé comme emploi ?
Qu'est-ce que vous avez trouvé comme emploi ?
What have you found for a job?

De quoi a-t-il besoin pour aller loin ?
De quoi est-ce qu'il a besoin pour aller loin ?
What does he need to get ahead?

3. However, if a sentence beginning with **que** has a noun subject, inversion of the subject pronoun cannot be used. The order **que** + *verb* + *noun subject* must be used instead.

Que veut la classe ouvrière ?
What does the working class want?

Pour rire

1. Un type (*guy*) se présente à la pharmacie et demande au pharmacien :

— Bonjour. Je voudrais de l'acide acétylsalicylique.

Le pharmacien répond :

— Ah, vous voulez dire de l'aspirine.

— Ah oui ; j'ai toujours eu de la difficulté à me rappeler le nom.

2. Un clown dit à son médecin :

— Docteur, je me sens drôle !

3. Une femme demande à son avocat :

— Quel est le montant de vos honoraires ? (*How much do you charge?*)

L'avocat lui répond qu'il est de 1.000 euros pour trois questions.

La femme lui demande alors :

— N'est-ce pas un peu excessif ?

Et l'avocat lui répond :

— Si. Quelle est votre troisième question ?

ACTIVITÉS

A. Quelle question allez-vous poser aux personnes suivantes ? Répondez en employant **que** (**qu'**) selon le modèle. Faites l'activité à tour de rôle avec un(e) camarade de classe.

MODÈLE CAMARADE : à un vendeur
VOUS : *Que vendez-vous ?*

1. à un professeur
2. à un grand fumeur
3. à un grand buveur
4. à un écrivain
5. à un compositeur
6. à un mécanicien

B. Un(e) de vos camarades de classe est allé(e) aux endroits suivants. Vous lui demandez ce qu'il (elle) y a fait en employant **qu'est-ce que** et le **passé composé** selon le modèle. Faites l'activité à tour de rôle.

MODÈLE CAMARADE : Je suis allé(e) au restaurant.
VOUS : *Qu'est-ce que tu as mangé ?*

Je suis allé(e)...

1. au café.
2. au magasin.
3. au cinéma.
4. au concert.
5. à la bibliothèque.

C. Posez une question en employant l'expression **avoir besoin de** et le pronom **quoi** selon le modèle. Faites l'activité à tour de rôle avec un(e) camarade de classe.

MODÈLE CAMARADE : d'une voiture à réparer
VOUS : *De quoi un mécanicien a-t-il besoin ?*

1. d'un verre de lait
2. d'une maison à construire
3. d'inspiration
4. de beaucoup d'ambition
5. de beaucoup d'argent
6. d'un domicile

> ### Quelques proverbes
>
> 1. Pauvreté n'est pas vice.
> 2. C'est en forgeant qu'on devient forgeron (*blacksmith*).
> 3. Ventre affamé (*starving, famished*) n'a point d'oreilles.

D. Remplacez les tirets par **qui** ou **qu'est-ce qui**. Comparez vos réponses à celles d'un(e) camarade de classe, puis jouez les dialogues.

1. **A :** _____ vous ennuie à l'école ?
   B : Tout !

2. **A :** _____ a causé l'accident ?
   B : C'est lui ! C'est lui qui l'a causé !

3. **A :** _____ vient de frapper à la porte ?
   B : Je, je ne sais pas... j'ai peur !

4. **A :** _____ se passe ?
   B : _____ se passe ?
   A : Oui, _____ se passe ?
   B : Rien.

5. **A :** _____ impressionne ce snob ?
   B : L'argent, imbécile, l'argent !

E. Traduisez en français, comparez vos réponses à celles d'un(e) camarade de classe, puis jouez les dialogues.

1. **A:** What's happening?
   B: Not much (*Pas grand-chose*). What do you want to do?
   A: What interests you?
   B: Nothing.
   A: Whom do you want to see?
   B: No one.

2. **A:** Why did you say I was a snob?
   B: Who told you that?
   A: Jean-Louis.
   B: What was he talking about?
   A: I don't know.
   B: Never listen to Jean-Louis. He's crazy !

F. Préparez cinq questions originales (amusantes ? sérieuses ? impertinentes ?) en employant **qui, qu'est-ce qui, que, qu'est-ce que** et **quoi,** et posez-les à un(e) camarade de classe ou au professeur.

The Variable Interrogative Pronoun *lequel* (which one, which)

	Masculine	**Feminine**
singular	lequel	laquelle
plural	lesquels	lesquelles

Lequel agrees in gender and number with the noun to which it refers.

> Ma sœur est au chômage. — Laquelle ?
> *My sister is unemployed. —Which one?*

> Lequel de ces grévistes a volé l'argent ?
> *Which (one) of these strikers stole the money?*

Lequel and **lesquel(le)s** contract with the prepositions **à** and **de: auquel, auxquel(le)s, duquel, desquel(le)s**.

> J'ai parlé à certains membres du syndicat. — Auxquels ?
> *I spoke to certain members of the union. —To which ones?*

> Il y a deux syndicats dans cette entreprise. Duquel voulez-vous faire partie ?
> *There are two unions in this company. Which do you want to belong to?*

The Adjective *quel* (what, which)

	Masculine	Feminine
singular	quel	quelle
plural	quels	quelles

The adjective **quel** agrees in number and gender with the noun it modifies.

> Quelle profession a-t-elle choisie ?
> *What (Which) profession did she choose?*

> Quelles conditions de travail existent dans cette usine ?
> *What working conditions exist in this factory?*

> Quelle est la date de la grève ?
> *What is the date of the strike?*

Quel is also used to express the English exclamations *What a (an) . . . !* or *What . . . !*

> Quelle maison propre !   Quelle réponse !
> *What a clean house!*   *What an answer!*

> Quelle bêtise !   Quel culot !
> *What nonsense!*   *What nerve!*

Les Restos du Cœur

En 1985, le comique Coluche fonde les Restos du Cœur (*soup kitchens*) pour combattre la pauvreté sous toutes ses formes mais surtout pour offrir des repas gratuits (*free*) aux personnes défavorisées. Coluche meurt en 1986 d'un accident de la route. Aujourd'hui, les Restos du Cœur sont répandus (*spread out*) partout en France.

ACTIVITÉS

A. Créez un dialogue avec un(e) camarade de classe en employant **lequel** ou **laquelle**. Si le verbe s'emploie avec la préposition **à** ou **de,** n'oubliez pas d'en tenir compte dans votre réponse. Faites l'activité à tour de rôle.

> MODÈLE   CAMARADE :   — Ma fille est malade.
> VOUS :   — *Laquelle ?*
>
> VOUS :   — Téléphone tout de suite au plombier.
> CAMARADE :   — *Auquel ?*

1. Je te rencontre au restaurant.
2. Cette femme a de la classe.
3. Vois-tu ce clochard ?
4. Passe-moi un stylo.
5. Francine est allée au cinéma.
6. Bruno est membre d'un syndicat.
7. Je parle d'une femme que je connais.
8. Isabelle va tout de suite à l'usine.
9. Richard a besoin de ce livre.

B. Posez des questions à un(e) camarade de classe ou au professeur en employant la forme correcte de **quel** selon le modèle.

> MODÈLE   son adresse
> *Quelle est ton (votre) adresse ?*
>
> ses écrivains préférés
> *Quels sont tes (vos) écrivains préférés ?*

1. ses boissons préférées
2. son bonbon préféré
3. son sport préféré
4. ses musiciens préférés
5. ses magazines préférés
6. sa voiture préférée
7. sa couleur préférée
8. son poète préféré

Related Expressions

The Interrogative Construction *What is . . .?*

1. If the answer to the question *What is . . .?* is a definition, the expressions **qu'est-ce que** or **qu'est-ce que c'est que** are used. These are fixed forms; they agree in neither gender nor number.

Qu'est-ce qu'un arriviste ?
What is a social climber?

Qu'est-ce que c'est que la haute société ?
What is high society?

Une manifestation pour le voile (veil)

2. If the answer is anything other than a definition—dates, names, facts, etc.—the adjective **quel** is generally used, agreeing with the noun in question.

Quelle est la date de son anniversaire ?
What is the date of his birthday?

Quel est son rôle dans l'entreprise ?
What is his role in the business?

When the adjective **quel** modifies plural nouns, the English equivalent is *What are . . . ?*

Quelles sont les règles de la société ?
What are society's rules?

ACTIVITÉS

A. Votre camarade de classe vous propose les mots suivants. Vous posez une question en employant une forme de **quel** ou l'expression **qu'est-ce que c'est que**. Faites l'activité à tour de rôle.

MODÈLE   CAMARADE :   la dignité humaine
         VOUS :   *Qu'est-ce que c'est que la dignité humaine ?*

         VOUS :   tes conclusions définitives
         CAMARADE :   *Quelles sont tes conclusions définitives ?*

1. le racisme
2. le métier de ton père
3. la politesse française
4. un nouveau riche

    5. un fonctionnaire

    6. la date aujourd'hui

    7. ta profession

    8. la plus grande ville du monde

    9. une grève

   10. ton nom

B. Posez une question en employant **qu'est-ce que** ou la forme correcte de **quel** selon le modèle. Faites l'activité à tour de rôle avec un(e) camarade de classe.

MODÈLE   **CAMARADE :**   C'est une personne qui a des millions.
           VOUS :   *Qu'est-ce qu'un millionnaire ?*

           VOUS :   10, rue de l'Université.
           CAMARADE :   *Quelle est ton adresse ?*

1. C'est une personne qui répare les voitures.
2. C'est l'interruption du travail par des ouvriers.
3. Je suis femme d'affaires.
4. C'est un endroit où on passe beaucoup de temps à boire et à bavarder.
5. C'est une personne, généralement insupportable, qui essaie d'impressionner les autres.
6. Je m'appelle Louis XIV.
7. 15, rue Saint-Jacques.
8. C'est la classe qui a beaucoup de pouvoir.
9. C'est une personne qui n'a pas de domicile.
10. C'est une personne qui fait la grève.

DISSERTATION (première partie) : REMUE-MÉNINGES

Réfléchissez aux questions suivantes, puis répondez-y brièvement en prenant quelques notes. En classe, vous allez discuter vos réponses et vos idées avec un(e) camarade de classe. Dans votre discussion, essayez de noter les expressions que vous pourrez utiliser éventuellement dans la *Dissertation (seconde partie)* (voir p. 158).

La classe privilégiée

1. Pensez-vous qu'il y a une classe privilégiée dans votre pays ?
2. Si oui, dites comment vous la reconnaissez en donnant quelques exemples précis de ses privilèges (par exemple, dans le domaine de l'éducation, des loisirs, du travail).
3. À votre avis, comment est-ce qu'on devient membre de cette classe ? Est-ce que cette classe est petite ou grande ? A-t-elle beaucoup d'influence ? Donnez quelques exemples de son influence.

La classe moyenne

1. Comment reconnaissez-vous les membres de la classe moyenne, c'est-à-dire, que font-ils comme loisirs et comme travail, qu'est-ce qu'ils portent comme vêtements, quel niveau (*level*) d'éducation ont-ils ?
2. Est-ce que cette classe est nombreuse dans votre pays ?
3. Est-ce que les membres de cette classe peuvent aspirer à la classe privilégiée ? Si oui, indiquez comment ils peuvent passer d'une classe à l'autre.

La classe défavorisée

1. À votre avis, y a-t-il une classe défavorisée dans votre pays ? Donnez quelques exemples de membres de cette classe.
2. Donnez des exemples précis qui montrent que cette classe est défavorisée par rapport à la classe privilégiée et à la classe moyenne.
3. Est-ce que cette classe est nombreuse ? Est-ce qu'elle a beaucoup d'influence ? Est-il possible qu'elle ait de l'influence ou est-ce qu'elle restera toujours dans son état actuel ?

Negatives

ne... pas	*not*	**ne... rien**	*nothing*
ne... jamais	*never*	**ne... que**	*only*
ne... plus	*no longer, not any more, no more*	**ne... aucun(e)**	*no, not any, not a single*
ne... point	*not (at all)*	**ne... ni... ni**	*neither . . . nor*
ne... personne	*no one*		

The Basic Negative: *ne... pas*

Position

1. With simple verbs

   a. To form the negative, **ne** is normally placed before the verb and **pas** after it.[2] If the sentence contains object pronouns, they are placed between **ne** and the verb.

   Elle ne travaille pas dans ce magasin.
   She doesn't work in this store.

   Ne faites pas attention à ses remarques impertinentes.
   Don't pay attention to his (her) impertinent remarks.

   Il ne me les donne pas tout de suite.
   He doesn't give them to me right away.

   Je ne me moque pas de toi !
   I'm not making fun of you!

   Note that **ne** changes to **n'** before a verb beginning with a vowel or mute **h**.

   David n'habite pas dans un appartement somptueux.
   David doesn't live in a luxurious apartment.

   Elle n'aime pas les snobs.
   She doesn't like snobs.

---

[2] The omission of **ne** is frequent in current popular speech: **C'est pas vrai ; J'en veux pas ; J'étais pas comme ça.**

b. In interrogative sentences, **ne** is placed before the verb and inverted subject pronoun, and **pas** after them. If the sentence contains object pronouns, they are placed between **ne** and the verb and inverted subject pronoun.

N'a-t-il pas l'air un peu trop raffiné ?
Doesn't he look a little too refined?

Les patrons n'exploitent-ils pas leurs employés ?
Don't (the) bosses exploit their employees?

Ne les préférez-vous pas ?
Don't you prefer them?

If the interrogative form **est-ce que** is used, the general rule in the preceding section 1.a is followed.

Est-ce qu'il n'a pas l'air un peu trop raffiné ?
Est-ce que les patrons n'exploitent pas leurs employés ?

c. In sentences containing a verb followed by a complementary infinitive, only the main verb is made negative.

Ma sœur n'aime pas critiquer les gens.
My sister doesn't like to criticize people.

Ne voulez-vous pas m'accompagner à l'usine ?
Don't you want to accompany me to the factory?

2. With compound verbs

The negative of compound verbs is built around only the auxiliary verb **avoir** or **être**.

Pourquoi n'a-t-il pas remercié le patron ?   Il n'était pas allé loin.
Why didn't he thank the boss?   *He hadn't gone far.*

3. With infinitives

Both parts of the negation generally precede a negative infinitive. This rule applies to both the present and the past infinitives.

Il est important de ne pas gêner le patron.
It is important not to bother the boss.

Je regrette de ne pas avoir réussi.
I regret not having succeeded.

SOS-Racisme

SOS-Racisme est une organisation fondée en France en 1984 — et vite devenue internationale — dont le but est de défendre les gens et les peuples contre l'injustice de la discrimination. Son slogan célèbre est « Touche pas à mon pote » (*Hands off my buddy*).

Followed by the Indefinite Article or the Partitive

Remember that after **ne... pas** (and other negatives) the indefinite article (**un, une, des**) and the partitive article (**du, de la, de l', des**) generally change to **de** : they are translated by *not any* or *no*, or sometimes by no word at all.

Avez-vous un métier ? — Non, je n'ai pas de métier.
Do you have a trade? —No, I don't have a trade.

Elle n'a pas trouvé de travail.
She didn't find any work.   OR
She found no work.   OR
She didn't find work.

Used without **ne** or a verb, **pas de** renders *no* with a noun.

Pas de travail !   Pas de chance !
No work!   *No luck!*

ACTIVITÉS

A. Qu'est-ce que les personnes suivantes n'ont pas ? Répondez en employant **ne... pas de** et un des mots ci-dessous, selon le modèle. Faites l'activité à tour de rôle avec un(e) camarade de classe.

amis	argent	bon sens	classe	courage
diversité	emploi	humour	principes	temps

MODÈLE   **VOUS :**   Sylvie est très solitaire.
         CAMARADE : *Elle n'a pas d'amis.*

1. Guillaume a peur de tout.
2. Henri ne rit jamais.
3. Virginie est toujours pressée.
4. Florence dit n'importe quoi, même des mensonges monstrueux, pour avoir ce qu'elle veut.
5. Robert est chômeur.
6. Chantal est pauvre.
7. Richard est vulgaire et grossier.
8. Amélie est toujours dans les nuages (*clouds*).
9. Il n'y a que des riches dans cette organisation.

La religion en France

La religion dominante en France reste de loin le catholicisme (au début du siècle on comptait 40 millions de catholiques, c'est-à-dire, 2/3 de la population). La deuxième religion était l'islam : il y avait environ 5 millions de musulmans (*Muslims*) en France. Ensuite venaient les protestants (environ 1 million), les juifs (620 000) et les bouddhistes (environ 600 000). À peu près 12 millions de Français se disaient (*declared themselves to be*) sans religion.

B. Faites l'activité suivante à tour de rôle. Demandez à un(e) camarade de classe...

1. s'il (si elle) veut être plombier (professeur, médecin, clochard[e]).
2. s'il (si elle) a bon goût.
3. s'il (si elle) aime le luxe.
4. s'il (si elle) s'est levé(e) à cinq heures.
5. s'il (si elle) s'est jamais révolté(e) contre ses parents.
6. s'il (si elle) a gagné des millions.
7. s'il (si elle) se sent supérieur(e) à tout le monde.
8. s'il (si elle) veut vivre dans un quartier pauvre.
9. s'il (si elle) est snob.
10. s'il (si elle) a pris une douche ce matin.

C. Traduisez en français, comparez vos réponses à celles d'un(e) camarade de classe, puis jouez le dialogue.

A: Why don't you want to become a mechanic?
B: Mechanics don't make enough money.
A: That's not true.
B: And they have no prestige.
A: Well (*Eh bien*), why don't you become a plumber?
B: That's not very chic.
A: An electrician?
B: They aren't sophisticated.
A: Well, become a sophisticated bum !

D. Dans les phrases suivantes, mettez seulement les infinitifs au **négatif**. Comparez vos réponses à celles d'un(e) camarade de classe.

1. Il est important de parler anglais en classe.
2. Je suis content(e) d'être né(e) riche.
3. Il est rare d'entrer dans la vie active.
4. Elle espère perdre sa fortune.

Other Negatives

Ne... jamais, ne... plus, ne... point

The position of **ne... jamais** (*never*), **ne... plus** (*no longer, not any more, no more*), and the more literary **ne... point** (*not [at all]*) is the same as that of **ne... pas**.

Cette dame n'est plus riche.
This lady is no longer rich.

Je ne veux plus de vin.
I don't want any more wine.

Il n'a jamais fait la connaissance d'un millionnaire.
He never met a millionaire.

Cette famille misérable n'a point perdu sa dignité !
This miserable family has not lost its dignity (at all)!

After these negatives, as after **ne... pas,** the indefinite article and the partitive generally change to **de**.

Mon fils ne porte jamais de manteau !
My son never wears a coat!

Après la révolution, il n'y aura plus de misère !
After the revolution there will be no more misery!

ACTIVITÉS

A.   Imaginez que vous êtes une des personnes suivantes. Qu'est-ce que vous ne faites plus ? Faites l'activité à tour de rôle avec un(e) camarade de classe, selon le modèle.

> MODÈLE   **VOUS :**   Tu es un travailleur qui a perdu son travail.
> **CAMARADE :**   *Je ne travaille plus.*

Tu es...

1. une chanteuse qui a perdu la voix.
2. un grand buveur qui a mal à l'estomac.
3. un étudiant qui sait toutes les réponses.
4. une danseuse qui s'est cassé la jambe.
5. une serveuse qui est devenue mécanicienne.
6. un écrivain qui a peur d'écrire.
7. un professeur qui est devenu homme d'affaires.
8. une ouvrière qui a hérité d'une grosse fortune.
9. un voleur qui est maintenant en prison.

B.   Répondez au négatif en employant **ne... jamais** ou **ne... plus,** selon le cas. Faites l'activité à tour de rôle avec un(e) camarade de classe.

1. Dors-tu encore avec une poupée ?
2. As-tu déjà mangé des pieds de cochon ?
3. Es-tu encore naïf (naïve) ?
4. As-tu déjà habité sur une île déserte ?
5. Le professeur regarde-t-il encore la télé le samedi matin ?
6. Le vieux général a-t-il encore de l'ambition ?
7. As-tu déjà marché sur la Lune ?
8. Ta grand-mère a-t-elle encore toutes ses dents ?
9. As-tu déjà fait la grève ?
10. As-tu jamais été snob ?

C. Quand vous étiez petit(e), vous faisiez certaines choses que vous ne faites plus. Nommez-en deux. (Par exemple : Je ne regarde plus la télévision le samedi matin.) Comparez vos réponses à celles d'un(e) camarade de classe.

D. Nommez deux choses (intéressantes ? bizarres ? ridicules ?) que vous n'avez jamais faites. Comparez vos réponses à celles de vos camarades de classe.

Ne... personne and ne... rien

The negative pronouns **ne... personne** (*no one, not anyone*) and **ne... rien** (*nothing, not anything*) are placed in the same position as **ne... pas** in simple tenses. In compound tenses, **rien** follows the auxiliary verb whereas **personne** follows the past participle. As the object of an infinitive, **rien** precedes the infinitive whereas **personne** follows it.

Cette famille pauvre ne possède rien.
This poor family possesses nothing.

Il n'y avait personne à la fête.
There was no one at the party.

Malheureusement, le propriétaire n'a rien compris.
Unfortunately, the owner didn't understand anything.

Je n'ai vu personne au bureau.
I didn't see anyone in the office.

Je ne peux rien faire ; je ne veux voir personne.
I can't do anything; I don't want to see anybody.

À la terrasse d'un café à Rennes

When used with verbs that take a preposition, **personne** and **rien** directly follow the preposition.

À qui le patron s'intéresse-t-il ? — Il ne s'intéresse à personne.
Whom is the boss interested in? —He's not interested in anybody.

De quoi avez-vous besoin ? — Je n'ai besoin de rien.
What do you need? —I don't need anything.

The pronouns **personne ne** and **rien ne** are used as subjects.

Personne ne l'a remercié de ses sacrifices.
No one thanked him for his sacrifices.

Rien n'a changé dans sa vie.
Nothing changed in his (her) life.

Note that **pas** is never used with the negative expressions **ne... personne** and **ne... rien**.

ACTIVITÉS

A. Répondez aux questions suivantes en employant **ne... rien** ou **ne... personne,** selon le modèle. Faites l'activité à tour de rôle avec un(e) camarade de classe.

> MODÈLE   **VOUS :**   Qui détestes-tu ?
> **CAMARADE :**   *Je ne déteste personne.*
>
> **CAMARADE :**   Qu'est-ce que tu as acheté ?
> **VOUS :**   *Je n'ai rien acheté.*

1. Qu'est-ce que tu as compris ?   6. Qu'est-ce que tu as dit ?
2. Qui regardes-tu ?   7. Qu'est-ce que tu cherches ?
3. Qui as-tu vu ?   8. Qui cherches-tu ?
4. Qui as-tu contacté ?   9. Qu'est-ce que tu as trouvé ?
5. Qu'est-ce que tu as demandé ?   10. Qui as-tu choisi ?

B. Imaginez que vous êtes un(e) grand(e) pessimiste : vous voyez le monde tout en noir. Répondez aux questions suivantes en employant **ne... rien** ou **ne... personne** selon le modèle. Faites l'activité à tour de rôle avec un(e) camarade de classe.

> MODÈLE   **VOUS :**   Qu'est-ce que tu aimes ?
> **CAMARADE :**   *Je n'aime rien !*
>
> **CAMARADE :**   Qui aimes-tu ?
> **VOUS :**   *Je n'aime personne !*

1. Qui respectes-tu ?   6. À quoi t'intéresses-tu ?
2. Qu'est-ce que tu désires ?   7. À qui t'intéresses-tu ?
3. Qui embrasses-tu ?   8. Qui veux-tu voir ?
4. Avec qui flirtes-tu ?   9. Qu'est-ce que tu veux apprendre ?
5. Avec qui sors-tu ?   10. Qu'est-ce que tu veux faire ?

C. Imaginez que vous êtes un(e) grand(e) optimiste : vous voyez la vie en rose. Répondez en employant **personne ne** ou **rien ne** selon le modèle. Faites l'activité à tour de rôle avec un(e) camarade de classe.

> MODÈLE **VOUS :**   Qu'est-ce qui te décourage ?
> **CAMARADE :**   *Rien ne me décourage !*
>
> **CAMARADE :**   Qui est-ce qui te décourage ?
> **VOUS :**   *Personne ne me décourage !*

1. Qu'est-ce qui te rend triste ?
2. Qu'est-ce qui te gêne ?
3. Qui est-ce qui te met en colère ?
4. Qui est-ce qui t'insulte ?
5. Qui est-ce qui t'énerve ?
6. Qu'est-ce qui t'inquiète ?
7. Qui est-ce qui te traite mal ?
8. Qu'est-ce qui t'ennuie ?

D. Traduisez en français. Comparez vos réponses à celles d'un(e) de vos camarades de classe.

1. Nothing impresses her.
2. Nobody likes slums.
3. We didn't see anybody.
4. She insulted no one.
5. He spoke to nobody.
6. He didn't speak to anyone.
7. They aren't interested in anything.
8. No one likes to be exploited.

Ne... que

In the restrictive expression **ne... que** (*only*), **que** is placed directly before the word it modifies.

> Ce millionnaire n'aimait que l'argent quand il était jeune.
> *This millionaire liked only money when he was young.*

> Pourquoi le patron n'a-t-il donné une augmentation de salaire qu'à ses amis ?
> *Why did the boss give a raise only to his friends ?*

Note that the adverb **seulement**[3] may replace **ne... que**.

> Ce millionnaire aimait seulement l'argent quand il était jeune.
> Pourquoi le patron a-t-il donné une augmentation de salaire seulement à ses amis ?

Since **ne... que** is a restrictive rather than a negative expression, any following indefinite and partitive articles (**un, une, du, de la, de l', des**) do not change to **de**.

> Elle n'a invité que des jeunes gens bien élevés.
> *She invited only well brought-up young men.*

---

[3] Do not confuse the adverb **seulement** (*only*) with the adjective **seul** (*only, sole*): **Il a seulement une ambition** (*He has only one ambition*) ; **sa seule ambition** (*his only ambition*).

A C T I V I T É S

A. Imaginez que votre camarade de classe est une personne qui exagère tout. Vous, par contre, êtes plus réaliste et plus honnête. Répondez en employant l'expression **ne... que** selon le modèle. Faites l'activité à tour de rôle avec un(e) camarade de classe.

> MODÈLE   CAMARADE :   J'ai cinq brosses à dents. Combien en as-tu ?
> VOUS :   *Je n'en ai qu'une (que deux).*

1. J'ai vingt maillots (*m*) de bain. Combien en as-tu ?
2. J'ai dix montres (*f*). Combien en as-tu ?
3. J'ai cinq livres de français. Combien en as-tu ?
4. Je parle dix langues. Combien en parles-tu ?
5. J'ai quatre bicyclettes. Combien en as-tu ?
6. J'ai douze téléviseurs. Combien en as-tu ?

B. Substituez l'expression **ne... que** à l'adverbe **seulement**. Faites l'activité à tour de rôle avec un(e) camarade de classe.

1. Ils ont habité seulement des logements misérables.
2. Il mange beaucoup seulement quand il est nerveux.
3. Elle s'intéresse seulement aux jeunes gens riches.
4. Cette dame lit seulement les magazines de mode.
5. Elle est polie seulement devant les adultes.
6. Ils ont seulement deux voitures de sport.
7. Ce sans-abri possède seulement les vêtements qu'il a sur le dos.

Ne... aucun(e), aucun(e)... ne

The adjective **aucun(e)** (*no, not any, not a single*), a stronger form of **ne... pas,** is placed before the noun it modifies. Although it is an adjective, and thus agrees in number and gender with the noun it modifies, **aucun(e)** is almost always used in the singular.

> Ces gens-là n'ont-ils aucune envie de réussir ?
> *Don't those people have any desire (at all) to succeed?*

> Je n'ai aucune idée.
> *I have no (not a single) idea.*

When **aucun(e)... ne** modifies a subject, **aucun(e)** precedes the noun it modifies and **ne** precedes the verb.

> Aucun invité n'est arrivé à l'heure.
> *Not a single guest arrived on time.*

Note that **aucun(e)** (*not a single one, none*) can also be used as a singular pronoun.

> Ces femmes d'affaires sont-elles américaines ? — Non, aucune (de ces femmes d'affaires) n'est américaine.
> *Are these businesswomen American? —No, not a single one (of these businesswomen) is American.*

ACTIVITÉ

Répondez à votre camarade de classe en employant l'expression **ne... aucun(e)** avec le verbe **avoir** et un mot ou une expression de la liste ci-dessous selon le modèle. Faites l'activité à tour de rôle.

chance *f*	discipline *f*	diversité *f*	envie *f* de réussir
envie *f* de travailler	respect *m* pour les autres	sens *m* de l'humour	talent *m*

MODÈLE   CAMARADE :   Pourquoi Robert Hasard perd-il toujours aux courses de chevaux ?
VOUS :   *Parce qu'il n'a aucune chance !*

1. Pauvre Georges ! Il est si paresseux. Il ne fait rien ! Pourquoi pas ?
2. Pourquoi Charles n'est-il pas un bon peintre ?
3. Pourquoi Brigitte ne tient-elle pas compte des opinions de ses amis ?
4. Pourquoi Jean-Pierre ne plaisante-t-il jamais ?
5. Emma est très intelligente mais elle ne réussit jamais à ses examens. Pourquoi ?
6. Pourquoi Françoise n'est-elle pas dans la vie active ?
7. Cette école militaire n'accepte que des garçons. Pourquoi ?

Ne... ni... ni

In the expression **ne... ni... ni,** the negative adverb **ne** precedes the verb and the conjunctions **ni... ni** (*neither . . . nor*) precede the words they modify. The indefinite article and the partitive are omitted after **ni... ni,** but the definite article is retained.

Il n'a ni la formation ni l'expérience qu'il faut pour obtenir ce poste.
He has neither the background nor the experience necessary to obtain this position.

Un avocat n'est ni ouvrier ni patron.
A lawyer is neither a worker nor a boss.

Ce pauvre clochard n'a ni femme ni enfants ni amis.
This poor bum has neither a wife nor children nor friends.

Note that **ni** may be used more than twice.

ACTIVITÉS

A. Répondez en employant **ne... ni... ni**. Faites l'activité à tour de rôle avec un(e) camarade de classe.

MODÈLE   CAMARADE :   Mon cher, aimes-tu le jazz ou le rap ?
VOUS :   *Je n'aime ni le jazz ni le rap.*

1. Ce jeune homme est-il poli et sympathique ?
2. Vas-tu devenir architecte, plombier ou cosmonaute ?

3. Ton amie a-t-elle visité des musées ou des usines ?

4. As-tu un bureau et une secrétaire ?

5. As-tu une voiture et une bicyclette ?

6. As-tu une télé et une radio ?

7. Ce sans-abri a-t-il de l'argent et des vêtements ?

B. Complétez les phrases suivantes en employant l'expression **ne... ni... ni** selon le modèle. Faites l'activité à tour de rôle avec un(e) camarade de classe.

> MODÈLE :   CAMARADE :   Un enfant unique n'a...
> VOUS :   *Un enfant unique n'a ni frères ni sœurs.*

1. Un orphelin n'a...

2. Au printemps, il ne fait...

3. La classe moyenne n'est...

4. Une personne qui a trente-cinq ans n'est...

5. Un chat gris n'est...

Related Expressions

Expressions Meaning *Yes* and *No*

1. **oui, non,** and **si**

The adverbs **oui** and **non** are ordinarily used to mean *yes* and *no* in French. The more emphatic form, **si,** however, is used for *yes* in response to a negative statement or question.

Avez-vous de l'ambition ? — Oui.   N'avez-vous pas d'ambition ? — Si !
Do you have ambition? —Yes.   *Don't you have any ambition? —Yes! (I do!)*

Une fermière fait son travail.

2. **Je crois que oui** and **Je crois que non**

The English expressions *I think so* and *I don't think so (I think not)* are expressed by **Je crois que oui** and **Je crois que non**.

Les riches ont-ils des responsabilités envers les pauvres ? — Je crois que oui.
Do the rich have responsibilities toward the poor? —I think so.

Allons-nous faire la grève ? — Je crois que non.
Are we going to strike? —I don't think so.

Personne or rien + de + adjective

The preposition **de** followed by the masculine singular form of the adjective is always used with **personne** or **rien** to express *no one* or *nothing + adjective* in English. An adverb like **si, très, plus,** etc., is sometimes placed in front of the adjective for emphasis.

Personne d'intéressant n'est venu.
No one interesting came.

N'avez-vous rien d'original à dire ?
Have you nothing original to say?

Je n'ai jamais vu personne de si charitable !
I never saw anyone so charitable!

Note that if **rien** is the direct object of a compound verb, it is separated from **de** and the adjective by the past participle.

Il n'a rien dit d'intéressant.
He said nothing interesting.

The indefinite pronouns **quelque chose** and **quelqu'un** are also used with **de** + *masculine adjective*.

quelqu'un de grossier
someone vulgar

quelque chose de raffiné
something refined

Ne... pas du tout

The expression **ne... pas du tout** renders the English *not at all*.

Je n'ai pas du tout apprécié ses manières grossières !
I didn't appreciate his (her) vulgar manners at all!

Aimeriez-vous habiter en ville ? — Pas du tout.
Would you like to live in the city? —Not at all.

(Ni)... non plus

Used with an emphatic pronoun, the expression **(ni)... non plus** renders the English *neither* in phrases like *neither do I, neither will he,* etc. In spoken French, **ni** is frequently dropped.

> Je ne veux pas travailler dans cette usine malsaine ! — Ni eux non plus !
> *I don't want to work in this unhealthy factory! —Neither do they!*

> Je ne pouvais pas supporter cet arriviste ! — Moi non plus !
> *I couldn't stand that social climber! —Neither could I!*

Emphatic pronouns are the only ones used in this expression.

De rien and *il n'y a pas de quoi*

The expressions **de rien** and **il n'y a pas de quoi** both translate the English *you're welcome.*

> Je vous remercie de ce cadeau magnifique ! — De rien.   *ou :*
>   — Il n'y a pas de quoi.
> *I thank you for that terrific gift! —You're welcome.*

ACTIVITÉS

A. Répondez en employant l'expression **rien de** selon le modèle. Faites l'activité à tour de rôle avec un(e) camarade de classe.

> MODÈLE   CAMARADE :   Y a-t-il quelque chose de bon à la télé ?
>   VOUS :   *Non, il n'y a rien de bon à la télé.*

1. Y a-t-il quelque chose de bon dans ce restaurant ?
2. Y a-t-il quelque chose d'intéressant au cinéma ?
3. Y a-t-il quelque chose de nouveau au musée ?
4. Y a-t-il quelque chose de meilleur au grand magasin ?
5. Y a-t-il quelque chose de drôle dans la vie du professeur ?
6. Y a-t-il quelque chose de positif dans ce taudis ?

B. Traduisez en français.   Comparez vos réponses à celles d'un(e) de vos camarades de classe.

1. He ate something good (bad)!
2. Nothing serious happened (*arriver*).
3. Nobody sophisticated came.
4. She said something coarse!
5. She married somebody ambitious.
6. Tell me something amusing.
7. He said nothing original.
8. Someone vulgar just phoned!
9. Something strange just happened.

C. Donnez une réponse plausible en employant **pas du tout, (ni)... non plus**, ou **il n'y a pas de quoi**. Faites l'activité à tour de rôle avec un(e) camarade de classe.

MODÈLE CAMARADE : Moi, je n'aime pas les racistes.
VOUS : *Ni moi non plus.*

1. Je te remercie, mon vieux, de m'avoir critiquée devant mon ami !
2. Je ne suis pas né très riche.
3. Veux-tu dire que je suis grossier, vulgaire et ingrat ?
4. Quel compliment ! Merci !
5. Je ne voudrais pas habiter dans ce taudis !
6. Soyons francs ! N'es-tu pas un peu snob ?
7. Merci pour ces cadeaux magnifiques.
8. Je n'ai jamais fait la grève.
9. Je ne veux plus faire ce travail pénible.

Synthèse

Activités d'ensemble

I. Voici les réponses. Quelles sont les questions ? Faites l'activité à tour de rôle avec un(e) de vos camarades de classe.

MODÈLE CAMARADE : Non, Marie-France n'est pas ici.
VOUS : *Marie-France est-elle ici ?*

1. Oui, je veux visiter votre bureau.
2. Un snob est une personne qui se sent supérieure à tout le monde.
3. Ils se sont révoltés contre leurs oppresseurs.
4. J'ai gagné beaucoup d'argent.
5. Si, cette dame élégante fait partie de la haute société !
6. Il n'a pas réussi parce qu'il se sent inférieur.
7. Le conflit entre les riches et les pauvres s'appelle la lutte des classes.
8. Ce clochard habite dans les rues.
9. Je n'aime pas mon concierge parce qu'il a des manières vulgaires !
10. Les ouvriers font la grève parce que le patron ne veut pas augmenter leur salaire.
11. Un parvenu est une personne qui a réussi à monter l'échelle (*ladder*) sociale.
12. Si, elle a très bon goût !

II. **Traduisez en français.** Comparez vos réponses à celles d'un(e) camarade de classe.

1. *Barbara is neither polite nor refined.*
2. *They lived in a poor neighborhood last year, but they no longer live there.*
3. *I have never earned a lot of money.*
4. *I saw nothing.*
5. *These workers don't have a union.*
6. *This wealthy family has only one car?*

7. *Not a single member of that family wants to work.*
8. *Doesn't he want to be rich? —Yes, he does.*
9. *She is not well-bred. —Neither are you!*
10. *That snob impresses no one.*
11. *Is the boss going to come? —I don't think so.*
12. *She's entered the work force, hasn't she? —I have no idea.*
13. *Do you want to be a millionaire? —Not at all!*
14. *The underprivileged classes have neither money nor influence.*
15. *It's cold and that street person doesn't have a hat.*
16. *Nobody interesting came.*

Sujets de discussion

1. **Le jeu des vingt questions.** Un étudiant imagine une personne ou une chose. Les autres étudiants essaient de deviner de quelle personne ou de quelle chose il s'agit en posant des questions. L'étudiant ne répond que par oui ou non. Si les autres étudiants dépassent (*go over*) les vingt questions sans deviner la réponse, l'étudiant gagne.
2. **Le jeu des métiers.** Un étudiant imagine un métier ou une profession. Les autres étudiants essaient de deviner de quel métier ou de quelle profession il s'agit en posant des questions. L'étudiant ne répond que par oui ou non. Si les autres étudiants dépassent les vingt questions sans deviner la réponse, l'étudiant gagne.
3. Voulez-vous améliorer votre condition sociale ? Pourquoi ou pourquoi pas ? Si oui, qu'est-ce que vous allez faire ?
4. Comment définissez-vous le succès ?

DISSERTATION (SECONDE PARTIE)

Les États-Unis sont un pays démocratique. Est-ce que cela veut dire qu'il n'y a pas de classes aux États-Unis ? Dans votre dissertation vous allez essayer de répondre à cette question. Si votre réponse est affirmative, dites quelles sont ces classes. Identifiez-les et et dites qui y appartient (*belongs*). Comment les reconnaissez-vous ? Si votre réponse est négative, pourquoi pensez-vous qu'il n'y a pas de classes ?

Pour bien présenter vos idées avec ordre et clarté, vous devez les proposer clairement dans votre introduction. Ensuite, développez votre thème en vous servant des expressions de transition dans le premier chapitre (pp. 17–18) pour passer d'un paragraphe à l'autre. Enfin, dans votre conclusion, résumez brièvement les idées principales que vous avez traitées.

6

Descriptive Adjectives and Adverbs

Drapeaux des pays membres de l'Union européenne

La Vie politique et économique

Chapter 6 at a Glance

Descriptive Adjectives

I. Mettez les adjectifs au **féminin singulier**.

1. responsable
2. privé
3. ambitieux
4. lucratif
5. long

6. blanc
7. gros
8. doux
9. gentil
10. beau

II. Mettez les expressions au **pluriel**.

1. l'employé ambitieux
2. le candidat qualifié

3. le nouveau directeur
4. le sénateur libéral

III. Mettez chaque adjectif avant ou après le nom en faisant l'**accord** s'il y a lieu.

1. intelligent ; un ministre
2. bon ; une ambiance

3. ancien (*former*) ; le président
4. vieux, italien ; une usine

IV. Faites l'**accord** de l'adjectif s'il y a lieu.

1. des réformes _____ (social)
2. un homme et une femme _____ (honnête)
3. une _____ (demi-heure)

V. Traduisez en français en employant l'expression entre parenthèses.

1. *That businessman seems reasonable.* (avoir l'air)
2. *Money makes her happy.* (rendre)

Adverbs

VI. Changez les adjectifs en **adverbes**.

1. facile
2. sérieux
3. patient

4. meilleur
5. bon

VII. Mettez les **adverbes** à la place convenable.

1. On parle de ce sénateur. (beaucoup)
2. On l'a acheté. (déjà)
3. On est responsable de ses actions. (moralement)

VIII. Récrivez la phrase en mettant l'expression en italique au début.

1. Votre travail est *peut-être* permanent.
2. Le directeur a *peut-être* compris son erreur.

IX. Remplacez les tirets par les adjectifs **tout, tous, toute** ou **toutes**.

    1. Je pense que _____ les employés sont compétents.
    2. Il a perdu _____ sa fortune.
    3. _____ le monde est venu.

X. Remplacez les tirets par le pronom **tous** ou **toutes**.

    1. Les députés sont _____ venus.
    2. Les secrétaires sont _____ allées au restaurant.

XI. Écrivez une phrase comparative en employant les expressions **plus... que, moins... que** ou **aussi... que**.

    1. la faillite, la fortune : agréable
    2. le travail, le chômage : souhaitable

XII. Traduisez en français.

    1. *the youngest businesswoman*
    2. *the most liberal politician*

XIII. Remplacez les tirets par **meilleur** ou **mieux**.

    1. Mon ordinateur marche _____ que le vôtre.
    2. Bien sûr, c'est le _____ ouvrier de l'usine !

Vocabulaire du thème : *La Vie politique et économique*

La Politique

le **président**, la **présidente** president
le, la **ministre** minister
le **sénateur**, la **sénatrice** senator
le, la **député(e)** representative
l' **homme** (la **femme**) **politique** politician
le **politicien**, la **politicienne** politician
    (sometimes pejorative)
le **candidat**, la **candidate** candidate
le **mandat** term of office
se lancer dans la politique to go into
    politics
poser sa candidature to run for office
faire un discours to make a speech
être élu(e) to be elected

le **parti** party
démocrate Democratic
républicain(e) Republican
vert Green
de gauche left-wing
de droite right-wing

le **citoyen**, la **citoyenne** citizen
le **partisan**, la **partisane** supporter, follower
l' **adversaire** *m, f* opponent
libéral(e) liberal
conservateur, conservatrice conservative
réactionnaire reactionary
voter (pour, contre) to vote (for, against)

le **programme** program, platform
la **question** issue
préserver l'environnement to preserve
    the environment
faire des réformes to make reforms
maintenir le statu quo to maintain the
    status quo

la **crise** crisis
le **pot-de-vin** (*fam*) bribe
l' **avidité** *f* greed
démissionner to resign

L'Économie

les **affaires** *f* business
l' **affaire** *f* deal
le **secteur public (privé)** public (private)
   sector
l' **État** *m* the Government, the
   Administration
l' **état** state
l' **homme** (la **femme**) **d'affaires**
   businessman, businesswoman
le **directeur,** la **directrice** director
le, la **collègue** colleague
le, la **secrétaire** secretary
l' **employé(e),** employee
le, la **fonctionnaire** civil servant
le **client,** la **cliente** customer
le **consommateur,** la **consommatrice**
   consumer
le **concurrent,** la **concurrente** competitor
le **chômeur,** la **chômeuse** unemployed person

énergique energetic
lucratif, lucrative lucrative
compétent(e), incompétent(e)
   competent, incompetent
qualifié(e) qualified
ambitieux, ambitieuse ambitious
paresseux, paresseuse lazy
travailleur, travailleuse hardworking
honnête, malhonnête honest, dishonest
avide greedy
généreux, généreuse generous

l' **entreprise** *f* company, business, firm
l' **usine** *f* factory
le **bureau** office
l' **ambiance** *f* atmosphere
l' **ordinateur** *m* computer
envoyer, recevoir un courriel, une
   télécopie to send, to receive an e-mail,
   a fax

acheter, vendre to buy, to sell
lancer un nouveau produit to launch a
   new product
gérer une entreprise to manage a
   business
faire de la publicité to advertise
la **publicité** advertisement
la **concurrence** competition

engager, embaucher to hire
demander une promotion, une
   augmentation to ask for a promotion, a
   raise

gagner un bon salaire to earn a good
   salary
travailler à temps partiel, à plein temps
   to work part-time, full-time
l' **emploi** *m* job
renvoyer to fire
faire faillite to go bankrupt
être au chômage to be unemployed
licencier to lay off
le **licenciement** layoff

ACTIVITÉS

Le Monde des mots

A. Complétez les phrases suivantes en employant un nom tiré du *Vocabulaire du thème.*
Comparez vos réponses à celles d'un(e) camarade de classe.

MODÈLE   *Le président (le sénateur, etc.)* a fait un discours.

1. _____ n'a pas accepté le pot-de-vin.
2. _____ doit satisfaire les demandes de groupes variés.
3. _____ est très lucrative.
4. _____ a demandé une grosse augmentation.

5. _____ gère bien son entreprise.

6. _____ a voté contre le programme de son parti.

7. _____ veut maintenir le statu quo.

8. _____ veut préserver l'environnement.

9. _____ a été renvoyé.

10. _____ vient de lancer un nouveau produit.

B. Avec un(e) camarade de classe, trouvez des **antonymes** pour les mots suivants dans le *Vocabulaire du thème*, puis créez une phrase originale en employant ces mots. Faites l'activité à tour de rôle.

MODÈLE   **VOUS :**   acheter

CAMARADE :   *vendre*

Cette entreprise ne réussira pas à vendre le produit qu'elle a lancé.

1. engager (embaucher)
2. compétent
3. paresseux
4. malhonnête
5. être au chômage
6. libéral
7. partisan
8. de droite
9. généreux

Testez vos connaissances

Testez vos connaissances de la vie économique et politique des Français en répondant aux questions suivantes. Comparez vos réponses à celles d'un(e) camarade de classe. Les réponses suivent l'activité.

1. Quel est le mandat (*term*) du président de la République française ?
2. Combien de semaines de congés payés les Français ont-ils chaque année ?
3. En 1999, la France a réduit la durée hebdomadaire du travail (*work week*). Jusqu'à combien d'heures par semaine ?
4. Quel rang (*rank*) l'économie de la France tient-elle dans l'Union européenne ?
5. Aux États-Unis, les électeurs (*voters*) ont tendance à voter de moins en moins fréquemment. Est-ce qu'on voit la même tendance en France ?
6. Les Français, ennemis des Anglais à l'époque, ont aidé les colonies américaines pendant la guerre d'Indépendance américaine. Comment s'appelle le général français qui a joué un rôle important ? Comment s'appelle le premier ambassadeur des États-Unis en France ?

RÉPONSES : 1. un mandat de cinq ans   2. cinq semaines (depuis 1982)   3. 35 heures par semaine   4. le deuxième rang, après l'Allemagne   5. Oui. 20,3 % des électeurs français n'ont pas voté au second tour des élections présidentielles de 2002, contre 14 % à celles de 1981.   6. le marquis de La Fayette (1757–1834) ; Benjamin Franklin (1706–1790)

Votre Opinion

Répondez aux questions suivantes, puis comparez vos réponses à celles de vos camarades de classe.

1. Votez-vous dans les élections municipales et nationales ?
2. Avez-vous voté pour le président actuel ?
3. Avez-vous jamais demandé une augmention de salaire ? Si oui, est-ce qu'on vous l'a donnée ?
4. Avez-vous jamais travaillé pour un(e) candidat(e) politique ? Si oui, dites lequel (laquelle). Si non, avez-vous envie de le faire ?
5. Travaillez-vous à temps partiel (à plein temps) actuellement ? Si oui, où travaillez-vous ?
6. Êtes-vous prêt(e) à lutter pour la préservation de l'environnement ? Si oui, comment ?
7. Quelle est votre orientation politique ? Choisissez la réponse appropriée.

a. Je suis	conservateur (conservatrice)
	libéral(e)
	réactionnaire
b. J'aimerais	maintenir le statu quo
	faire des réformes
	accepter des pots-de-vin
c. Je voudrais être	président(e)
	député(e)
	simple citoyen (citoyenne)
	ministre
	sénateur (sénatrice)
	dictateur (dictatrice)
	roi (reine)

Mise en scène

Complétez les dialogues en employant une ou plusieurs expressions du *Vocabulaire du thème*, puis jouez-les.

1. **A** : Comment, (Nom), tu es au chômage ? Qu'est-ce qui s'est passé ?
   B : ...
   A : Pauvre (Nom) ! Qu'est-ce que tu vas faire ?
   B : Je...
   A : C'est une bonne idée. Est-ce que je peux faire quelque chose pour toi ?
   B : ...

2. **A** : (Nom), j'ai décidé de me lancer dans la politique !
   B : C'est bien, (Nom). Qu'est-ce que tu vas faire si tu es élu(e) ?
   A : Je...
   B : Qu'est-ce que tu feras si tu n'es pas élu(e) ?
   A : Je...
   B : J'espère que tu seras élu(e) !

Une conférence de presse du président Jacques Chirac

Descriptive Adjectives

1. An adjective is a word that modifies a noun or pronoun. If an adjective describes, it is called a descriptive or qualitative adjective.

   C'est un partisan loyal.　　　　　Elle est qualifiée.
   He's a loyal follower.　　　　　*She is qualified.*

2. In English, descriptive adjectives have only one form. French descriptive adjectives have four, since they usually agree in gender (masculine, feminine) and number (singular, plural) with the noun they modify.

	Masculine	**Feminine**
Singular	un produit intéressant	une affaire intéressante
	an interesting product	*an interesting deal*
Plural	des produits intéressants	des affaires intéressantes
	some interesting products	*some interesting deals*

Formation of Adjectives

Formation of the Feminine Singular

1. Most adjectives form the feminine singular by adding an unaccented **-e** to the masculine singular. If the masculine singular already ends in an unaccented **e,** the masculine and feminine singular forms are identical.

Masculine singular	Feminine singular
compétent	compétente
énergique	énergique

2. Some feminine singular endings are irregular.

Masculine singular	Feminine singular	Change
ambitieu**x**	ambitieu**se**	**-x → -se**
ch**er**	ch**ère**	**-er → -ère**
lucrati**f**	lucrati**ve**	**-f → -ve**
publi**c**	publi**que**	**-c → -que**[1]
lon**g**	lon**gue**	**-g → -gue**
travaill**eur**	travaill**euse**	**-eur → -euse**[2]
professionn**el**	professionn**elle**	*double consonant +* **-e**
par**eil**	par**eille**	*double consonant +* **-e**
anc**ien**	anc**ienne**	*double consonant +* **-e**
gra**s**	gra**sse**	*double consonant +* **-e**
gro**s**	gro**sse**	*double consonant +* **-e**
coqu**et**[3]	coqu**ette**	*double consonant +* **-e**

Proverbes francophones

Proverbe suisse : « Les mots sont commes les abeilles : ils ont miel (*honey*) et aiguillon (*sting*). »

Proverbe sénégalais : « Le criquet tient (*fits*) dans la main mais on l'entend dans toute la prairie. »

Proverbe belge : « Qui a une tête de beurre ne doit pas s'approcher du four (*oven*). »

Proverbe libanais : « Au milieu des paralytiques, le boiteux (*lame person*) est une gazelle. »

---

[1] The adjective **grec** is an exception: **grec > grecque.**

[2] Adjectives in **-eur** not derived from a present participle change **-eur** to **-ice: conservateur > conservatrice. Meilleur** and the pairs **antérieur, postérieur; intérieur, extérieur; mineur, majeur;** and **supérieur, inférieur** are regular and add an unaccented **-e.**

[3] A small group of common adjectives ending in **-et** change to **-ète: complet > complète, concret > concrète, discret > discrète, inquiet > inquiète, secret > secrète.**

3. Certain common adjectives have irregular feminine singular forms.

Masculine singular	Feminine singular
beau	belle
blanc	blanche
bon	bonne
doux	douce
favori	favorite
faux	fausse
fou	folle
frais	fraîche
franc	franche
gentil	gentille
malin	maligne
mou	molle
nouveau	nouvelle
sec	sèche
vieux	vieille

4. Five of the preceding adjectives have a second masculine singular form, used before nouns beginning with a vowel or mute **h**.

beau	bel
fou	fol
mou	mol
nouveau	nouvel
vieux	vieil

le vieux fonctionnaire	le vieil ouvrier
the old civil servant	*the old worker*

But these adjectives have only one form in the masculine plural.

les vieux fonctionnaires	les vieux ouvriers
the old civil servants	*the old workers*

Formation of the Plural

1. Most adjectives form the plural by adding **s** to the masculine or feminine singular.

Singular	Plural
un avocat célèbre	des avocats célèbres
a well-known lawyer	*some well-known lawyers*
une réforme importante	des réformes importantes
an important reform	*some important reforms*

2. Masculine singular adjectives with certain endings have irregular plurals.

Masculine singular	Masculine plural	Change
paresseux	paresseux	-x (*no change*)
gris	gris	-s (*no change*)
nouveau	nouveaux	-eau → -eaux
moral	moraux	-al → -aux[4]

ACTIVITÉS

A. Demandez à un(e) camarade de classe s'il (si elle) est...

MODÈLE   VOUS :   Es-tu travailleur (travailleuse) ?

          CAMARADE :   *Oui, je le suis.*

                      Non, je ne le suis pas.

1. ambitieux   5. fou
2. généreux   6. gentil
3. doux   7. franc
4. discret   8. coquet

B. Marc et Yvette, deux employés de bureau, sont complètement différents l'un de l'autre. Par exemple, Marc est toujours mécontent et Yvette est toujours contente. Vous allez décrire Marc et votre camarade de classe va décrire Yvette. Faites l'activité à tour de rôle selon le modèle.

MODÈLE   VOUS :   Marc est malheureux

          CAMARADE :   *Yvette est heureuse.*

1. Marc est indiscret.
2. Marc est dur.
3. Marc est conservateur.
4. La carrière de Marc est ennuyeuse.
5. Marc est malhonnête.
6. Marc est paresseux.
7. Marc est incompétent.
8. Marc a la mémoire courte.
9. Marc est immoral.
10. Marc est brusque.

> ### Charles de Gaulle
>
> Charles de Gaulle (1890–1970), le personnage historique le plus respecté des Français, a été d'abord général et puis président de la République. Il est connu comme « l'homme du 18 juin 1940 » — c'est-à-dire celui qui a lancé l'appel à (*called for*) la Résistance française pendant la Seconde Guerre mondiale — et comme fondateur de la Cinquième République en 1958. Comme président, il a mené une politique qui avait pour but (*whose goal was*) de renforcer la présence de la France dans le monde, notamment par rapport aux puissances (*powers*) américaines et russes.

---

[4] The adjectives **banal, fatal, final,** and **naval** form the masculine plural by adding **-s**.

Clients devant un magasin à Toulouse

C. Janine est femme d'affaires. Comment est-elle probablement dans les situations suivantes ? Vous allez décrire la situation et votre camarade de classe va répondre. Faites l'activité à tour de rôle.

> MODÈLE **VOUS :** Janine vient d'avoir une bonne augmentation de salaire.
> **CAMARADE :** *Elle est probablement heureuse (ravie, étonnée, etc.).*

1. Janine vient d'accoucher (*to give birth*).
2. Elle vient d'être renvoyée.
3. Son directeur, un jeune célibataire très riche, invite Janine à dîner.
4. Une autre employée accuse Janine d'être une féministe enragée.
5. Janine donne de l'argent à un vieux clochard qu'elle voit devant un café.

Position of Adjectives

After the Noun

1. In English, descriptive adjectives precede the noun they modify. In French, on the other hand, most adjectives follow the noun.

une usine grise	une entreprise française
a gray factory	*a French company*
la société bourgeoise	l'avocat catholique
middle-class society	*the Catholic lawyer*

2. Note that adjectives of nationality are not capitalized in French. Nouns of nationality, however, are capitalized: un **Français,** une **Russe,** un **Japonais.**

Before the Noun

1. Some short, common adjectives normally precede the noun.

autre	jeune	nouveau
beau	joli	petit
bon	long	premier
gros	mauvais	vieux

2. Certain adjectives have one meaning when they precede the noun and another when they follow it.

un ancien client	une usine ancienne
a former customer	*an old (or ancient) factory*
un brave citoyen	un soldat brave
a (morally) good citizen	*a courageous soldier*
un certain succès[5]	un succès certain
a degree of success	*a sure success*
un grand homme	un homme grand
a great man	*a tall man*
sa chère femme	un ordinateur cher
his dear wife	*an expensive computer*
le même jour	le jour même
the same day	*the very day (emphatic)*
le pauvre type	un homme pauvre
the poor (unfortunate) guy	*a poor man (not rich)*
son propre bureau	un bureau propre
his own office	*a clean office*
un simple ouvrier	un homme simple
a mere worker	*a simple man (plain, simple-minded)*
le seul concurrent	un voyageur seul
the only competitor	*a traveler alone (by himself) (i.e., a lone traveler)*
notre dernier chèque	l'année dernière
our last check (in a series)	*last year (the one just passed)*
la prochaine réunion	l'année prochaine
the next meeting (in a series)	*next year (the one coming)*

---

[5] As in English, **certain** before the noun can also mean "unspecified": **un certain homme** = a certain man (whom I could name if I wanted to).

3. Many descriptive adjectives that normally follow the noun may precede it for special emphasis. In this case, the stress is on the adjective, which is often pronounced in a more emphatic tone of voice.

Une magnifique affaire !   Quel dangereux adversaire !
A magnificent deal!   *What a dangerous opponent!*

Two Adjectives with One Noun

1. If one adjective usually precedes the noun and the other usually follows it, they are placed in their normal positions.

   Charles de Gaulle était un grand homme politique français.
   Charles de Gaulle was a great French politician.

2. If both adjectives normally precede the noun, both are placed either before or after the noun, usually joined by the conjunction **et**.

   C'est une longue et belle histoire.
   C'est une histoire longue et belle.
   It's a long and beautiful story.

3. If both adjectives normally follow the noun, both are placed after it and joined by **et**.

   C'est une secrétaire compétente et honnête.
   She is a competent and honest secretary.

Two Adjectives Juxtaposed

Two adjectives may be juxtaposed if one adjective describes a word group composed of a second adjective and a noun. Both adjectives are placed in their normal position before or after the noun.

Monique est une jolie *jeune fille.*
Monique is a pretty girl.

Il essaie de comprendre le *milieu politique* français.
He is trying to understand the French political scene.

In the first example, **jolie** describes the word group **jeune fille**; in the second, **français** applies to the word group **milieu politique**.

La Cinquième République

La Cinquième République, le régime actuel en France, date de 1958. Les présidents suivants y ont exercé le pouvoir : Charles de Gaulle (1959–1969), Georges Pompidou (1969–1974), Valéry Giscard d'Estaing (1974–1981), François Mitterrand (1981–1995) et Jacques Chirac (1995–).

Le président de la République française est élu par le peuple au suffrage direct (*by direct vote*) pour une durée de cinq ans. Chef de l'État, le président nomme le premier ministre et commande aux armées.

ACTIVITÉS

A. Mettez l'adjectif entre parenthèses à la place appropriée, selon le modèle. N'oubliez pas de faire l'accord. Comparez vos réponses à celles d'un(e) camarade de classe.

> MODÈLE   Une publicité amusante (frais)
> *Une publicité amusante et fraîche*

1. Une grande entreprise (lucratif)
2. Une employée compétente (coopératif)
3. Une télécopie claire (beau)
4. Une dentiste douce (gentil)
5. Une avocate honnête (compétent)
6. Une autre candidate (conservateur)
7. Une journaliste énergique (objectif)
8. Une jeune directrice (ambitieux)
9. Une usine ancienne (moderne)
10. Une crise politique (nouveau)
11. Une question grave (important)

B. Remplacez les tirets par deux adjectifs tirés de la liste ci-dessous ou par des adjectifs de votre choix. N'oubliez pas de faire l'accord. Comparez vos réponses à celles d'un(e) camarade de classe.

ambitieux	énergique	immoral	mauvais
amusant	ennuyeux	incompétent	professionnel
autre	fou	insupportable	qualifié
avide	généreux	jeune	sympathique
compétent	gros	joli	travailleur
coquet	honnête	laid	vieux
cruel	idiot	malhonnête	

1. une _____ directrice _____
2. une _____ et _____ secrétaire
3. une femme d'affaires _____ et _____
4. une employée _____ et _____
5. une _____ candidate _____
6. une journaliste _____ et _____
7. une _____ avocate _____
8. une _____ et _____ ouvrière
9. une dentiste _____ et _____
10. une publicité _____ et _____
11. une télécopie _____ et _____

> ### L'Union européenne
>
> La France est un des états membres de l'Union européenne (UE), qui date du traité de Maastricht (1992). L'Union européenne compte actuellement plus de vingt membres, nombre qui continue d'augmenter. Elle a sa propre monnaie (l'euro), son propre drapeau et son propre hymne (l'*Ode à la joie*, tirée de la neuvième symphonie de Beethoven). L'Union européenne représente une force économique et politique importante.

C. Mettez l'adjectif à la place appropriée et faites l'accord. Comparez vos réponses à celles d'un(e) camarade de classe.

1. sa voiture (propre : *clean*)
2. mon professeur (ancien : *former*)
3. une vie (simple : *uncomplicated*)
4. les réponses (seul : *only*)
5. une crise (certain : *sure*)
6. la semaine (prochain : *next*, meaning *the one coming*)
7. les ouvriers (pauvre : *not rich*)
8. ses amies (cher : *dear*)
9. l'histoire (même : *same*)
10. une citoyenne (brave : *courageous*)
11. une femme d'affaires (grand : *tall*)

D. Traduisez en français. Comparez vos réponses à celles d'un(e) camarade de classe.

1. Last year those unfortunate citizens voted for their former senator for the last time!
2. That poor politician! His own son is going to vote against him!
3. My dear Dupont, why are you the last person to understand this simple deal?
4. My boss bought an expensive computer for his dear wife.
5. One of your former opponents told me you were a great politician.

Agreement of Adjectives

1. French adjectives generally agree in number (singular, plural) and gender (masculine, feminine) with the noun or pronoun they qualify.

les institutions sociales
social institutions

la politique internationale
international politics

2. Note that the adjective **demi** is invariable and joined to the noun by a hyphen when it precedes the noun, but that it agrees with the noun, in gender only, when it comes after.

une demi-heure
a half hour

BUT: deux heures et demie
two hours and a half

An Adjective with More Than One Noun

An adjective that modifies more than one noun is plural. If the gender of the nouns is different, the masculine plural form of the adjective is used. If both nouns are of the same gender, the adjective is naturally in that gender.

une fille et un garçon courageux
a courageous girl and boy

les premières questions et réponses
the first questions and answers

ACTIVITÉS

A. Vous et un(e) camarade de classe allez comparer les personnes ou les choses suivantes en employant l'adjectif entre parenthèses, selon le modèle.

MODÈLE   PROFESSEUR : (travailleur) le patron, la patronne
VOUS :   *Le patron est travailleur.*
CAMARADE :   *La patronne est travailleuse aussi.*

1. (ambitieux)   le directeur, la directrice
2. (discret)   l'homme d'affaires, la femme d'affaires
3. (vieux)   mon père, ma mère
4. (long)   mon nez, ma jambe
5. (idiot)   le client, la cliente
6. (paresseux)   le chômeur, la chômeuse
7. (gros)   mon frère, ma sœur
8. (énergique)   le fonctionnaire, la fonctionnaire
9. (actif)   le candidat, la candidate
10. (cher)   le taxi, la limousine

B. Faites l'accord des adjectifs, puis lisez le passage à haute voix.

Je m'appelle Irène, et j'ai été témoin dans un procès _____[1] (célèbre) l'année _____[2] (dernier). La suspecte, une _____[3] (jeune) femme d'affaires _____[4] (français), était _____[5] (accusé) de vol (*theft*). Elle ne semblait pas _____[6] (dangereux).

J'ai été très _____[7] (impressionné) par le juge, une femme _____[8] (exceptionnel). Un peu _____[9] (gros), elle avait les cheveux _____[10] (brun) et les yeux _____[11] (bleu). Mais sa description _____[12] (physique) n'est pas très _____[13] (important). Je l'ai admirée à cause de ses qualités _____[14] (moral et humain). _____[15] (Brillant et perspicace), elle était _____[16] (compatissant) sans être _____[17] (indulgent), et _____[18] (objectif) sans être _____[19] (froid). Ceux qui prétendent (*claim*) que les femmes ne sont pas _____[20] (travailleur et raisonnable) sont _____[21] (idiot) !

Et la femme d'affaires ? On l'a jugée _____[22] (coupable).

Related Expressions

avoir l'air + adjective

Elle a l'air content.   Elles ont l'air contentes.
She looks happy.   *They seem happy.*

An adjective following **avoir l'air** may agree with either the subject of the sentence or the masculine noun **air**. In modern usage, agreement is made most often with the subject. When, as often happens, **d'être** is added to the expression, agreement is always with the subject.

Elles ont l'air d'être contentes.
They seem to be happy.

rendre + adjective

Le travail la rend heureuse.
Work makes her happy.

Les réformes rendent la présidente anxieuse.
Reforms make the president anxious.

The adjective agrees with the direct object of **rendre** (in the preceding examples, **la** and **la présidente**). Note that the verb **faire** is not used to translate the expression *make* + adjective.

ACTIVITÉS

A. Présentez les situations suivantes à un(e) camarade de classe pour savoir si elles le (la) rendent a. furieux (furieuse), b. heureux (heureuse) ou c. triste.

MODÈLE   VOUS :   Ton patron vient de mourir.
CAMARADE :   *Ça me rend triste.*

1. Un député malhonnête a été élu.
2. Ton entreprise vient de faire faillite.
3. Tu viens de trouver un nouvel emploi très bien payé.
4. Tu as acheté une nouvelle voiture, mais elle ne marche pas bien !
5. Un ami t'a acheté un bel ordinateur très moderne.
6. Un homme politique bon et juste vient d'être assassiné.
7. Tu trouves vingt euros dans ta poche.
8. Le chien d'un employé entre dans ton bureau et mange ton sandwich !
9. Ton entreprise vient de lancer un nouveau produit sensationnel.
10. On vient de te licencier.

Au marché aux puces (flea market) *à Lille*

B.   Faites l'accord de l'adjectif entre parenthèses.

    1. L'humour peut rendre la vie _____ (gai).

    2. Les directeurs ont l'air _____ (fâché).

    3. La femme que j'aime rend ma vie _____ (heureux).

    4. Un patron généreux peut rendre le travail _____ (satisfaisant).

    5. Cette patronne rend ses employés _____ (fou).

    6. M. Lalande a l'air _____ (malheureux) quand ses employés se moquent de lui.

    7. Nina a l'air _____ (sérieux) quand elle parle de son travail.

C.   Comment votre camarade de classe trouve-t-il (elle) les situations suivantes ? Votre camarade va répondre en employant l'expression **avoir l'air**. Faites l'activité à tour de rôle.

    MODÈLE   **VOUS :**   Laure-Hélène a travaillé 70 heures cette semaine.
               CAMARADE :   *Elle a l'air fatigué(e) !*

    1. Maurice a fait la connaissance de Thérèse cette semaine, et il la trouve adorable !

    2. Louise est allée à l'hôpital où elle a rendu visite à sa mère qui est très malade.

    3. Une personne inconnue est entrée dans la chambre de la comtesse et a volé tous ses bijoux et ses plus beaux vêtements.

    4. Un employé très médiocre a eu une promotion, et on n'a même pas pensé à Bruno, un employé fidèle et compétent.

    5. Le ministre a travaillé toute la nuit.

La Marseillaise

La *Marseillaise*, hymne national français, a été composé par le capitaine Claude-Joseph Rouget de Lisle en 1792. En voici les paroles :

    Allons ! Enfants de la Patrie !

    Le jour de gloire est arrivé !

    Contre nous de la tyrannie,

    L'étendard sanglant (*bloody standard*) est levé !

    L'étendard sanglant est levé !

    Entendez-vous dans les campagnes

    Mugir (*Roar*) ces féroces soldats ?

    Ils viennent jusque dans vos bras

    Égorger (*Slit the throat of*) vos fils, vos compagnes.

    Aux armes, citoyens !

    Formez vos bataillons !

    Marchons, marchons !

    Qu'un sang impur...

    Abreuve (*Drench*) nos sillons (*furrows*) !

DISSERTATION (première partie) : REMUE-MÉNINGES

Réfléchissez aux questions suivantes, puis répondez-y brièvement en prenant quelques notes. En classe vous allez discuter vos réponses et vos idées avec un(e) camarade de classe. Dans votre discussion, essayez de noter les expressions que vous pourrez utiliser éventuellement dans la *Dissertation (seconde partie)* (voir p. 194).

La politique et vous

1. Connaissez-vous un homme ou une femme politique ? Si oui, décrivez un peu son caractère.
2. Y a-t-il un homme ou une femme politique que vous admirez ? Si oui, expliquez pourquoi.
3. Il n'est pas toujours facile d'être un homme ou une femme politique. À votre avis, quelles sont quelques-unes des difficultés les plus prononcées ?
4. À votre avis, y a-t-il des avantages d'être un homme ou une femme politique ? Si oui, essayez de les identifier.
5. À votre avis, est-ce que les hommes et les femmes politiques ont bonne ou mauvaise réputation ? Dites pourquoi vous avez cette opinion.
6. Comme homme ou femme politique, quelles seraient pour vous les questions les plus importantes ? Seriez-vous de gauche ou de droite ? Sur quelles questions ?
7. Pensez-vous que l'État devrait jouer un rôle important dans la société ou est-ce que le secteur privé devrait jouer un plus grand rôle ?

L'économie et vous

1. On dit parfois que nous vivons dans « une société de consommation ». Selon vous, que veut dire cette expression ? À votre avis, est-ce que cette caractérisation est juste ?
2. Nommez une femme d'affaires ou un homme d'affaires vivant que vous admirez et dites pourquoi vous l'admirez.
3. À votre avis, est-ce que les grandes entreprises ont bonne ou mauvaise réputation ? Dites pourquoi vous avez cette impression.
4. À votre avis, quels sont les avantages et les inconvénients de travailler dans le secteur public et dans le secteur privé ?
5. À votre avis, est-ce que les entreprises influencent la politique ? Si oui, donnez un exemple de cette influence.

Adverbs

An adverb is a word that modifies a verb, an adjective, or another adverb.

> Le nouveau président fera **probablement** des réformes.
> *The new president will probably make some reforms.*

(The adverb **probablement** modifies the verb **fera**.)

> Ce patron est **assez** irresponsable.
> *That boss is quite irresponsible.*

(The adverb **assez** modifies the adjective **irresponsable**.)

Il a **très** bien compris la question.
He understood the question very *well.*

(The adverb **très** modifies the adverb **bien**.)

Formation of Adverbs

Some adverbs—such as **assez, très, toujours, trop, déjà**—are natural adverbs, whereas others are formed from adjectives.

Adverbs Formed by Adding *-ment* to the Adjective

1. The most common way of forming adverbs is to add the suffix **-ment** to the masculine form of adjectives ending in a vowel, and to the feminine form of adjectives ending in a consonant. The suffix **-ment** frequently corresponds to the English suffix *-ly.*

   arbitraire, **arbitrairement**   doux/douce **doucement**
   poli, **poliment**   naturel/naturelle **naturellement**
   probable, **probablement**   sérieux/sérieuse **sérieusement**
   vrai, **vraiment**   subjectif/subjective **subjectivement**

2. A small number of adverbs have **é** rather than **e** before **-ment**. Some of the most common are:

   confus, **confusément**   précis, **précisément**
   énorme, **énormément**   profond, **profondément**

3. The adverbs corresponding to the adjectives **gentil** and **bref** are **gentiment** and **brièvement**.

4. Adjectives ending in **-ant** or **-ent** form adverbs ending in **-amment** and **-emment** (both pronounced /amã/).

   constant, **constamment**   innocent, **innocemment**
   puissant, **puissamment**   patient, **patiemment**

Note that the adjective **lent** forms the adverb **lentement**.

Adverbs That Do Not Add *-ment* to the Adjective

1. A small number of very common adjectives form adverbs that do not end in **-ment**.

   bon, **bien**   meilleur, **mieux**
   mauvais, **mal**   petit, **peu**

   Elle gère bien son entreprise.   Cet homme d'affaires s'exprime mal.
   She manages her business well.   *This businessman expresses himself badly.*

2. Some adjectives are used as adverbs after the verb without changing form. Here are some of the most common. Note that these adjectives remain invariable when used as adverbs.

sentir bon (mauvais)   chanter faux
to smell good (bad)   *to sing off key*

coûter cher   travailler dur
to cost a lot   *to work hard*

marcher droit
to walk straight

Ces secrétaires travaillent dur.   Cette fleur sent bon.
These secretaries work hard.   *This flower smells good.*

ACTIVITÉS

A. Jeu d'équipe. Formez des équipes de deux personnes et testez-vous l'un l'autre en changeant les adjectifs en adverbes. Quand vous aurez fini le jeu oral, écrivez toutes les réponses au tableau.

1. bon	10. profond	19. principal
2. sincère	11. confus	20. faux
3. agréable	12. évident	21. énorme
4. bête	13. poli	22. assuré
5. mauvais	14. objectif	23. bruyant
6. triste	15. libéral	24. seul
7. sec	16. sérieux	25. certain
8. naïf	17. naturel	26. énergique
9. long	18. courageux	27. honnête

B. Remplacez les tirets par un **adverbe** de la liste ci-dessous. Comparez vos réponses à celles d'un(e) camarade de classe.

énormément	probablement
évidemment	seulement
lentement	poliment
tendrement	

1. Cet employé m'impressionne _____.
2. Elle est très qualifiée, _____.
3. Je travaille _____ trois jours par semaine.
4. Pourquoi marches-tu si _____ ?
5. Cet enfant bien élevé répond toujours _____.
6. Cette mère caresse son enfant si _____ !
7. Je vais _____ voter pour le président.

C. Complétez en employant la forme appropriée de **sentir bon (mauvais), travailler dur, coûter cher, chanter faux** ou **marcher droit,** puis jouez les dialogues avec un(e) camarade de classe.

1. **A :** Le ministre a bu trop de bière.
   B : Oui, il ne peut plus… !

2. **A :** Avez-vous travaillé ce matin ?
   B : Oui, et j'… !

3. **A :** Je ne peux pas manger ce fromage.
   B : Moi non plus. Il… !

4. **A :** Pourquoi est-ce que Marie-Louise ne joue pas dans la comédie musicale ?
   B : C'est évident, non ? Elle… !

5. **A :** Pourquoi est-ce que ta femme porte ce parfum ?
   B : Parce qu'elle pense qu'il…

La fusée Ariane décolle (blasts off) *en Guyane française.*

Position of Adverbs

With Verbs

1. As a general rule, adverbs follow verbs in simple tenses in French. In English, on the other hand, adverbs very often precede the verb.

   Le ministre arrive-t-il **enfin** ?
   Is the minister finally arriving?

   Elle dit **toujours** la vérité.
   She always tells the truth.

   On l'accuse **injustement** d'incompétence.
   He is unjustly accused of incompetence.

2. In compound tenses, most commonly used adverbs (that is, the shorter adverbs and some adverbs ending in **–ment**) are placed between the auxiliary verb and the past participle. These adverbs include:

assez	encore	peut-être	certainement
aussi	enfin	presque	complètement
beaucoup	mal	souvent	probablement
bien	même	toujours	vraiment
bientôt	moins	trop	
déjà	peu	vite	

   Il l'a vite embauchée.   A-t-il vraiment renvoyé Jacqueline ?
   He hired her quickly.   *Did he really fire Jacqueline?*

3. In cases where a verb is followed by an infinitive, commonly used adverbs are usually placed between the two verbs.

   Elle va probablement réussir.
   She is probably going to succeed.

   La directrice espère vraiment éviter la grève.
   The director truly hopes to avoid the strike.

Les départements français

Certains pays sont divisés en états (par exemple, les États-Unis) ; d'autres, en provinces (par exemple, le Canada). La France, elle, compte 95 départements. Il y a, en plus, cinq départements d'outre-mer (*overseas*), qu'on appelle les DOM : Saint-Pierre-et-Miquelon au large de (*off*) la côte est (*east coast*) du Canada, Guadeloupe dans les Antilles, Martinique également dans les Antilles, Guyane en Amérique du Sud, et Réunion, au large de la côte est africaine. Les citoyens des DOM sont citoyens français à plein titre (*fully-fledged*), tout comme (*just as*) les citoyens d'Alaska ou d'Hawaï sont citoyens américains à plein titre.

With Adjectives and Other Adverbs

Like English adverbs, French adverbs precede the adjectives or adverbs they modify.

L'ambiance est généralement bonne.   Est-il vraiment qualifié ?
The atmosphere is generally good.   *Is he really qualified?*

For emphasis

Some adverbs may exceptionally appear at the beginning or the end of a sentence for emphasis. The most common are **généralement, heureusement, malheureusement,** and adverbs of time and place.

Heureusement, les licenciements n'ont pas été trop nombreux.
Luckily, the layoffs were not too numerous.

Nous lançons notre nouveau produit aujourd'hui !
We launch our new product today!

ACTIVITÉS

A. Formulez une phrase en employant un **adverbe** de la liste ci-dessous. Puis comparez vos réponses à celles d'un(e) camarade de classe.

beaucoup	lentement
bien	logiquement
constamment	mal
élégamment	profondément
énergiquement	souvent
énormément	vite
furieusement	vraiment

1. J'ai étudié...
2. Je pense...
3. Le professeur parle...
4. J'ai travaillé...
5. Je m'amuse...
6. Je dors...
7. Le président a parlé...
8. Le professeur s'habille...
9. Je flirte...
10. Je vous remercie...
11. J'ai dormi hier soir...

B. Posez les questions suivantes à un(e) camarade de classe. Faites l'activité à tour de rôle.

1. Qu'est-ce que tu fais vite ?
2. Qu'est-ce que tu fais toujours ?
3. Qu'est-ce que tu fais bien ?
4. Qu'est-ce que tu fais mal ?
5. Qu'est-ce que le professeur a probablement fait ce matin ?
6. As-tu déjà déjeuné (dîné) ?
7. As-tu bien ou mal préparé cette leçon ?
8. As-tu bien ou mal dormi hier soir ?
9. Qu'est-ce que tu vas probablement faire ce soir ?
10. Qu'est-ce que tu aimes beaucoup faire ?

Related Expressions

peut-être, aussi

1. **Peut-être** (*maybe, perhaps*), like most adverbs, is generally placed after the verb (after **avoir** or **être** in a compound tense). In more formal French, it may be used at the beginning of a sentence, in which case the subject and verb are inverted.

Il avait peut-être tort.
Peut-être avait-il tort.
Maybe he was wrong.

Peut-être que, which does not require inversion, can be substituted for **peut-être** at the beginning of a sentence.

Peut-être avait-il raison.
Peut-être qu'il avait raison.
Perhaps he was right.

2. If placed at the beginning of a sentence or clause, **aussi** means *so* or *therefore* and requires the inversion of the subject and the verb. Since this usage is somewhat formal, **donc** is often preferred in spoken French.

Elle a travaillé dur, donc elle a demandé une augmentation.
Elle a travaillé dur, aussi a-t-elle demandé une augmentation.
She worked hard, so she asked for a raise.

When placed elsewhere within the sentence, **aussi** means *also* or *too*. But when **aussi** means *also*, it must never come first in a sentence or clause.

Attendez ! Je viens aussi !
Wait! I'm coming too!

ACTIVITÉS

A. Vous posez les questions suivantes à un(e) camarade de classe. Il (Elle) y répond en employant **peut-être que** au début de la phrase, selon le modèle. Faites l'activité à tour de rôle.

> MODÈLE   VOUS :   Pourquoi est-ce que Louise ne vote pas ?
> CAMARADE :   *Peut-être qu'elle n'est pas citoyenne.*

1. Pourquoi est-ce que cette publicité n'a pas réussi ?
2. Pourquoi est-ce que Jean-Jacques n'a pas eu de promotion ?
3. Pourquoi est-ce que ce candidat n'aime pas faire de discours ?
4. Pourquoi est-ce que notre sénateur a accepté un pot-de-vin ?
5. Pourquoi est-ce que Claudine ne travaille pas ?
6. Pourquoi est-ce que cette entreprise a fait faillite ?

B. Qu'est-ce que les personnes suivantes sont devenues tout naturellement ? Demandez à un(e) camarade de classe d'identifier leur profession en employant **donc** dans sa réponse, selon le modèle. Faites l'activité à tour de rôle.

> MODÈLE   VOUS :   Céline Dion s'est toujours passionnée pour la musique.
> CAMARADE :   *Elle est donc devenue chanteuse.*

1. Coco Chanel s'est toujours intéressée aux affaires.
2. Jeanne Moreau a toujours adoré faire du cinéma.
3. Simone de Beauvoir s'est toujours passionnée pour les idées philosophiques.
4. Notre professeur de français a toujours aimé la culture française.
5. Jacques Chirac s'est toujours passionné pour la politique.
6. Toulouse-Lautrec a toujours aimé la peinture.
7. Auguste Rodin s'est toujours intéressé aux statues.
8. Victor Hugo a toujours adoré la littérature.

C. Traduisez en français.   Employez **aussi** dans chaque phrase. Comparez vos réponses à celles d'un(e) camarade de classe.

1. He is qualified, but she is also.
2. Mister Laurent no longer liked his work, so he resigned.
3. He kissed her, so she kissed him.
4. I'm leaving too!
5. She was very ambitious; therefore she became a candidate.
6. She wanted a lucrative job, so she married the boss!

Tout as an Adjective, Pronoun, or Adverb

1. The adjective **tout**

	Masculine	Feminine
singular	tout	toute
plural	tous	toutes

a. The adjective **tout** often means *all* or *every*. It agrees in number and gender with the noun it modifies.

Il travaille toute la journée.
He works all day.

Il demande une augmentation tous les deux jours !
He asks for a raise every other day!

Qui a lancé tous ces nouveaux produits ?
Who launched all these new products?

b. When used before a singular noun without an article, **tout (toute)** means *every, any,* or *all.*

Tout homme politique devrait être honnête.
Every politician should be honest.

Toute justice a disparu du pays.
All justice has disappeared from the country.

2. The pronouns **tout, tous, toutes**

a. The invariable pronoun **tout** usually means *everything;* the masculine and feminine plural pronouns **tous** and **toutes** mean *all.* Note that the final **s** of **tous** is pronounced when **tous** is used as a pronoun but is silent when it is used as an adjective.

Elle a tout compris.
She understood everything.

Tous ont l'air d'être raisonnables.
All seem to be reasonable.

Elles sont toutes ambitieuses.
They are all ambitious.

b. Note that the pronoun may be placed either within or at the beginning of the sentence.

Tous sont dans le secteur public.	Ils sont tous dans le secteur public.
All are in the public sector.	*They are all in the public sector.*

3. The adverb **tout**

The adverb **tout**, meaning *all* or *completely*, is invariable except when it appears before a feminine adjective beginning with a consonant or aspirate *h*. A feminine form (**toute** or **toutes**) must then be used.

Pourquoi vos employés sont-ils tout contents ?
Why are your employees completely happy?

BUT: C'est merveilleux ! L'usine est toute moderne !
It's marvelous! The factory is completely modern!

ACTIVITÉS

A. Posez les questions suivantes à un(e) camarade de classe. Dans sa réponse, il (elle) répondra en employant la forme appropriée de **tout,** selon le modèle. Faites l'activité à tour de rôle.

MODÈLE   VOUS :   Est-ce que tu te laves souvent les cheveux ?
          CAMARADE : *Je me les lave tous les matins (tous les jours, tous les deux jours, tous les vendredis, toutes les semaines, etc.).*

1. Est-ce que tu te brosses souvent les dents ?
2. Est-ce que tu fais souvent la grasse matinée ?
3. Est-ce que tu nettoies souvent ta chambre ?
4. Est-ce que tu reçois souvent un courriel ?
5. Est-ce que tu téléphones souvent à tes parents ?
6. Est-ce que tu fais souvent ton lit ?
7. Est-ce que tu regardes souvent la télé ?
8. Est-ce que tu fais souvent la lessive ?
9. Est-ce que tu vas souvent au cinéma ?
10. Est-ce que tu regardes souvent les Jeux Olympiques ?

B. Posez les questions suivantes à un(e) camarade de classe. Dans sa réponse, il (elle) va employer la forme appropriée du pronom **tout,** selon le modèle. Faites l'activité à tour de rôle.

MODÈLE   VOUS :   Est-ce que tous les Américains sont naïfs ?
          CAMARADE : *Oui, ils sont tous naïfs. ou :*
                      Non, ils ne sont pas tous naïfs.

1. Est-ce que tous les politiciens sont menteurs ?
2. Est-ce que tous les chiens sont méchants ?
3. Est-ce que tous les Français sont élégants ?
4. Est-ce que tous les Américains sont naïfs ?
5. Est-ce que tous les chômeurs sont paresseux ?
6. Est-ce que tous les terroristes sont fanatiques ?
7. Est-ce que tous les emplois sont lucratifs ?
8. Est-ce que toutes les publicités sont bêtes ?
9. Est-ce que toutes les grèves sont justifiées ?
10. Est-ce que toutes vos réponses sont brillantes ?

C. Remplacez les tirets par les pronoms **tout, toutes** ou **tous.** Comparez vos réponses à celles d'un(e) camarade de classe.

1. Les candidats de droite ont _____ été élus.
2. Ah ! J'ai _____ compris !
3. Elles ont _____ décidé de faire la grève.
4. Ses partisans sont loyaux. _____ ont l'air très loyaux !
5. Les secrétaires ont eu une augmentation. Elles ont _____ eu une bonne augmentation.
6. Pourquoi sont-ils _____ ici ?
7. Les politiciens malhonnêtes ? Ils ont _____ démissionné.
8. Est-ce que c'est _____, Madame ?
9. Avez-vous _____ mangé, Duroc ?

D. Posez les questions suivantes à un(e) camarade de classe, qui va répondre en employant l'adverbe **tout** ou **toute** et les adjectifs **triste** ou **content,** selon le modèle. Faites l'activité à tour de rôle.

> MODÈLE VOUS : Quelle est ta réaction si tu viens de perdre ton emploi ?
> CAMARADE : *(étudiant) Je suis tout triste.*
> *(étudiante) Je suis toute triste.*

1. Quelle est ta réaction si tu reçois une grosse augmentation de salaire ?
2. Quelle est ta réaction si tu es licencié(e) ?
3. Quelle est ta réaction si ton candidat a gagné aux élections ?
4. Quelle est ta réaction si tu apprends que le président a accepté un pot-de-vin ?
5. Quelle est ta réaction si tu viens d'apprendre que ton directeur vient de mourir ?
6. Quelle est ta réaction si tu trouves que ton sénateur ment comme un arracheur de dents (*is a born liar* [*lit. lies like a tooth-puller*]) ?

Comparative and Superlative of Adjectives and Adverbs

The Comparative

1. The comparative is used to compare two things. There are three comparative expressions used with both adjectives and adverbs:

comparison of superiority:	**plus... que**	*more . . . than*
comparison of inferiority:	**moins... que**	*less . . . than*
comparison of equality:	**aussi... que**	*as . . . as*

   Il parle plus facilement que moi.
   He speaks more easily than I.

   Ton patron est moins généreux que le mien.
   Your boss is less generous than mine.

   Les hommes d'affaires sont-ils plus réalistes que les professeurs ?
   Are businessmen more realistic than professors ?

2. The adverbs **bien** and **beaucoup** are used to emphasize the comparatives **plus... que** and **moins... que.** The English equivalent is *much* or *a lot.*

   Il parle bien plus facilement que moi.
   He speaks a lot more easily than I.

   Ton patron est beaucoup moins généreux que le mien.
   Your boss is much less generous than mine.

3. *Than* is expressed by **de** when it is followed by a number.

   Il a passé plus de cinq ans au sénat.
   He spent more than five years in the senate.

   Je lui ai prêté plus de cinquante euros.
   I lent him more than fifty euros.

ACTIVITÉS

A. Traduisez en français, puis jouez les dialogues.

1. **A:** What do you think of Isabelle and Monique?
   B: Isabelle works harder than Monique; that's evident. But Monique is more intelligent, much more intelligent.
   A: Let's hire Monique, then (*alors*).

2. **A:** Dupont, how long have you been in this office?
   B: More than two years, sir.
   A: Well (*Eh bien*), I think you deserve a raise.
   B: I'm quitting in two weeks, sir. I've found a new job.
   A: (silence)

B. Demandez à un(e) camarade de classe de formuler une phrase comparative en employant les adjectifs de la liste ci-dessous selon le modèle. Faites l'activité à tour de rôle.

compétent	qualifié
rapide	lucratif
respecté	libre
riche	important
satisfaisant	énergique
utile	souhaitable

MODÈLE **VOUS :**   une dette, un salaire

   CAMARADE :   *Une dette est moins souhaitable (respectée, satisfaisante) qu'un salaire.*

1. le travail à temps partiel, le travail à plein temps
2. l'expérience, l'éducation
3. un patron, un ouvrier
4. une dette, un salaire
5. un homme politique, un homme d'affaires
6. une femme d'affaires, un homme d'affaires
7. le chômage, le travail
8. le secteur public, le secteur privé
9. une télécopie, une lettre

The Superlative

1. The superlative is used to compare one or more things to a group of similar things. The superlative of adjectives is formed by placing the articles **le, la,** or **les** before the comparative form. Adjectives in the superlative retain their usual position in relation to the noun.

C'est la plus petite entreprise de la ville.
It's the smallest business in town.

Henri est l'ouvrier le plus respecté de l'usine.
Henri is the most respected worker in the factory.

Le patron est l'homme le plus riche de la ville.
The boss is the richest man in the city.

Note that, if the adjective follows the noun, the articles must be used twice: once before the noun and once before the superlative (as in the last two examples above).

2. The superlative of adverbs is formed by placing **le** before the comparative form.

    C'est Louise qui a fini son travail le plus vite.
    Louise is the one who finished her work the fastest.

3. If more than one comparative or superlative is used in a sentence, the comparative or superlative words are repeated before each adjective or adverb.

    Jean est plus qualifié et plus compétent que le patron.
    John is more qualified and competent than the boss.

    C'est la candidate la plus travailleuse et la plus honnête du parti.
    She's the most hardworking and honest candidate in the party.

    Chaque semaine, c'est Bernard qui travaille le plus dur et le plus indépendamment.
    Each week Bernard is the one who works the hardest and the most independently.

4. The expression **de** + *article* is always used to mean *in* after the superlative. (Do not use **dans**.)

    l'hôtel le plus célèbre de la région
    the most famous hotel in the area

    la réforme la plus importante du programme
    the most important reform in the platform

ACTIVITÉS

A. Traduisez en français.   Comparez vos réponses à celles d'un(e) camarade de classe.

My name is Duroc. I'm not the most modest man in the world. In fact, my reactionary opponent, Dubois, says that I'm the most ambitious politician in the city. Well (*Eh bien*), Dubois is a bad politician, the least honest and most incompetent candidate in the country. I am also intelligent, more intelligent than the other politicians. I make long, brilliant speeches and have interesting ideas. You probably want to know why the most qualified candidate in France is in this dirty prison. Dubois says that I took a big bribe. But here's the truth: a dear friend gave me a small gift. I'm far more innocent than Dubois!

B. Comparons les étudiants de la classe de français ! Posez les questions suivantes à un(e) camarade de classe. Puis comparez vos réponses à celles des autres étudiants.

1. Qui est le (la) plus original(e) ?
2. Qui est le (la) moins grand(e) ?
3. Qui est le (la) moins bavard(e) ?
4. Qui est le (la) plus jeune ?
5. Qui a les cheveux les moins longs ?
6. Qui est le (la) plus énergique ?
7. Qui est le (la) plus curieux (curieuse) ?

Irregular Comparative Forms

1. Certain forms of the adjectives **bon** and **mauvais** are irregular in the comparative and superlative.

Adjective	Comparative	Superlative
bon	**meilleur** moins bon aussi bon	**le meilleur** le moins bon
mauvais	plus mauvais, **pire**[6] moins mauvais aussi mauvais	le plus mauvais, **le pire** le moins mauvais

Luigi est le meilleur secrétaire du bureau.
Luigi is the best secretary in the office.

C'est la plus mauvaise femme d'affaires du monde !
She's the worst businesswoman in the world!

2. Certain forms of the adverbs **bien** and **mal** are irregular as well.

Adverb	Comparative	Superlative
bien	**mieux** moins bien aussi bien	**le mieux** le moins bien
mal	plus mal, **pis**[7] moins mal aussi mal	le plus mal, **le pis** le moins mal

C'est Barbara qui travaille le mieux.   Vous mentez aussi mal que moi !
Barbara's the one who works the best.   *You lie as badly as I do!*

---

[6] **Pire** and **plus mauvais** are used virtually interchangeably.
[7] **Plus mal** is used much more often than **pis,** which is considered archaic and preserved in certain idiomatic expressions, such as **tant pis** (*too bad, so much the worse*).

Oui, Madame, nous avons la robe que vous désirez.

ACTIVITÉS

A: Traduisez les mots entre parenthèses, puis jouez le dialogue.

A : Je suis un(e) _____ (*better*) chanteur (chanteuse) que toi !

B : Non, moi je suis un(e) _____ (*better*) chanteur (chanteuse) que toi !

A : Je chante _____ (*better*) que toi !

B : Mais je danse _____ (*better*) que toi !

A : Hypocrite !

B : Menteur ! (Menteuse !)

B. Comparez-vous aux personnes suivantes. Complétez les phrases en employant un degré de comparaison de l'adverbe **bien**, selon le modèle.

MODÈLE : Je joue *moins bien qu'* Alain Delon.

1. Jean-Jacques Goldman chante _____ moi.
2. Je joue au hockey _____ Mario Lemieux.
3. Je conduis une voiture _____ Isabelle Adjani.
4. Jamie Salé et David Pelletier patinent _____ moi.
5. Je parle français _____ Vanessa Paradis.

C. Traduisez en français, puis jouez le dialogue.

A : Pierre Petit is the worst politician in the country.

B : What do you mean?

A : He listens the worst, governs (*gouverner*) the worst, and dresses the worst! But Lucie Legrand is the best politician in the country.

B : Why do you say that?

A : She listens the best, governs the best, and dresses the best!

B : You exaggerate!

Synthèse

Activités d'ensemble

I. Le texte suivant résume l'intrigue (*plot*) de *Candide*, un conte philosophique très célèbre de Voltaire (1694–1778). Faites l'accord, si nécessaire, des adjectifs entre parenthèses. Puis lisez le passage à haute voix.

Candide, le personnage _____ [1] (principal), est un _____ [2] (jeune) homme _____ [3] (naïf, courageux et sympathique). Il habite dans le château d'un baron _____ [4] (allemand). _____ [5] (Honnête et ignorant), il croit aux préceptes de son maître Pangloss, un philosophe optimiste qui croit que tout est bien dans le monde. Cunégonde, la fille du baron, est _____ [6] (doux, frais et gras). Trouvant qu'elle a l'air _____ [7] (séduisant), Candide tombe _____ [8] (amoureux) d'elle. Le baron n'apprécie pas les activités _____ [9] (amoureux) de Candide et de Cunégonde et, _____ [10] (fâché), il chasse Candide du château.

Rejeté de ce paradis _____ [11] (terrestre), Candide fait des voyages et est témoin de _____ [12] (nombreux) désastres _____ [13] (naturel) et d'injustices _____ [14] (humain)— une guerre, une tempête, un tremblement de terre, des exécutions, des viols, des meurtres, etc. Il est si scandalisé qu'il commence à mettre en doute « l'optimisme » de Pangloss. Ses doutes s'affirment quand il fait la connaissance du _____ [15] (vieux) savant Martin pendant un de ses voyages. Bien plus _____ [16] (pessimiste) que Pangloss, Martin prétend (*claims*) que les hommes sont _____ [17] (rusé, méchant, menteur et lâche). Mais son plus grand malheur arrive lorsque Candide retrouve sa _____ [18] (cher) Cunégonde. Elle n'a plus l'air _____ [19] (joli et gentil); elle est devenue _____ [20] (laid et désagréable) ! Le pauvre Candide est _____ [21] (angoissé).

À la fin du conte, Candide décide de rejeter les idées _____ [22] (faux et extrême) de Pangloss et de Martin. À la place, il trouve sa _____ [23] (propre) solution _____ [24] (pratique et réaliste) : il faut mener une vie _____ [25] (utile) avec les autres sans penser aux _____ [26] (vain) questions _____ [27] (moral et métaphysique). Ces questions sont _____ [28] (insoluble). « Il faut cultiver notre jardin » est la conclusion _____ [29] (final) de Candide.

II. Répondez aux questions suivantes par une phrase complète. Comparez vos réponses à celles d'un(e) camarade de classe.

1. Pourquoi Candide tombe-t-il amoureux de Cunégonde ?
2. Pourquoi Candide commence-t-il à mettre en doute « l'optimisme » de Pangloss ?
3. Comparez l'attitude de Martin à celle de Pangloss.
4. Comment Cunégonde a-t-elle changé ?
5. À la fin du conte, pourquoi Candide décide-t-il de rejeter les philosophies de Martin et de Pangloss ?
6. Quelle est la conclusion de Candide ?

III. Trouvez les antonymes des mots de la liste 1 dans la liste 2 et mettez chaque antonyme au féminin.

MODÈLE bon : mauvais, mauvaise

1	2
bon	furieux
intelligent	beau
content	travailleur
idéaliste	courageux
paresseux	bête
libéral	hypocrite
compétent	incompétent
lâche	conservateur
laid	mauvais
objectif	pessimiste
optimiste	renvoyé
engagé	réaliste
sincère	subjectif
calme	triste

IV. Complétez les phrases suivantes en employant des **adjectifs** variés. Puis comparez vos réponses à celles d'un(e) camarade de classe. Soyez créatifs.

1. Je crois que la concurrence est...
2. À mon avis, le système capitaliste est...
3. Quand je pense à l'injustice actuelle, ça me rend...
4. Mon écrivain favori est _____ (*citez un nom*). Je l'aime parce qu'il (elle) est...
5. Je trouve les femmes d'affaires...
6. Mes dettes me rendent...
7. Je crois que le mariage est...
8. Quand je suis avec mon meilleur ami (ma meilleure amie), j'ai l'air...
9. L'actrice (L'acteur) que je préfère est _____ (*citez un nom*). Je la (le) préfère parce qu'elle (il) est...
10. Je trouve que les discours du président sont...
11. Les politiciens malhonnêtes me rendent...

V. **Traduisez en français.** Comparez vos réponses à celles d'un(e) camarade de classe.

1. *Why does he always vote for the worst candidates?*
2. *He probably accepted the job.*
3. *All men are morally responsible for* (responsable de) *their actions.*
4. *In my opinion, that advertisement is stupid!*
5. *Richard is working better today.*
6. *Are all civil servants qualified?*
7. *His opponent spoke clearly.*
8. *She really thinks that the director will give her a raise!*
9. *Did the senator speak more or less reasonably than the president?*

10. *Dubois is a better candidate than Duchamp.*
11. *Who has the best office, Marie or you?*
12. *She's braver than he.*
13. *He is probably going to work part-time.*
14. *This fax is stupid!*

Sujets de discussion

Discutez les sujets suivants avec un(e) camarade de classe. Essayez d'employer beaucoup d'adjectifs et d'adverbes.

1. Avez-vous l'intention de vous lancer dans les affaires ? Pourquoi ou pourquoi pas ?
2. Imaginez que vous vous lancez dans la politique. Quelle sorte de candidat(e) serez-vous ? Quelles réformes ferez-vous ?
3. À débattre : La concurrence dans les affaires est bonne pour la société en général.
4. À débattre : En général, les hommes politiques ne sont pas très qualifiés.
5. À débattre : Les femmes sont plus qualifiées que les hommes pour devenir président.

DISSERTATION (seconde partie)

Dans la *Dissertation (première partie)*, p. 177, vous avez pris des notes et avez discuté avec un(e) camarade de la politique et de l'économie. Maintenant vous allez employer les expressions que vous avez apprises pour écrire une dissertation.

Sujet de la dissertation : Vous avez beaucoup réfléchi à votre carrière et finalement, après des heures de réflexion, vous avez réduit le choix à deux options : devenir homme (femme) politique ou devenir homme (femme) d'affaires. Mais vous avez beaucoup de peine à choisir ! Vos parents, exaspérés, vous demandent d'écrire une dissertation qui pèse (*weighs*) le pour le contre de chaque carrière et qui finit par aboutir (*lead*) à une décision.

Dans votre introduction, vous allez présenter la situation clairement. Dans le corps de votre dissertation, qui consiste en deux ou trois paragraphes, vous allez peser le pour et le contre de chaque carrière. Finalement, dans la conclusion, vous allez faire votre choix en indiquant vos raisons. N'oubliez pas de consulter les expressions de transitions (pp. 17–18). N'oubliez pas non plus de remercier vos parents de vous avoir suggéré cet exercice !

7

Future, Conditional, Pluperfect; *Devoir*

Chez une couturière

Mode et Cuisine

Chapter 7 at a Glance

Future, Conditional, Pluperfect

I. Mettez les verbes au **futur** et au **conditionnel**.

1. je (manger)   3. elle (vendre)   5. vous (être)
2. tu (sortir)   4. nous (faire)   6. elles (avoir)

II. Mettez les verbes au **futur antérieur** (*future perfect*), au **conditionnel passé** et au **plus-que-parfait**.

1. je (visiter)   3. il (attendre)   5. vous (venir)
2. tu (mentir)   4. nous (promettre) 6. ils (partir)

III. Traduisez les verbes en français en employant le **futur** ou le **futur antérieur**.

1. Je suis sûr que notre recette (*will win*) le prix.
2. Quand je (*go*) à Tours, je visiterai les châteaux de la Loire.
3. Ce garçon (*will have spent*) tout son argent avant d'être payé !

IV. Traduisez les verbes en français en employant le **plus-que-parfait**, le **conditionnel présent** ou le **conditionnel passé**.

1. Si j'étais à votre place, je (*would not go out*) avec elle.
2. Henri ne savait pas que Renée (*had already brought*) le vin.
3. Si ce couturier (*had done*) cela, il (*wouldn't have sold*) une seule robe !

V. Traduisez les verbes en français en employant le **conditionnel présent** ou l'**imparfait**.

1. Quand ce chef était jeune, il (*would talk*) toujours de cuisine.
2. L'architecte a dit qu'il (*would arrive*) à dix heures.

devoir

VI. Traduisez les verbes en français en employant le verbe **devoir**.

1. Non, elle n'est pas obligée d'acheter ces vêtements en solde, mais elle (*should*) le faire !
2. Cet ambassadeur (*used to have to*) faire beaucoup de voyages à Montréal.
3. Il (*had to*) mettre un chapeau parce qu'il faisait froid.
4. Un gourmet (*should not*) être un glouton !
5. Janine (*should not have*) prendre cette photo.
6. Un professeur (*must*) avoir beaucoup de patience.
7. Isabelle (*was to*) servir du caviar, mais ça coûte trop cher !
8. Pourquoi as-tu fait ça ? Tu (*must*) être fou !
9. J'ai mal au ventre. Je (*must have*) manger trop de fromage.
10. Je (*have to*) partir tout de suite.
11. Le président (*is supposed to*) arriver bientôt.

Vocabulaire du thème : *Mode et Cuisine*

La Mode

la **mode** fashion
  se démoder to become outdated, to go out
    of style
la **haute couture** high fashion
le **couturier** fashion designer
  créer, inventer une mode to create, invent
    a style
la **boutique** boutique
le **grand magasin** department store
  faire des achats *m* to go shopping
le **magazine de mode** fashion magazine
le **parfum** perfume

élégant(e) elegant
classique classic
cher, chère expensive
chic *inv* chic
simple simple
pratique practical
bon marché *inv* inexpensive
en solde on sale

La Cuisine

le **magasin d'alimentation** food shop
la **boucherie** butcher's shop
la **boulangerie** bakery
la **charcuterie** pork butcher's shop,
    delicatessen
la **confiserie** candy store
la **crémerie** dairy store
l' **épicerie** *f* grocery store
l' **hypermarché** *m* large supermarket
le **marchand de fruits et de légumes** fruit
    and vegetable merchant
le **marchand de vin** wine merchant
le **marché** market
la **pâtisserie** cake shop
la **poissonnerie** fish shop
le **supermarché** supermarket

le **restaurant** restaurant
le **chef** chef
le **garçon**, le **serveur** waiter
la **serveuse** waitress
le **client**, la **cliente** customer
le **gourmet** gourmet
le **gourmand**, la **gourmande** one who likes
    to eat
  gourmand(e) *adj* liking to eat
le **glouton**, la **gloutonne** glutton
la **carte**, le **menu** menu

l' **addition** *f* (restaurant) check
  commander to order
le **pourboire** tip

le **repas** meal
la **recette** recipe
la **nourriture** food
le **goût** taste
  goûter to taste
  goûter à to try, have a taste of
le **pain** bread
le **croissant** croissant
le **vin (blanc, rouge)** (white, red) wine
le **tire-bouchon** corkscrew
le **verre** glass
le **plat** course, dish
l' **apéritif** *m* apéritif, before-dinner drink
le **hors-d'œuvre** *m (inv)* first course
l' **entrée** *f* second course
le **plat principal** main course
le **plateau de fromages** cheese plate
la **salade** salad
le **dessert** dessert
le **café** coffee
le **digestif** liqueur, after-dinner drink
  à votre (ta) santé to your health
  avoir mal au ventre to have a
    stomachache

ACTIVITÉS

Le Monde des mots

Comment s'appellent les personnes qui travaillent dans les magasins d'alimentation suivants ?
Les réponses suivent l'activité.

MODÈLE   à la boucherie
le boucher, la bouchère

1. à la boulangerie
2. à la pâtisserie
3. à la poissonnerie
4. à l'épicerie
5. à la charcuterie
6. à la confiserie
7. à la crémerie

RÉPONSES : 1. le boulanger, la boulangère   2. le pâtissier, la pâtissière   3. le poissonnier, la poissonnière   4. l'épicier, l'épicière   5. le charcutier, la charcutière   6. le confiseur, la confiseuse   7. le crémier, la crémière

Testez vos connaissances

Testez vos connaissances en répondant aux questions suivantes. Comparez vos réponses à celles
de vos camarades de classe. Les réponses suivent l'activité.

1. Les Français aiment manger les spécialités du terroir (les spécialités régionales). De
   quelles provinces ou régions françaises viennent les spécialités suivantes ?

   a. la choucroute   b. la quiche   c. la fondue   d. les crêpes

2. Connaissez-vous les manières de table françaises ? Dites si les propositions suivantes
   sont vraies ou fausses.

   Vrai ou faux ? En France...

   a. on pose les deux mains sur la table pendant le repas.
   b. on mange toute la nourriture dans son assiette.
   c. on met du ketchup sur son biftek.
   d. on mange avec la fourchette dans la main gauche.
   e. les invités arrivent généralement quinze minutes en retard.

3. Dans un grand repas français, quel est l'ordre des plats ? Commençant par le premier,
   mettez les plats suivants dans l'ordre : l'entrée, le dessert, le plat principal, l'apéritif, le
   digestif, le plateau de fromages, le café, la salade, les hors-d'oeuvre.

RÉPONSES : 1. a. l'Alsace b. la Lorraine c. la région des Alpes d. la Bretagne   2. a. vrai b. vrai c. faux; on y met du sel et du poivre ou une sauce spéciale. d. vrai e. vrai   3. l'apéritif, les hors-d'oeuvre, l'entrée, le plat principal, la salade, le plateau de fromages, le dessert, le digestif, le café

Votre Opinion

Répondez aux questions suivantes, puis comparez vos réponses à celles d'un(e) camarade de classe.

1. Quelle est votre cuisine préférée (la cuisine chinoise, française, américaine, etc.) ? Quel est votre plat favori ?
2. Quel est votre dessert (café, fromage) préféré ?
3. Aimez-vous dîner dans des restaurants français ? Si oui, dites pourquoi, et décrivez un restaurant français que vous connaissez (c'est-à-dire, où il se trouve, l'ambiance, vos plats préférés, etc).
4. Presque tout le monde suit la mode. Où trouvez-vous vos idées sur la mode ? Par exemple, lisez-vous des magazines de mode ? Regardez-vous ce que portent les autres, vos ami(e)s, par exemple ?
5. Préférez-vous faire des achats dans les boutiques ou dans les grands magasins ? Expliquez les raisons de votre choix.

Mise en scène

Complétez en employant une ou plusieurs expressions du *Vocabulaire du thème*, puis jouez les dialogues.

1. **A :** Oh, (Nom), j'ai mal au ventre !
   B : (Nom), ça ne m'étonne pas. Tu...
   A : Mais non, (Nom).
   B : Mais si ! D'ailleurs, je pense que tu es un(e)...
   A : Un(e)... !
   B : Oui ! Au revoir, (Nom), et n'oublie pas de payer l'addition !

2. (*au grand magasin*)
   A : (Nom), qu'est-ce que tu penses de ce jean ?
   B : ...
   A : Est-ce que tu penses qu'il est trop cher ?
   B : ...
   A : Tu m'as convaincu(e), (Nom), je vais l'acheter !

Devinettes

— Quel est le futur de « je bâille » (*yawn*) ?
— « Je dors. »

— Quel est l'animal qui mange avec sa queue ?
— Tous. Aucun n'enlève (*removes*) sa queue pour manger.

Le couturier Christian Lacroix et un de ses mannequins

Future, Conditional, Pluperfect

Formation of the Simple Future and Conditional

Regular Verbs

1. The simple future and conditional of most verbs are formed by adding the future or conditional endings to the infinitive. Note that the final **e** in the infinitive of **-re** verbs (e.g., **perdre, répondre**) is dropped before adding the endings.

   Future endings: **-ai, -as, -a, -ons, -ez, -ont**

   Conditional endings: **-ais, -ais, -ait, -ions, -iez, -aient**

Pour s'amuser avec la langue

Un bon repas doit commencer par la faim. (Expliquez le jeu de mot.)

— Bonjour, Madame Sans-Souci.
— Combien sont ces saucissons-ci ?
— Six sous (*cents*) ces saucissons-ci.

---

2. Note that the future endings closely resemble the present tense of **avoir**. The conditional endings are the same as the imperfect endings.

---

gagner (*stem*: **gagner**)

	Future			**Conditional**	
je	gagner**ai**	*I will win*	je	gagner**ais**	*I would win*
tu	gagner**as**		tu	gagner**ais**	
il elle on	gagner**a**		il elle on	gagner**ait**	
nous	gagner**ons**		nous	gagner**ions**	
vous	gagner**ez**		vous	gagner**iez**	
ils elles	gagner**ont**		ils elles	gagner**aient**	

applaudir (*stem*: **applaudir**)

j'	applaudir**ai**	j'	applaudir**ais**

perdre (*stem*: **perdr**)

je	perdr**ai**	je	perdr**ais**

-er Verbs with Spelling Changes

Regular **-er** verbs with certain endings undergo spelling changes before adding the future and conditional endings.

1. Verbs ending in **e** + *consonant* + **er** (e.g., **mener, lever, peser**) change **e** to **è**: **je mènerai, je mènerais ; nous lèverons, nous lèverions**.

2. Verbs ending in **-eler** and **-eter** (e.g., **appeler, jeter**) double the **l** and the **t**: **j'appellerai, j'appellerais ; elles jetteront, elles jetteraient**.

    Note that **acheter** and **geler** change **e** to **è** instead of doubling the **t** and **l**: **j'achèterai, j'achèterais ; nous gèlerons, nous gèlerions**.

3. Verbs ending in **-yer** (e.g., **employer, essayer, essuyer, payer**) change **y** to **i**: **j'emploierai, j'emploierais ; nous paierons, nous paierions**. (Verbs ending in **-ayer** may retain the **y**: **je paierai** *or* **je payerai**.)

Irregular Verbs

Many common verbs have irregular future and conditional stems.

aller :	**j'irai, j'irais**	pleuvoir :	**il pleuvra, il pleuvrait**
avoir :	**j'aurai, j'aurais**	pouvoir :	**je pourrai, je pourrais**
courir :	**je courrai, je courrais**	recevoir :	**je recevrai, je recevrais**
devoir :	**je devrai, je devrais**	savoir :	**je saurai, je saurais**
envoyer :	**j'enverrai, j'enverrais**	tenir :	**je tiendrai, je tiendrais**
être :	**je serai, je serais**	venir :	**je viendrai, je viendrais**
faire :	**je ferai, je ferais**	voir :	**je verrai, je verrais**
falloir :	**il faudra, il faudrait**	vouloir :	**je voudrai, je voudrais**
mourir :	**je mourrai, je mourrais**		

ACTIVITÉ

Jeu d'équipe. Formez des équipes de deux personnes et testez-vous l'un l'autre sur le futur et le conditionnel des verbes suivants. Quand vous aurez fini le jeu oral, écrivez toutes les réponses au tableau.

1. (être) je, nous
2. (aller) nous, tu
3. (entendre) elle, vous
4. (essayer) nous, je
5. (goûter) ils, tu
6. (payer) elle, vous
7. (appeler) ils, nous
8. (savoir) nous, tu
9. (mener) vous, il
10. (construire) je, elles
11. (jeter) il, tu
12. (voir) je, vous
13. (acheter) je, elle
14. (venir) tu, nous
15. (visiter) elle, vous
16. (manger) nous, je
17. (mourir) elle, vous
18. (devoir) nous, tu

Formation of the Future Perfect, Past Conditional, and Pluperfect

Like the **passé composé,** these three tenses are compound tenses, composed of an auxiliary verb (**avoir** or **être**) and a past participle.

Compound tense	Tense of auxiliary
future perfect (**futur antérieur**)	future + *past participle*
past conditional (**conditionnel passé**)	conditional + *past participle*
pluperfect (**plus-que-parfait**)	imperfect + *past participle*

Future perfect	Past conditional	Pluperfect
j'aurai dîné	j'aurais dîné	j'avais dîné
I will have dined	*I would have dined*	*I had dined*
elle sera partie	elle serait partie	elle était partie
she will have left	*she would have left*	*she had left*

Jeu d'équipe.   Formez des équipes de deux personnes et testez-vous l'un l'autre sur le futur antérieur, le conditionnel passé et le plus-que-parfait des verbes suivants. Quand vous aurez fini le jeu oral, écrivez toutes les réponses au tableau.

1. (influencer) nous, je	6. (devenir) ils, vous
2. (partir) elles, vous	7. (finir) je, nous
3. (essayer) je, elles	8. (faire) vous, tu
4. (vendre) il, nous	9. (aller) elle, elles
5. (promettre) tu, elles	10. (choisir) il, nous

Use of the Simple Future and the Future Perfect

Future Action

1. The future tenses express future action. The French simple future tense is the equivalent of the English future and is translated as *will* + verb.

   Où exporterez-vous ces produits de beauté ?
   Where will you export these beauty products?

   Elles parleront couture toute la soirée !
   They'll talk fashion all evening!

2. The future perfect usually corresponds to the English form *will have* + past participle. It expresses a future event that precedes another future event.[1]

   J'aurai fini de dîner quand vous arriverez ce soir.
   I will have finished dinner when you arrive tonight.

   Les visiteurs seront partis avant votre arrivée !
   The visitors will have left before your arrival!

3. The immediate future in French is often expressed by **aller** + infinitive.

   Il va bientôt commander son repas.   Est-ce que tu vas visiter Notre-Dame ?
   He's going to order his meal soon.   *Are you going to visit Notre-Dame?*

---

[1] English occasionally uses the compound past to express the future perfect:
You can go to the movies when *you have finished* your homework.
You'll go to school after *you've done* your chores.

After *quand, lorsque, dès que, aussitôt que, tant que*

The future tenses must be used after **quand** and **lorsque** (*when*), **dès que** and **aussitôt que** (*as soon as*), and **tant que** (*as long as*) in subordinate clauses if a future idea is implied. Note that, in English, the present or present perfect tense is used after these expressions.

> Lorsque je reviendrai, j'achèterai des robes, des jupes, des pantalons et du parfum !
> *When I come back, I'll buy some dresses, skirts, pants and perfume!*

> Quand il sera de retour, téléphonez-moi.
> *When he's back, call me.*

> Ce gourmand continuera de manger tant que vous le servirez !
> *This gourmand will continue to eat as long as you serve him!*

> Dès qu'elle sera descendue de l'avion, je prendrai sa photo.
> *As soon as she has gotten off the airplane, I'll take her picture.*

> Nous partirons aussitôt que nous aurons visité le musée.
> *We will leave as soon as we've visited the museum.*

Note that the main verb in such sentences is in either the simple future or the imperative.

ACTIVITÉS

A. Transformez les phrases.

1. Un jour, je serai célèbre. (vous, tu, ce jeune chef, nous, on, ces couturières, je)
2. Je sortirai quand j'aurai fini de dîner. (tu, nous, ce gourmet, vous, ces deux gloutons, on, je)

B. Imaginez que vous irez aux endroits suivants la semaine prochaine. Qu'est-ce que vous y ferez probablement ? Répondez selon le modèle. Faites l'activité à tour de rôle avec un(e) camarade de classe.

> MODÈLE   **VOUS :**   au café
>
>   **CAMARADE :**   *Quand je serai au café, je bavarderai avec mes amis (je jouerai aux cartes, je flirterai, je prendrai une bière, etc.).*

1. au restaurant
2. au zoo
3. au cinéma
4. dans une boutique
5. au supermarché
6. chez vos parents
7. à la bibliothèque
8. dans le grand magasin

C. Écrivez un petit poème ! Imaginez que vous allez faire le tour du monde et que vous ferez des choses différentes dans chaque pays. Mettez les verbes entre parenthèses au futur. Faites l'activité à tour de rôle avec un(e) camarade de classe.

1. Quand j'irai en Italie,
   Je (manger) des spaghettis.
2. Quand j'irai en Grèce,
   Je (voir) une déesse.
3. Quand j'irai à Moscou,
   Je (acheter) des bijoux.
4. Quand j'irai en Egypte,
   Je (visiter) une crypte.

5. Quand j'irai en Angleterre,
   Je (nager) dans la mer.
6. Quand j'irai à Rio,
   Je (faire) l'idiot !

7. Quand j'irai à Berlin,
   Je (prendre) un bain !

D. Encore un poème. Cette fois imaginez que vous allez faire le tour de la France et que vous ferez des choses différentes dans chaque endroit. Mettez les verbes entre parenthèses au futur. Faites l'activité à tour de rôle avec un(e) camarade de classe.

1. Je flânerai dans les galeries
   Quand je (aller) à Paris.
2. Je resterai au moins huit jours
   Quand je (s'arrêter) à Strasbourg.
3. Je m'inscrirai à l'université
   Quand j'(habiter) en Franche-Comté.
4. Je commanderai un plat de mouton
   Quand je (manger) à Lyon.
5. Je me bronzerai bien au soleil
   Quand je (se reposer) à Marseille.
6. Je me croirai bien en vacances
   Quand je (être) à Aix-en-Provence.
7. Je boirai très peu d'eau
   Quand je (dîner) à Bordeaux.
8. Je m'amuserai, ça, c'est sûr,
   Quand je (se trouver) sur la Côte d'Azur !

E. Créez des échanges en employant le futur antérieur avec **aussitôt que** et une des expressions suivantes, puis jouez-les à tour de rôle avec un(e) camarade de classe.

acheter quelques vêtements	danser avec Mathilde (Jean-Luc)
payer l'addition	mettre mon manteau
voir les tableaux de Renoir	parler au médecin
finir mes devoirs	

MODÈLE   **VOUS :**   Quand quitterons-nous le café ?
   CAMARADE :   *Aussitôt que j'aurai payé l'addition.*

1. Quand quitterons-nous la bibliothèque ?
2. Quand quitterons-nous le musée ?
3. Quand quitterons-nous l'hôpital ?
4. Quand quitterons-nous le restaurant ?
5. Quand quitterons-nous la maison ?
6. Quand quitterons-nous la boîte de nuit ?
7. Quand quitterons-nous la boutique ?

Dans une charcuterie

Use of the Pluperfect

The pluperfect is used to indicate an action that took place before another past action. It is aptly described by its French name, **le plus-que-parfait:** more in the past than the past. Its English equivalent is either the pluperfect *had* + past participle (*I had spoken*) or the past tense (*I spoke*).

> Il ne savait pas qu'elle avait déjà payé l'addition.
> *He didn't know that she had already paid the check.*

> Ne vous ai-je pas dit qu'elle était venue ?
> *Didn't I tell you that she had come?*
> *Didn't I tell you that she came?*

Quelques proverbes, quelques observations

Il faut manger pour vivre, non pas vivre pour manger.

Le vin ne se connaît pas à l'étiquette (*label*) ni l'homme à l'habit (*clothes*).

L'habit ne fait pas le moine (*monk*).

Selon le pain, le couteau.

On ne fait pas d'omelette sans casser d'œufs.

L'appétit vient en mangeant.

ACTIVITÉS

A. Transformez les phrases.

1. J'ai mis le parfum que j'avais acheté. (vous, tu, on, Cléopâtre, mes petites sœurs, nous, je)
2. Je voulais dire « oui », mais j'avais déjà dit « non ». (nous, vous, tu, le client, on, ces enfants, je)

B. Répondez en employant le plus-que-parfait du verbe **acheter** avec le nom du petit magasin approprié tiré de la liste suivante, selon le modèle.

la crémerie	l'épicerie
la boucherie	la boulangerie
la poissonnerie	le marchand de vins[2]
la pâtisserie	le marchand de fruits et de légumes
la charcuterie	

MODÈLE   Robert a mangé le camembert...
Robert a mangé le camembert qu'il avait acheté à la crémerie.

1. Robert a mangé la tarte aux fraises...
2. Robert a mangé la salade niçoise...
3. Robert a mangé la baguette...
4. Robert a bu le vin...
5. Robert a mangé la côtelette de porc...
6. Robert a mangé les carottes...
7. Robert a mangé le saumon...
8. Robert a mangé le vinaigre...
9. Robert a mangé le brie...
10. Robert a mangé le bifteck...

La cuisine française

Catherine de Médicis (1519–1589), monarque française d'origine italienne, est venue en France en 1533 avec de nombreux cuisiniers italiens dont les techniques étaient plus avancées que celles des cuisiniers français. Ils ont amélioré la cuisine française, en particulier la pâtisserie.

Auguste Escoffier (1846–1935), considéré le père de la cuisine française, a développé plus de mille nouvelles recettes — dont (*including*) la pêche Melba — et a répandu la cuisine française dans le monde entier.

L'école Cordon Bleu, école de cuisine, a ouvert ses portes en 1896 et est vite devenue une école de cuisine internationale célèbre.

---

[2] On dit *à la* crémerie, *à la* boucherie, etc., mais *chez* le marchand.

C. David et Lisa sont un jeune couple. Ils sont très heureux ensemble, mais ils ont un petit problème : chaque fois que David fait quelque chose, il découvre que Lisa l'a déjà fait ! Indiquez l'action de Lisa en employant le plus-que-parfait selon le modèle. Faites l'activité à tour de rôle avec un(e) camarade de classe.

> MODÈLE   **VOUS :**   David a acheté le pain.
>   **CAMARADE :**   *Lisa l'avait déjà acheté !*

1. David a laissé le pourboire.
2. David a payé le loyer (*rent*).
3. David a acheté le vin.
4. David a vendu le piano.
5. David a préparé le dîner.
6. David a acheté le dessert.

D. Complétez les phrases suivantes en employant un verbe au **plus-que-parfait** selon le modèle. Soyez créatifs. Comparez vos réponses à celles d'un(e) camarade de classe.

> MODÈLE   J'ai acheté le parfum que...
>   *J'ai acheté le parfum que j'avais senti dans la boutique (que vous aviez recommandé, etc.).*

1. J'ai acheté le pantalon que...
2. Pourquoi n'avez-vous pas mangé l'omelette que...
3. Je ne suis pas allé(e) voir ce film parce que...
4. Je n'ai pas encore trouvé le livre que...
5. J'ai porté la même robe que...

DISSERTATION (première partie) : REMUE-MÉNINGES

Réfléchissez aux questions suivantes, puis répondez-y brièvement en prenant quelques notes. En classe, vous allez discuter vos réponses et vos idées avec un(e) camarade de classe. Dans votre discussion, essayez de noter les expressions que vous pourrez utiliser éventuellement dans la *Dissertation (seconde partie)* (voir p. 221).

Pour bien apprécier le rôle que jouent la cuisine et la mode dans votre vie, posez-vous les questions suivantes ou d'autres semblables. Comparez vos opinions personnelles à celles d'un(e) camarade de classe.

La Mode et vous

1. Est-ce que la façon dont on s'habille est importante ? Pour quelles raisons ?
2. Avez-vous des vêtements préférés ? Lesquels ?
3. Quel style de vêtements portez-vous normalement ?
4. Aimez-vous imiter le style des autres ? Si oui, de qui, par exemple ?
5. Prenez-vous le temps de choisir vos vêtements chaque jour ? Y songez-vous d'avance ou mettez-vous tout simplement ce qui se présente à votre vue ?
6. Jugez-vous les autres d'après les vêtements qu'ils portent ?
7. Avez-vous une image personnelle que vous aimez projeter ? Est-ce que vos vêtements vous aident à projeter cette image ?
8. Prêtez-vous souvent vos vêtements à d'autres ? Pourquoi ou pourquoi pas ?
9. Achetez-vous parfois des vêtements d'occasion ? Pour quelles raisons ?

Chef Paul Bocuse et son équipe

10. Cherchez-vous les marques connues quand vous achetez des vêtements ? Pourquoi ou pourquoi pas ?
11. Continuez-vous à porter vos vêtements même s'ils ont des trous ou sont usés ? Pourquoi ou pourquoi pas ?
12. Aimez-vous mieux avoir beaucoup de vêtements moins chers ou un plus petit nombre de vêtements plus chers ?
13. Appréciez-vous les grands couturiers ? Avez-vous des favoris parmi eux ?

La Cuisine et vous

1. Prenez-vous trois repas par jour ? Décrivez vos habitudes alimentaires.
2. Quel est votre repas préféré ? Pourquoi ?
3. Préférez-vous prendre vos repas à la maison ou au restaurant ? Pourquoi ?
4. Lesquels préférez-vous : les fast-foods ou les restaurants élégants ? Pourquoi ?
5. À votre avis, quel est l'aspect le plus important de l'alimentation ? Est-ce la santé ou le goût, par exemple ?
6. Y a-t-il certains aliments que vous évitez ? Pourquoi ?
7. Quel est votre plat préféré ?
8. Mangez-vous pour vivre ou vivez-vous pour manger ?
9. Préférez-vous un repas élégant ou un repas simple ? Décrivez les circonstances.
10. À votre avis, est-ce qu'un repas représente un événement social ou est-ce tout simplement une nécessité biologique ?
11. Quelles sont vos boissons préférées ?
12. Faites-vous attention à vos manières quand vous dînez ? Pourquoi ou pourquoi pas ?

Use of the Conditional

Conditional Sentences

1. The conditional tenses are used to indicate a possible or hypothetical fact that is or was the result of a condition. Their English equivalents are *would + verb* (the simple conditional: *I would smile*) and *would have + past participle* (the past conditional: *I would have smiled*).

   Si j'étais à votre place, je dînerais à la Tour d'Argent.
   If I were you, I would dine at the Tour d'Argent.

   Si le garçon avait consulté le chef, il n'aurait pas servi ce gâteau !
   If the waiter had consulted the chef, he wouldn't have served that cake!

2. The conditional tenses are used in most so-called conditional sentences (sentences containing *if*-clauses). The following table contains the most common tense sequences used in conditional sentences. The same tense sequences exist in English.

if-clause	Main clause
present	present, future, imperative
imperfect	present conditional
pluperfect	past conditional

Si elle entre, je sors !	*If she comes in, I'm leaving!*
Si elle entre, ils sortiront.	*If she comes in, they will leave.*
Si elle entre, sors !	*If she comes in, leave!*

   S'il lisait le *Guide Michelin*, il connaîtrait de bons restaurants.
   If he read the Guide Michelin, *he would know some good restaurants.*

   Si elle avait mangé ces sardines, elle aurait eu mal au ventre !
   If she had eaten those sardines, she would have had a stomachache!

   Note that the conditional tenses are always used in the main clause, not in the *if*-clause, regardless of the order of the clauses.

   Elle aurait eu mal au ventre si elle avait mangé ces sardines.
   Si elle avait mangé ces sardines, elle aurait eu mal au ventre.
   She would have had a stomachache if she had eaten those sardines.
   If she had eaten those sardines, she would have had a stomachache.

The Future of the Past

The conditional also expresses the future of the past, as in English.

Future of the present:	Il dit qu'il laissera le pourboire.
	He says he will leave the tip.
Future of the past:	Il a dit qu'il laisserait le pourboire.
	He said he would leave the tip.

The Conditional of Politeness

The conditional is used to attenuate questions and requests, making them more courteous.

Present:	Peux-tu venir me voir demain ? *Can you come to see me tomorrow?*	Je veux cinquante euros, papa. *I want fifty euros, Dad.*
Conditional:	Pourrais-tu venir me voir demain ? *Could you come to see me tomorrow?*	Je voudrais cinquante euros, papa. *I would like fifty euros, Dad.*

ACTIVITÉS

A. La vieille tante bien-aimée de Richard est morte et lui a laissé une grande fortune. Répondez aux questions suivantes en disant ce que vous feriez si vous étiez à la place de Richard. Comparez vos réponses à celles d'un(e) camarade de classe.

1. Changeriez-vous de domicile ? Si oui, où habiteriez-vous ?
2. Qu'est-ce que vous achèteriez (à vos parents, à votre petite amie, au professeur) ?
3. Partiriez-vous en voyage ? Si oui, où iriez-vous ? Avec qui partiriez-vous en voyage ?
4. Quelle profession (quelles distractions, quels vêtements) choisiriez-vous ?
5. Nommez deux autres choses que vous feriez.

B. Complétez les phrases suivantes en utilisant un verbe au **conditionnel présent,** selon le modèle. Soyez créatifs. Comparez vos réponses à celles d'un(e) camarade de classe.

MODÈLE   Si j'étais un oiseau...

Si j'étais un oiseau, j'aurais peur des chats (je chanterais dans les arbres, je mangerais beaucoup de vers [worms], je ferais un voyage en Provence, etc.).

1. Si j'étais un chat,...
2. Si j'étais un chef célèbre,...
3. Si j'étais très, très intelligent(e),...
4. Si j'avais mal au ventre,...
5. Si j'étais poissonnier (poissonnière),...
6. Si j'étais le professeur,...
7. Si j'étais un nuage (*cloud*),...
8. Si j'étais gourmand(e),...
9. Si j'étais snob,...
10. Si j'étais gourmet,...
11. Si j'étais un couturier célèbre,...

C. Si vous étiez aux endroits suivants, qu'est-ce que vous y feriez probablement ? Répondez selon le modèle. Comparez vos réponses à celles d'un(e) camarade de classe.

MODÈLE   au café
Si j'étais au café, je bavarderais avec mes amis (je mangerais un croissant, je boirais de la limonade, je lirais le journal, etc.).

1. dans un restaurant chic
2. dans un grand magasin
3. au cinéma
4. à la montagne
5. dans une boîte de nuit
6. à l'hôpital
7. au bord de la mer
8. dans un vieux château

D. Qu'est-ce que vous auriez fait si vous aviez été les personnes suivantes ? Choisissez la réponse correcte dans la liste ci-dessous et employez le verbe au conditionnel passé, selon le modèle. Les réponses suivent l'activité. Si vous en avez besoin, consultez l'*Index des noms propres*, pp. 411–413. Faites l'activité à tour de rôle avec un(e) camarade de classe.

a. composer la chanson *Boléro*
b. composer l'opéra *Carmen*
c. écrire le conte *Candide*
d. écrire le roman *Madame Bovary*
e. écrire la phrase célèbre « Je pense, donc je suis »
f. créer le parfum *Numéro Cinq*
g. construire la tour Eiffel
h. écrire la pièce de théâtre *Cyrano de Bergerac*

MODÈLE   **VOUS :**   Qu'est-ce que tu aurais fait si tu avais été Pierre ou Marie Curie ? (découvrir le radium)
CAMARADE :   *Si j'avais été Pierre ou Marie Curie, j'aurais découvert le radium.*

Qu'est-ce que tu aurais fait...
1. Si tu avais été Voltaire ?
2. Si tu avais été Gustave Flaubert ?
3. Si tu avais été René Descartes ?
4. Si tu avais été Maurice Ravel ?
5. Si tu avais été Edmond Rostand ?
6. Si tu avais été Coco Chanel ?
7. Si tu avais été Georges Bizet ?
8. Si tu avais été Gustave Eiffel ?

RÉPONSES : 1. c 2. d 3. e 4. a 5. h 6. f 7. b 8. g

Related Expressions

The Imperfect and Conditional *would*

Both the imperfect and conditional tenses can be translated by *would* in English. If *used to*, indicating a customary or repeated action, can be substituted for *would*, the imperfect tense is required. If not, a conditional tense is used.

Quand j'avais dix-sept ans, je lisais le journal satirique *Le Canard enchaîné* toutes les semaines.
When I was seventeen, I would read (used to read) the satirical newspaper Le Canard enchaîné *every week.*

Si la soupe était moins chaude, j'y goûterais.
If the soup were less hot, I would taste it.

ACTIVITÉS

A. Traduisez les verbes entre parenthèses.   Comparez vos réponses à celles d'un(e) camarade de classe.

1. Quand il était à Paris, il _____ (*would visit*) un musée toutes les semaines.
2. Je _____ (*would listen to*) ce guide s'il était plus intéressant !
3. Quand il était plus jeune, il _____ (*would wear*) toujours des vêtements chic.
4. Après avoir mangé des oignons, il _____ (*would have*) toujours une crise de foie !
5. _____ (*Would you like*) goûter à ce plat ?
6. Si j'avais de l'argent, je _____ (*would pay*) l'addition.

B. Complétez avec imagination.   Comparez vos réponses avec celles d'un(e) camarade de classe.

1. Si j'étais plus jeune, je...
2. Quand j'étais plus jeune, je...
3. Si Hélène avait plus d'argent, elle...
4. Quand Hélène avait plus d'argent, elle...

Voici une liste d'expressions idiomatiques qui se rapportent à la cuisine. Trouvez dans la colonne B l'expression anglaise qui correspond à l'expression française de la colonne A. Les réponses suivent l'activité.

A	*B*
1. avoir du pain sur la planche (*board*)	a. *to eat like a bird*
2. avoir les yeux plus gros que le ventre	b. *to beat around the bush*
3. avoir un appétit d'oiseau	c. *to come like a bolt out of the blue*
4. avoir une faim de loup	d. *to have your work cut out for you*
5. boire comme un trou	e. *to be as hungry as a bear*
6. tomber comme un cheveu sur la soupe	f. *to have eyes bigger than your stomach*
7. tourner autour du pot	g. *to drink like a fish*

RÉPONSES : 1. d 2. f 3. a 4. e 5. g 6. c 7. b

Devoir

The commonly used verb **devoir** has multiple meanings. When followed by an infinitive, it expresses necessity, moral obligation, or probability. When used with a direct object, it means *to owe*.

Necessity or Moral Obligation

The expression of necessity or moral obligation is perhaps the most common function of **devoir.** The tenses are translated variously.

Present: *must, have to*

Chéri, tu dois éviter de manger ce dessert !
Dear, you must avoid eating that dessert! OR:
Dear, you have to avoid eating that dessert!

Future: *will have to*

Ils devront acheter une marque moins chère.
They will have to buy a less expensive brand.

Imperfect: *had to, used to have to, would have to*

Elle devait tout faire.
She had to do everything.

Quand j'étais jeune, je devais faire mon lit tous les matins.
When I was young, I had to (used to have to, would have to) make my bed every morning.

passé composé: had to[3]

J'ai dû prendre l'avion parce que j'avais raté le train.
I had to take the plane because I had missed the train.

J'ai dû payer l'addition parce que mon père n'avait pas sa carte de crédit !
I had to pay the check because my father didn't have his credit card!

Present conditional: *should, ought to*

M. Courvoisier, vous ne devriez pas boire !
Mr. Courvoisier, you shouldn't drink!

Adam, vous devriez avoir honte !
Adam, you ought to be ashamed!

---

[3] Either the imperfect or the **passé composé** can be used to mean *had to*, depending on the context. See Chapter 4, pp. 116–117.

Un défilé á Paris

Past conditional: *should have, ought to have*

J'aurais dû l'avouer plus tôt. Je suis gourmand !
I should have admitted it sooner. I love to eat!

J'aurais dû acheter cette robe en solde !
I should have bought that dress on sale!

ACTIVITÉS

A. Qu'est-ce que les personnes suivantes devraient faire ? Répondez selon le modèle. Comparez vos réponses à celles d'un(e) camarade de classe. Faites l'activité à tour de rôle.

MODÈLE   **VOUS :**   une serveuse
         CAMARADE :   *Une serveuse devrait travailler vite (être aimable,*
                   sourire beaucoup, etc.).

1. une personne trop maigre (*thin*)
2. un garçon de café
3. un professeur
4. une politicienne
5. un millionnaire
6. un végétarien
7. une étudiante
8. un couturier

Le fromage

La France est le pays des fromages. On y produit, dit-on, plus de 250 variétés de fromages. Le camembert, le brie, le fromage de chèvre, le roquefort et le cantal sont quelques variétés bien connues.

B. Qu'est-ce que les personnes suivantes n'auraient pas dû faire ? Comparez vos réponses à celles d'un(e) camarade de classe. Faites l'activité à tour de rôle.

> MODÈLE   **VOUS :**   le voleur
> **CAMARADE :**   *Le voleur n'aurait pas dû voler.*

1. l'assassin
2. le glouton
3. le menteur
4. l'alcoolique
5. la fiancée
6. le fumeur

C. **Répondez par une phrase complète.**   Comparez vos réponses à celles d'un(e) camarade de classe.

1. Qu'est-ce que vous devez faire cette semaine ?
2. Quand vous étiez petit(e), deviez-vous faire des travaux ménagers ? Si oui, lesquels ? Deviez-vous aller à l'école à pied ou en autobus ? À quelle heure deviez-vous vous coucher ? Deviez-vous manger des haricots verts ?
3. Nous faisons, hélas, beaucoup d'erreurs dans la vie ! Réfléchissez à votre vie passée et nommez quelque chose que vous n'auriez pas dû faire. Nommez quelque chose que vous auriez dû faire.
4. Avez-vous dû préparer le dîner (faire la vaisselle, téléphoner à un ami) hier soir ?
5. Si le professeur annonce un examen pour demain, qu'est-ce que vous devrez faire ce soir ?

D. Traduisez en français, puis jouez les dialogues.

1. **A:** I hate to cook!
   B: You shouldn't have said that.
   A: Why not?
   B: Because *I* love to eat!
   A: I shouldn't have said that . . .

2. **A:** Should we go shopping, or should we study for our French exam tomorrow?
   B: (*smile*)

3. **A:** Do I have to finish my meal, papa?
   B: Yes, if you want an ice cream . . .
   A: I have to hurry, then!

4. **A:** Darn it (*Zut alors*)! Gisèle is late!
   B: She will have to miss the train.
   A: I hope not (*J'espère que non*).
   B: She'll come soon. She must come!

Probability

Just as the English word *must* may express probability, as in the sentence, "He must be (is probably) crazy," the verb **devoir** can also express probability. It commonly does so in three tenses.

Present

Il doit être fou !
He must be (is probably) crazy!

Elle doit travailler très dur.
She must work (probably works) very hard.

Imperfect

Les architectes devaient être fiers de ce bâtiment !
The architects must have been (were probably) proud of this building!

Ce couturier célèbre devait avoir soixante-dix ans quand il est mort.
That famous designer must have been (was probably) seventy when he died.

passé composé

Gisèle est en retard. Elle a dû manquer l'avion.
Gisèle is late. She must have (has probably) missed the plane.

Tu as dû passer des heures à préparer ce plat !
You must have (have probably) spent hours preparing that dish!

ACTIVITÉS

A. Comment les personnes suivantes se sentent-elles probablement ? Répondez en employant **devoir** au présent selon le modèle. Faites l'activité à tour de rôle avec un(e) camarade de classe et comparez vos réponses.

> MODÈLE   **VOUS :**   Richard s'est marié hier.
>   **CAMARADE :**   *Il doit être heureux (fou, malade, fatigué, anxieux, etc.).*

1. Maurice n'a pas reçu la promotion qu'il désirait.
2. Roméo veut se marier pour la sixième fois.
3. Sabine a trop bu au restaurant hier soir.
4. Sylvie étudie huit heures par jour.
5. Marthe refuse de parler à Emmanuelle.
6. Arthur mange cinq fois par jour.
7. Marie-France n'a pas bien dormi hier soir.
8. Daniel et Madeleine ont une fille qui est mère et médecin.

B. Répondez en employant le passé composé du verbe **devoir** selon le modèle. Faites l'activité à tour de rôle avec un(e) camarade de classe et comparez vos réponses.

> MODÈLE   **VOUS :**   Pourquoi Hélène est-elle arrivée en retard au bureau ce matin ?
>   **CAMARADE :**   *Elle a dû manquer le train (elle a dû oublier sa montre, elle a dû faire la grasse matinée, etc.).*

1. Pourquoi Isabelle est-elle toute bronzée (*tanned*) ?
2. Pourquoi Nicolas a-t-il mal au ventre ?
3. Pourquoi Jacqueline commande-t-elle un autre dessert ?
4. Pourquoi Simone marche-t-elle avec des béquilles (*crutches*) ?
5. Pourquoi Yves donne-t-il des cigares à tout le monde ce matin ?

C.   Traduisez en français, puis jouez le dialogue.

     1.   **A:** Why did Marc leave early?
         B: He probably had an upset stomach.
         A: But why?
         B: He must have eaten Serge's chicken!

     2.   **A:** When I was a waiter (waitress), I had to work hard.
         B: You must have been a good waiter (waitress).
         A: I must have been crazy; I didn't earn anything!

Meaning *to owe*

Devoir means *to owe* when it is used with a direct object.

> Malheureusement, je dois trop d'argent à la banque.
> *Unfortunately, I owe the bank too much money.*

> Vous lui devez beaucoup de reconnaissance.
> *You owe him a lot of gratitude.*

ACTIVITÉ

Posez les questions suivantes à un(e) camarade de classe. Faites l'activité à tour de rôle.

     1. Dois-tu de l'argent à quelqu'un ? Si oui, à qui ?
     2. À qui dois-tu du respect ?
     3. Est-ce que le professeur te doit quelque chose ?
     4. À qui dois-tu ta vie ?

La haute couture

Voici quelques termes de couture. Essayez de trouver la définition de chaque terme dans la colonne de droite. Les réponses suivent l'activité.

1. la haute couture	a. présentation de vêtements par des mannequins sur un podium
2. un mannequin	b. vêtements fabriqués en masse dont le prix n'est pas trop cher
3. le prêt-à-porter	c. personne qui présente les collections sur un podium
4. un défilé	d. ensemble des vêtements présentés dans un défilé
5. une collection	e. vêtements originaux destinés à un petit groupe de femmes aisées (*well-off*)

RÉPONSES :   1. e   2. c   3. b   4. a   5. d

Related Expression

The verb **devoir** may also express *to be (supposed) to*. It commonly does so in two tenses.

Present: *to be (supposed) to*

L'ambassadeur doit arriver bientôt.
The ambassador is (supposed) to arrive soon.

Imperfect: *to have been (supposed) to*

Giscard devait faire des courses avec moi, mais il est parti !
Giscard was (supposed) to go shopping with me, but he left!

ACTIVITÉ

Traduisez les expressions entre parenthèses en employant le verbe **devoir**. Comparez vos réponses à celles d'un(e) camarade de classe.

1. Je _____ (*was supposed to*) visiter une église gothique cet après-midi.
2. Nous _____ (*were supposed to*) nous lever à cinq heures, mais notre réveil n'a pas sonné.
3. _____ (*Are they supposed to*) arriver les premiers au restaurant ?
4. Le professeur _____ (*was to*) faire une conférence sur les rapports entre la France et les États-Unis.
5. Il _____ (*is supposed to*) trouver une solution mais il refuse de discuter le problème !
6. Nous _____ (*are to*) quitter le musée à 17 heures.

Synthèse

Activités d'ensemble

I. Imaginez que vous êtes une diseuse de bonne aventure (*fortune teller*) et que vous donnez l'horoscope d'une personne célèbre (morte ou vivante). Lisez cet horoscope et demandez aux autres étudiants de découvrir l'identité de la personne. Commencez l'horoscope par les mots **Quand vous serez plus âgé(e)**, selon le modèle.

MODÈLE   *Quand vous serez plus âgée, vous travaillerez dans la haute couture française. Vos vêtements seront élégants et simples. Vous créerez de nouvelles modes (la petite robe noire et des chapeaux sans ornements, par exemple), et vous donnerez votre nom à un parfum. (Réponse : Coco Chanel)*

II. **Traduisez en français.** Comparez vos réponses à celles d'un(e) camarade de classe.

1. *If I were French, I would be proud of my country's image.*
2. *You will have to pay the check.*
3. *French high fashion has influenced American fashion.*
4. *If that customer leaves without paying, stop him!*
5. *That American gourmet ought to appreciate French cooking.*
6. *I shouldn't have had dinner in that restaurant.*
7. *Each time he lifted his glass, he would say, "To your health!"*
8. *I never would have come if she had been here.*
9. *The hors d'œuvres were good; the main course must be good, too.*
10. *If you must drink, try the Dubonnet.*
11. *When I go to Paris, I will certainly visit Dior's boutique.*
12. *When will you understand that the French are not American?*
13. *He's supposed to be here at eight; he must have already left.*
14. *If you must do it, do it!*

III. Mettez les verbes entre parenthèses au temps convenable. Comparez vos réponses à celles d'un(e) camarade de classe.

1. Si j'avais assez d'argent, je _____ (déjeuner) dans ce restaurant trois étoiles.
2. Si j'étais une personne cultivée, je _____ (visiter) le Louvre.
3. Si Adrienne vient, je _____ (partir) !
4. Tout le monde m'_____ (admirer) si je porte cette robe élégante.
5. Si le professeur préparait un dessert, j'y _____ (goûter) probablement.
6. Si je _____ (voir) l'accident, j'aurais téléphoné à la police.
7. Si vous en avez l'occasion, _____ (venir) me voir.
8. Si elle essaie ce bikini, elle l'_____ (acheter) certainement.
9. Nous _____ (avoir) mal au ventre si nous mangeons tous ces oignons !
10. Si j'avais pu goûter à ce plat avant, je le _____ (commander).

Choix de fromages dans une crémerie

Sujets de discussion

1. Est-ce que les États-Unis importent beaucoup de produits français ? Faites une liste de tous les produits français que vous connaissez.
2. À votre avis, est-ce que la France a exercé une grande influence sur la vie américaine ? Expliquez.
3. Est-ce que la France a une bonne réputation actuellement aux États-Unis ? À votre avis, pourquoi ou pourquoi pas ?

DISSERTATION (seconde partie)

Dans la *Dissertation (première partie)*, pp. 208–209, vous avez pris des notes et avez discuté de la mode et de la cuisine avec un(e) camarade de classe. Maintenant vous allez employer les expressions que vous avez apprises pour écrire une dissertation.

Sujet de la dissertation : Laquelle des deux est plus importante dans votre vie : la mode ou la cuisine ?

D'abord, présentez bien le sujet dans une *introduction* qui présentera clairement la question que vous allez traiter. Ensuite, dans le *corps* de votre travail, comparez le rôle de la mode et de la cuisine dans votre vie, puis dites pourquoi vous attachez plus d'importance à l'une qu'à l'autre. N'oubliez pas de vous servir des expressions de transition dans le premier chapitre (pp. 17–18) pour passer d'un paragraphe à l'autre. Finalement, dans votre *conclusion*, résumez vos idées principales et les raisons de votre choix.

8

Relative Pronouns and Demonstratives

Bienvenue en Afrique !

Voyageurs et Touristes

Chapter 8 at a Glance

Relative pronouns

I. Remplacez les tirets par **qui** ou **que**.

1. Comment ! Nous avons perdu les chèques de voyage _____ étaient dans nos valises ?
2. Voilà la belle étrangère _____ nous avons vue à Versailles.

II. Remplacez les tirets par **ce qui** ou **ce que**.

1. Expliquez-nous _____ vous avez vu en France.
2. Quel gourmand ! La cuisine française est tout _____ l'intéresse !

III. Remplacez les tirets par **qui** ou une forme de **lequel**.

1. Je vous présente Anne-Marie, la femme avec _____ je compte visiter le Sénégal.
2. Voici l'argent avec _____ je vais acheter les souvenirs.

IV. Remplacez les tirets par **où** ou **quoi**.

1. Je sais à _____ vous pensez.
2. Elle m'a dit bonjour au moment _____ elle m'a vu.

V. Remplacez les tirets par **dont** ou **ce dont**.

1. Voici le touriste désagréable _____ je parlais.
2. C'est _____ il est si fier !

VI. Traduisez en français les mots entre parenthèses en employant le **pronom interrogatif** ou le **pronom relatif** convenable.

1. Il est francophone ? _____ (*What*) cela signifie ?
2. Voici _____ (*what*) on a trouvé dans la chambre d'hotêl !
3. Voilà la femme bizarre _____ (*whom*) j'ai rencontrée au Louvre.
4. _____ (*Whom*) avez-vous vu pendant les vacances ?

VII. Remplacez les tirets par **n'importe qui** ou **n'importe quoi**.

1. Idiot ! _____ pourrait lire cette carte !
2. Ce francophile ferait _____ pour visiter la Martinique.

Demonstratives

VIII. Remplacez les tirets par **ce, cet, cette** ou **ces**. Employez **-ci** et **-là** s'il y a lieu.

1. _____ dame
2. _____ étranger
3. _____ coutumes nous sont familières mais _____ coutumes nous sont étrangères.
4. _____ livre
5. _____ maisons

IX. Remplacez les tirets par **celui, celle, ceux** ou **celles**. Employez **-ci** ou **-là** s'il y a lieu.

1. _____ qui a l'esprit ouvert n'aura pas de problèmes.
2. Geneviève et Marguerite sont des touristes très différentes : _____ est gentille tandis que _____ est insolente !
3. Quelles photos préférez-vous, _____ de Gisèle ou _____ de Marc ?

X. Remplacez les tirets par **ceci** ou **cela (ça)**.

1. _____ m'est égal.
2. Faisons un échange ! Si vous me donnez _____, je vous donne _____ !

XI. Remplacez les tirets par **ce, c', il, elle, ils** ou **elles**.

1. Sont-_____ françaises ou canadiennes ?
2. _____ est une excursion qu'il faut faire !
3. _____ sont les beaux souvenirs dont nous avons parlé.
4. _____ est ma carte d'identité.

XII. Remplacez le premier tiret par **c'est** ou **il est** et le second par **à** ou **de**.

1. _____ intéressant _____ comparer deux cultures différentes.
2. Vous êtes-vous jamais senti seul ? — Oui, et _____ difficile _____ supporter !

XIII. Complétez en traduisant l'expression entre parenthèses.

1. Nous avons rendu visite à nos parents _____ (*that morning*).
2. Nous passons _____ (*this month*) à la Guadeloupe.
3. Il est parti _____ (*the next day*).
4. Moi, je pars _____ (*tomorrow*).

Vocabulaire du thème : *Voyageurs et Touristes*

Préparatifs

rêver de to dream of
faire des projets *m* to make plans
faire les préparatifs *m* to make preparations
faire sa valise to pack one's suitcase
l' **agence** *f* **de voyages** travel bureau
l' **agent** *m* **de voyages** travel agent

le **chèque de voyage** traveler's check
le, la **touriste** tourist
le **voyageur**, la **voyageuse** passenger, traveler
le **passeport** passport
le **visa** visa
la **carte d'identité** ID card

Douane

le **douanier**, la **douanière** customs officer
passer à la douane to pass through customs

fouiller to search (a person, a suitcase, etc.)
avoir quelque chose à déclarer to have something to declare

Activités

faire un voyage to take a trip
partir en vacances to go on vacation
faire une visite guidée to take a guided tour
prendre des photos *f* to take pictures
rendre visite à to visit (a person)
visiter to visit (a place)
l' **appareil (appareil-photo)** *m* camera

l' **appareil(-photo) numérique** *m* digital camera
la **carte** map; menu
la **carte postale** postcard
le **guide** tour guide (person); guidebook
le **séjour** stay
le **souvenir** souvenir

Étrangers et Indigènes

la **patrie** homeland
l' **étranger** *m*, l'**étrangère** *f* foreigner
l' **indigène** *m, f* native

francophone French-speaking
francophile French-loving
francophobe French-hating

Aspects positifs

l' **hospitalité** *f* hospitality
agréable pleasant
complaisant(e) accommodating
avoir l'esprit ouvert (fermé) to have an open (closed) mind
accueillir chaleureusement to welcome warmly
accueillant(e) hospitable
être bien reçu(e) to be well received

s'adapter aux coutumes (aux habitudes) d'un peuple to adapt to the customs (habits) of a people
se débrouiller to get along, to manage
se fier à to trust
se sentir, être à l'aise to feel, to be at ease, comfortable
souhaiter la bienvenue à quelqu'un to welcome someone

Aspects négatifs

désagréable unpleasant
dépaysé(e) out of one's element, lost
être mal reçu(e) to be badly received
avoir le mal du pays to be homesick
se méfier de to distrust
se sentir (être) mal à l'aise (perdu, etc.) to feel (to be) ill at ease (lost, etc.)

exploité(e) exploited
tomber malade to get sick
la **bombe** bomb
le, la **terroriste** terrorist
le **terrorisme** terrorism

ACTIVITÉS

Le Monde des mots

A. Cherchez dans le *Vocabulaire du thème* les verbes qui s'emploient avec les noms suivants. Faites l'activité à tour de rôle avec un(e) camarade de classe.

MODÈLE sa valise
faire sa valise

1. les préparatifs
2. la bienvenue à quelqu'un
3. à l'aise
4. des projets
5. des photos

6. l'esprit ouvert (fermé)
7. malade
8. visite à quelqu'un
9. le mal du pays
10. la douane

B. Jeu des antonymes. Cherchez dans le *Vocabulaire du thème* les antonymes des expressions soulignées et employez-les dans la même phrase. Puis lisez la phrase à haute voix.

MODÈLE   Elle <u>se fie aux</u> étrangers.
                Elle se méfie des étrangers.

1. Ils <u>ont été mal reçus</u> par les indigènes.
2. Leur séjour à la Martinique a été <u>agréable</u>.
3. Ils <u>se sont sentis à l'aise</u> dans ce pays francophone.
4. Ces touristes <u>ont l'esprit ouvert</u>.
5. Dans ce pays, on <u>accueille froidement</u> les étrangers.
6. Mon meilleur ami est <u>francophile</u>.

Testez vos connaissances

Répondez aux questions suivantes, puis comparez vos réponses à celles d'un(e) camarade de classe. Les réponses suivent l'activité.

1. Est-ce que les Français préfèrent passer leurs vacances en France ou à l'étranger ?
2. Quand les Français voyagent à l'étranger, préfèrent-ils aller en Amérique, en Europe ou en Afrique ?
3. Quel pays est la première destination touristique du monde ?
4. Quel est le site le plus visité de France ?
5. Imaginez que vous voulez faire un voyage dans un pays francophone. Dans quels pays iriez-vous :
   a. si vous vouliez visiter les souks (bazars) de Marrakech ?
   b. pour nager dans le fleuve Mekong ?
   c. pour faire du camping dans les Laurentides ?
   d. pour prendre un bain de soleil sur une plage à Dakar ?
   e. pour faire une promenade le long des jolis canaux de Bruges ?

RÉPONSES : 1. La grande majorité des Français passent leurs vacances sur le territoire français. En 2001, le chiffre était 90 %. 2. Ils préfèrent aller en Europe, puis en Afrique, puis en Amérique. 3. la France (avec 75 millions de touristes en 2003), puis l'Espagne (avec 52 millions), puis les États-Unis (avec 40 millions) 4. le parc à thèmes, Disneyland Paris (environ 12 millions de visiteurs en 2001); le Louvre et la tour Eiffel avaient chacun 6 millions de visiteurs 5. a. au Maroc; b. au Viêt-nam; c. au Canada d. au Sénégal; e. en Belgique

(Renseignements pour 1–4 tirés de *Francoscopie 2003*, Gérard Mermet)

Votre Opinion

Répondez aux questions suivantes, puis comparez vos réponses à celles d'un(e) camarade de classe.

1. Vous fiez-vous aux étrangers ou vous méfiez-vous d'eux ?
2. Vous sentez-vous à l'aise dans les pays étrangers ?
3. Avez-vous jamais eu le mal du pays ?
4. Avez-vous jamais perdu un chèque de voyage (un passeport, une carte d'identité, une valise) ?
5. Avez-vous l'esprit ouvert ou fermé ?
6. Quel(s) voyage(s) aimeriez-vous faire à l'avenir ?

Mise en scène

Complétez en employant une ou plusieurs expressions du *Vocabulaire du thème*, puis jouez les dialogues.

A : (Nom), ça s'est bien passé, ton voyage en France ?

B : (Nom), ç'a été un désastre !

A : Comme c'est dommage ! Qu'est-ce qui est arrivé ?

B : ...

A : Non !

B : Si ! Et...

A : Pauvre (Nom) ! Mais comment as-tu trouvé les Français ?

B : ...

A : Alors, ça n'a pas été un désastre complet !

Dans l'aéroport Roissy-Charles de Gaulle

Relative Pronouns

1. A relative pronoun is a word that joins, "relates," a subordinate clause to a noun or pronoun in the main clause. A subordinate clause that begins with a relative pronoun is called a relative clause. The English relative pronouns are *who, whom, whose, that, which, what.*

   L'étudiant qui a perdu son passeport a l'air nerveux.
   The student who lost his passport seems nervous
   > *relative clause:* **qui a perdu son passeport**
   > *main clause:* **L'étudiant a l'air nerveux.**

   L'étranger que j'ai rencontré à Paris s'appelle Paul.
   The foreigner that I met in Paris is named Paul.
   > *relative clause:* **que j'ai rencontré à Paris**
   > *main clause:* **L'étranger s'appelle Paul.**

The noun or pronoun that precedes the relative pronoun, and to which the relative pronoun refers, is called the *antecedent.* In the preceding examples, **l'étudiant** and **l'étranger** are antecedents of **qui** and **que,** respectively. A relative pronoun may be used as the subject or direct object of a relative clause, or as the object of a preposition.

Relatives Used as Subjects or Direct Objects of a Relative Clause

Antecedent	Subject		Direct object	
person	qui	*who*	que[1]	*whom*
thing	qui	*that, which*	que[1]	*that, which*
indeterminate	ce qui	*what*	ce que[1]	*what*

To determine whether a relative pronoun is the subject or the direct object of a relative clause, it is first necessary to recognize the verb of the relative clause, as distinguished from that of the main clause.

> *Sentence 1:*   Le touriste **qui habite chez nous** vient de France.
> *The tourist who lives at our house comes from France.*

> *Sentence 2:*   L'île **que nous avons explorée** était pittoresque.
> *The island that we explored was picturesque.*

In these two sentences, the verbs in the relative clauses are **habite** and **avons explorée.** Knowing this, it is possible to determine whether the relative pronouns are used as the subject or direct object of these verbs. In Sentence 1, **qui** is the subject of the verb **habite**. In Sentence 2, **que** is the direct object of the verb **avons explorée** (whose subject is **nous**).

---

[1] **Que** changes to **qu'** before a vowel or mute **h**. **Qui** remains unchanged.

Qui and que

Qui is used as the subject of a relative clause and **que** as the direct object, when referring to a person or a specified thing.

Comment s'appelle la jeune fille qui nous a accueillis ?
What is the name of the girl who welcomed us?

Voilà un pays qui me plaît !
There's a country that pleases me!

Voilà l'agent de voyages que nous avons engagé.
Here is the travel agent (whom) we hired.

Tahiti est l'île que je trouve la plus charmante.
Tahiti is the island (that) I find the most charming.

Note that although the direct object relative pronoun is often omitted in English, its counterpart **que** must always be used in French.

ACTIVITÉS

A. Votre camarade de chambre propose de faire un voyage à l'étranger. Il (Elle) ne parle qu'anglais. Vous lui recommandez le genre de guide dont il (elle) aura besoin en employant **qui** et une des langues ci-dessous, selon le modèle. Faites l'activité à tour de rôle.

russe	espagnol	français	allemand
japonais	chinois	anglais	italien

MODÈLE   **CAMARADE DE CHAMBRE :** Je vais aller en France.
              VOUS : *Tu voudras un guide qui parle français.*

Je vais aller...

1. en Espagne.
2. en Angleterre.
3. aux États-Unis.
4. en Allemagne.
5. au Japon.
6. en Chine.
7. au Canada.
8. en Russie.
9. au Mexique.
10. en Italie.

Le Club Med

Établi en 1949 par Gérard Blitz, cliveur (*cleaver*) de diamants et champion de polo français, le Club Med a été fondé sur le concept de passer ses vacances en communauté (*in a community*) au bord de la mer. Aujourd'hui ses « villages », situés souvent dans des sites pittoresques partout dans le monde, accueillent des milliers de touristes par an.

B. Vous montrez des cartes postales à un(e) camarade de classe, qui les admire. Vous identifiez le pays où vous avez acheté chaque carte postale en employant **que** selon le modèle. Faites l'activité à tour de rôle.

MODÈLE   CAMARADE :   Quel beau portrait de Sophia Loren !
             VOUS :   *C'est le portrait que j'ai acheté en Italie.*

1. Quel beau portrait de Mao Tsê-Tung !
2. Quel beau portrait du président Kennedy !
3. Quel beau portrait de Tolstoï !
4. Quel beau portrait de Jeanne d'Arc !
5. Quel beau portrait de Picasso !
6. Quel beau portrait de Goethe !
7. Quel beau portrait de Michel-Ange !
8. Quel beau portrait de l'empereur Hirohito !
9. Quel beau portrait de Winston Churchill !

C. Créez six phrases logiques en employant les mots dans les quatre colonnes. Comparez vos réponses à celles d'un(e) camarade de classe.

1. Le souvenir		a fouillé mes valises	était dangereux.
2. Le voleur		j'ai visité	était beau.
3. Le douanier	qui	j'ai fait	était insupportable.
4. Le monument		est tombé malade	était sympathique.
5. Le voyageur	que	a perdu son passeport	était cher.
6. Le voyage		la police a arrêté	était intéressant.
7. Le touriste		nous avons acheté	était fâché.

D. Complétez en employant **qui** ou **que** selon le modèle. Puis comparez vos réponses à celles d'un(e) camarade de classe.

MODÈLE   Un oiseau est un animal...
             Un oiseau est un animal qui vole.   ou :
             Un oiseau est un animal qu'on voit dans les arbres.

1. Un francophile est une personne...
2. Un bikini est un vêtement...
3. Un francophobe est une personne...
4. Un étranger est une personne...
5. Un douanier est une personne...
6. Un souvenir est un objet...

Ce qui and *ce que*

1. **Ce qui** is the subject and **ce que** is the direct object when the antecedent is indeterminate: that is, something other than a person or a specified thing (e.g., an idea or an unspecified thing). **Ce qui** and **ce que** are usually rendered by *what* in English.

Dites-moi tout de suite ce qui vous gêne !
Tell me right away what is bothering you!

Le guide ne sait pas ce que les touristes veulent voir.
The guide doesn't know what the tourists want to see.

2. Note that **tout ce qui** and **tout ce que** are used to express *all that* or *everything that.*

L'étude de la poésie africaine est tout ce qui l'intéresse.
The study of African poetry is all that interests her.

Montrez-moi tout ce que vous avez acheté pendant votre voyage.
Show me everything that you bought during your trip.

ACTIVITÉS

A. **Où peut-on faire les activités suivantes ?**   Répondez en employant **ce que** selon le modèle. Faites l'activité à tour de rôle.

> MODÈLE   monter au troisième étage de la tour Eiffel
> *C'est ce qu'on peut faire en France.*

1. passer quelques heures au Vatican
2. visiter le musée du Prado
3. marcher sur la Grande Muraille
4. prendre en photo les chutes du Niagara
5. regarder le ballet Bolchoï
6. célébrer Oktoberfest
7. visiter Kyôto
8. admirer le fleuve Saint-Laurent
9. passer une semaine à Cancun
10. marcher au bord de la Tamise (*Thames*)

B. Votre médecin pense que vous êtes devenu(e) amnésique, et il vous pose des questions. Répondez en employant **ce que** ou **ce qui** selon le modèle. Faites l'activité à tour de rôle.

> MODÈLE   LE MÉDECIN :   Qu'est-ce que vous avez fait hier ?
> VOUS :   *Je ne me rappelle pas ce que j'ai fait.*
> LE MÉDECIN :   Qu'est-ce qui vous intéresse ?
> VOUS :   *Je ne me rappelle pas ce qui m'intéresse.*

1. Qu'est-ce que vous avez mangé hier ?
2. Qu'est-ce qui vous ennuie ?
3. Qu'est-ce que vous avez dit à la police ?
4. Qu'est-ce que vous avez fait la semaine dernière ?
5. Qu'est-ce qui vous rend heureux (heureuse) ? (triste) ?
6. Qu'est-ce qui vous amuse ?

Deux guides touristiques

Le Guide Michelin fournit des renseignements pour touristes. Parmi d'autres renseignements utiles, on y trouve des itinéraires, des cartes et des classements d'hôtels et de restaurants.

Le Guide du Routard (*young globetrotter*), fondé en 1973 pour la génération « hippie », recommande des auberges, des sites de camping et des restaurants, et offre des conseils pour les jeunes qui veulent faire des voyages bon marché.

C. Remplacez les tirets par **qui, que, (tout) ce qui,** ou **(tout) ce que,** puis jouez les dialogues avec un(e) camarade de classe.

1. **A :** Le douanier _____ a fouillé mes valises m'a posé beaucoup de questions.
   B : Qu'est-ce qu'il t'a demandé ?
   A : Où j'habite, _____ je vais faire ce soir...
   B : Ah, je sais _____ l'intéressait. Quel Don Juan !

2. **A :** Montre-moi les cartes postales _____ tu as achetées ce matin.
   B : Les voilà !
   A : Mais ce sont des cartes postales de Lyon, et nous sommes à Paris !
   B : Le monsieur _____ me les a vendues m'a dit qu'elles étaient très jolies...
   A : Pauvre (Nom) !

3. **A :** J'ai envie d'acheter beaucoup de souvenirs ce matin.
   B : Les souvenirs coûtent très cher.
   A : L'argent, l'argent, l'argent ! Est-ce que c'est _____ t'intéresse ?
   B : Pas du tout, chéri(e). Voici un cadeau _____ je t'ai acheté hier.
   A : *(sourire embarrassé)*

Relative Pronouns Used with Prepositions

There are two groups of relative pronouns that are used with prepositions. One group is used with all prepositions and the other only with the preposition **de.**

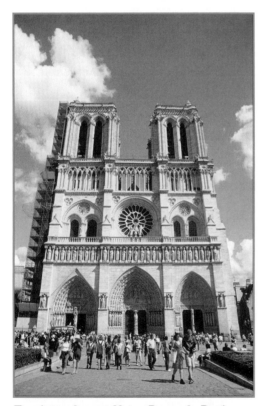

Touristes devant Notre-Dame de Paris

La distance

Pour convertir les kilomètres en miles, multipliez les kilomètres par 0,621.

Pour convertir les miles en kilomètres, multipliez les miles par 1,609.

Ainsi Marseille est à 661 kilomètres ou à 410 miles de Paris.

Relative Pronouns Used with all Prepositions

Antecedent	Relative pronoun	
person	qui	*whom*
thing	lequel	*which*
indeterminate	quoi	*what, which*
expression of time or place	où	*where, when*

1. The form of **lequel**—**lequel, laquelle, lesquels,** or **lesquelles**—depends on the number and gender of the antecedent. The forms contract normally with the prepositions **à** and **de** : **auquel, desquelles,** etc.

2. **Qui** is ordinarily used to refer to persons, whereas **lequel** is generally used for specific things.

   Voilà le guide avec qui nous allons partir.
   There's the guide we're going to leave with.

   Voici la fiche sur laquelle il a écrit son nom.[2]
   Here's the form he wrote his name on.

3. **Quoi** is used to refer to something indeterminate, that is, to something other than persons or specified things. It refers to ideas or unspecified things.

   Il a décidé de se marier, après quoi il s'est senti mal à l'aise.
   He decided to get married, after which he felt ill at ease.

   Je ne sais pas avec quoi elle compte acheter ces souvenirs !
   I don't know what she intends to buy these souvenirs with!

4. The relative pronoun **où** is often used after expressions of time or place.

au moment où	le pays où
la semaine où	la maison où
le jour où	

   Sa vie a changé le jour où elle est arrivée en France.
   Her life changed the day she arrived in France.

   Le pays où nous allons passer nos vacances est un pays francophone.
   The country where we are going to spend our vacation is French-speaking.

Note that the conjunction **quand** (*when*) is not a relative and cannot be used after expressions of time.

---

[2] Note that while a preposition may sometimes end a sentence in spoken English, it almost never does in French.

A C T I V I T É S

A. Complétez les phrases suivantes en employant **lequel (laquelle)** selon le modèle. Comparez vos réponses à celles d'un(e) camarade de classe.

MODÈLE Voilà le bâtiment devant...
Voilà le bâtiment devant lequel j'ai trouvé mon passeport.

1. Voilà le guide sans...
2. Voilà le voyage pendant...
3. Voilà la valise dans...
4. Voilà l'appareil-photo avec...
5. Voilà le pont sous...
6. Voilà la table sur...

B. Remplacez les tirets par **qui, lequel** (**laquelle**, etc.), **quoi** ou **où**. Comparez vos réponses à celles d'un(e) camarade de classe.

1. Ma vie a changé le jour _____ j'ai quitté ce pays horrible !
2. Les touristes à _____ je viens de parler, où sont-ils ?
3. Les habitants du village _____ nous avons passé la nuit se méfiaient de nous.
4. Malheureusement, les indigènes à _____ j'ai parlé n'ont pas compris mon accent.
5. Les Algériens avec _____ j'ai dîné ont commandé un repas splendide !
6. Je ne comprends pas avec _____ il compte fermer ses valises !
7. Nous avons senti une odeur délicieuse au moment _____ nous sommes entrés dans ce restaurant créole.
8. Elle a passé à la douane, après _____ sa famille l'a accueillie.
9. Ce guide n'était pas aussi vulgaire à l'époque _____ je l'ai connu !
10. Est-ce que ce touriste vous a dit à _____ il s'intéresse ?
11. Je cherche le bâtiment derrière _____ notre autobus est stationné.

C. Traduisez en français, puis jouez les dialogues.

1. **A:** I loved this country the day we arrived. It's so beautiful!
   B: I loved it the moment I ate my first pizza.
   A: To each his own (*À chacun son goût*)!

2. **A:** She has no money. I don't know what she's going to buy souvenirs with.
   B: She took your traveler's checks.
   A: What?

3. **A:** That guy (*type*) took the pen I was writing postcards with. What nerve (*Quel culot*)!
   B: Do you know the guy?
   A: No.
   B: He's the guide we're spending the afternoon with.
   A: Let's stay in the hotel!

Relative Pronouns Used with the Preposition *de*: *dont* and *ce dont*

Antecedent	Relative pronoun	
person	dont	*of whom, whom, whose*
thing	dont	*of which, which, that, whose*
indeterminate	ce dont	*of which, what*

The relative pronouns **dont** and **ce dont** are generally used in two cases: (1) with verbs and verbal expressions ending in **de** and (2) with the possessive construction.

1. Verbs and Verbal Expressions Ending in **de**

    a. Here are some common expressions ending in **de**. When used with a relative clause, these expressions take **dont**.

parler de	il s'agit de	être content de
se méfier de	rêver de	avoir peur de
avoir envie de	avoir besoin de	se souvenir de

    b. **Dont** always has an immediate antecedent—a person or a thing—to which it refers. **Ce dont,** on the other hand, does not have an immediate antecedent and refers to something other than persons or specified things. It refers to ideas, complete sentences, or else has no named antecedent.

    Voici l'étranger dont elle se méfie !
    Here is the foreigner (whom) she distrusts!

    Avez-vous trouvé la carte dont j'ai besoin ?
    Have you found the map (that) I need?

    Je ne regrette pas ma décision. C'est précisément ce dont je suis si fier !
    I don't regret my decision. That's precisely what I'm so proud of!
    (The antecedent is the previous complete sentence.)

    Je ne me rappelle pas ce dont il a parlé.
    I don't remember what he talked about.
    (There is no named antecedent.)

    c. Keep in mind that the preposition **de** in French verbal expressions often has no literal equivalent in English: **avoir besoin de,** *to need;* **se méfier de,** *to distrust.*

2. The Possessive Construction with **dont**

    Sentence 1: La jeune touriste dont les valises étaient lourdes marchait lentement.
    The young tourist whose suitcases were heavy was walking slowly.

    Sentence 2: Le garçon dont le père est douanier est d'origine africaine.
    The boy whose father is a customs official is of African origin.

Sentence 3: Le guide dont j'ai remarqué la mauvaise humeur gênait tout le monde !
The guide whose bad mood I noticed was bothering everybody!

Sentence 4: L'amie dont j'ai cassé l'appareil s'est fâchée.
The friend whose camera I broke got angry.

Note the position of **dont** and *whose* in the preceding sentences. In a French sentence, **dont** is always followed immediately by the subject of the relative clause. This is not always the case in English.

ACTIVITÉS

A. Deux jeunes étudiantes décident de passer leurs vacances à Paris. Les parents d'une des étudiantes sont riches, tandis que ceux de l'autre étudiante sont pauvres. Identifiez chaque étudiante en employant **dont** selon le modèle. Faites l'activité à tour de rôle.

MODÈLE   VOUS :   Elle habite dans un hôtel élégant.
          CAMARADE :   *C'est l'étudiante dont les parents sont riches.*

          CAMARADE :   Elle habite dans une pension très modeste.
          VOUS :   *C'est l'étudiante dont les parents sont pauvres.*

1. Elle achète ses vêtements chez Dior.
2. Elle n'achète rien.
3. Elle boit du vin ordinaire.
4. Elle boit seulement du champagne.
5. Elle va partout en taxi.
6. Elle va partout à pied.
7. Elle dîne dans des restaurants très modestes.
8. Elle dîne dans des restaurants élégants.

B. Quel groupe a probablement besoin des choses suivantes ? Répondez en employant **ce dont** selon le modèle. Faites l'activité à tour de rôle.

MODÈLE   CAMARADE :   un guide Michelin
          VOUS :   *C'est ce dont les touristes (les guides) ont besoin.*

1. un passeport   4. du travail   7. beaucoup d'argent
2. un revolver   5. du lait   8. une carte d'identité
3. un dictionnaire   6. un stéthoscope   9. une nouvelle valise

C. Traduisez en français, puis jouez les dialogues.

1. A: What a dream! This is the trip I've dreamed about all my life!
   B: I've lost my passport.
   A: What? The passport we need to continue our trip?
   B: Yes!
   A: The passport we need to pass through customs?
   B: Yes!
   A: What a nightmare (*cauchemar* [m])!

Le château Frontenac à Québec

Quelques explorateurs français

Samuel de Champlain (1570–1635), explorateur, cartographe, écrivain et gouverneur de la Nouvelle-France (Canada), fit douze voyages en Nouvelle-France. On lui attribue l'établissement de la première colonie permanente à Québec. Il mourut le 25 décembre 1635, à Québec.

L'explorateur et cartographe *Jacques Cartier* (1491–1557) fut le premier Européen à découvrir le fleuve Saint-Laurent. Lorsqu'il entendit le mot iroquois « kanaka », qui signifie « ville » ou « village », il crut que ce mot désignait tout le pays, donc il donna ce nom à tout le pays.

L'explorateur *Louis Jolliet* (1645–1700) et le prêtre jésuite et missionnaire *Jacques Marquette* (1637–1675) découvrirent le fleuve Mississippi en 1673. Jolliet a prêté son nom à une ville dans l'état d'Illinois (Joliet).

2. **A:** Look! There's the tourist whose traveler's checks we just found.
   B: He's talking to a policeman (*agent* [*m*] *de police*).
   A: They're looking at us . . .
   B: I know. That's what I was afraid of!

D. Voici l'histoire de Marie, une jeune Française qui a décidé de faire un voyage aux États-Unis. Remplacez les tirets par **qui, que, lequel, quoi, où, dont** ou **ce dont**. Comparez vos réponses à celles d'un(e) camarade de classe, puis lisez l'histoire à haute voix.

1. Marie travaillait dans un bureau _____ elle s'ennuyait terriblement.
2. Sa mère lui a suggéré un voyage aux États-Unis _____ habitaient son oncle et sa tante.
3. Marie a décidé de faire ce voyage durant _____ elle pourrait peut-être rencontrer son prince charmant !
4. Marie est allée dans un grand magasin _____ elle a acheté tout _____ elle avait besoin.
5. Avant son départ elle a acheté un cadeau _____ elle comptait offrir à son oncle et sa tante.
6. Elle s'est beaucoup amusée sur le bateau _____ elle a rencontré Mike _____ elle a apprécié le sens de l'humour, et Jim _____ le sourire l'a charmée.
7. Elle a souri à la Statue de la Liberté _____ semblait lui souhaiter la bienvenue.
8. À la douane, elle a vu son oncle _____ l'a accueillie chaleureusement.

9. Elle a été impressionnée par la ville de New York _____ elle a trouvée grandiose.
10. Malheureusement, Marie n'a pas trouvé le prince charmant _____ elle cherchait.
11. Elle a commencé à travailler dans un bureau à New York _____ elle s'est ennuyée plus qu'à Paris !
12. Après six mois, elle a dit au revoir à son oncle et sa tante _____ l'avaient traitée comme leur propre fille.
13. Elle est partie pour le Canada _____ elle a continué à chercher son prince charmant.
14. Maintenant Marie est très vieille, hélas, et elle n'a jamais trouvé le prince _____ elle avait rêvé.

Review of Interrogative and Relative Pronouns

This is a brief review for comparison. See Chapter 5 for additional information on interrogative pronouns.

Who (subject)

1. Interrogative: **qui ?, qui est-ce qui ?**

   Qui veut voyager à l'étranger ?
   Qui est-ce qui veut voyager à l'étranger ?
   Who wants to travel abroad?

2. Relative: **qui**

   Ces gens qui sortent du Louvre sont des touristes.
   These people who are leaving the Louvre are tourists.

Whom (direct object)

1. Interrogative: **qui ?**

   Qui avez-vous vu à Rome ?
   Whom did you see in Rome?

2. Relative: **que**

   Matisse est le peintre que nous préférons.
   Matisse is the painter (whom) we prefer.

Whom (object of a preposition)

1. Interrogative: **qui ?**

   De qui parliez-vous quand je suis entré ?
   Whom were you talking about when I entered?

2. Relative: **qui** (with all prepositions but **de**); **dont** (with **de**)

Voici Brigitte avec qui j'ai fait le tour du monde.
Here is Brigitte with whom I went round the world.

Voici le type dont je me méfie.
Here's the fellow (whom) I distrust.

What (subject)

1. Interrogative: **qu'est-ce qui ?**

Qu'est-ce qui se passe actuellement en France ?
What's going on now in France?

2. Relative: **ce qui**

Dites-moi ce qui se passe actuellement en France.
Tell me what's going on now in France.

What (direct object)

1. Interrogative: **que ?**, **qu'est-ce que ?**

Qu'avez-vous rapporté d'Afrique ?
Qu'est-ce que vous avez rapporté d'Afrique ?
What have you brought back from Africa?

2. Relative: **ce que**

Montrez-moi ce que vous avez rapporté d'Afrique.
Show me what you brought back from Africa.

What (object of a preposition)

1. Interrogative: **quoi ?**

De quoi a-t-on besoin pour aller à l'étranger ?
What does one need to go abroad?

2. Relative: **quoi** (with all prepositions except **de**); **ce dont** (with **de**)

Je me demande avec quoi il compte payer sa note d'hôtel.
I'm wondering with what he intends to pay his hotel bill.

Il ne m'envoie jamais ce dont j'ai besoin !
He never sends me what I need!

Quelques citations sur le voyage

Il n'y a d'homme plus complet que celui qui a beaucoup voyagé, qui a changé vingt fois la forme de sa pensée et de sa vie. (*Alphonse de Lamartine*)

Lorsqu'on emploie trop de temps à voyager, on devient enfin étranger en son pays. (*René Descartes*)

Ce que j'aime dans les voyages, c'est l'étonnement du retour. (*Stendhal*)

J'ai accompli de délicieux voyages, embarqué sur un mot... (*Honoré de Balzac*)

ACTIVITÉS

A. Posez les questions suivantes à un(e) camarade de classe. Faites l'activité à tour de rôle.

1. De quoi as-tu peur quand tu fais un voyage à l'étranger ?
2. Qu'est-ce qui t'intéresse dans la culture française ?
3. Que ferais-tu au Québec ?
4. Qu'est-ce que tu aimerais faire à Paris ?
5. Qui aimerais-tu rencontrer dans tes voyages ?

B. Dialogue : À la douane. Remplacez les tirets par le pronom interrogatif approprié, puis jouez le dialogue.

A : _____ vous avez à déclarer, Mademoiselle ?
B : Rien, Monsieur. Je n'ai rien acheté.
A : _____ il y a dans votre valise ?
B : Des vêtements, c'est tout.
A : À _____ avez-vous rendu visite ?
B : À ma vieille tante.
A : _____ vous allez faire ce soir, Mademoiselle ?
B : Ça ne vous regarde pas, Monsieur ! Au revoir !

C. Voici des réponses. Posez les questions qui susciteraient les réponses suivantes. Employez les pronoms interrogatifs **qui, qui est-ce qui, quoi, que, qu'est-ce que** ou **qu'est-ce qui**. Faites l'activité à tour de rôle avec un(e) camarade de classe.

MODÈLE   CAMARADE :   On a surtout besoin d'avoir l'esprit ouvert quand on voyage.
              VOUS :   *De quoi a-t-on besoin quand on voyage ?*

1. Peu de choses se passent actuellement à l'agence de voyages.
2. J'ai besoin d'un nouvel appareil.
3. J'ai du vin à déclarer.
4. Je me méfie de ce touriste qui me regarde fixement.
5. C'est ma femme qui a acheté ce souvenir.
6. Je ne me méfie de personne.
7. J'ai des vêtements dans ma valise, c'est tout.
8. C'est Gisèle qui a pris ces belles photos.

D. Traduisez les pronoms relatifs et interrogatifs entre parenthèses, comparez vos réponses à celles d'un(e) camarade de classe, puis lisez les phrases à haute voix.

1. De _____ (*whom*) le guide se moque-t-il, de vous ou de moi ?
2. Comment s'appelle ce Tunisien _____ (*who*) se sent si dépaysé ?
3. De _____ (*what*) s'agit-il dans ce roman ?
4. Je n'aime pas _____ (*what*) ces touristes ont l'intention de faire !
5. Il est francophile ? _____ (*What*) cela signifie ?
6. _____ (*What*) m'impressionne le plus, ce sont ses bonnes manières.

7. Cet agent de voyage ne pourra jamais me donner _____ (*what*) j'ai envie.

8. Voici _____ (*what*) j'ai trouvé dans ma chambre d'hôtel.

9. De _____ (*what*) a-t-elle besoin pour s'amuser à Hanoï ?

10. La touriste _____ (*of whom*) ils parlent n'est pas très agréable.

11. _____ (*What*) a-t-on trouvé à la douane ?

12. La cuisine dans le restaurant vietnamien _____ (*which*) nous avons choisi était très bonne.

13. _____ (*Who*) est ce monsieur qui a l'air si méchant ?

14. _____ (*What*) vous impressionne dans la cuisine québécoise ?

15. _____ (*What*) m'intéresse n'est pas très amusant !

16. Comment s'appelle la touriste _____ (*who*) est tombée malade ?

Related Expressions

N'importe + qui, quoi, où, quand

The expression **n'importe** (lit., *no matter*) is used with **qui, quoi, où** and **quand** to express a lack of discrimination.

n'importe qui	*anyone (at all)*
n'importe quoi	*anything (at all)*
n'importe où	*anywhere (at all)*
n'importe quand	*any time (at all)*

Chérie, je te suivrai n'importe où !
Darling, I will follow you anywhere (at all)!

Mon frère prend des photos de n'importe quoi !
My brother takes pictures of anything (at all)!

Il sort avec n'importe qui !
He goes out with just anybody!

ACTIVITÉS

A. Remplacez les tirets par **n'importe qui, quoi, où** ou **quand**. Comparez vos réponses à celles d'un(e) camarade de classe, puis lisez les phrases à haute voix.

1. Vous pouvez me téléphoner le matin ou le soir, enfin _____ !

2. Elle vous adore tellement qu'elle irait _____ avec vous.

3. Vous savez qu'il ferait _____ pour gagner assez d'argent pour aller à la Martinique.

4. Il ne respecte pas beaucoup les guides ; il croit que _____ pourrait être guide !

5. Puisqu'elle parle si bien français, elle pourra se débrouiller _____ au Congo.

B. Remplacez les tirets par **n'importe qui, quoi, où** ou **quand,** puis jouez le dialogue.

A : Où vas-tu, chéri(e) ?

B : _____ !

A : Mais avec qui vas-tu rester ?

B : Avec _____ !

A : Mais qu'est-ce que tu vas faire ?

B : _____ !

A : Mais quand est-ce que nous allons nous marier, alors, _____ ?

B : Jamais !

DISSERTATION (première partie) : REMUE-MÉNINGES

Réfléchissez aux questions suivantes, puis répondez-y brièvement en prenant quelques notes. En classe, vous allez discuter vos réponses et vos idées avec un(e) camarade de classe. Essayez de noter les expressions que vous pourrez utiliser éventuellement dans la *Dissertation (seconde partie)*, p. 255.

Un Voyage remarquable

Rappelez-vous le voyage le plus mémorable que vous avez fait.

1. D'abord, comment vous y êtes-vous préparé(e) ?
   a. En avez-vous rêvé pendant longtemps ?
   b. Avez-vous fait vos projets seul(e) ou avec d'autres personnes ?
   c. Vous êtes-vous servi(e) d'une agence de voyages ?
   d. Avez-vous acheté des chèques de voyage ?
   e. Est-ce que vous avez eu besoin d'un passeport ? d'un visa ? Comment les avez-vous obtenus ?
   f. Avez-vous apporté beaucoup de bagages ? Avez-vous fait vos valises bien avant le jour de votre départ ou à la dernière minute ?

2. Puis, décrivez le voyage même.
   a. Êtes-vous allé(e) dans un pays étranger ?
   b. Avez-vous dû passer à la douane ? Avez-vous déclaré quelque chose ? Comment les douaniers vous ont-ils traité(e) ? Est-ce qu'ils vous ont fouillé(e) ? Ont-ils fouillé vos valises ?
   c. Quel moyen de transport avez-vous choisi ? Par exemple, avez-vous voyagé en avion, en train, en bateau, en voiture, à moto, ou avez-vous fait de l'autostop, etc. ?
   d. Quel était le but de votre voyage ? Avez-vous visité beaucoup d'endroits différents ? Avez-vous rendu visite à des parents ou à des amis ?
   e. Avez-vous rapporté des souvenirs ? Avez-vous pris beaucoup de photos ? Quelle sorte d'appareil avez-vous utilisé ?
   f. Restez-vous toujours en contact avec quelques-unes des connaissances que vous avez faites ?
   g. Avez-vous été un voyageur (une voyageuse) indépendant(e) ? Avez-vous fait des visites guidées ? Vous êtes-vous beaucoup déplacé(e) ou avez-vous préféré rester dans un endroit ou deux ?
   h. Quelle sorte d'accueil avez-vous reçu ? Est-ce qu'on vous a accueilli(e) chaleureusement et avec hospitalité ? Avez-vous eu l'impression d'être un étranger (une étrangère) parmi les indigènes ? Quelle langue parlait-on ? Saviez-vous la langue du pays ?
   i. Aviez-vous l'esprit ouvert ou fermé ?

3. Enfin, quelle impression gardez-vous de ce voyage mémorable ?
   a. De quoi vous souvenez-vous plus particulièrement ?
   b. Vous êtes-vous senti(e) à l'aise ?
   c. Vous a-t-on souhaité la bienvenue partout ?
   d. Avez-vous trouvé les gens accueillants et avez-vous pu vous débrouiller facilement ?
   e. Et maintenant, que pensez-vous de tous ceux dont vous avez fait la connaissance ?

Demonstratives

1. Demonstrative adjectives and pronouns are used to point something out. Like all adjectives, the demonstrative adjective agrees in number and gender with the noun it modifies. The masculine singular has two forms: **ce** is used before a noun or adjective beginning with a consonant; **cet** is used before a noun or adjective beginning with a vowel or mute **h**.

	Masculine	**Feminine**	
singular	ce, cet	cette	*this, that*
plural	ces	ces	*these, those*

Cette autoroute est très dangereuse !
This highway is very dangerous!

Ces cathédrales sont célèbres.
Those cathedrals are famous.

Ce Français aime faire des visites guidées.
This Frenchman likes to take guided tours.

Cet énorme monument tombe en ruine !
That enormous monument is falling into ruin!

2. It is not usually necessary to distinguish between *this* and *that* in French. However, when a contrast is desired, **-ci** (*this*) and **-là** (*that*) are added to the noun with a hyphen.

Que pensez-vous de ce parfum-ci ?
What do you think of this perfume?

J'ai aimé tes cartes postales, mais cette carte-là était laide !
I liked your postcards, but that card was ugly!

ACTIVITÉS

A. Créez une phrase originale en employant **ce, cet** ou **cette,** selon le modèle. Comparez vos réponses à celles d'un(e) camarade de classe.

MODÈLE photo
J'aime beaucoup cette photo.

1. souvenir   5. étranger
2. excursion   6. étrangère
3. hôtel   7. douanier
4. valise   8. pays

B. Remplacez les tirets par l'**adjectif démonstratif** convenable. Employez **-ci** ou **-là** s'il y a lieu. Lisez les phrases à haute voix.

1. Donnez-moi _____ appareil et gardez l'autre.
2. Pourquoi est-ce que vous vous méfiez du patron de _____ restaurant ?
3. Je vais me renseigner sur _____ hôtel de luxe.
4. _____ agent de voyages a fait mille erreurs !
5. _____ touristes bilingues m'impressionnent beaucoup.
6. J'ai visité beaucoup de monuments, mais pas _____ monument.
7. Comment peuvent-ils s'habituer à _____ coutumes bizarres ?
8. Pourquoi avez-vous pris _____ photo ?
9. _____ passeport est en règle, Monsieur, mais _____ passeport ne l'est pas !
10. Heureusement, _____ douanier n'a pas trop fouillé mes valises.

The Definite Demonstrative Pronoun

1. The definite demonstrative pronoun agrees in number and gender with the noun to which it refers.

	Masculine	Feminine
singular	celui	celle
plural	ceux	celles

2. Never used alone, it is always followed by **-ci** or **-là,** a relative pronoun, or a preposition.

   a. When followed by **-ci** or **-là,** the English equivalents are *this one, that one, these, those.*

   Cet appareil-ci est peut-être joli, mais celui-là marche mieux.
   This camera may be attractive, but that one works better.

   Cet hôtel-ci est bon marché, mais celui-là est mieux situé.
   This hotel is cheap, but that one is better situated.

b. **Celui-là** can also mean *the former,* and **celui-ci,** *the latter.*

Veux-tu visiter des cabarets ou des monuments historiques ? — Ceux-ci m'ennuient, ceux-là me passionnent.
Do you want to visit cabarets or historical monuments? —The latter excite me, the former bore me.

Note that in French, contrary to English, the response to the question begins with **ceux-ci** (*the latter*). This is because the second noun in the first sentence **(monuments)** is closer to the second sentence, and is therefore referred to first (**ceux-ci** = *these*).

c. When followed by a relative pronoun, the English equivalents often are *he (she) who, the one(s) who/that, those who/that.*

Celui qui s'ennuie dans son pays va probablement s'ennuyer à l'étranger.
He who gets bored in his country will probably get bored abroad.

Voilà celle que j'ai achetée à Paris.
There's the one (that) I bought in Paris.

d. When followed by a preposition, the English equivalent is often *the one* or *the ones.*

Voyez-vous ces deux femmes ? La blonde est celle avec qui je suis sorti hier soir.
Do you see those two women? The blond is the one I went out with last night.

Les membres de notre groupe sont vraiment ennuyeux. Ceux avec qui nous avons fait notre dernière excursion étaient bien plus intéressants.
The members of our group are really boring. The ones we made our last trip with were much more interesting.

Un carnaval à la Martinique

e. Note that the construction **celui (celle, etc.)** + **de** is equivalent to the English possessive expressed by *'s*.

Aimez-vous cette chambre ? — Non, je préfère celle de Nancy.
Do you like this room? —No, I prefer Nancy's.

Nous avons de bons guides. Que pensez-vous de ceux de l'autre groupe ?
We have good guides. What do you think of the other group's?

The Indefinite Demonstrative Pronouns

Unlike the definite demonstrative pronouns, which refer to a noun that they agree with in number and gender, the indefinite demonstrative pronouns refer to things without number and gender, such as facts or ideas. **Cela** often means both *this* and *that*, except when a contrast is desired. **Ça** is a familiar form of **cela.**

ceci	*this*
cela, ça	*that*

Cela (Ça) m'intéresse beaucoup.
That (This) interests me very much.

Je n'aurais jamais pensé à cela !
I'd never have thought of that!

Prenez ceci ; laissez cela.
Take this; leave that.

ACTIVITÉS

A. Répondez en employant la forme correcte de **celui de** + *personne* selon le modèle. Faites l'activité à tour de rôle avec un(e) camarade de classe.

MODÈLE   Quels sont vos films préférés ?
Ceux de Fellini (de Kurosawa, de Truffaut, etc.).

1. Quelles symphonies préférez-vous ?
2. Quels romans préférez-vous ?
3. Quelles chansons préférez-vous ?

4. Quels tableaux préférez-vous ?
5. Quels poèmes préférez-vous ?

B. Formulez des proverbes en employant **celui qui** selon le modèle. Faites l'activité à tour de rôle avec un(e) camarade de classe.

MODÈLE   Si on voyage, on apprendra beaucoup.
Celui qui voyage apprendra beaucoup.

1. Si on ne risque rien, on n'aura rien.
2. Si on s'excuse, on s'accuse.
3. Si on va lentement, on va sûrement.

    4. Si on ne dit rien, on consent.

    5. Si on mange trop de tartes, on grossira.

    6. Si on a l'esprit ouvert, on se débrouillera.

C. Traduisez en français et comparez vos réponses à celles d'un(e) camarade de classe. Puis, lisez les phrases à haute voix.

    1. He who adapts himself to the customs of a foreign country will get along very well.

    2. He liked neither the natives nor the foreigners. The former seemed too warm and the latter too cold.

    3. This trip will be more interesting than last year's.

    4. Take this and run!

    5. There's the one I distrust!

    6. Paul is the one who comes from Canada.

    7. If you give me this, I will give you that.

    8. These natives welcome warmly those who seem pleasant and accommodating.

    9. She goes out with Jean-Jacques and Pierre. The former is a customs officer and the latter a travel agent.

D. Traduisez en français, puis jouez le dialogue.

    A: I'd like to buy a camera. Would you show me a good camera?

    B: Do you want to look at this one or that one?

    A: Which one (*Lequel*) is the better one?

    B: This one, but it's expensive.

    A: Show me that one, then!

The Demonstrative Pronoun *ce*

The demonstrative pronoun **ce** is used with the verb **être: c'est, ce sont**. It is rendered in English by *he, she, it, they, that*.

ce or subject pronoun with *être*

Should **ce** or the subject pronouns **il, elle, ils, elles** be used as the subject of **être**? As a general rule, if what follows **être** makes sense grammatically as its subject, **ce** is used. If what follows **être** could not be its subject, a subject pronoun is used.

1. **Ce** is used when **être** is followed by a noun, a pronoun, or a superlative. The noun in this case is often preceded by a modifier such as an article or a possessive adjective, except when it is a proper name. Note that **c'est** is used for all persons except the third person plural, for which **ce sont** is generally preferred.

Qui est à la porte ? — C'est votre frère Paul.
Who's at the door? —It's your brother Paul.

Que fait votre fils actuellement ? — C'est une bonne question !
What is your son doing now? —That's a good question!

Qui est au téléphone ? — C'est Louise.
Who's on the phone? —It's Louise.

C'est la plus belle île du monde !
It's the most beautiful island in the world!

Qui est là ? — C'est moi !
Who's there? —I am!

Qui a volé nos valises ? — Ce sont eux !
Who stole our suitcases? —They did!

In the above sentences, what follows the verb **être** also makes sense grammatically as its subject.

Votre frère Paul est...
Une bonne question est...
Louise est...
La plus belle île du monde est...
Moi, je suis...
Eux sont...

2. The subject pronouns **il, elle, ils, elles** are used when **être** is followed by an adjective, an adverb, a preposition, or a phrase—none of which could serve grammatically as the subject of **être.**

Comment trouvez-vous les Français ? — Ils sont très fiers.
How do you find the French? —They are very proud.

Y a-t-il beaucoup d'Américains à l'étranger ? — Ils sont partout !
Are there a lot of Americans abroad? —They're everywhere!

Où est ma malle ? — Elle est à côté de vous !
Where is my trunk? —It's next to you!

Note that an unmodified noun of profession, nationality, political allegiance, religion, or social class is treated like an adjective.

Quel est son métier ? — Il est guide.
What is his trade? —He's a guide.

Et sa religion ? — Il est protestant.
And his religion? —He's a Protestant.

ACTIVITÉS

A. Remplacez les tirets par **c'est, il est** ou **elle est,** puis jouez les dialogues.
1. **A :** Qui est la jeune fille sur la photo ?
   B : _____ ma sœur Catherine.
   A : Comme _____ belle !
2. **A :** Connaissez-vous cet étranger ?
   B : Oui, _____ le cousin de Mimi Lachaise.
   A : Comme _____ charmant !

3. A : Tu vois cette femme ?

   B : Oui, oui.

   A : Comme _____ bête !

   B : Vraiment ?

   A : _____ la femme la plus bête du monde !

   B : Merci. _____ ma cousine !

B. Complétez par **c'est, il est** ou **elle est** selon le modèle. Faites l'activité à tour de rôle avec un(e) camarade de classe.

MODÈLE   *C'est* une touriste.
          Il est content.

1. _____ dangereuse.
2. _____ femme d'affaires.
3. _____ notre guide.
4. _____ moi !
5. _____ folle !
6. _____ Gisèle.
7. _____ mon passeport.
8. _____ complaisant.
9. _____ mon avocat.
10. _____ protestante.
11. _____ derrière nous.
12. _____ une bonne idée !
13. _____ très petite.
14. _____ sa valise.

C. Remplacez les tirets par **c'est, ce sont, il est, elle est, ils sont** ou **elles sont,** puis jouez ces petits dialogues avec un(e) camarade de classe.

1. De quelle nationalité est cet étranger ? — _____ canadien, je crois.
2. Votre appareil marche-t-il bien ? — Non, _____ une catastrophe !
3. Pourquoi votre amie admire-t-elle tellement Pasteur ? — Probablement parce que _____ médecin.
4. Je voudrais bien poser quelques questions à nos guides. — Mais _____ partis !
5. Pourquoi ne veulent-elles pas nous accompagner à l'église catholique ? — Je crois que _____ protestantes.
6. Il ne parle pas bien, ce monsieur. — Bien sûr que non, _____ un étranger !
7. Où se trouve votre agence de voyages ? — _____ au coin de la rue, là-bas.
8. Pourquoi n'aimez-vous pas ces touristes ? — Parce que _____ vulgaires !
9. Qui sont ces gens-là ? _____ nos nouveaux voisins.

c'est or *il est* + Adjective Referring to an Idea

1. **C'est** + *adjective* is used when referring to a previously mentioned idea.

Je vais faire un voyage à la Martinique. — C'est génial !
I'm going to take a trip to Martinique. —That's great!

J'ai commencé à me découvrir à l'étranger. — C'est normal.
I began to discover myself abroad. —That's normal.

If an infinitive follows in sentences beginning with **c'est** + *adjective*, the preposition **à** precedes the infinitive.

J'aimerais visiter Québec. — C'est facile à faire !
I would like to visit Quebec. —It's easy to do!

2. **Il est** + *adjective* is used when introducing a new idea not previously mentioned; the **il** is impersonal. **C'est** may replace **il est** in informal conversational French.

Il est (C'est) parfois difficile de bien faire tous les préparatifs.
It is sometimes difficult to make all the preparations properly.

Il est (C'est) important de ne pas perdre sa carte d'identité.
It is important not to lose one's ID card.

Il est (C'est) intéressant de faire des voyages imaginaires !
It's interesting to take imaginary trips!

Note that the preposition **de** precedes the infinitive in sentences beginning with **il est (c'est)** + *adjective*.

ACTIVITÉS

A. Complétez en employant l'expression **il est** + *adjectif* + **de** selon le modèle. Comparez vos réponses à celles d'un(e) camarade de classe.

MODÈLE   S'il fait beau...
          S'il fait beau, il est bon de se promener (il est bête de rester à la maison ; il est
          agréable de sortir avec un ami ; il est absurde de rester à la bibliothèque ; etc.).

1. Si on travaille trop...
2. Si on voyage beaucoup...
3. Si on a le mal du pays...
4. Si on attend un enfant...
5. Si on perd son passeport...
6. Si on veut être bien reçu à l'étranger...

B. Donnez votre réaction en employant l'expression **c'est** + *adjectif* + **à faire** selon le modèle. Faites l'activité à tour de rôle avec un(e) camarade de classe.

MODÈLE   faire un voyage dans la lune
          C'est intéressant (difficile, dangereux, agréable, bête, etc.) à faire.

1. faire le tour du monde
2. se promener en ville à trois heures du matin
3. passer l'hiver à la Martinique
4. acheter le guide Michelin avant de faire un voyage en France
5. boire dix verres de bière avant de passer un examen important
6. comprendre la théorie de la relativité
7. prêter sa carte d'identité à un inconnu
8. visiter le musée du Louvre

Dans une agence de voyages

C. Remplacez le premier tiret par **c'est** ou **il est** et le second par **à** ou **de**, s'il y a lieu. Comparez vos réponses à celles d'un(e) camarade de classe.

1. Est-ce que _____ difficile _____ comprendre le créole, la langue d'Haïti ?
2. Elle a fait un voyage en Afrique et elle ne veut pas rentrer ; _____ difficile _____ comprendre.
3. Mon fils sourit constamment à la serveuse ! — _____ normal !
4. _____ utile _____ apprendre le français avant de voyager au Québec.
5. _____ plus facile _____ imaginer les voyages que de les faire !
6. La cuisine française a-t-elle influencé la cuisine américaine ? — _____ possible.
7. Je ne comprends pas pourquoi _____ si nécessaire _____ faire des projets avant de faire un voyage.
8. J'allais passer ma troisième année universitaire à l'étranger, mais _____ impossible maintenant.
9. _____ intéressant _____ comparer deux cultures différentes.
10. _____ presque impossible _____ se sentir tout à fait à l'aise dans un pays étranger.

Related Expressions

The Demonstrative Adjective *ce* Followed by a Temporal Expression

1. The demonstrative adjective **ce** is often used with temporal expressions that indicate the present or the past.

ce + *temporal expression*			
Present		**Past**	
cette année	*this year*	cette année-là	*that year*
cet après-midi	*this afternoon*	cet après-midi-là	*that afternoon*
ce matin	*this morning*	ce matin-là	*that morning*
cette semaine	*this week*	cette semaine-là	*that week*
ce soir	*tonight*	ce soir-là	*that night*
ce mois-ci	*this month*	ce mois-là	*that month*
aujourd'hui	*today*	ce jour-là	*that day*
en ce moment	*at this time, now*	à ce moment-là	*at that time, then*

Quelques expatriés américains

- L'écrivain *Ernest Hemingway* (1899–1961) a écrit son roman *The Sun Also Rises* à la terrasse du café parisien La Closerie des Lilas.

- L'écrivain *Henry Miller* (1891–1980) a vécu à Paris de 1930 jusqu'au début de la Deuxième Guerre mondiale. C'est à Paris qu'il a écrit son roman *Tropic of Cancer*.

- L'écrivain *Gertrude Stein* (1874–1946) a accueilli des artistes français et américains dans son salon parisien, rue de Fleurus, dans les années 20 et 30.

- *Joséphine Baker* (1906–1975) était danseuse dans la boîte de nuit les Folies-Bergère. Elle est devenue citoyenne française en 1937 et a vécu dans le sud-ouest de la France avec ses douze enfants adoptifs.

---

2. When **ce (cet, cette)** precedes a temporal expression of the present, it usually means *this*. Note that the suffix **-ci** must be added to the noun **mois**.

Où allez-vous ce matin ?
Where are you going this morning?

Elle est en vacances ce mois-ci.
She's on vacation this month.

3. When **ce (cet, cette)** precedes a temporal expression of the past, however, **-là** must be added to the expression. The English equivalent is *that*. **En ce moment** changes to **à ce moment-là** in the past.

Où êtes-vous allé ce matin-là ?
Where did you go that morning?

J'avais l'intention de visiter le Louvre ce jour-là.
I intended to visit the Louvre that day.

Cette année-là, il a fait très chaud en Corse.
That year, it was very hot in Corsica.

Pourquoi avez-vous ri à ce moment-là ?
Why did you laugh then?

demain, hier, le lendemain, la veille

Demain (*tomorrow*) and **hier** (*yesterday*) are used relative to a point in the present. The equivalent expressions, relative to a point in the past, are **le lendemain** (*the next day*) and **la veille** (*the day before*).

Je fais mes valises demain.
I'm packing tomorrow.

J'ai fait mes valises le lendemain.
I packed the next day.

J'ai retrouvé ma carte d'identité hier.
I found my ID card yesterday.

J'avais retrouvé ma carte d'identité la veille.
I had found my ID card the day before.

ACTIVITÉS

A. Mettez les verbes au **passé composé** et changez les expressions temporelles. Faites l'activité à tour de rôle avec un(e) camarade de classe.

MODÈLE   Je vais au cinéma ce soir.
         Je suis allé au cinéma ce soir-là.

1. Je fais un voyage cette semaine.
2. Nous visitons Québec cet après-midi.
3. Nous rendons visite à la comtesse ce soir.
4. Je vais au Sénégal cette année.
5. Je prends des photos aujourd'hui.
6. Je suis en vacances ce mois-ci.
7. Nous passons à la douane ce matin.

B. Traduisez en français, comparez vos réponses à celles d'un(e) camarade de classe, puis lisez les phrases à haute voix.

1. I didn't feel at ease that day.
2. We passed through customs that morning.
3. She lost her traveler's checks that afternoon.
4. That week was the best week of my life!
5. The next day I took a guided tour.
6. I was homesick at that time.
7. We had arrived the day before.

Synthèse

Activités d'ensemble

I. Traduisez les mots entre parenthèses et complétez avec imagination. Comparez vos réponses à celles d'un(e) camarade de classe.

1. _____ (*He who*) visite un pays étranger pour la première fois...
2. Vous savez que _____ (*it*) est nécessaire _____ (*to*)... avant de faire un long voyage.
3. Les Français, _____ (*who*) sont fiers de leur passé, ont exercé une influence considérable dans le domaine de...
4. Si vous êtes un Français _____ (*who*) parle bien anglais, les Américains vont...
5. L'étudiant _____ (*who*) a passé sa troisième année universitaire à l'étranger, et _____ (*whose*) la vie en a été transformée, va... quand il rentrera aux États-Unis.
6. Ce touriste _____ (*whose*) le français est impeccable est probablement...
7. _____ (*He who*) a l'esprit ouvert...
8. Pourquoi voudriez-vous visiter _____ (*this*) pays exotique ? — J'ai envie de...
9. En passant à la douane _____ (*it*) est important, me semble-t-il, _____ (*to*)...
10. Voici le genre de guide _____ (*whom*) je trouve insupportable !

II. Traduisez en français, comparez vos réponses à celles d'un(e) camarade de classe, puis lisez les phrases à haute voix.

1. *That foreigner gets along very well with the natives.*
2. *How did she get used to the customs of that country?*
3. *Is it really important to make preparations if one is going to take a short trip?*
4. *I found that guide arrogant, demanding, and totally unpleasant!*
5. *When I went through customs, one customs officer searched this suitcase and another searched that one.*
6. *He adapted so well to life in that country that he wanted to stay there!*
7. *She decided to spend a year in that small African country.*
8. *It isn't necessary to open your suitcase; I trust you.*
9. *John is the one I was talking about; he has already lost his traveler's checks and his camera!*
10. *They felt at ease the day they arrived.*
11. *My boyfriend is homesick, and I feel out of my element in this strange country.*
12. *That foreigner trusts everyone; she'll go anywhere at all!*
13. *The customs officer closed my suitcase, and at that moment I began to laugh!*

Sujets de discussion

1. **La classe de français et le voyage.**   Avec un(e) camarade de classe, préparez une enquête pour découvrir les expériences de voyage des membres de la classe. Dans votre enquête, vous allez poser cinq questions. Voici quelques questions possibles :
   a. Avez-vous jamais fait un voyage à l'étranger ?
   b. Avez-vous jamais visité un pays francophone ?
   c. Avez-vous jamais voyagé en train ? en TGV ? en avion ? en première classe ?
   d. Avez-vous jamais traversé le pays en voiture ?

2. À l'époque actuelle, est-ce que les circonstances sont favorables pour voyager ?

3. À votre avis, pourquoi s'intéresse-t-on tellement à voyager ? Partagez-vous cet intérêt ?

4. À votre avis, quelles sont les qualités d'un bon touriste ? Quels sont les défauts d'un mauvais touriste ?

DISSERTATION (seconde partie)

Dans la *Dissertation* (*première partie*), pp. 242–243, vous avez pris des notes et avez discuté avec un(e) camarade d'un voyage mémorable que vous avez fait. Maintenant vous allez employer les expressions que vous avez apprises pour écrire une dissertation.

Sujet de la dissertation : Vous connaissez le rédacteur (*editor*) d'un journal du dimanche qui vous demande d'écrire un petit article d'une ou deux pages sur un voyage mémorable que vous avez fait.

Dans l'introduction, vous allez présenter le but de l'article, c'est-à-dire, votre intention d'écrire sur un voyage mémorable, en mentionnant brièvement, peut-être, quelques aspects intéressants pour attirer l'attention du lecteur. Dans le corps, vous allez décrire quelques aspects inoubliables de votre voyage, y compris (*including*) les préparatifs, les hauts points, les petits ennuis. Dans la conclusion, vous allez résumer vos impressions générales et peut-être inviter le lecteur à faire un voyage semblable. N'oubliez pas de consulter les expressions de transition (pp. 17–18).

9

Subjunctive

Photographes au festival du cinéma américain à Deauville

Langue et Communication

Chapter 9 at a Glance

Subjunctive

I. Mettez les verbes au **présent du subjonctif**.

1. parler :
    a. que je _____
    b. que tu _____
    c. qu'elle _____
    d. que nous _____
    e. que vous _____
    f. qu'elles _____

2. que je _____ (faire)
3. que tu _____ (réfléchir)
4. qu'il _____ (répondre)
5. que nous _____ (crier)
6. que vous _____ (venir)
7. qu'ils _____ (venir)

II. Mettez les verbes au **passé du subjonctif**.

1. bavarder :
    a. que je _____
    b. que tu _____
    c. qu'elle _____
    d. que nous _____
    e. que vous _____
    f. qu'elles _____

2. partir :
    a. que je _____
    b. que tu _____
    c. qu'elle _____
    d. que nous _____
    e. que vous _____
    f. qu'elles _____

III. Mettez les verbes entre parenthèses au **présent** ou au **passé du subjonctif**.

1. Faut-il que nous _____ (parler) français pour bien comprendre la culture française ?
2. Je voudrais que vous _____ (allumer) la télé.
3. Je suis contente qu'il _____ (faire) plus beau demain.
4. Il est désolé que vous _____ (ne pas perfectionner) votre accent à Paris l'année dernière.

IV. Mettez les verbes entre parenthèses au temps convenable du **subjonctif** ou de l'**indicatif**, selon le cas. Indiquez si c'est l'indicatif ou le subjonctif que vous avez employé.

1. Je suis étonnée que vous ne _____ (comprendre) pas l'argot.
2. Elle sait que nous _____ (se fâcher) quand nous apprendrons cette nouvelle !
3. Je suis heureux que vous _____ (venir) hier.
4. Il est vrai qu'on _____ (apprécier) mieux sa propre langue après avoir étudié une langue étrangère.
5. Il faut que vous _____ (s'exprimer) lentement mais correctement.
6. Bien que nous _____ (se disputer) de temps en temps, nous nous tutoyons toujours.
7. Je suis certain que nous _____ (être) abonnés à l'*Express*.
8. Vous n'apprendrez pas une langue en une semaine, qui que vous _____ (être) !
9. Je pense que cette émission _____ (être) bête.
10. Croyez-vous que ce journaliste _____ (être) malhonnête ?
11. Y a-t-il un étudiant qui _____ (savoir) toute la grammaire française ?
12. Est-ce la meilleure plaisanterie que vous _____ (jamais entendre) ?

V. Gardez les **infinitifs** ou mettez-les au **subjonctif**, selon le cas.

1. Je voudrais _____ (être) polyglotte un jour.
2. Je voudrais que vous _____ (lire) l'éditorial de ce journal.
3. Faut-il que nous _____ (payer) la publicité ?
4. Il faut _____ (manger) pour vivre et non pas vivre pour manger !
5. Parlez plus fort pour que je _____ (pouvoir) vous entendre !
6. Il est parfois important de _____ (parler) couramment une langue étrangère.

Vocabulaire du thème : *Langue et Communication*

Langue et langage

la **langue** language (of a people)
la **langue maternelle** native language
une **langue vivante (morte)** a living (dead) language
une **langue étrangère** a foreign language
le **langage** language (of an individual)
l' **argot** *m* slang
le **jargon** jargon
le **dialecte** dialect
un **langage cultivé, vulgaire, populaire** a cultivated, vulgar, popular (i.e., common) language
l' **idiotisme** *m* idiom
le **lieu commun** commonplace, platitude
le **proverbe** proverb
le **néologisme** neologism
la **plaisanterie** joke
l' **anglicisme** *m* anglicism
s'exprimer to express oneself

s'entendre avec to get along with
parler français comme une vache espagnole to murder French (lit., to speak French like a Spanish cow)
parler bas (fort) to speak softly (loudly)
se disputer to quarrel
la **dispute** quarrel
insulter to insult
l' **insulte** *f* insult
se taire to be quiet
perfectionner son accent (son français) to improve one's accent (one's French)
parler couramment to speak fluently
être bilingue to be bilingual
être polyglotte to be a polyglot, to speak many languages
tutoyer to use the familiar **tu** with someone
vouvoyer to use **vous** with someone

Les Mass Media

la **télévision** television
le **magnétoscope** VCR
les **mass media** *m* mass media
l' **écran** *m* screen
la **chaîne** channel
l' **émission** *f* program, telecast
allumer (éteindre) le poste to turn on (off) the set
diffuser to broadcast
le **journal télévisé** (TV) news report
le **dessin animé** cartoon
le **téléspectateur**, la **téléspectatrice** television viewer
le **speaker**, la **speakerine** announcer
l' **ordinateur (portable)** *m* computer (laptop)

l' **internet** *m* Internet
l' **internaute** *m, f* Internet user
visiter un site to visit a site
surfer (naviguer) sur le net to surf (browse) the net
télécharger un fichier to download (or upload) a file
le **forum de discussion** chatroom
causer to chat
en ligne on line
la **publicité** advertising, advertisement
faire de la publicité to advertise
la **presse** press
le **journal** newspaper
le **magazine** magazine
s'abonner à to subscribe to

les **nouvelles** *f*, les **actualités** *f* news
l' **article** *m* article
la **rubrique** heading
l' **éditorial** *m* editorial
l' **horoscope** *m* horoscope
la **météo(rologie)** weather report
les **mots croisés** *m* crossword puzzle
les **petites annonces** *f* classified ads
les **sports** *m* sports
le **courrier du cœur** lonely-hearts column
la **notice nécrologique** obituary

la **bande dessinée** cartoon, comics
quotidien, quotidienne daily
hebdomadaire weekly
mensuel, mensuelle monthly
le, la **journaliste** journalist
le, la **reporter** reporter
le **lecteur**, la **lectrice** reader
la **radio** radio
le **journal parlé** radio news
la **musique** music
l' **auditeur** *m*, l'**auditrice** *f* listener

ACTIVITÉS

Le Monde des mots

A. Dans les phrases suivantes, il y a un exemple d'un **proverbe**, d'un **idiotisme**, d'un **anglicisme** et d'un **lieu commun**. Essayez de les identifier. Les réponses suivent l'activité.

1. Nous allons faire du jogging après avoir fini le breakfast.
2. La maison est blanche comme neige.
3. J'espère que tu ne m'en veux pas.
4. Il ne faut pas dire du mal des absents.

RÉPONSES : 1. anglicismes (*jogging* et *breakfast*)   2. lieu commun   3. idiotisme (en vouloir à quelqu'un = *to hold a grudge against someone*)   4. proverbe

B. Voici quelques mots ou expressions empruntés (*borrowed*) au français : *à la mode, ballet, corsage, déjà vu, joie de vivre, nouveau riche*. Essayez de dresser une liste d'autres emprunts, au moins cinq ! Comparez vos réponses à celles d'un(e) camarade de classe.

C. Voici quelques noms de villes américaines qui sont empruntés au français : Baton Rouge, Belmont, Boise, Detroit, Joliet, Terre Haute. Essayez de dresser une liste d'autres noms de villes américaines d'origine française, au moins deux ! Comparez vos réponses à celles d'un(e) camarade de classe.

Quelques citations

Le génie de notre langue est la clarté. (Voltaire)

On parle toujours mal quand on n'a rien à dire. (Voltaire)

Généralement, les gens qui savent peu parlent beaucoup, et les gens qui savent beaucoup parlent peu. (Jean-Jacques Rousseau)

L'amitié se nourrit de (*is nourished by*) communication. (Montaigne)

Testez vos connaissances

Répondez aux questions suivantes, puis comparez vos réponses à celles d'un(e) camarade de classe. Les réponses suivent l'activité.

1. En quelle année et par qui l'Académie française a-t-elle été fondée ?
2. De quel mot français est dérivé le mot anglais *Cajun* ? Où habitent les Cajuns aux États-Unis ?
3. Questions sur la province de Québec au Canada :

   (a) Quelle est la ville capitale du Québec ?
   (b) Du point de vue superficie (*land mass*), lequel est plus grand, le Québec ou la France ?
   (c) Quel pourcentage des habitants du Québec parlent français ?

RÉPONSES : 1. En 1635, par le cardinal Richelieu   2. Le mot *Cajun* vient du mot « Acadien », qui désigne les anciens habitants d'Acadie, appelée aujourd'hui Nouvelle-Écosse (*Nova Scotia*). Il y a environ 45 000 Cajuns, dont la plupart habitent en Louisiane.   3. (a) la ville de Québec (b) Le Québec est trois fois plus grand que la France. (c) Environ 85 % des Québécois parlent français.

Votre Opinion

Répondez aux questions suivantes, puis comparez vos réponses à celles d'un(e) camarade de classe.

1. Quelle est votre langue maternelle ?
2. Combien de langues parlez-vous ?
3. Connaissez-vous beaucoup de gens qui parlent français ?
4. Aimez-vous faire des mots croisés ?
5. Préférez-vous lire ou regarder la télévision ?
6. Quel journal (magazine, site internet) préférez-vous ?
7. Participez-vous aux forums de discussion sur internet ? Si oui, auxquels ?
8. Aimez-vous les jeux d'internet ? Si oui, lesquels ?
9. Vous servez-vous souvent du téléphone portable ?

Un site internet

Complétez en employant une ou plusieurs expressions du *Vocabulaire du thème*, puis jouez les dialogues.

1. **A** : (Nom), qu'est-ce que tu aimes lire dans le journal ?
   B : J'aime les sports et les bandes dessinées mais je déteste le courrier du cœur ! Et toi ?
   A : Moi, j'aime... mais je n'aime pas... Quel est ton journal préféré ?
   B : Je lis souvent... Et toi ?
   A : Moi, j'aime...
   B : Tu aimes ce journal-là ? (Nom), tu es fou (folle) !

2. **A** : Il est neuf heures ! Vite, allume la télé !
   B : Mais pourquoi ? Qu'est-ce que tu veux voir ?
   A : ...
   B : Mais cette émission est bête ! Est-ce que nous pouvons regarder autre chose?
   A : ...
   B : C'est beaucoup mieux, ça !

Subjunctive

The subjunctive is a mood. The term *mood* is used to define the attitude a speaker has toward a fact or action. Two of the principal moods in French are the indicative and the subjunctive. A statement in the indicative mood is considered by the speaker to be certain or objective. A statement in the subjunctive mood, on the other hand, is considered by the speaker to be uncertain, hypothetical, or affective. The subjunctive is sometimes called the affective (emotional) mood.

Indicative

Richelieu **a fondé** l'Académie française. *Richelieu founded the French Academy.*	(An objective fact)
Je suis certain que le mot anglais « petty » **vient** du mot français « petit ». *I am certain that the English word "petty" is derived from the French word "petit."*	(The speaker is certain.)
La radio ne **marche** plus. *The radio isn't working any more.*	(The speaker is certain.)

Subjunctive

Pensez-vous que Francine **soit** polyglotte ? *Do you think Francine is a polyglot?*	(The speaker is uncertain.)
Je suis étonnée que vous **puissiez** comprendre ça ! *I'm astounded that you can understand that!*	(The speaker is surprised.)
Il est possible qu'il y **ait** de la vie sur la planète Mars. *It is possible that there is life on the planet Mars.*	(A hypothetical statement)

The verbs in the first group above (**a fondé, vient** and **marche**) are in the indicative because the statements are considered certain and objective. The verbs in the second group (**soit, puissiez,** and **ait**) are in the subjunctive because the statements are considered uncertain, affective, or hypothetical. Note that the verb in the subjunctive is rarely the main verb in the sentence. Since its use is governed by the nature of the main verb, it is almost always found in the subordinate clause and is usually introduced by **que**.

English-speaking students sometimes find the French subjunctive difficult because its use differs from modern English. Once a frequently used mood with its own distinct forms, the English subjunctive has gradually disappeared, surviving in only a few forms: *Long live the King; I wish I were dead; wherever he may be;* etc. The French subjunctive, however, is an actively used and carefully preserved mood. It has four tenses, of which only two, the present and the past, are normally used in spoken French. The imperfect and pluperfect, both literary tenses, are explained in the Appendix, pp. 351–352.

Formation of the Present Subjunctive

Regular Formations

The present subjunctive of most verbs is formed by replacing the third person plural **-ent** ending of the present indicative with the endings **-e, -es, -e, -ions, -iez, -ent**.

Group 1: infinitive ending in **-er**

	parler (*stem*: **parl-**)		
que je	parle	que nous	parl**ions**
que tu	parles	que vous	parl**iez**
qu'il		qu'ils	
qu'elle	parle	qu'elles	parl**ent**
qu'on			

Note that verbs ending in **-ier** (e.g., **crier, étudier**) have a double **i** in first and second person plural forms: **que nous criions, que vous étudiiez**.

Group 2: infinitive ending in **-ir**

1. Verbs like **finir**:

	finir (*stem*: **finiss-**)		
que je	finisse	que nous	finiss**ions**
que tu	finisses	que vous	finiss**iez**
qu'il		qu'ils	
qu'elle	finisse	qu'elles	finiss**ent**
qu'on			

2. Verbs like **mentir**:

mentir (*stem*: **ment-**)			
que je	ment**e**	que nous	ment**ions**
que tu	ment**es**	que vous	ment**iez**
qu'il		qu'ils	
qu'elle	ment**e**	qu'elles	ment**ent**
qu'on			

Common verbs like **mentir** include **dormir, partir, sentir, servir,** and **sortir**.

Group 3: infinitive ending in **-re**

répondre (*stem*: **répond-**)			
que je	répond**e**	que nous	répond**ions**
que tu	répond**es**	que vous	répond**iez**
qu'il		qu'ils	
qu'elle	répond**e**	qu'elles	répond**ent**
qu'on			

Irregular formations

The present subjunctive stem of many of the most common verbs is irregular. These verbs fall into three groups: **avoir** and **être;** verbs with one stem; and verbs with two stems. The regular present subjunctive endings are added to the stems of these verbs, with the exception of **avoir** and **être.**

1. **Avoir** and **être**

avoir				être			
que j'	aie	que nous	ayons	que je	sois	que nous	soyons
que tu	aies	que vous	ayez	que tu	sois	que vous	soyez
qu'il		qu'ils		qu'il		qu'ils	
qu'elle	ait	qu'elles	aient	qu'elle	soit	qu'elles	soient
qu'on				qu'on			

2. Verbs with one stem

faire (*stem*: **fass-**)				**pouvoir** (*stem*: **puiss-**)			
que je	fasse	que nous	fass**ions**	que je	puisse	que nous	puiss**ions**
que tu	fass**es**	que vous	fass**iez**	que tu	puiss**es**	que vous	puiss**iez**
qu'il		qu'ils		qu'il		qu'ils	
qu'elle }	fasse	qu'elles }	fass**ent**	qu'elle }	puisse	qu'elles }	puiss**ent**
qu'on				qu'on			

savoir (*stem*: **sach-**)				
que je	sache	que nous	sach**ions**	**falloir** (*stem*: **faill-**)
que tu	sach**es**	que vous	sach**iez**	qu'il faille (*3rd person only*)
qu'il		qu'ils		
qu'elle }	sache	qu'elles }	sach**ent**	**pleuvoir** (*stem*: **pleuv-**)
qu'on				qu'il pleu**v**e (*3rd person only*)

3. Verbs with two stems

   a. Some verbs have one stem for the entire singular and the third person plural (stem 1), and another for the first and second person plural (stem 2).

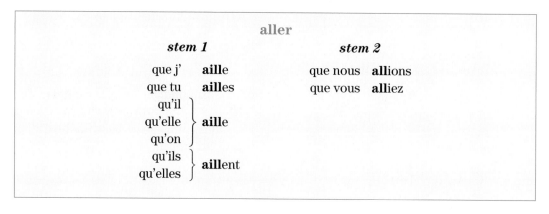

aller		
stem 1		**stem 2**
que j' **aille**		que nous **allions**
que tu **ailles**		que vous **alliez**
qu'il		
qu'elle } **aille**		
qu'on		
qu'ils } **aillent**		
qu'elles		

L'Académie française

L'Académie française fut fondée en 1635 par le cardinal Richelieu. Son rôle est double : (1) de veiller sur (*watch over*) la langue française et de définir son bon usage ; et (2) d'accomplir des actes de mécénat (*patronage*). Elle accomplit sa première mission en préparant son dictionnaire et la seconde en décernant (*handing out*) environ soixante prix littéraires. L'Académie se compose de quarante membres, « les immortels », hommes et femmes littéraires qui représentent de nombreux domaines (*fields*) intellectuels.

Marguerite Yourcenar (1903–1987), écrivain français, auteur du roman, *Mémoires d'Hadrien* (1951), parmi d'autres, fut la première femme élue à l'Académie française (1980). Elle s'installa en 1949 sur l'île du Mont Désert dans le Maine aux États-Unis, où elle resta jusqu'à la fin de sa vie.

b. Some common verbs having two stems:

		stem 1		*stem 2*
boire	que je	**boi**ve	que nous	**bu**vions
croire	que je	**croi**e	que nous	**croy**ions
devoir	que je	**doi**ve	que nous	**de**vions
envoyer	que j'	**envoi**e	que nous	**envoy**ions
mourir	que je	**meur**e	que nous	**mour**ions
prendre	que je	**prenn**e	que nous	**pren**ions
recevoir	que je	**reçoi**ve	que nous	**recev**ions
tenir	que je	**tienn**e	que nous	**ten**ions
venir	que je	**vienn**e	que nous	**ven**ions
voir	que je	**voi**e	que nous	**voy**ions
vouloir	que je	**veuill**e	que nous	**voul**ions

Formation of the Past Subjunctive

The past subjunctive is composed of the present subjunctive of **avoir** or **être** and the past participle.

bavarder (*conjugated with* **avoir**)

que j'	aie bavardé	que nous	ayons bavardé
que tu	aies bavardé	que vous	ayez bavardé
qu'il qu'elle qu'on	ait bavardé	qu'ils qu'elles	aient bavardé

venir (*conjugated with* **être**)

que je	sois venu(e)	que nous	soyons venu(e)s
que tu	sois venu(e)	que vous	soyez venu(e)(s)
qu'il qu'elle qu'on	soit { venu / venue / venu }	qu'ils qu'elles	soient { venus / venues }

ACTIVITÉS

A. **Jeu d'équipe.**   Avec un(e) camarade de classe, mettez les verbes suivants au **présent du subjonctif** selon le modèle. Faites l'activité à tour de rôle. Quand vous aurez fini le jeu oral, écrivez les réponses au tableau.

MODÈLE   VOUS :   (parler) nous
CAMARADE :   *que nous parlions*

CAMARADE :   (parler) vous
VOUS :   *que vous parliez*

1. (répondre) nous, je	16. (entendre) nous, elle
2. (prendre) je, vous	17. (savoir) il, vous
3. (flatter) vous, tu	18. (partir) nous, je
4. (traduire) ils, je	19. (être) je, nous
5. (boire) il, nous	20. (vouvoyer) vous, il
6. (parler) je, vous	21. (s'entendre) vous, tu
7. (tenir) je, vous	22. (promettre) nous, elles
8. (s'exprimer) nous, elle	23. (insulter) ils, vous
9. (comprendre) vous, je	24. (avoir) nous, tu
10. (aller) je, nous	25. (pouvoir) elle, nous
11. (faire) ils, il	26. (vouloir) je, nous
12. (étudier) nous, tu	27. (venir) il, vous
13. (dire) elle, vous	28. (mentir) nous, tu
14. (finir) je, nous	29. (se taire) nous, elle
15. (devoir) tu, nous	30. (falloir) il

B. **Jeu d'équipe.**   Avec un(e) camarade de classe, mettez les verbes suivants au **passé du subjonctif**, selon le modèle. Faites l'activité à tour de rôle. Quand vous aurez fini le jeu oral, écrivez les réponses au tableau.

MODÈLE   VOUS :   (venir) ils
CAMARADE :   *qu'ils soient venus*

CAMARADE :   (venir) nous
VOUS :   *que nous soyons venus*

1. (parler) nous, il	9. (regarder) elles, je
2. (s'exprimer) vous, tu	10. (aller) elle, ils
3. (demander) je, nous	11. (s'entendre) ils, nous
4. (mentir) ils, vous	12. (flatter) je, vous
5. (partir) elles, il	13. (sortir) elles, je
6. (se taire) ils, je	14. (se tutoyer) elles, nous
7. (finir) tu, nous	15. (causer) vous, elles
8. (entendre) nous, tu	16. (arriver) tu, vous

Use of the Present and Past Subjunctive

The present subjunctive is used when the action in both the subordinate clause and the main clause is in the present. If the action in the subordinate clause took place before the action in the main clause, the past subjunctive is used in the subordinate clause.

> Il est curieux que Jeanne ne réponde pas au téléphone.
> *It's strange that Jeanne doesn't answer (isn't answering) the telephone.*

> Je suis heureuse que France 2 ait diffusé cette émission la semaine dernière.
> *I am happy that Channel 2 broadcast that program last week.*

It is important to note that there is no future subjunctive form. The present subjunctive is used to express the future.

> Il est possible que nous nous abonnions à un magazine français l'année prochaine.
> *It is possible that we'll subscribe to a French magazine next year.*

ACTIVITÉS

A. Traduisez les mots entre parenthèses en employant le **présent** ou le **passé du subjonctif**. Comparez vos réponses à celles d'un(e) camarade de classe. N'oubliez pas de lire chaque phrase à haute voix.

1. Je doute que ce speaker _____ (*knows*) la grammaire !
2. Chut ! Si vous voulez m'entendre, il faut que vous _____ (*be quiet*).
3. Je suis heureuse que mon fils _____ (*wrote*) cet article.
4. Mes amis sont étonnés que je _____ (*understood*) cet éditorial.
5. L'Académie française ne veut pas que les Français _____ (*use*) trop d'anglicismes.
6. C'est dommage que vous _____ (*cannot*) venir.
7. Mais il est impossible que notre professeur nous _____ (*will give*) encore une dissertation pour demain !
8. Il est possible que ce journaliste _____ (*will say*) tout ce qu'il pense.
9. Je ne veux pas que nous _____ (*spend*) toute la journée à surfer sur le net !

B. Complétez en employant le **présent** ou le **passé du subjonctif**, puis jouez les dialogues.

1. **A :** Je veux que tu...
   B : Comment ? Je ne peux pas faire ça !
   A : Mais si ! Essaie !

2. **A :** Je suis heureux (heureuse) que...
   B : Moi aussi. Il fallait le faire.

3. **A :** Il est possible que nous... demain.
   B : Ah, oui ? Quelle bonne idée !

Une speakerine à la télé

Expressions that Always Require the Subjunctive

Expressions that by their very nature are uncertain, hypothetical, or affective are always followed by the subjunctive.

Expressions of will, doubt, and emotion

vouloir que
douter que
avoir peur que
craindre que
regretter que
être content(e), désolé(e), étonné(e), heureux (heureuse), ravi(e), surpris(e), triste, etc., que

Je veux que nous sortions ensemble ce soir.
I want us to go out together tonight.

Mon professeur doute que je lise *le Monde* tous les jours.
My professor doubts that I read Le Monde *every day.*

J'ai peur que vous ne[1] disiez des bêtises !
I am afraid you'll talk nonsense!

Il est ravi que nous nous soyons enfin mariés !
He's delighted that we got married at last!

---

[1] The pleonastic **ne** is optional after expressions of fear in the affirmative. It has no negative value and is not translated.

1. The subjunctive is not used if the subject of the main and subordinate clauses is the same; the infinitive is used instead, preceded by **de**. **Vouloir**, however, is followed directly by the infinitive without the preposition **de**.

Parfois j'ai peur de parler français.
Sometimes I'm afraid to speak French.

Je serais heureux de vous tutoyer, mais pas tout de suite.
I would be happy to use the tu *form with you, but not right away.*

Je voudrais parler à ce journaliste, mais je n'ose pas.
I'd like to speak to this journalist, but I don't dare.

2. The verb **espérer** in the affirmative is followed by the indicative and not the subjunctive.

J'espère que nous parlerons couramment français avant la fin du semestre.
I hope we'll speak French fluently before the end of the semester.

ACTIVITÉS

A. Avec un(e) camarade de classe, répondez aux questions suivantes selon le modèle. Faites l'activité à tour de rôle.

> MODÈLE   **VOUS :**   Si j'ai froid, que veux-tu que je fasse ?
>   **CAMARADE :**   *Je veux que tu boives du thé chaud (que tu mettes un manteau, que tu prennes un bain chaud, etc.).*

1. Si j'ai soif, que veux-tu que je fasse ?
2. Si j'ai envie de nager, que veux-tu que je fasse ?
3. Si je m'ennuie toujours, que veux-tu que je fasse ?
4. Si je grossis trop, que veux-tu que je fasse ?
5. Si j'ai envie de voir un bon film, que veux-tu que je fasse ?
6. Si j'ai faim et je veux manger quelque chose de bon, que veux-tu que je fasse ?
7. Si je regarde constamment la télévision, que veux-tu que je fasse ?
8. Si je parle français comme une vache espagnole, que veux-tu que je fasse ?

B. Avec un(e) camarade de classe, complétez en employant **Je doute que** ou **Je suis certain(e) que**, selon le modèle. Mettez les verbes entre parenthèses au subjonctif ou à l'indicatif, selon le cas. Faites l'activité à tour de rôle.

> MODÈLE   **VOUS :**   ... le speaker (être) bilingue
>   **CAMARADE :**   *Je doute que le speaker soit bilingue.*
>
>   **CAMARADE :**   ... le président (être) bilingue
>   **VOUS :**   *Je suis certain(e) que le président est bilingue.*

1. ... le professeur (surfer) sur le net
2. ... la météo (être) toujours correcte
3. ... les millionnaires (faire) la vaisselle

4. ... le professeur (lire) les bandes dessinées

5. ... les clochards (employer) l'argot

6. ... la langue maternelle de Catherine Deneuve (être) le français

7. ... les mères françaises (tutoyer) leurs enfants

8. ... nous (parler) couramment le français après avoir fini ce cours

9. ... nous (parler) français comme une vache espagnole

10. ... Gérard Depardieu (être) bilingue

C. Traduisez en français. Comparez vos réponses à celles d'un(e) camarade de classe. N'oubliez pas de lire chaque phrase à haute voix.

1. I want you to leave immediately!
2. We're sorry you did that.
3. We doubt he will be able to do it.
4. I'm happy we get along.
5. I know it won't rain.
6. I am surprised he insulted you!
7. He wants you to be bilingual.
8. I'm certain they've left.

9. I don't want us to surf the net.
10. I am astounded they got married!
11. She's sorry you know the truth.
12. They want you to speak louder.
13. He hopes she says what she thinks.
14. Our professor doesn't want us to murder French.
15. I doubt he knows our chatroom.

DISSERTATION (première partie) : REMUE-MÉNINGES

Réfléchissez aux questions suivantes, puis répondez-y brièvement en prenant quelques notes. En classe, vous allez parler de vos réponses et de vos idées avec un(e) camarade de classe. Essayez de noter les expressions que vous pourrez utiliser dans la *Dissertation (seconde partie)*, p. 285.

Les Mass Media et vous

L'internet

L'internet est le plus jeune des mass media. Est-ce que vous vous en servez régulièrement ? Parmi les activités suivantes, lesquelles sont vos activités principales en ligne ?

1. Communication par courrier électronique : avec qui ? pour quelles raisons ?
2. Recherches : pour vos études ? pour un service ? pour un produit ?
3. Surfing : pour naviguer sur de nouveaux sites ? pour trouver des sites différents ?
4. Consommation : pour faire des achats en ligne ? pour payer vos factures ? pour trouver un emploi ?
5. Discussion : pour participer à des forums de discussion ? pour causer avec d'autres internautes ?

La presse

1. Lisez-vous un journal régulièrement ? Tous les jours ? Le week-end ? Par où commencez-vous votre lecture du journal ? Pourquoi ? Quelles sont vos rubriques favorites ? Y a-t-il des rubriques que vous ne lisez jamais ?
2. Lisez-vous des magazines régulièrement ? Quelle(s) sorte(s) de magazines lisez-vous ? Pourquoi les lisez-vous ? S'agit-il d'hebdomadaires ou de mensuels ? Est-ce que vous vous y abonnez ?
3. Préférez-vous les magazines aux journaux ? Pourquoi ou pourquoi pas ?

La télévision

1. Regardez-vous beaucoup la télévision ? Dans quelles circonstances ? À quel moment du jour ? Quelles sont vos émissions préférées ?
2. Voulez-vous que la télé vous renseigne ou qu'elle vous amuse ?
3. À votre avis, qu'est-ce que la télévision fait de très bien ? Préférez-vous la télé à la lecture ? Pourquoi ou pourquoi pas ?

La radio

1. Écoutez-vous souvent la radio ? Allumez-vous la radio le matin, l'après-midi, le soir, ou à quelque moment que ce soit (*any time at all*) ?
2. Pourquoi écoutez-vous la radio ? Où êtes-vous quand vous l'écoutez ? Quel genre d'émission préférez-vous ?
3. À votre avis, qu'est-ce que la radio fait de mieux ? A-t-elle un rôle unique à jouer ou est-ce qu'elle a été dépassée par les autres médias ?

Impersonal Expressions

1. Impersonal expressions that indicate an uncertain, hypothetical, or affective point of view are followed by the subjunctive. Among such impersonal expressions are the following:

Il est bizarre que	Il est naturel que
Il est bon que	Il est nécessaire que
C'est dommage que[2]	Il se peut que
Il est douteux que	Il est possible que
Il est étonnant que	Il est rare que
Il est étrange que	Il est regrettable que
Il faut que	Il semble que
Il est honteux que	Il est surprenant que
Il est important que	Il vaut mieux que
Il est impossible que	

Il est regrettable que cette publicité soit si bête.
It's too bad that advertisement is so stupid.

Il est possible qu'ils soient encore malades.
It's possible that they're still sick.

Il faut que je lise cet article avant vendredi.
I must (have to) read that article before Friday.

---

[2] Because **dommage** is a noun, not an adjective, it is preceded by **c'est**.

2. The following impersonal expressions stress a point of view that is certain or objective and are thus followed by the indicative. When these expressions are used negatively or interrogatively, however, they imply uncertainty or doubt, and they are thus normally followed by the subjunctive.

Il est certain que	Il me semble que[4]
Il est clair que	Il est sûr que
Il est évident que	Il est vrai que
Il est probable que[3]	

Il est clair que ce reporter connaît le français.
It is clear that this reporter knows French.

BUT:

Est-il clair que ce reporter connaisse le français ?
Is it clear that this reporter knows French?

Il n'est pas clair que ce reporter connaisse le français.
It isn't clear that this reporter knows French.

3. Note that impersonal expressions introducing general statements are followed by **de** + *infinitive*. **Il faut** and **il vaut mieux**, however, are followed directly by the infinitive.

Est-il possible de communiquer sans se servir de paroles ?
Is it possible to communicate without using words?

Il faut apprendre les proverbes parce qu'ils expriment souvent la vérité.
One must learn proverbs because they often express truth.

Il vaut mieux être oiseau de campagne qu'oiseau de cage.
It is better to be a bird in the country than a bird in a cage.

ACTIVITÉS

A. Imaginez que vous êtes un(e) enfant très gâté(e). Un(e) camarade de classe vous répondra comme un père ou une mère en employant **il faut que** selon le modèle. Faites l'activité à tour de rôle.

MODÈLE   **VOUS (ENFANT GÂTÉ[E]) :**   Je ne veux pas aller au lit !
               CAMARADE (PÈRE OU MÈRE) : *Il faut que tu ailles au lit !*

1. Je ne veux pas me laver !
2. Je ne veux pas faire mon lit !
3. Je ne veux pas boire mon lait !
4. Je ne veux pas sortir !
5. Je ne veux pas me taire !
6. Je ne veux pas faire mes devoirs !
7. Je ne veux pas dormir !
8. Je ne veux pas finir mes légumes !
9. Je ne veux pas aller à l'école !
10. Je ne veux pas aller chez le dentiste !

---

[3] Probability is considered more certain than uncertain and therefore takes the indicative.

[4] Note that **il me semble que** takes the indicative, whereas **il semble que** takes the subjunctive. The first expresses certainty and the second uncertainty on the part of the speaker.

B. Quelles rubriques faut-il que les personnes suivantes lisent ? (Consultez le *Vocabulaire du thème.*) Avec un(e) camarade de classe, répondez selon le modèle. Faites l'activité à tour de rôle.

MODÈLE   VOUS :   Gisèle veut rire.
　　　　CAMARADE :   *Il faut qu'elle lise les bandes dessinées.*

1. Je cherche une voiture d'occasion (*used*).
2. Denise et Paulette veulent lire quelque chose de romantique et de sentimental.
3. Xavier veut savoir si le grand-père de son ami est mort.
4. Christine veut comprendre les événements politiques récents.
5. Nous voulons savoir s'il va pleuvoir demain.
6. Bernard veut savoir quelle équipe a gagné le match de football hier.
7. Nous cherchons un nouvel appartement.
8. Je veux connaître l'avenir.

C. Employez un des **proverbes** suivants pour répondre à chacune des situations suivantes, selon le modèle. Faites l'activité à tour de rôle avec un(e) camarade de classe.

Il ne faut pas[5] réveiller le chat qui dort.
Il ne faut pas dire du mal des absents.
Il faut tourner sept fois la langue dans la bouche avant de parler.
Il ne faut jamais remettre au lendemain ce que l'on peut faire le jour même.
Il faut manger pour vivre et non pas vivre pour manger.
Il vaut mieux être seul qu'en mauvaise compagnie.
Il faut laver son linge sale en famille.
Il faut manger comme un homme en bonne santé et boire comme un malade.

MODÈLE   VOUS :   Comme je déteste Joséphine !
　　　　CAMARADE :   *Il ne faut pas dire du mal des absents.*

1. J'adore le vin, mais parfois j'en bois trop.
2. J'en ai assez mangé, je sais, mais j'ai tout de même envie de commander un autre plateau de fromages.
3. Mon mari critique toujours nos filles devant nos amis. A-t-il raison de faire cela ?
4. Tu sais, j'ai vu le petit ami de Josette avec une autre jeune fille hier soir. Josette est ma meilleure amie. Est-ce que je devrais lui en parler ?
5. Mes amis commencent à me gêner (*bother*). Ils n'étudient jamais et ils veulent passer toutes leurs soirées au café.
6. Je n'ai pas envie de faire mes devoirs aujourd'hui. Je pense que je vais les faire demain.

---

[5] Note that the expression **il ne faut pas** does not mean *it is not necessary*. It means *one (you) mustn't*.

Ah, les téléphones portables...

Vocabulaire d'internet

Pouvez-vous deviner la traduction des mots suivants ? Les réponses suivent l'activité.

1. un navigateur
2. cliquer
3. une causette (*fam*)
4. un scanneur
5. un fouineur
6. une page d'accueil
7. la toile mondiale
8. une souris
9. une imprimante
10. un blog

RÉPONSES : 1. a browser   2. to click   3. a chat   4. a scanner   5. a hacker   6. a home page   7. the World Wide Web   8. a mouse   9. a printer   10. a blog

D. Voici une liste d'expressions d'argot. Avec un(e) camarade de classe, complétez les phrases suivantes en employant ces expressions. Utilisez le subjonctif ou l'indicatif, selon le cas. Comparez vos réponses à celles de votre camarade de classe.

avoir l'estomac dans les talons
to be starving (lit., to have one's stomach in one's heels)

avoir la gueule de bois
to have a hangover (lit., to have a wooden jaw)

avoir la langue bien pendue
to be very talkative (lit., to have one's tongue really hanging out)

bouffer
to eat like a glutton, to eat (lit., to puff out)

faire dodo
to sleep (children's language)

faire l'école buissonnière
to play hooky (lit., to go to school in the bushes)

MODÈLE   VOUS :   Le professeur a bu trop de vin. Il me semble qu'il...
         CAMARADE : *Il me semble qu'il a la gueule de bois.*

1. Tu as sommeil, ma petite. Il vaut mieux que tu...
2. Elle n'a rien mangé depuis ce matin. Il est probable qu'elle...
3. Le petit Nicolas déteste l'école. C'est dommage qu'il...
4. Elle ne s'arrête pas de parler ! Il est évident qu'elle...
5. Mon ami, tu as passé trop de temps au bar, et il est clair que tu...
6. Je meurs de faim. Il faut que je...

E. Parlons de la classe de français ! Complétez les phrases suivantes en employant le présent ou le passé de l'indicatif ou du subjonctif, ou l'infinitif, selon le cas. Comparez vos réponses à celles d'un(e) camarade de classe.

1. Il est regrettable que le professeur...
2. Il est important de... en classe.
3. Est-il évident que les étudiants... ?
4. Il est étonnant que je...
5. Il est certain que les étudiants...
6. C'est dommage que les examens...
7. Il ne faut pas... dans cette classe.
8. Il est clair que le professeur...
9. Il est impossible de... en classe.
10. Il n'est pas vrai que le français...

Télévision française

Il y a beaucoup de chaînes de télévision en France dont les plus populaires sont TF1, F2 et F3 ; toutes les chaînes sont gratuites. En 2000 il y avait 84 chaînes disponibles (*available*) sur le câble ou le satellite. Les genres d'émission les plus appréciés du public français sont les mélodrames (séries télévisées), les magazines documentaires et les journaux télévisés.

(Renseignements tirés de *Francoscopie 2003*, Gérard Mermet)

Conjunctions

1. Conjunctions introducing hypothetical or restrictive statements are followed by the subjunctive.

<table>
<tr><td>à condition que on condition that</td><td>jusqu'à ce que   until</td></tr>
<tr><td>à moins que   unless</td><td>pourvu que   provided that</td></tr>
<tr><td>afin que ⎫</td><td>sans que   without</td></tr>
<tr><td>pour que ⎭ in order that, so that</td><td>que... ou non   whether . . . or not</td></tr>
<tr><td>avant que   before</td><td></td></tr>
<tr><td>bien que ⎫</td><td></td></tr>
<tr><td>quoique ⎭ although</td><td></td></tr>
</table>

Notre professeur parle lentement pour que nous puissions le comprendre.
Our professor speaks slowly so that we can understand him.

Je compte la tutoyer à moins qu'elle ne[6] me vouvoie.
I intend to say tu *to her unless she says* vous *to me.*

Qu'il se mette en colère ou non, je vais lui dire la vérité.
Whether he gets angry or not, I'm going to tell him the truth.

2. If the subject of the main and subordinate clauses is the same, certain conjunctions are replaced by a corresponding preposition and followed by an infinitive. Thus, the subjunctive is not used.

Conjunction	**Preposition**
à condition que	à condition de
à moins que	à moins de
afin que	afin de
avant que	avant de
pour que	pour
sans que	sans

Comment comptez-vous être au courant des affaires internationales sans consulter l'internet ?
How do you intend to keep up on international affairs without consulting the Internet?

Mon amie Jacqueline me téléphone pour bavarder.
My friend Jacqueline calls me to (in order to) chat.

---

[6] The pleonastic **ne** is optional after the conjunctions **à moins que** and **avant que**. It has no negative value and is not translated. See also footnote 1, p. 268.

3. The conjunctions **bien que, quoique, jusqu'à ce que**, and **pourvu que** do not have corresponding prepositions. Even when there is no change of subject, these conjunctions must be used, repeating the subject of the main clause. As always, they are followed by a verb in the subjunctive.

J'aime beaucoup mon cours de français bien que (quoique) je sois toujours en retard !
I like my French course a lot, although I'm always late!

Je vais continuer à étudier cette langue jusqu'à ce que je la connaisse parfaitement !
I'm going to keep on studying this language until I know it perfectly!

ACTIVITÉS

A. Jean-Marc est loin d'être parfait, mais sa fiancée, Mimi, l'adore quand même. Elle voudrait devenir sa femme. Avec un(e) camarade de classe, jouez les rôles de Jean-Marc et de Mimi, selon le modèle. Faites l'activité à tour de rôle.

MODÈLE   VOUS (JEAN-MARC) :   Je suis jaloux, Mimi.
            CAMARADE (MIMI) :   *Je serai ta femme bien que (quoique) tu sois jaloux.*

1. Je suis égoïste, Mimi.
2. Je suis passionné de l'internet, Mimi.
3. J'ai des complexes, Mimi.
4. Je vais au bar tous les soirs, Mimi.
5. Je ne lis jamais, Mimi.

6. J'ai des dettes, Mimi.
7. J'ai perdu mon emploi, Mimi.
8. J'ai insulté ta mère, Mimi.
9. Je suis paresseux, Mimi.
10. Je t'ai menti, Mimi.

B. Remplacez les tirets avec **à condition que (de), à moins que (de), avant que (de), sans (que)** ou **pour (que)**. Comparez vos réponses à celles d'un(e) camarade de classe. N'oubliez pas de lire chaque phrase à haute voix.

1. Je vais prendre une douche _____ nous sortions.
2. Je ne peux pas regarder ce dessin animé _____ rire !
3. Je parlerai français avec toi _____ tu puisses perfectionner ton accent.
4. Réfléchissez _____ parler.
5. Je te tutoierai _____ tu me tutoies aussi.
6. J'ai acheté un cadeau pour André _____ il le sache.
7. Je n'irai pas au théâtre _____ tu m'y accompagnes.

C. **Traduisez en français.** Comparez vos réponses à celles d'un(e) camarade de classe. N'oubliez pas de lire chaque phrase à haute voix.

1. Speak more slowly so that I can understand you!
2. We won't quarrel unless he turns on the television set!
3. Although she has never gone to France, she speaks French fluently.
4. You will never know what is going on (*se passer*) unless you watch the news.
5. I'll be quiet, provided you turn off the radio.

Le journal a l'air intéressant.

D.   Complétez avec imagination.   Comparez vos réponses à celles d'un(e) camarade de classe. N'oubliez pas de lire chaque phrase à haute voix.

1. Adèle, je me marierai avec toi pourvu que...
2. Je resterai au bar jusqu'à ce que...
3. Je regarderai cette émission bien que...
4. Vous ne pourrez pas parler français sans...
5. J'aime visiter les forums de discussion pour...
6. Nos parents font des sacrifices pour que...
7. Il faut écouter la météo avant de...
8. Vite ! Finis ton travail avant que...

La Presse française

À cause de la concurrence de la radio et surtout de la télévision, les Français lisent la presse de moins en moins. Les quotidiens les plus populaires sont *l'Équipe* (consacré aux sports), *le Parisien/Aujourd'hui*, *le Monde*, *le Parisien* et *le Figaro*. Sur les six magazines hebdomadaires les plus lus, six sont des magazines de télévision, dont *TV Magazine* est le plus populaire. Puisque les femmes lisent plus de magazines que les hommes, les magazines féminins sont très populaires aussi. Les plus lus parmi ceux-ci sont *Marilyn*, *Femme actuelle* et *Fémina Hebdo*. Finalement, les hebdomaires généraux *Paris-Match*, le *Nouvel Observateur* et *l'Express* ont gardé leurs lecteurs/lectrices fidèles.

(Renseignements tirés de *Francoscopie 2003*, Gérard Mermet)

Expressions of Concession

1. The expressions of concession below are followed by the subjunctive:

    qui que   *whoever*
    où que   *wherever*
    si + *adjective* + que   *however + adjective*
    quel que   *whatever*
    quoi que   *whatever*

    Qui que vous soyez, vous avez les mêmes droits que les autres.
    Whoever you are (may be), you have the same rights as others.

    Si intelligente qu'elle soit, elle n'apprendra pas tous ces idiotismes en un jour !
    However intelligent she is (may be), she will not learn all those idioms in one day!

2. Note that **quel que** and **quoi que** both mean *whatever*. **Quel que** is most often used in the expression **quel que soit** + *noun*. Since **quel** is an adjective, it must agree with the noun it modifies. **Quoi que**, on the other hand, is a pronoun and is thus invariable. It is normally used with verbs other than *être*.

    Quelle que soit ton excuse, tu ne devrais pas faire cela !
    Whatever your excuse is (may be), you shouldn't do that!

    Quelles que soient vos raisons, vous ne devriez pas vous disputer !
    Whatever your reasons are (may be), you shouldn't quarrel!

    Quoi que je fasse, je ne peux pas contenter mon patron.
    Whatever I do, I can't please my boss.

    Quoi que tu dises, il ne te croira jamais.
    Whatever you (may) say, he'll never believe you.

ACTIVITÉS

A. Remplacez les tirets par **qui que, où que, quoi que** ou la forme correcte de **quel que**. Comparez vos réponses à celles d'un(e) camarade de classe. N'oubliez pas de lire chaque phrase à haute voix.

    1. Vous ne pouvez pas désobéir à la loi, _____ vous soyez !
    2. _____ soient ses raisons, à l'âge de trente ans il ne devrait pas lire les bandes dessinées !
    3. Les touristes se trouvent partout ; _____ j'aille, je les vois !
    4. Je vais dire la vérité, _____ vous fassiez !
    5. _____ soient vos objections, elle continuera à regarder la télé.
    6. Il ne vous acceptera pas, _____ vous disiez.
    7. _____ j'aille, on parle de ce nouveau site internet.

B. Traduisez en français. Comparez vos réponses à celles d'un(e) camarade de classe. N'oubliez pas de lire chaque phrase à haute voix.

1. Wherever we go in France, we hear franglais[7]!
2. I'll learn that language, however difficult it is.
3. They like surfing the net wherever they go.
4. Whatever you tell him, he'll keep his word (*tenir sa parole*).
5. We listen to the news wherever we travel.
6. Please try to tell the truth, whatever you do!
7. Whatever your true intentions may be, try to hide them!
8. However honest they are, they cannot keep a secret.
9. Whatever the announcer does, he can't influence his listeners.
10. I will do it, whatever the consequences may be!

C. Traduisez en français, puis jouez les dialogues avec un(e) camarade de classe.

1. **A:** I will follow you wherever you go!
   B: Thanks, but I'm staying home.

2. **A:** Whatever you do, be prudent.
   B: However stupid I am, I'll try.

3. **A:** Whoever you are, go away!
   B: Whatever you do, I'll stay!

> ### Le français, langue officielle
> Le français et l'anglais sont les langues officielles des Nations Unies, de l'Union européenne et des Jeux olympiques.

Expressions that Sometimes Require the Subjunctive

Some expressions that are not inherently uncertain, hypothetical, or affective become so because of the attitude of the speaker. In these cases they often take the subjunctive.

Verbs of Thinking and Believing

Affirmative verbs of thinking and believing (e.g., **penser, croire, trouver**) are always followed by the indicative. Negative and interrogative verbs of thinking and believing, however, often imply doubt in the mind of the speaker and are thus usually followed by the subjunctive. But if a future action is expressed, the indicative is normally used.

> ### Dilemmes linguistiques amusants
> Si un mot est mal écrit dans le dictionnaire, comment faire pour le savoir ?
> Quel est le synonyme de *synonyme* ?
> Pourquoi *abréviation* est-il un mot si long ?

---

[7] *Le franglais*: highly anglicized French. The term was popularized in the 1960s by the scholar René Étiemble's book *Parlez-vous franglais ?*, which attacked the use of such jargon.

Affirmative:

> Je trouve qu'il est raisonnable.
> *I find that he is reasonable.*

> Je crois que ce journal est très bon.
> *I think this paper is very good.*

Negative and interrogative:

> Je ne pense pas que vous ayez compris cette question.
> *I don't think you've understood this question.*

> Croyez-vous que je sois jolie ?
> *Do you think I'm pretty?*

> Trouvez-vous que ce reporter soit sérieux ?
> *Do you find that this reporter is serious?*

Future action:

> Croyez-vous que David sera ici demain ?
> *Do you think David will be here tomorrow?*

<hr>

Devinette

Que s'est-il passé en 1111 ? L'invasion des Huns.
(N'oubliez pas que le *h* dans le mot *Hun* est un *h* aspiré.)

<hr>

ACTIVITÉS

A. Mettez les verbes entre parenthèses à l'**indicatif** ou au **subjonctif**, selon le cas. Comparez vos réponses à celles d'un(e) camarade de classe. N'oubliez pas de lire chaque phrase à haute voix.

1. Je crois que mon amie _____ (mentir) quand elle m'a parlé hier.
2. Pensez-vous que ce fou _____ (dire) toujours la vérité ?
3. Je crois que la vie à la campagne _____ (être) plus tranquille que la vie en ville.
4. Pensez-vous que Georges, ce grand menteur, _____ (être) sincère ?
5. Notre professeur trouve que nous _____ (s'exprimer) très bien.
6. Je ne pense pas que cette émission ridicule _____ (pouvoir) m'intéresser.
7. Croyez-vous qu'elles _____ (sortir) avec elle demain soir ?
8. Je ne pense pas que vous _____ (perfectionner) votre accent l'année dernière !
9. Pensez-vous que ma vie _____ (être) heureuse ?
10. Je ne pense pas qu'elle _____ (revenir) l'année prochaine.

B. Traduisez en français. Comparez vos réponses à celles d'un(e) camarade de classe. N'oubliez pas de lire chaque phrase à haute voix.

1. Robert doesn't think he can finish the article.
2. I don't believe we have enough money to buy a new VCR.
3. Do you think that advertisement is artistic?
4. I don't think that George can come.
5. Do you think they downloaded the file without permission?
6. I don't think it will rain tomorrow.
7. Do you think she insulted you on purpose (*exprès*)?

C. **Traduisez en français.** Comparez vos réponses à celles d'un(e) camarade de classe, puis jouez le dialogue ensemble.

A: Monsieur Tête is so serious!

B: Do you think he reads the lonely-hearts column?

A: *(Ironic)* Every day. Do you think he also reads the funnies?

B: *(Laughter)* For sure (*Certainement*)! I think he reads the editorials, drinks a glass of milk, and goes to bed!

Relative clauses

Verbs in relative clauses are normally in the indicative. The subjunctive is generally used, however, if the speaker doubts or denies the existence or attainability of the antecedent. In such cases the verb in the main clause is often in the negative or interrogative.

Indicative:

Je connais plusieurs étudiants qui sont complètement bilingues. (An objective statement
I know several students who are completely bilingual. of fact)

Nous avons trouvé un reporter qui sait parler japonais. (An objective statement
We have found a reporter who can speak Japanese. of fact)

Subjunctive:

Je ne connais personne qui dise toujours la vérité. (The speaker doubts the
I don't know anyone who always tells the truth. existence of such a person.)

Y a-t-il une publicité qui soit tout à fait objective ? (The speaker questions the
Is there an ad that is completely objective? attainability of such an ad.)

ACTIVITÉS

A. **Traduisez en français.** Comparez vos réponses à celles d'un(e) camarade de classe. N'oubliez pas de lire chaque phrase à haute voix.

1. I have a friend who reads his horoscope every day.
2. Is there a journalist who understands the situation?
3. I know a reporter who can speak Chinese, Japanese, and Russian.
4. Is there a crossword puzzle he can't do?
5. I don't know anyone who can do that.
6. I know several people who lived in that apartment.
7. Is there a newspaper that satisfies everyone?

B. Complétez avec imagination en employant l'**indicatif** ou le **subjonctif**. Comparez vos réponses à celles d'un(e) camarade de classe.

1. Y a-t-il des étudiants...
2. Nous voulons trouver un magazine...
3. Il n'y a pas de politicien...
4. Je connais des Américain(e)s...
5. Il n'y a pas de forum de discussion...

Un kiosque à journaux (**newsstand**)

Superlative

Verbs in relative clauses following superlative expressions or the adjectives **premier, dernier,** or **seul** are normally in the subjunctive because the speaker is normally expressing a subjective feeling, a personal opinion, or a doubtful attitude. They are in the indicative, however, when the speaker is stating an objective fact.

Subjunctive:

Est-ce vraiment la meilleure plaisanterie que
vous ayez jamais entendue ?   (The speaker is doubtful,
Is this really the best joke you've ever heard?   surprised.)

C'est le site le plus fascinant que je connaisse.   (The speaker is expressing a
It's the most fascinating site I know.   personal opinion.)

Est-ce le seul étudiant qui sache ce que c'est
qu'un néologisme ?
Is he the only student who knows what a neologism is? (The speaker is surprised.)

Indicative:

Robert est le plus jeune étudiant qui a réussi à l'examen.
Robert is the youngest student who passed the exam.   (An objective statement of fact)

Le Brésil est le plus grand pays qu'ils ont visité.
Brazil is the biggest country they visited.   (An objective statement of fact)

A. Traduisez en français. Comparez vos réponses à celles d'un(e) camarade de classe. N'oubliez pas de lire chaque phrase à haute voix.

1. That's the worst advertisement I've ever seen!
2. Paris is the biggest city we visited.
3. Is that the only thing you can say?
4. It's the best chatroom I know.
5. Is Jean-Marc the only reporter who knows grammar?
6. Robert is the only American who lives here.
7. It's the best job I can find.

B. Traduisez en français. Comparez vos réponses à celles d'un(e) camarade de classe, puis jouez les dialogues ensemble.

1. **A:** Poor Nancy! She murders French!
   B: That's the worst (*pire*) insult I've ever heard!
   A: (*puzzled expression*)
   B: I'm her teacher!

2. **A:** Here's my horoscope.
   B: What does it say?
   A: That you will marry me soon . . .
   B: That's the best horoscope I've ever heard!
   A: I'm kidding (*plaisanter*).
   B: (*puzzled expression*)

Synthèse

Activités d'ensemble

I. Mettez les verbes entre parenthèses au **subjonctif** ou à l'**indicatif**, s'il y a lieu. Comparez vos réponses à celles d'un(e) camarade de classe. N'oubliez pas de lire chaque phrase à haute voix.

1. Est-il nécessaire de _____ (traduire) ces phrases françaises en anglais ?
2. Il ne faut pas que nous _____ (insulter) les auditeurs !
3. C'est dommage que vous _____ (flatter) ces journalistes.
4. Nous doutons que notre fils _____ (pouvoir) comprendre cette émission politique.
5. Nous croyons que la langue écrite _____ (être) plus précise que la langue parlée.
6. Il est probable qu'ils _____ (arriver) hier soir.
7. Je crois que vous _____ (pouvoir) me tutoyer dès maintenant.
8. Qui que vous _____ (être), vous serez obligé de travailler comme les autres !
9. Je cherche un sage qui _____ (savoir) la réponse à toutes les questions !

10. Croyez-vous que je _____ (pouvoir) réussir ?

11. Il a beaucoup étudié les langues étrangères parce qu'il _____ (vouloir) devenir polyglotte.

12. Il est vrai que l'expression anglaise *too-da-loo* _____ (venir) de l'expression française « tout à l'heure ».

II. **Complétez avec imagination.** Comparez vos réponses à celles d'un(e) camarade de classe. N'oubliez pas de lire chaque phrase à haute voix.

1. Je vais vous poser des questions jusqu'à ce que...
2. Nous espérons que ce journaliste...
3. Pour se libérer véritablement, il faut que les femmes...
4. Je doute que ce forum de discussion...
5. Trouvez-vous que l'amour...
6. Nous avons peur que la civilisation américaine...
7. Je ne crois pas que l'internet...
8. Si vous voulez scandaliser le monde, il faut que vous...
9. Ils sont contents que ce vieux...
10. Il voudrait devenir millionnaire sans...
11. J'irai voir ce film avec toi bien que...
12. Je vais faire un voyage en Afrique pour...

Sujets de discussion

1. Que pensez-vous de la publicité ? Qui, à votre avis, est influencé par la publicité ? Avez-vous des publicités préférées à la télé ou dans le journal ? Y en a-t-il que vous détestez ? Expliquez pourquoi.
2. Avec l'aide d'un(e) camarade de classe, préparez une publicité que vous présenterez à la classe. Tâchez d'employer un bon nombre de verbes au subjonctif.
3. Avec un(e) camarade de classe, préparez l'horoscope imaginaire du professeur et comparez le vôtre à ceux des autres membres de la classe.
4. Avec un(e) camarade de classe, préparez une lettre pour le courrier du cœur et lisez-la aux autres membres de la classe, qui proposeront une solution à votre problème.

DISSERTATION (seconde partie)

Dans la *Dissertation (première partie)*, p. 270, vous avez pris des notes et avez discuté des mass media avec un(e) camarade de classe. Maintenant vous allez employer les expressions que vous avez apprises pour écrire une dissertation.

Sujet de la dissertation : Pensez-vous que l'internet finira par remplacer les autres mass media ?

Dans l'introduction de la dissertation, vous allez présenter clairement la question que vous allez traiter, en donnant, peut-être, quelques faits ou exemples qui attireront l'attention du lecteur. Dans le corps, vous allez discuter les avantages et les désavantages de l'internet par rapport aux autres mass media. Finalement, dans la conclusion, vous allez résumer brièvement vos arguments et essayer de prédire (*predict*) si l'internet va éclipser les autres mass media à l'avenir. N'oubliez pas de consulter les expressions de transition (pp. 17–18).

10

Possessives and Prepositions

L'intérieur du musée d'Orsay

L'Art, la Scène et les Lettres

Chapter 10 at a Glance

Possessives

I. Traduisez en français les mots entre parenthèses.

    1. (*my*) livre   3. (*his*) imagination   5. (*your*) romans

    2. (*her*) peinture   4. (*our*) bibliothèque   6. (*their*) idées

II. Traduisez les possessifs en français en employant l'**adjectif possessif** ou l'**article défini**.

    1. Cette actrice ne se lave jamais _____ (*her*) cheveux !

    2. _____ (*His*) poète favori est Baudelaire.

III. Traduisez en français les **pronoms possessifs**.

    1. L'imagination de cet écrivain est moins riche que _____ (*yours*).

    2. Cet auteur aime bien critiquer les romans des autres, mais il ne veut pas qu'on critique _____ (*his*) !

IV. Traduisez en français en employant **être à**.

    1. Voyons ! Ce roman policier _____ (*is not yours*) !

    2. Mais si ! Il _____ (*is mine*) !

V. Traduisez en français en employant une expression avec **de**.

    1. _____ (*Racine's play*) est une tragédie.

    2. _____ (*Your friends' ideas*) me déplaisent !

VI. Traduisez en français en employant **être malade** ou **avoir mal à**.

    1. Je crois qu'elle _____ (*has a headache*).

    2. L'acteur n'a pas joué parce qu'il _____ (*was sick*).

Prepositions

VII. **Traduisez en français.**

    1. *behind the scene*   4. *in the middle of his room*

    2. *against the house*   5. *near the library*

    3. *between us*

VIII. Traduisez en français les mots entre parenthèses.

    1. Mon livre est _____ (*on the table next to the window*).

    2. Je peux lire ce best-seller _____ (*in one hour*) !

    3. Cette actrice _____ (*with brown eyes*) est très gentille.

IX. Remplacez les tirets par **à** ou **de** s'il y a lieu.

1. Nous avons trois romans _____ lire cette semaine.
2. Ce romancier a essayé _____ plaire au public mais il n'a pas réussi _____ le faire.
3. Voulez-vous _____ assister au spectacle avec moi ?
4. Dans ce roman, il s'agit d'un homme qui refuse _____ mentir.
5. Mon ami m'a conseillé _____ suivre un cours de peinture.

X. Traduisez en français les mots entre parenthèses.

1. Je _____ (*am looking for*) un livre de poche intéressant.
2. Nous _____ (*are interested in*) la littérature moderne.
3. Les spectateurs _____ (*laugh at*) vous parce que vous _____ (*resemble*) Charlie Chaplin !

XI. Remplacez les tirets par **à** ou **de**.

1. Que pensez-vous _____ Jean-Jacques Rousseau ?
2. Un acteur pense toujours _____ son public.
3. La littérature pornographique manque souvent _____ valeur artistique.
4. Juliette manque beaucoup _____ Roméo.

XII. Remplacez les tirets par **à, en** ou **dans**.

1. Ils vont au spectacle _____ bicyclette.
2. Nous allons au festival d'Avignon _____ bateau.

Vocabulaire du thème : *L'Art, la Scène et les Lettres*

L'Art

la **peinture** paint; painting
le **tableau** picture, painting
la **toile** canvas
le **dessin** drawing
l' **affiche** *f* poster
le **peintre** painter
    peindre, faire de la peinture to paint
    dessiner, faire du dessin to draw
le **modèle** model
l' **exposition** *f* exhibition, show
l' **œuvre** *f* work (of art, of literature)
le **fond** background
le **premier plan** foreground

la **technique** technique
la **couleur (vive, foncée, pure, etc.)** (brilliant, deep, pure) color
la **figure** figure
la **ligne** line
l' **ombre** *f* shadow; shade
la **lumière** light
la **scène** scene
le **paysage** landscape
la **marine** seascape
la **nature morte** still life
la **peinture abstraite** abstract painting

Le Prix Nobel en littérature

Nombreux sont les écrivains français qui ont gagné le Prix Nobel en littérature, établi en 1901 par le chimiste suédois Alfred Nobel (1833–1896). Parmi les plus connus sont Anatole France (1921), Henri Bergson (1927), André Gide (1947), Albert Camus (1957) et Jean-Paul Sartre (1964). Celui-ci l'a refusé par principe.

La Scène : la pièce de théâtre

l' **auteur dramatique** *m* playwright
le **metteur en scène** director
l' **acteur** *m* actor
l' **actrice** *f* actress
le **comédien**, la **comédienne** actor, actress
la **troupe** troupe
　jouer un rôle to play or act a role, part
　savoir (oublier) son texte to know
　　(forget) one's lines
　avoir le trac to have stage fright
l' **interprétation** *f* interpretation
la **répétition** rehearsal
　répéter to rehearse, to practice
la **scène** stage, scene
le **costume** costume

le **décor** decor, scenery
le **maquillage** makeup
la **pièce** play
le **spectacle** show
la **tragédie** tragedy
la **comédie** comedy
la **représentation** performance
la **mise en scène** production, staging
le **héros** hero
l' **héroïne** *f* heroine
le **personnage** character (in a play, book,
　etc.)
l' **intrigue** *f* plot
l' **entracte** *m* intermission

La Critique et le Public

la **critique** criticism; critique
le **critique** critic
　critiquer to critique
le **public** audience
le **spectateur**, la **spectatrice** spectator
　assister à to attend
　applaudir frénétiquement to applaud
　wildly

　siffler to hiss; to whistle; to boo
　louer to praise
le **succès** hit
le **four** flop (theater)
　plaire, déplaire à quelqu'un to please,
　displease someone

Les Lettres : écrivains et lecteurs

l' **écrivain** *m* writer
le **lecteur**, la **lectrice** reader
le **poète** poet
l' **essayiste** *m, f* essayist
le **conteur**, la **conteuse** short-story writer

le **romancier**, la **romancière** novelist
　raconter une histoire to tell a story
la **lecture** reading
　décrire to describe
l' **éditeur** *m*, l'**éditrice** *f* publisher

Le Livre

le **bouquin** (*colloq*) book
la **librairie** bookstore
la **bibliothèque** library
les **écrits** *m* writings
le **conte**, la **nouvelle** short story
la **poésie** poetry
l' **essai** *m* essay
le **roman** novel
le **roman policier** mystery (novel)

le **roman d'aventures** adventure story
le **roman d'amour** love story
le **livre de chevet** bedside book
le **manuel** textbook
le **best-seller** best seller
le **livre de poche** paperback
le **style** style
le **ton** tone
le **thème** theme

ACTIVITÉS

Le Monde des mots

Écrivez une phrase originale en employant les noms suivants. Employez autant que possible les mots dans le *Vocabulaire du thème*. Comparez vos réponses à celles d'un(e) camarade de classe.

MODÈLE   le conteur
Le conteur raconte une histoire qui décrit la vie des artistes.

1. les spectateurs
2. le peintre
3. l'actrice
4. le critique
5. la pièce

Testez vos connaissances

A.   Connaissez-vous bien la peinture ? Trouvez, dans la colonne B, les œuvres peintes par les artistes de la colonne A. Les réponses suivent l'activité. Comparez vos réponses à celles d'un(e) camarade de classe.

A	**B**
1. Paul Cézanne	a. *La Liberté guidant le peuple* (1830)
2. Eugène Delacroix	b. *Le Déjeuner des canotiers* (1881)
3. Paul Gauguin	c. *Nymphéas* (1908)
4. Henri Matisse	d. *Nu rose assis* (1935)
5. Claude Monet	e. *L'Anglais au Moulin-Rouge* (1892)
6. Pierre-Auguste Renoir	f. *Nature morte avec rideau et pichet fleuri* (1899)
7. Henri de Toulouse-Lautrec	g. *Femmes de Tahiti sur la plage* (1891)

RÉPONSES : 1. f 2. a 3. g 4. d 5. c 6. b 7. e

Les Prix littéraires

Selon le *Guide LIRE des prix et concours (contests) littéraires,* il existe plus de 1 950 concours et prix littéraires francophones. Les cinq plus grands prix littéraires français sont les prix Goncourt (roman français), Renaudot (roman et essai français), Fémina (roman français, roman étranger, essai), Interallié (roman français), et Médicis (roman français, roman étranger, essai).

B. Connaissez-vous bien la littérature francophone ? Trouvez, dans la colonne B, les titres écrits par les auteurs de la colonne A. Les réponses suivent l'activité. Comparez vos réponses à celles d'un(e) camarade de classe.

A	**B**
1. Mariama Bâ	a. *Le Petit Prince* (1943)
2. Honoré de Balzac	b. *Fables* (1668)
3. Simone de Beauvoir	c. *Gargantua* (1534)
4. Charles Baudelaire	d. *Bonheur d'occasion* (1945)
5. Albert Camus	e. *Les Misérables* (1862)
6. Aimé Césaire	f. *Le Deuxième Sexe* (1949)
7. Chrétien de Troyes	g. *Une si longue lettre* (1979)
8. Pierre Corneille	h. *Le Bourgeois gentilhomme* (1670)
9. Alexandre Dumas	i. *Le Père Goriot* (1835)
10. Gustave Flaubert	j. *L'Étranger* (1942)
11. Victor Hugo	k. *Les Trois Mousquetaires* (1844)
12. Eugène Ionesco	l. *Le Cid* (1636)
13. Jean de La Fontaine	m. *Anthologie de la nouvelle poésie nègre et malgache de langue française* (1948)
14. Molière	n. *Les Fleurs du mal* (1857)
15. Marcel Proust	o. *Lancelot* (1170)
16. François Rabelais	p. *Candide* (1759)
17. Jean Racine	q. *Le Rouge et le Noir* (1831)
18. Gabrielle Roy	r. *À la recherche du temps perdu* (1913–1922)
19. Antoine de Saint-Exupéry	s. *Madame Bovary* (1857)
20. Jean-Paul Sartre	t. *La Cantatrice chauve* (1950)
21. Léopold Sédar Senghor	u. *Vingt Mille Lieues sous les mers* (1870)
22. Stendhal	v. *Huis clos* (1945)
23. Jules Verne	w. *Phèdre* (1677)
24. Voltaire	x. *Cahier d'un retour au pays natal* (1939)

RÉPONSES : 1. g 2. i 3. f 4. n 5. j 6. x 7. o 8. l 9. k 10. s 11. e 12. t 13. b 14. h 15. r 16. c 17. w 18. d 19. a 20. v 21. m 22. q 23. u 24. p

Votre Opinion

Répondez aux questions suivantes, puis comparez vos réponses à celles d'un(e) camarade de classe.

1. Dans quel(s) endroit(s) aimez-vous faire de la lecture ?
2. Lisez-vous vite ou lentement ?
3. Achetez-vous beaucoup de livres ?
4. Qui est votre écrivain (peintre) préféré ?
5. Avez-vous des affiches ?
6. Avez-vous un musée préféré ?
7. Êtes-vous auteur ? Si oui, qu'est-ce que vous avez écrit ?
8. Aimez-vous raconter des histoires ?
9. Lisez-vous les best-sellers ?

10. Avez-vous jamais joué dans une pièce ? Si oui, racontez un peu votre expérience.
11. Avez-vous jamais pris des leçons de peinture ?
12. Lisez-vous un livre de chevet actuellement ?

Mise en scène

Complétez en employant une ou plusieurs expressions du *Vocabulaire du thème*, puis jouez les dialogues.

1. **A :** (Nom), comment as-tu trouvé la pièce ?
   B : C'est un four !
   A : Un four ? Pourquoi dis-tu ça ?
   B : Parce que...
   A : Tu critiques trop, (Nom) !
   B : Et...
   A : Tu es trop sévère, (Nom) !
   B : Et...
   A : Au revoir, (Nom), j'en ai assez !

2. **A :** Je me suis endormi(e) à trois heures ce matin. Le livre que je lisais était si passionnant que je n'ai pas pu m'arrêter de le lire.
   B : Quelle sorte de bouquin est-ce ?
   A : C'est...
   B : Quel en est le titre ?
   A : ...
   B : Qu'est-ce qu'il y avait de si passionnant ?
   A : ...
   B : C'est très intéressant ! Tu me le prêteras quand tu l'auras fini ?
   A : ...

Clients dans une librairie à Lille

Possessives

Possessives are used to indicate that something belongs to someone. Four common constructions express possession in French: possessive adjectives, possessive pronouns, **être à**, and **de** + *noun*.

Adjective: Zut ! J'ai perdu mon manuel !
                Darn it! I lost my textbook!

Pronoun: Sers-toi du mien pour le moment. Le voici.
                Use mine for the time being. Here it is.

être à: Ce manuel n'est pas à toi ! Il est à moi ! Mon prénom est écrit sur la première page !
                This text isn't yours! It's mine! My name is written on the first page!

***de** + noun:*   Idiot ! C'est l'ancien bouquin de mon frère Jean ! Il a le même prénom que toi !
                Idiot! It's my brother John's old book! He has the same first name as you!

Possessive Adjectives

Masculine	Feminine	Plural	
mon	ma (mon)	mes	*my*
ton	ta (ton)	tes	*your*
son	sa (son)	ses	*his, her, its*
notre	notre	nos	*our*
votre	votre	vos	*your*
leur	leur	leurs	*their*

Agreement

Like all adjectives, the possessive adjectives agree in number and gender with the noun they modify.

Singular	Plural
notre livre	nos livres
our book	*our books*
leur place	leurs places
their seat	*their seats*
mon stylo	mes stylos
my pen	*my pens*

Note that the feminine singular has two forms. **Ma, ta,** and **sa** are used before feminine singular nouns or adjectives beginning with a consonant or aspirate **h. Mon, ton,** and **son** are used before feminine singular nouns or adjectives beginning with a vowel or mute **h.**

ma bibliothèque	mes bibliothèques
my library	*my libraries*
ma hache	mes haches
my ax	*my axes*
ton autre nouvelle	tes autres nouvelles
your other short story	*your other short stories*
mon héroïne	mes héroïnes
my heroine	*my heroines*
son costume	ses costumes
his (her) costume	*his (her) costumes*

Note in the preceding example that **son** and **ses** can mean either *his* or *her*, depending on the context.

French possessive adjectives are repeated before each noun; this is usually not the case in English.

Il oublie toujours son manuel et son cahier.
He always forgets his textbook and notebook.

The definite article expressing possession

1. The definite article is often used to express possession with parts of the body.

    Elles ont fermé les yeux pour ne pas voir.
    They shut their eyes in order not to see.

    Il a les cheveux roux.
    He has red hair.   OR   *His hair is red.*

    Elle a levé la tête pour mieux voir la scène.
    She raised her head to see the stage better.

2. When the subject performs an action on a part of his or her own body, a reflexive verb is used.

    Elle se lave les cheveux le matin.
    She washes her hair in the morning.

    Remember that in such constructions the part of the body is the direct object and the reflexive pronoun is the indirect object. Therefore, there is no agreement of the past participle in compound tenses, since the past participle does not agree with preceding indirect objects.

    Elles se sont lavé les cheveux.
    They washed their hair.

ACTIVITÉS

A. Traduisez en français et créez une phrase originale en employant les expressions dans la colonne de droite. Comparez vos réponses à celles d'un(e) camarade de classe.

1. My costume	est meilleur que mon livre de chevet.
2. Her writings	n'est plus représentée.
3. Their opinions	est belle.
4. Our play	est bien organisée.
5. Your bedside book	est originale.
6. Their ideas	est trop simple.
7. My painting	sont difficiles à comprendre.
8. Her essay	sont bêtes.
9. Our roles	sont faciles à jouer.
10. Your interpretation	représente la misère des mineurs.
11. His poetry	sont toujours intéressantes.
12. My troupe	a gagné un prix littéraire.

B. Remplacez les mots entre parenthèses par un **adjectif possessif** ou l'**article défini**. Lisez chaque phrase à haute voix. Comparez vos réponses à celles d'un(e) camarade de classe.

1. Bien que cet acteur joue bien _____ (*his*) rôles, je n'aime pas le caractère de _____ (*his*) personnages !

2. Ils se promènent le long de la Seine en parlant de _____ (*their*) poètes préférés.

3. Cette actrice sera obligée de se laver soigneusement _____ (*her*) visage pour enlever _____ (*her*) maquillage.

4. Comment ! Les spectateurs s'ennuyaient pendant la représentation de _____ (*his*) pièce !

5. Je relis souvent _____ (*my*) pièce et _____ (*my*) roman favoris.

6. Ils iront au théâtre avec vous pourvu que vous payiez _____ (*their*) places (*seats*).

7. J'admire beaucoup cette danseuse ! Elle lève _____ (*her*) mains et baisse _____ (*her*) tête avec tant de grâce !

8. Ce romancier s'identifie à _____ (*his*) héros et à _____ (*his*) héroïne.

9. _____ (*Our*) professeur et _____ (*our*) parents trouvent que cette œuvre érotique n'a pas de valeur littéraire, hélas.

C. Posez les questions suivantes à un(e) camarade de classe qui y répondra par une phrase complète au présent en employant une des expressions ci-dessous, selon le modèle. Faites l'activité à tour de rôle.

se calmer les nerfs	se laver le visage
se couper les ongles	se reposer la tête
s'essuyer le front	se couper le doigt
se teindre les cheveux	se laver les cheveux
se gratter le dos	

MODÈLE   **VOUS :**   Que fait-on avec une brosse à dents?

     CAMARADE :   *On se brosse les dents.*

Que fait-on avec :

1. une petite main en plastique ?
2. des ciseaux à ongles (*nail clippers*) ?
3. un shampooing / ʃɑ̃pwɛ̃ / ?
4. du savon ?
5. un oreiller (*pillow*) ?
6. un calmant (*tranquilizer*) ?
7. un couteau, si on ne fait pas attention ?
8. de la teinture (*dye*) ?
9. un mouchoir, s'il fait chaud ?

D. Traduisez en français, puis jouez les dialogues.

1. **A:** Do you like Flaubert?
   B: I adore his style but I don't like his characters, especially Madame Bovary, his most famous heroine.

2. **A:** Hurry up, please! We're late!
   B: One minute, I have to brush my teeth.
   A: But it's noon!
   B: I brush my teeth three times a day (*par jour*).

3. **A:** Did you wash your face this morning?
   B: Of course.
   A: Why do you have jam on your nose?
   B: I just had my breakfast, darling.

Le Louvre

Situé à Paris, le Louvre est le plus grand musée français et un des musées les plus riches du monde. Château médiéval (le roi Philippe Auguste en a commencé la construction en 1204) et palais des rois de France, le Louvre est un musée depuis deux siècles. Il contient une vaste collection d'œuvres datant de la naissance des grandes civilisations jusqu'à la première moitié du dix-neuvième siècle. Ces œuvres sont de toutes sortes : peintures, sculptures, tapisseries, poterie, etc. Le Louvre contient environ 6 000 peintures dont la plus célèbre est la *Joconde* (*Mona Lisa*).

Possessive Pronouns

Singular		Plural		
Masculine	**Feminine**	**Masculine**	**Feminine**	
le mien	la mienne	les miens	les miennes	*mine*
le tien	la tienne	les tiens	les tiennes	*yours*
le sien	la sienne	les siens	les siennes	*his, hers, its*
le nôtre	la nôtre	les nôtres	les nôtres	*ours*
le vôtre	la vôtre	les vôtres	les vôtres	*yours*
le leur	la leur	les leurs	les leurs	*theirs*

Possessive pronouns agree in number and gender with the thing possessed, irrespective of the gender of the possessor. The definite article contracts normally with **à** and **de**.

Cette place-ci est bien plus confortable que la mienne !
This seat is much more comfortable than mine!

Mon manuel coûte moins cher que le tien.
My textbook costs less than yours.

Elle s'intéresse plus à votre art qu'au sien.
She's more interested in your art than in his (hers).

être à + noun or disjunctive pronoun

The expression **être à** followed by a *noun* or *disjunctive pronoun* is used frequently to express ownership. It may be translated by a possessive pronoun or by the verb *to belong*.

Ce livre de poche est-il à vous ou à votre camarade de chambre ?
Does this paperback belong to you or your roommate?

Ce dessin est probablement à lui.
This drawing is probably his.

Note that **appartenir à** is a synonym for **être à**, and that it takes an indirect object pronoun.

Ce bouquin ne m'appartient pas; il lui appartient.
This book doesn't belong to me; it belongs to her (him).

L'Impressionnisme

L'impressionnisme était un mouvement artistique important pendant la dernière partie du dix-neuvième siècle, entre 1863 et 1900 environ. Voici comment Édouard Manet (1832–1883), un des pionniers du mouvement, en a décrit l'idée principale : « On ne fait pas un paysage, une marine, une figure : on fait l'impression d'une heure de la journée dans un paysage, dans une marine, sur une figure ». Autrement dit, les peintres impressionnistes, s'intéressaient au mouvement nuancé et fugitif de la lumière dans la nature. Parmi les peintres impressionnistes les plus connus étaient Claude Monet, Pierre-Auguste Renoir, Berthe Morisot, Camille Pissarro et Paul Cézanne.

Acrobates au Cirque du Soleil

ACTIVITÉS

A. Repérez (*Spot*) cinq ou six objets dans la salle de classe et demandez à un(e) camarade de classe à qui ils appartiennent, en employant l'expression **être à**, selon le modèle. Faites l'activité à tour de rôle.

> MODÈLE   VOUS :   À qui est ce bouquin ?
> CAMARADE :   *Il est à Georges (à Sophie, à moi).*

B. Posez les questions suivantes à un(e) camarade de classe qui y répondra par une phrase complète en employant un pronom possessif. Faites l'activité à tour de rôle.

1. Mes romans préférés sont les romans policiers. Quels sont les tiens ?
2. Ma maison est très petite. Comment est la maison de tes parents ?
3. Mon manuel est dans mes mains. Où est celui de Jean ?
4. Ma boisson préférée est le vin. Quelle est la tienne ?
5. Mon auteur préféré est Molière. Quel est le tien ?
6. Ma pauvre voiture est au garage ! Où est la tienne ?
7. Mon portefeuille (*wallet*), hélas, est vide ! Est-ce que le tien est vide aussi ?
8. Mon peintre favori est Monet. Quel est le tien ?

C. Traduisez en français, puis jouez les dialogues.
1. A: That book's mine!
   B: No, it's mine!
   A: Actually (*En fait*), it's Pierre's. It belongs to him.
   B: I'll take it, then. Pierre's my friend!

2. **A:** I have my textbook. Where's yours?
   B: At home.
   A: But you need yours to study.
   B: I'll use yours.
   A: But if you use mine, what will I use?
   B: You'll find a solution.
   A: What nerve (*Quel culot*)!

The expression *de* + noun

The structure **de** + *noun* is equivalent to the English expression *noun* + *'s* or *s'*. The preposition **de** contracts normally with a definite article.

Comment s'appelle la pièce de Sartre qui contient l'expression « l'Enfer, c'est les autres » ?
What's the name of Sartre's play that contains the expression "Hell is other people"?

Marcel Proust est le romancier préféré de mes parents.
Marcel Proust is my parents' favorite novelist.

Note that **chez** + *noun* or *disjunctive pronoun* means *at the home of* or *at the place of*. When referring to artists, it often means *in the works of*.

Avant d'aller au théâtre, nous dînons souvent chez les Dupont.
Before going to the theater, we often dine at the Duponts'.

Chez Balzac, il y a plus de deux mille personnages !
In Balzac's works, there are more than two thousand characters!

ACTIVITÉS

A. Créez des phrases originales en employant un mot ou une phrase de chaque colonne, selon le modèle. Faites l'accord de l'adjectif si nécessaire. Comparez vos réponses à celles d'un(e) camarade de classe.

MODÈLE   *Les interprétations de l'actrice sont bonnes.*

1. Les interprétations	du romancier		vif
2. Le maquillage	des critiques		assuré
3. L'intrigue	de Matisse		insupportable
4. Le point de vue	de la pièce	est	ridicule
5. Le roman	des acteurs	sont	intéressant
6. Le succès	de Voltaire		bête
7. Les costumes	du metteur en scène		bon
8. Les couleurs	de l'actrice		original

B. **Traduisez en français.**   Comparez vos réponses à celles d'un(e) camarade de classe, puis lisez-les à haute voix.

1. Do you know the title of Flaubert's famous novel?
2. If there is a rehearsal at the Smiths' tonight, I want to go.
3. Let's rehearse at our place.
4. The spectators applauded the performance of Racine's play, *Phèdre*.
5. What is the painter's name?
6. The play's characters don't interest me.
7. If an author's imagination is lively (*vif*), he will probably write interesting works.
8. Manet's painting *Déjeuner sur l'herbe* shocked the public.
9. Style is very important in that essayist's writings.
10. That new playwright's production is great!

Related Expressions

avoir mal à

1. The expression **avoir mal à** is used to indicate the precise part of the body that is sick. It is followed by the *definite article + the part of the body*. The preposition **à** contracts normally with the definite article.

   Tu as mal aux yeux parce que tu as lu trop longtemps.
   Your eyes hurt because you've read too long.

   Si les acteurs continuent à parler trop fort, j'aurai mal à la tête !
   If the actors continue to speak too loudly, I'll have a headache!

2. Note these common parts of the body:

la bouche	*mouth*	le menton	*chin*
le bras	*arm*	le nez	*nose*
les cheveux *m*	*hair*	l'œil *m*, les yeux *pl*	*eye, eyes*
la dent	*tooth*	l'oreille *f*	*ear*
le derrière	*behind*	le pied	*foot*
le doigt	*finger*	la tête	*head*
le dos	*back*	le ventre	*stomach*
la jambe	*leg*	le visage	*face*

être malade

The expression **être malade** means *to be sick*. It does not indicate a precise part of the body.

Elle a manqué la répétition parce qu'elle était malade.
She missed the rehearsal because she was sick.

ACTIVITÉS

A. Posez les questions suivantes à un(e) camarade de classe qui y répondra en employant l'expression **avoir mal à**. Faites l'activité à tour de rôle.

Où auras-tu mal...

1. si tu cours trop ?
2. si tu essaies de soulever (*lift*) un objet trop lourd ?
3. si tu restes assis(e) trop longtemps dans la même position ?
4. si tu entends un bruit très aigu (*shrill*) ?
5. si tu surfes trop longtemps sur le net ?
6. si tu bois trop de bière ?
7. si tu manges comme un cochon ?
8. si tu danses toute la soirée ?
9. si tu te bats avec un type (*guy*) très fort ?
10. si tu manges des bonbons tous les jours ?

B. Traduisez en français. Comparez vos réponses à celles d'un(e) camarade de classe, puis lisez-les à haute voix.

1. He has a stomach ache because he drank five cups of coffee last night.
2. The actress who forgot her lines was probably sick.
3. The audience booed so frequently that I got a headache.
4. I can't go tonight because I'm very ill.
5. We rehearsed for (*pendant*) eight hours. My feet, my back, and my legs hurt!

DISSERTATION (première partie) : REMUE-MÉNINGES

Réfléchissez aux questions suivantes, puis répondez-y brièvement en prenant quelques notes. En classe vous allez discuter vos réponses et vos idées avec un(e) camarade de classe. Dans votre discussion essayez de noter les expressions que vous pourrez utiliser éventuellement dans la *Dissertation (seconde partie)* (voir p. 320).

L'art

1. Est-ce que vous savez apprécier la peinture ? Quels sont les critères dont vous vous servez dans votre appréciation ?
2. Quel genre de peinture préférez-vous ? Quels sont vos peintres favoris ?
3. À votre avis, pourquoi un peintre peint-il ? Qu'est-ce qu'il cherche à exprimer (*express*) ?

La scène

1. Est-ce que vous appréciez le théâtre ? Quels aspects du théâtre vous intéressent le plus ?
2. Allez-vous souvent au théâtre ? Quels auteurs dramatiques ou quelles pièces aimez-vous ? Pourquoi ?
3. Quelles différences importantes voyez-vous entre une pièce de théâtre et une peinture ?

La littérature

1. Quelle sorte de lecture préférez-vous : biographie, poésie, pièces de théâtre, romans, œuvres historiques, essais ? Pour quelles raisons ?
2. Possédez-vous une bibliothèque personnelle ? Quels en sont les titres les plus importants ?
3. Quelles différences importantes voyez-vous entre une peinture, une pièce de théâtre et une oeuvre littéraire ?

Prepositions

French prepositions often have exact English equivalents.

> Qui a caché mon livre de poche **sous** la table ?
> *Who hid my paperback **under** the table?*

> Elle est allée **avec** lui.
> *She went **with** him.*

But the use of many prepositions differs significantly from English. In some cases a preposition is used with a verb in French where none is used in English, and vice versa. In other cases, the same verb requires one preposition in French and another one in English.

> Ce jeune romancier **refuse de** se critiquer.
> *This young novelist **refuses** to criticize himself.*

> Je ne peux pas **attendre** l'entracte.
> *I can't **wait for** intermission.*

> Comme elle joue bien ! Elle **tient de** sa mère !
> *How well she acts! She **takes after** her mother!*

In French, prepositions may be followed by nouns, pronouns, or verbs. Phrases composed of a *preposition + noun* or *pronoun* are called prepositional phrases.

La Comédie-Française

Fondée en 1680 par ordre du roi Louis XIV, la Comédie-Française est la salle de théâtre la plus connue de France. Aujourd'hui son répertoire consiste en les pièces classiques d'auteurs tels que Molière, Racine, Corneille, Musset et Marivaux. Les pièces de Molière y ont été représentées plus de 32 000 fois depuis 1680, et chaque saison il y a toujours au moins une pièce de Molière à l'affiche (*on the program*).

Prepositions Followed by Nouns or Pronouns

Simple prepositions

à	*to, at, in*	malgré	*in spite of*
après	*after*	par	*by*
avant	*before*	parmi	*among*
avec	*with*	pour	*for*
chez	*at the home, at the place of*	sans	*without*
contre	*against*	sauf	*except*
dans	*in, into*	selon	
de	*of, from*	suivant	*according to*
derrière	*behind*	d'après	
dès	*from + temporal expression + on*	sous	*under*
devant	*in front of*	sur	*on*
entre	*between*		

Si je m'assieds derrière cette colonne, je ne verrai pas la scène.
If I sit behind this column, I won't see the stage.

Selon les critiques, la nouvelle pièce à la Comédie-Française est un four.
According to the critics, the new play at the Comédie-Française is a flop.

Dès maintenant, je vais visiter un musée par mois.
From now on, I'm going to visit one museum a month.

Compound prepositions

à cause de	*because of*	autour de	*around*
à côté de	*beside, next to*	en dépit de	*despite*
à l'égard de	*regarding, about*	en face de	*opposite*
au sujet de		jusqu'à	*as far as, until*
à l'insu de	*unbeknownst to, without knowing*	le long de	*along*
au-delà de	*beyond*	loin de	*far from*
au lieu de	*instead of*	près de	*near*
au milieu de	*in the middle of*	quant à	*as for*

The end prepositions **de** and **à** contract normally with the definite article.

Est-il possible de trouver une place au milieu de la salle de théâtre ?
Is it possible to find a seat in the middle of the theatre?

Elle va devenir actrice en dépit des protestations de ses parents !
She is going to become an actress despite her parents' protests!

Do not confuse the preposition **à cause de**, meaning *because of*, with the conjunction **parce que**, meaning *because*. The preposition **à cause de** is followed by a noun or pronoun, whereas the conjunction **parce que** is followed by a clause.

> J'aime ce roman à cause de l'intrigue intéressante.
> *I like this novel because of the interesting plot.*

> J'aime ce roman parce que l'intrigue est intéressante.
> *I like this novel because the plot is interesting.*

ACTIVITÉS

A. Traduisez en français les mots entre parenthèses. Comparez vos réponses à celles d'un(e) camarade de classe, puis lisez-les à haute voix.

1. Il aime beaucoup les impressionnistes _____ (*because of their colors*).
2. Quelle chance ! Il est assis _____ (*between two beautiful girls*) !
3. J'admire tous les personnages dans ce roman _____ (*except the hero*).
4. _____ (*Unbeknownst to my best friends*), j'étais un poète publié.
5. Mon professeur est _____ (*against*) l'art pour l'art.
6. J'étais assis si _____ (*far from the stage*) que je n'ai entendu que des murmures.
7. Le monsieur _____ (*next to me*) sifflait si souvent que j'ai dû lui demander d'arrêter.
8. Dans cette farce, il y avait des acteurs partout : _____ (*on stage, in front of the stage, behind the stage, and under the stage*) !
9. Les acteurs répètent leurs rôles dans une salle _____ (*opposite the theater*).
10. Cet écrivain a des idées originales _____ (*regarding his writings*).

À la terrasse du café célèbre, Les Deux Magots

11. Cette artiste réussira _____ (*because*) elle est vraiment exceptionnelle.
12. Je ne comprends pas pourquoi le metteur en scène a choisi ce mauvais acteur _____ (*instead of you*) !
13. Mon frère, qui se passionne pour le théâtre, compte suivre cette troupe _____ (*as far as Paris*).
14. Dans ce spectacle, l'action a lieu _____ (*among the spectators*).

B. Traduisez en français. Comparez vos réponses à celles d'un(e) camarade de classe, puis lisez-les à haute voix.

1. We couldn't hear because they were booing.
2. She likes Rabelais because of his humor (*humour*).
3. I bought that seascape because of you.
4. The audience applauded wildly because the play was excellent.
5. He won't read it because he doesn't like love stories.

C. Traduisez les mots entre parenthèses, puis jouez le dialogue.

A : (*According to*) ce critique, ma nouvelle pièce est (*without*) valeur.
B : (*Between us*), ce critique est bête ! Il possède toutes les qualités (*except*) l'intelligence !
A : C'est vrai, mais (*because of*) lui ma pièce ne réussira pas.
B : Mais non ! Elle réussira (*despite*) lui !

D. Créez un dialogue original en employant au moins trois prépositions et des mots et expressions du *Vocabulaire du thème*. Voici quelques scénarios possibles :

1. Vous êtes assis près d'un homme qui n'arrête pas de parler pendant la pièce de théâtre.
2. Votre ami a peur de se présenter pour une audition, et vous décidez de l'encourager.
3. Vous êtes sur scène et votre partenaire oublie son texte.

French equivalents of English prepositions

In some cases, two or more French prepositions may be used to render one English preposition.

1. **Avec, de, à** meaning *with*

   a. **Avec** means *with* in most cases.

   Pourquoi êtes-vous allé au théâtre avec ma meilleure amie ?
   Why did you go to the theater with my best friend?

   b. **De** means *with* after expressions of satisfaction and dissatisfaction, and after certain past participles.

content(e) de	*pleased with*	couvert(e) de	*covered with*
satisfait(e) de	*satisfied with*	entouré(e) de	*surrounded with (by)*
mécontent(e) de	*dissatisfied with*	rempli(e) de	*filled with*
chargé(e) de	*loaded with*		

Cette actrice est satisfaite de son rôle.
That actress is satisfied with her part.

Quel succès ! L'actrice est entourée d'admirateurs !
What a hit! The actress is surrounded with (by) admirers!

La scène est couverte de bouquets de fleurs.
The stage is covered with bouquets.

c. **à** + *definite article* means *with* in expressions denoting distinguishing characteristics.

Cette actrice aux longs cheveux noirs a l'air séduisante.
This actress with long black hair looks attractive.

Ce monsieur au chapeau gris est un peintre connu.
That gentleman with (in) the gray hat is a well-known painter.

2. **En** and **dans** meaning *in* with temporal expressions

a. **En** stresses the duration of time needed to perform an action. It is often synonymous with *within* in English.

Robert compte terminer ce roman en un jour !
Robert intends to finish that novel in (within) one day!

b. **Dans** stresses the moment an action is to begin.

Le musée va ouvrir dans cinq minutes.
The museum is going to open in five minutes.

3. **Pendant** and **depuis** meaning *for*

a. **Pendant** expresses duration. It means *for* in the sense of *during* and, like *for* in English, it is often omitted in French.

J'ai attendu (pendant) dix minutes.
I waited (for) ten minutes.

Pour usually replaces **pendant** after verbs of motion.

Cette troupe est venue pour une semaine seulement.
This troupe has come for one week only.

b. **Depuis** means *for* when used with verbs in the present or imperfect. It expresses continuous duration, which is rendered by the present perfect or the past perfect in English: *I have (had) been reading for* . . .

Nous sommes dans cette librairie depuis deux heures et vous n'avez rien acheté !
We've been in this bookstore for two hours and you've bought nothing!

Je le lisais depuis dix minutes quand je me suis endormi.
I had been reading it for ten minutes when I fell asleep.

Depuis also means *for* when it is used with a negative verb in the **passé composé**. It indicates how long it has been since an action took place.

Je ne suis pas allé à un musée depuis des années.
I haven't been to a museum for years.

Je n'ai pas lu de roman depuis six mois.
I haven't read a novel for six months.

ACTIVITÉS

A. Traduisez en français les mots entre parenthèses. Comparez vos réponses à celles d'un(e) camarade de classe, puis lisez-les à haute voix.

1. Nous sommes dans le théâtre _____ (*for twenty minutes*) et il n'y a toujours personne.
2. Cette jeune actrice _____ (*with blue eyes*) me plaît énormément.
3. Comment ! Vous ne pouvez pas lire ce petit bouquin _____ (*in one hour*) ?
4. Le public n'est pas du tout satisfait _____ (*with his exhibition*).
5. J'ai assisté à quatre représentations théâtrales _____ (*during my stay*) à Londres.
6. Le peintre n'a pas changé de modèle _____ (*for years*).
7. Il devrait être très content _____ (*with his hit*).
8. J'ai mal aux oreilles parce que les spectateurs ont applaudi _____ (*for five minutes*) !
9. J'ai eu peur _____ (*during the reading*) des nouvelles de Maupassant.
10. La Comédie-Française va venir aux États-Unis _____ (*for two months*).
11. Comment s'appelle le personnage _____ (*with a long nose*) qui n'ose pas déclarer son amour à Roxane ?
12. L'artiste a fini ce dessin _____ (*in three hours*).
13. Elle fait de la peinture _____ (*for three hours*) et elle n'est pas du tout fatiguée.
14. Le texte de la pièce était rempli _____ (*with errors*).
15. Je n'ai pas assisté à une exposition _____ (*for a long time*).
16. La musique de cette comédie musicale ne va pas du tout _____ (*with the decor*).
17. Nous partons _____ (*in five minutes*).

B. Traduisez en français, puis jouez les dialogues.
1. **A:** Who are you going to the exhibition with?
   B: Julie.
   A: Julie?
   B: My friend with blond hair.
   A: Her? You haven't seen her for weeks!
   B: She can be a little difficult, but I like to go out with her.
2. **A:** Hurry up! The play's beginning in an hour.
   B: I'm getting dressed . . .
   A: But you've been getting dressed for two hours!
   B: It's a long play!
   A: ???

Prepositions Following Verbs

Two kinds of verbs are followed by prepositions in French: verbs that are followed by **à** or **de** before an infinitive (though many verbs take no preposition at all), and verbs that require certain prepositions before a noun or pronoun.

Verbs followed by *à* before an infinitive

aider à *to help*	encourager à *to encourage*
s'amuser à *to amuse oneself, to have fun*	enseigner à *to teach*
avoir à *to have to (do something)*	s'habituer à *to get used to*
apprendre à *to learn; to teach how to*	inviter à *to invite*
arriver à *to succeed*	se mettre à *to begin, to start*
hésiter à *to hesitate*	recommencer à *to begin again*
commencer à[1] *to begin*	réussir à *to succeed*
consentir à *to consent*	songer à *to think; to dream*
continuer à[1] *to continue*	tarder à *to delay*

Invitons les Mercier à nous accompagner au théâtre.
Let's invite the Merciers to come to the theater with us.

Elle n'a pas réussi à terminer le nouveau best-seller.
She didn't succeed in finishing the new best seller.

Verbs followed by *de* before an infinitive

s'agir de *to be a question of*	essayer de *to try*
avoir peur de *to be afraid of*	finir de *to finish*
cesser de *to stop*	oublier de *to forget*
commencer de *to begin*	refuser de *to refuse*
continuer de *to continue*	regretter de *to regret*
craindre de *to fear*	remercier de *to thank*
décider de *to decide*	tâcher de *to try*
se dépêcher de *to hurry*	

Il s'agit de regarder très attentivement.
It's a question of looking very closely.

Elle a décidé de sortir deux livres de la bibliothèque.
She decided to take out two books from the library.

---

[1] The verbs **commencer** and **continuer** may also be followed by **de**.

Verbs that take no preposition before an infinitive

Many common verbs require neither **à** nor **de** before an infinitive. These verbs are followed directly by the infinitive.

aimer *to like*	devoir *to have to, ought*
aimer mieux *to prefer*	entendre *to hear*
aller *to go*	espérer *to hope*
compter *to intend*	faire *to do; to make*
croire *to believe*	falloir *to be necessary*
désirer *to desire; to wish*	laisser *to leave; to let*
oser *to dare*	sembler *to seem*
paraître *to appear*	venir *to come*
pouvoir *to be able, can*	voir *to see*
préférer *to prefer*	vouloir *to want; to wish*
savoir *to know, to know how*	

Savez-vous critiquer une pièce ?
Do you know how to critique a play?

Cet auteur préfère vivre dans son imagination.
This author prefers to live in his imagination.

Henri Matisse, le pinceau (brush) **à la main**

ACTIVITÉS

A. Testez-vous les un(e)s les autres ! En choisissant parmi les trois groupes de verbes ci-dessus (*above*), chaque étudiant(e) prépare une liste de dix verbes qu'il (qu'elle) apporte en classe. Un(e) étudiant(e) lit ses verbes, un à un, à un(e) autre étudiant(e) qui répond le plus vite possible par « **à** », « **de** » ou « **rien** ». Tous les livres sont fermés pendant l'activité.

B. Traduisez les verbes entre parenthèses. Ajoutez **à** ou **de** s'il y a lieu. Comparez vos réponses à celles d'un(e) camarade de classe.

1. Il _____ (*decided*) sortir un roman de Camus de la bibliothèque.
2. Elle _____ (*hopes*) assister à la nouvelle représentation de *Tartuffe*.
3. Cet auteur célèbre _____ (*continues*) choquer le public avec ses romans pornographiques !
4. Il _____ (*prefers*) lire les biographies parce qu'il aime les histoires vraies.
5. Zut ! Je _____ (*forgot*) demander le nom du type que j'ai rencontré au spectacle !
6. Nous _____ (*will begin*) applaudir dès que le deuxième acte sera terminé.
7. L'intrigue _____ (*ceased*) m'intéresser au moment où elle est devenue trop compliquée.
8. La troupe _____ (*will finish*) répéter demain ou après-demain.
9. Est-ce que la littérature _____ (*should*) plaire ou instruire ?
10. Cet auteur _____ (*didn't succeed*) créer l'illusion de la vie réelle dans son nouveau roman.
11. À l'université, il _____ (*learned*) faire du dessin mais il _____ (*didn't learn*) faire de la peinture.
12. Je _____ (*tried*) trouver la pièce *Le Cid* de Corneille à la bibliothèque municipale.
13. Elle _____ (*hesitated*) acheter le nouveau best-seller parce qu'il était très cher.
14. Je suis contente que le public _____ (*refused*) applaudir ce four !
15. Il _____ (*had to*) lire une pièce de Sartre pour son cours de littérature française.
16. Elle _____ (*dared*) me dire que la littérature était plus intéressante que la télévision !
17. _____ (*Let's hurry*) trouver nos places avant que la pièce commence !
18. Je vous _____ (*will help*) connaître les techniques essentielles de la peinture.
19. Notre professeur nous _____ (*encouraged*) lire les pièces et les romans de Samuel Beckett.
20. _____ (*Would you like*) aller voir cette comédie musicale avec moi la semaine prochaine ?

C. Demandez à un(e) camarade de classe...

1. ce qu'il (elle) refuse de faire.
2. ce qu'il (elle) oublie souvent de faire.
3. qui il (elle) aimerait inviter à dîner.
4. s'il (si elle) arrive à comprendre un film français.
5. s'il (si elle) a jamais essayé de jouer dans une pièce de théâtre.
6. s'il (si elle) sait dessiner (écrire une dissertation, peindre).
7. s'il (si elle) a beaucoup de choses à faire ce soir.

Verbs followed by *à* + noun and *de* + infinitive

Some French verbs that are followed by **de** + *infinitive* also take an indirect object.

conseiller à quelqu'un de   *to advise someone to*
défendre à quelqu'un de   *to forbid someone to*
demander à quelqu'un de   *to ask someone to*
dire à quelqu'un de   *to tell someone to*
écrire à quelqu'un de   *to write someone to*
ordonner à quelqu'un de   *to order someone to*
permettre à quelqu'un de   *to permit, allow someone to*
promettre à quelqu'un de   *to promise someone to*

Son professeur de chimie a conseillé à Jean de suivre au moins un cours de littérature française.
His chemistry professor advised John to take at least one French literature course.

Mon ami m'a demandé d'acheter un billet.
My friend asked me to buy a ticket.

Je lui ai promis de ne pas être en retard pour la représentation.
I promised him (her) not to be late for the performance.

ACTIVITÉS

A. Imaginez que vous êtes la mère ou le père de Caroline, une enfant de dix ans. Qu'est-ce que vous lui permettez de faire et qu'est-ce que vous ne lui permettez pas de faire ? Répondez selon le modèle. Faites l'activité à tour de rôle avec un(e) camarade de classe.

MODÈLE   VOUS :   regarder la télé pendant des heures
CAMARADE :   *Je lui permets de regarder la télé pendant des heures.   ou :*
Je ne lui permets pas de regarder la télé pendant des heures.

1. jouer avec ses amies
2. se coucher à minuit
3. manger beaucoup de bonbons
4. se maquiller
5. lire des livres pour enfants
6. lire des magazines de mode
7. sortir seule en ville
8. acheter des CD
9. fumer des cigarettes
10. surfer sur le net

B. Qu'est-ce que vous conseillez aux personnes suivantes de faire ou de ne pas faire ? Faites l'activité à tour de rôle avec un(e) camarade de classe.

MODÈLE   VOUS :   à un acteur qui joue mal
CAMARADE :   *Je lui conseille de répéter beaucoup.   ou :*
Je lui conseille de ne pas jouer.

1. à quelqu'un qui suit un régime ?
2. à une menteuse ?
3. à un alcoolique ?
4. à quelqu'un qui a mal à la tête (au ventre) ?

5. à quelqu'un qui a beaucoup d'imagination ?
6. à quelqu'un qui a joué au tennis pendant deux heures ?
7. à une actice qui a le trac ?
8. à un auteur qui vient de gagner le prix Goncourt ?
9. à un plombier qui veut devenir poète ?
10. à une artiste qui a perdu son inspiration ?

C.   Traduisez en français.   Comparez vos réponses à celles d'un(e) camarade de classe, puis lisez-les à haute voix.

1. Ask your French professor to recommend a good bedside book.
2. Promise me to come to my exhibition.
3. I advise you to rehearse every day.
4. My parents forbid me to read the novels of the Marquis de Sade!
5. The director ordered the actor to begin.
6. Will you permit me to play the main (*principal*) character in your play?
7. If I criticize her poetry, she tells me to shut up.
8. I told the director I had stage fright.

Some other verbs and prepositions

1.   Some common verbs take a preposition in English but none in French.

attendre	*to wait for*	écouter	*to listen to*
chercher	*to look for*	payer	*to pay for*
demander	*to ask for*	regarder	*to look at*

Allez-vous écouter l'opéra de Bizet à la radio ce soir ?
Are you going to listen to the Bizet opera on the radio tonight?

Je vous attends depuis deux heures !
I have been waiting for you for two hours!

ACTIVITÉS

A.   Demandez à un(e) camarade de classe...

1. s'il (si elle) paie toujours ses dettes.
2. s'il (si elle) attend le professeur quand le professeur est en retard. Si oui, demandez-lui combien de temps il (elle) l'attend.
3. s'il (si elle) cherche des disputes (le bonheur, un nouveau dentiste, une nouvelle bicyclette).
4. avec qui il (elle) aime regarder la lune.

B.   Traduisez en français.   Comparez vos réponses à celles d'un(e) camarade de classe, puis lisez-les à haute voix.

1. I'm looking for a good novel.
2. The director is asking for you.
3. Don't listen to that awful critic!

4. We've been waiting for them for three hours.

5. That girl refuses to pay for her books.

6. Look at that!

7. Listen to your friends.

8. Wait for me!

9. What are you listening to?

10. Pay for this but don't pay for that.

2. Some common verbs take a preposition in French but none in English.

s'approcher de   *to approach*   obéir à   *to obey*
assister à   *to attend*   plaire à   *to please*
changer de   *to change*   se rendre compte de   *to realize*
douter de   *to doubt*   répondre à   *to answer*
se douter de   *to suspect (the existence of)*   résister à   *to resist*
entrer dans   *to enter*   ressembler à   *to resemble*
se fier à   *to trust*   se servir de   *to use*
se marier avec   *to marry*   se souvenir de   *to remember*
se méfier de   *to distrust*   téléphoner à   *to telephone*

L'enfant se fie à elle et il lui obéit.
The child trusts her and he obeys her.

Je téléphone souvent à mes parents.
I often phone my parents.

The prepositions **de** and **à** contract normally with the definite article.

Elle ne veut pas assister aux représentations de cette troupe.
She doesn't want to attend the performances of that troupe.

ACTIVITÉS

A. Demandez à un(e) camarade de classe...

1. avec quelle sorte de personne il (elle) aimerait se marier.

2. avec quelle sorte de personne il (elle) n'aimerait pas se marier.

3. à quelle(s) tentation(s) il (elle) ne peut pas résister.

4. quelle sorte de romans lui plaisent.

5. s'il (si elle) assiste régulièrement à tous ses cours.

6. s'il (si elle) se fie à ses meilleurs amis.

7. s'il (si elle) doute quelquefois de son talent.

8. à qui il (elle) ressemble.

9. s'il (si elle) se sert de ses mains pour manger.

10. s'il (si elle) obéit à sa conscience (aux agents de police).

11. s'il (si elle) se souvient de son premier amour.

12. s'il (si elle) téléphone au président.

B.   Traduisez en français, puis jouez les dialogues.

1. **A:** I'm going to marry a man who resembles my father.
   B: Oh, really (*Ah, oui*)?

2. **A:** Our director doesn't please me.
   B: Why not?
   A: I doubt his sincerity, and he's always changing his mind (*changer d'avis*).
   B: Is that all?
   A: No. He dares to say I have to practice more (*davantage*).
   B: I'm beginning to understand . . .

3. Some common verbs take one preposition in French and another in English.

   dépendre de   *to depend on*
   se fâcher, se mettre en colère contre   *to get angry with*
   s'intéresser à   *to be interested in*
   s'occuper de   *to busy oneself with; to attend to*
   remercier de, remercier pour   *to thank for*
   rire de   *to laugh at*
   tenir de   *to take after (resemble)*

   Je m'intéresse beaucoup à la philosophie de Sartre.
   I'm very interested in Sartre's philosophy.

   Je vous remercie du livre que vous m'avez donné comme cadeau.
   I thank you for the book that you gave me as a gift.

   Allez-vous vous occuper des costumes ?
   Are you going to attend to the costumes?

ACTIVITÉS

A.   Posez les questions suivantes à un(e) camarade de classe qui y répondra par une phrase complète. Faites l'activité à tour de rôle.

1. De qui ou de quoi les personnes suivantes s'occupent-elles : les infirmières ? les parents ? les jardiniers ? les acteurs ? les auteurs ? les artistes?
2. De qui ou de quoi riez-vous (ne riez-vous pas) ?
3. De qui tenez-vous ?
4. De qui dépendez-vous ?
5. Vous mettez-vous quelquefois en colère contre le gouvernement (le professeur, le destin, vous-même) ? Si oui, pourquoi ?
6. Nommez trois choses auxquelles vous vous intéressez.

B. Traduisez les mots entre parenthèses en faisant tous les autres changements nécessaires. Comparez vos réponses à celles d'un(e) camarade de classe, puis lisez-les à haute voix.

MODÈLE   Elle *s'intéresse à* (*is interested in*) la poésie.

1. Vous ne devriez pas _____ (*get angry with him*) tout simplement parce qu'il est impoli !
2. Tu _____ (*laugh at*) tout le monde mais tu ne veux pas qu'on _____ (*laugh at*) toi.
3. La qualité de la lecture _____ (*depends on*) la qualité du lecteur.
4. Vous _____ (*don't take after*) votre mère.
5. Il _____ (*will thank you for*) votre conseil.
6. On _____ (*is interested in the*) théâtre parce qu'on a l'habitude de jouer des rôles dans la vie.
7. _____ (*Don't get angry with*) moi si je vous dis que vous êtes un critique sans goût.
8. Moi, je _____ (*attend to the*) décor tandis que lui _____ (*attends to the*) costumes.

C. Traduisez en français, puis jouez le dialogue.

A: Do you take after your father or your mother?
B: That depends.
A: That depends on what?
B: On my parents. When my father gets angry with me, I take after my mother, and when my mother gets angry with me, I take after my father!

4. Some common French verbs may be followed by either **à** or **de**.

a. The verb **jouer à** means *to play a game;* **jouer de** means *to play a musical instrument.*

Vous ne devriez pas jouer au bridge pendant la répétition !
You shouldn't play bridge during rehearsal!

C'est mon frère qui joue de la guitare dans la comédie musicale.
It's my brother who plays the guitar in the musical.

Ma sœur joue de la trompette et de la clarinette.
My sister plays the trumpet and the clarinet.

Quelques citations

Une preuve infaillible de la supériorité d'une nation dans les arts de l'esprit, c'est la culture perfectionnée de la poésie. (Voltaire)

Il faut que la peinture serve à autre chose qu'à la peinture. (Henri Matisse)

Il ne s'agit pas de peindre la vie, mais de rendre vivante la peinture. (Pierre Bonnard)

Il y a dans la peinture quelque chose de plus, qui ne s'explique pas, qui est essentiel. (Pierre-Auguste Renoir)

b. The verb **manquer à** means *to miss someone, to feel the absence of someone.* When the French sentence is translated into English, subject and object are reversed.

Simone manque à Jean-Paul.
Jean-Paul misses Simone. (lit., Simone is lacking to Jean-Paul.)

Il m'a beaucoup manqué.
I missed him very much. (lit., He was very much lacking to me.)

Manquer de means *to lack something.*

Ce jeune peintre manque de talent.
This young painter lacks talent.

But when **manquer** is followed directly by a direct object, it means *to miss* in the sense of *not to catch or hit.*

J'ai manqué le dernier acte.
I missed the last act.

Il a lancé un œuf qui m'a manqué !
He threw an egg that missed me!

c. The verb **penser à** means *to think of* in the sense of *to reflect about.*

À quoi pensez-vous ? — Je pense à mon prochain livre !
What are you thinking about? —I'm thinking about my next book!

But **penser de** means *to think of* in the sense of *to have an opinion about.*

Que pensez-vous de cette comédienne ? — Je la trouve brillante !
What do you think of that actress? —I find her brilliant!

Jean-Paul Belmondo dans le rôle de Cyrano de Bergerac

d. The verb **échapper à** means to escape in the sense of to avoid or to elude.

En général, les héros échappent à la mort.
In general, heroes escape (avoid) death.

Le nom de cet artiste m'échappe.
That artist's name escapes (eludes) me.

But the reflexive verb **s'échapper de** usually means to escape from an enclosed space.

L'acteur, sifflé, s'est échappé du théâtre.
The actor, booed, escaped from the theater.

Le criminel dans cet opéra s'échappe de prison.
The criminal in this opera escapes from prison.

ACTIVITÉS

A. Traduisez en français les mots entre parenthèses en faisant tous les autres changements nécessaires. Comparez vos réponses à celles d'un(e) camarade de classe, puis lisez-les à haute voix.

1. Cet acteur _____ (*plays the piano and the guitar*).
2. Que _____ (*do you think of*) la représentation de l'*Avare* à la Comédie-Française ?
3. L'héroïne _____ (*escaped*) une mort certaine.
4. Voudriez-vous _____ (*to play tennis*) avec moi ?
5. Ce jeune peintre _____ (*lacks*) confiance.
6. Quand je commence à _____ (*to think about*) ce spectacle, j'ai envie de pleurer !
7. Ne comprenant pas très bien le français, je _____ (*escaped*) la Comédie-Française pendant l'entracte.
8. Dites-moi franchement ce que _____ (*you think of*) ma poésie.
9. _____ (*Let's play cards*) ce soir.
10. Ce critique de théâtre _____ (*lacks*) respect pour nos acteurs.
11. Les défauts de la pièce _____ (*escaped the public*).

B. Traduisez en français en employant **manquer** ou **manquer à**. Comparez vos réponses à celles d'un(e) camarade de classe, puis lisez-les à haute voix.

1. Napoleon misses Josephine.
2. Josephine doesn't miss Napoleon.
3. I miss you a lot.
4. We missed the plane.
5. Will you miss me tomorrow?
6. Do you miss your dentist?
7. Fortunately the tomato (*la tomate*) missed me!
8. I missed rehearsal!

Related Expressions

Expressions of means of locomotion

As a rule, the preposition **à** is used if one rides *on* the means of locomotion, and **en** if one rides *in* it.

à bicyclette *by bicycle*	en avion *by plane*
à cheval *on horseback*	en bateau *by boat*
à moto *by motorcycle*	en diligence *by stagecoach*
à pied *on foot*	en métro *by subway*
à vélo *by bike*	en taxi *by taxi*
en autobus *by bus*	en train *by train*
en autostop *by hitchhiking*	en voiture *by car*

ACTIVITÉS

A. Demandez à un(e) camarade de classe de quel(s) moyen(s) de transport il (elle) se servirait pour aller aux endroits suivants. Faites l'activité à tour de rôle.

> MODÈLE **VOUS :**   Pour aller en France ?
>
> **CAMARADE :** *J'irais en avion (en bateau).*

1. Pour aller à l'université ?
2. Pour aller au théâtre à New York ?
3. Pour rendre visite à un ami qui habite dans la même rue ?
4. Pour aller faire un pique-nique à la campagne ?
5. Pour aller en Angleterre ?
6. Pour visiter des monuments à Paris ?
7. Pour aller en Californie en 1700 ? en 1849 ? en 1950 ?

B. Posez les questions suivantes à un(e) camarade de classe qui y répondra par une phrase complète. Faites l'activité à tour de rôle.

1. Où vas-tu à bicyclette ?	4. Où vas-tu à pied ?
2. Où vas-tu en avion ?	5. Où vas-tu en taxi ?
3. Où vas-tu en autobus ?	6. Où vas-tu en train ?

C. Si on veut faire un long voyage, quel est le moyen de transport le moins cher ? le moyen de transport le plus snob ? le plus sain ? le moins dangereux ? le plus reposant ? le plus bruyant ? celui qui pollue le moins ? Comparez vos réponses à celles d'un(e) camarade de classe.

Synthèse

Activités d'ensemble

I. Répondez en français par une phrase complète. Comparez vos réponses à celles d'un(e) camarade de classe.

1. Quel est votre comédien favori ?
2. Pouvez-vous nommer une pièce de Molière ?
3. Quand avez-vous généralement mal à la tête ?
4. Invitez-vous souvent vos amis chez vous ? Pourquoi ou pourquoi pas ?
5. Avez-vous été souvent malade ce semestre ?
6. Aimez-vous mieux les notes de votre camarade de chambre ou les vôtres ?
7. La voiture que vous conduisez actuellement est-elle à vous ou à vos parents ?
8. Quel est votre livre de chevet en ce moment ?
9. Quelle est votre pièce favorite ? votre roman favori ?

II. Répondez en français par une phrase complète. Comparez vos réponses à celles d'un(e) camarade de classe.

1. Combien avez-vous payé vos livres ce semestre ?
2. De quel instrument jouez-vous ?
3. À quel sport jouez-vous ?
4. À qui ressemblez-vous ?
5. Qui est-ce qui vous manque le plus ce semestre ? Qui est-ce qui vous manque le moins ?
6. De qui tenez-vous ?
7. De quoi vous servez-vous pour écrire une composition ?
8. En combien de temps pouvez-vous lire un roman de trois cents pages ?
9. Pendant combien de temps comptez-vous rester à l'université ?

III. Remplacez les tirets par **à** ou **de** s'il y a lieu. Comparez vos réponses à celles d'un(e) camarade de classe, puis lisez-les à haute voix.

1. A-t-il essayé _____ jouer dans une pièce ?
2. Elle commence _____ prendre des leçons de peinture.
3. Ose-t-il _____ parler au metteur en scène ?
4. Ils n'ont pas fini _____ applaudir.
5. N'oubliez pas _____ lire la critique !
6. Elle s'amuse _____ lire mes poèmes.
7. Il a réussi _____ jouer un rôle difficile.
8. Ils refusaient _____ répéter.
9. Nous avons peur _____ avoir le trac.
10. Je dois _____ cesser _____ critiquer ses écrits !

IV. **Traduisez en français.** Comparez vos réponses à celles d'un(e) camarade de classe, puis lisez-les à haute voix.

1. *His last role lacked life, but it wasn't totally dull* (ennuyeux).
2. *The book in your room belongs to me.*
3. *This bad play escaped the critics' ridicule* (le ridicule).
4. *The actress's face was covered with makeup.*
5. *My professor allowed me to read one of Jules Verne's books instead of another work.*
6. *His novels pleased me so much that I decided to ask for his plays at the bookstore.*
7. *I go to the theater because I can't resist it!*
8. *How can we escape this awful* (affreux) *exhibition?*
9. *I had to read Proust's novel very attentively because the style was difficult.*
10. *The play was a flop for many reasons: the plot was not good, the actors didn't know their lines, and the scenery and costumes lacked style.*
11. *I liked the actress with black hair and blue eyes!*
12. *Virginie washed her hair because she was going out with Paul.*
13. *I haven't painted for months!*

Sujets de discussion

1. Vrai ou faux ? Ceux qui lisent et écrivent des romans veulent échapper à la vie réelle. Expliquez votre réponse.
2. Avez-vous jamais lu un roman, un poème, ou une pièce de théâtre qui a eu une grande influence sur vous ? Si oui, expliquez.
3. À votre avis, qui est le meilleur juge de la valeur d'un livre : un critique objectif ou l'auteur lui-même ?

DISSERTATION (seconde partie)

Dans la *Dissertation (première partie)*, p. 301, vous avez pris des notes et avez discuté de l'art, de la scène et de la littérature avec un(e) camarade de classe. Maintenant vous allez employer les expressions que vous avez apprises pour écrire une dissertation.

Sujet de la dissertation : Presque tout le monde a un tableau, une pièce ou un livre qui le touche particulièrement. Vous allez identifier une de ces œuvres, puis vous allez en faire un résumé et une critique.

Vous allez donc diviser votre dissertation en deux parties distinctes : le résumé d'abord, suivi de la critique. Dans le résumé, vous allez décrire le contenu de l'œuvre. Dans la partie critique, vous allez indiquer pourquoi l'œuvre vous a plu ou déplu. N'oubliez pas d'écrire une introduction qui exprime clairement ce que vous comptez faire et une conclusion logique qui termine la dissertation.

11

Passive Voice, Present Participle, and Causative Construction

Les Bleus marquent un but !

Musique, Cinéma et Sports

Chapter 11 at a Glance

The passive voice

I. Traduisez en français les verbes entre parenthèses.

    1. Cette chanson folklorique _____ (*is sung by*) un groupe sensationnel.
    2. Le morceau de Debussy _____ (*will be played by*) un pianiste américain.
    3. Cette farce _____ (*was written*) au Moyen Âge.

II. Mettez les phrases à la **voix passive**.

    1. Ce documentaire violent a scandalisé le grand public.
    2. Cet acteur jouera deux rôles.

III. Mettez les phrases passives à la **voix active** en employant **on** comme sujet.

    1. Cette scène a été filmée en noir et blanc.
    2. Comment ! Le dessin animé de Disney a été censuré ?
    3. Ce match a été joué sous la pluie.

IV. Traduisez en français en employant **se faire** ou **se dire**.

    1. *That is easily done.*
    2. *That isn't said in French.*

The present participle

V. Donnez le **participe présent** des verbes suivants.

    1. écouter   4 faire
    2. finir   5. avoir
    3. vendre   6. vouloir

VI. Traduisez les mots entre parenthèses en employant le **participe présent**. Employez **en** s'il y a lieu.

    1. _____ (*Being*) amateur de musique, il est allé au concert.
    2. Ce compositeur buvait de la bière _____ (*while composing*) une chanson à boire.
    3. Ce musicien est devenu célèbre _____ (*by working*) tous les jours.

VII. Traduisez en français les verbes entre parenthèses.

    1. Il passe plus de temps à _____ (*looking at*) les westerns à la télévision qu'à _____ (*studying*) !
    2. Comment peut-elle regarder ce film _____ (*without laughing*) ?
    3. Je l'ai entendu _____ (*singing*) une chanson sentimentale au cabaret.

The causative construction

VIII. Traduisez en français en employant la construction **faire** + *infinitif.*

    1. *He is having his car washed.*
    2. *Is he having it done right away?*
    3. *He had his friend leave.*

Vocabulaire du thème : *Musique, Cinéma et Sports*

La Chanson : les Musiciens

le **chanteur,** la **chanteuse** singer
le **compositeur** composer
  composer to compose
le **chansonnier** chansonnier (a performer of bawdy and/or satirical songs, monologues or skits, somewhat akin to the American folk singer)

le **musicien,** la **musicienne** musician
  jouer (de la guitare, du piano, du violon, etc.) to play (the guitar, piano, violin, etc.)
  répéter to practice, rehearse
le **débutant,** la **débutante** beginner
le **concert** concert

L'Enregistrement

l' **enregistrement** *m* recording
  enregistrer to record
la **cassette** cassette
le **magnétophone** tape recorder
le **disque** record (music)

le **disque compact** compact disc (CD)[1]
le **lecteur de disque compact** compact disc player
la **chaîne stéréo** stereo

L'Art de la musique

l' **harmonie** *f* harmony
la **mélodie** melody, tune
les **paroles** *f* words, lyrics
le **rythme** rhythm
le **rock, le jazz, le blues, le rap** rock music, jazz, blues, rap

la **musique classique** classical music
la **musique populaire** popular music
la **musique folklorique** folk music

Le Cinéma : le Film

le **cinéma** movies, cinema; movie theater
  cinématographique cinematographic
le **film** film
  filmer to film
la **caméra** (movie) camera
le **magnétoscope** videocassette recorder (VCR)
  louer une vidéo to rent a video

le **DVD** DVD[1]; **en DVD** on DVD
  tourner un film to make a film
le **plan** shot (film)
la **piste sonore** soundtrack
le **navet** (film) flop (lit., *turnip*)
le **scénario** script, scenario
le **réalisateur** film director
la **vedette** (movie) star

---

[1] Les sigles (*acronyms*) CD et DVD sont invariables : des CD, des DVD.

le **dénouement heureux** happy ending
en version originale in the original version
le **sous-titre** subtitle
sous-titrer to subtitle (a film)
doubler to dub (a film)
l' **écran** *m* screen
le **film d'épouvante** horror film

le **film de science-fiction** science-fiction film
le **western** western
le **documentaire** documentary
le **dessin animé** cartoon
le **film d'aventures** adventure film
le **film de guerre** war film
la **comédie musicale** musical comedy

Le Public

le, la **cinéphile** movie fan
le **grand public** the general public
apprécier to appreciate
censurer to censor

faire la queue to wait in line
siffler to whistle; to boo
se passionner pour to be crazy about

Jeux et Sports

le **football** soccer
le **tennis** tennis
le **basket(-ball)** basketball
le **base-ball** baseball
le **rugby** rugby
la **natation** swimming
le **ski (de fond)** (cross-country) skiing
le **jogging** jogging
le **cyclisme** cycling
la **randonnée** hiking
le **patinage** skating
le **hockey sur glace** hockey
l' **athlétisme** *m* track and field
la **course** race
la **gymnastique** gymnastics
le **gymnase** gymnasium
la **piscine** pool
le **stade** stadium
le **terrain** field
le **spectateur**, la **spectatrice** spectator
le, la **supporter** supporter, fan
l' **athlète** *m, f* athlete
sportif, sportive athletic

l' **équipe** *f* team
le **match** match, game
le **joueur**, la **joueuse** player
le **championnat** championship
faire du sport to play sports
faire de la natation (du ski, du jogging, du cyclisme, de la randonnée, du patinage) to swim (to ski, to jog, to cycle, to hike, to skate)
jouer au football (au tennis, au basket, au rugby, au hockey sur glace, etc.) to play soccer (tennis, basketball, rugby, hockey, etc.)
marquer un but to score a goal
battre to beat, defeat
jouer aux cartes (aux boules, aux échecs, aux dames) to play cards, (bowls, chess, checkers)
s'entraîner to train; to practice; to work out
courir to run; to race
rester en forme to stay in shape

ACTIVITÉS

Le Monde des mots

En français, il est parfois possible de créer un verbe à partir d'un nom (*from a noun*). Voici une liste de noms. Essayez d'en dériver le verbe correspondant, puis écrivez une phrase originale en employant le verbe. Comparez vos réponses à celles d'un(e) camarade de classe.

MODÈLE   le film
filmer
Le réalisateur a filmé cette scène sur place.

1. la pêche
2. la chasse
3. la censure
4. le chanteur

5. le patinage
6. le ski
7. l'enregistrement

Testez vos connaissances

A. Identifiez les œuvres composées par les musiciens français suivants. Les réponses suivent l'activité.

A	**B**
1. Georges Bizet (1838–1875)	a. *Le Bourgeois gentilhomme*
2. Hector Berlioz (1803–1869)	b. *Requiem*
3. Claude Debussy (1862–1918)	c. *Boléro*
4. Gabriel Fauré (1845–1924)	d. *Symphonie fantastique*
5. Charles Gounod (1818–1893)	e. *La Danse macabre*
6. Jean-Baptiste Lully (1632–1687)	f. *Dialogue des carmélites*
7. Francis Poulenc (1899–1963)	g. *Faust*
8. Maurice Ravel (1875–1937)	h. *Gymnopédies*
9. Camille Saint-Saens (1835–1921)	i. *Carmen*
10. Érik Satie (1866–1925)	j. *Prélude à l'après-midi d'un faune*

RÉPONSES : 1.i 2.d 3.j 4.b 5.g 6.a 7.f 8.c 9.e 10.h

Pensées sur la musique, le cinéma et les sports

La bonne musique ne se trompe pas et va droit au fond de l'âme chercher le chagrin qui nous dévore. (Stendhal)

La musique. C'est un cadeau de la vie. Ça existe pour consoler. (Michel Tremblay)

Il y a des maisons où les chansons aiment entrer. (Félix Leclerc)

Le cinéma, c'est l'écriture (*writing*) moderne dont l'encre (*ink*) est la lumière. (Jean Cocteau)

L'important, c'est de participer. (Pierre de Coubertin, père des Jeux olympiques de l'ère (*era*) moderne)

B. Reconnaissez-vous les films américains suivants d'après leur titre français ? Les réponses suivent l'activité.

A	**B**
1. *Blanche-Neige et les Sept Nains* (1937)	a. *One Flew over the Cuckoo's Nest*
2. *Autant en emporte le vent* (1939)	b. *Saving Private Ryan*
3. *Sur les quais* (1954)	c. *Snow White and the Seven Dwarfs*
4. *Le Tour du monde en 80 jours* (1956)	d. *The Godfather*
5. *Cendrillon* (1957)	e. *Dances with Wolves*
6. *Le Jour le plus long* (1962)	f. *Silence of the Lambs*
7. *Le Parrain* (1972)	g. *The Little Mermaid*
8. *Vol au-dessus d'un nid de coucou* (1975)	h. *Kiss of the Spider Woman*
9. *La Maison du lac* (1981)	i. *The Longest Day*
10. *La Petite Sirène* (1989)	j. *Cinderella*
11. *Le Baiser de la femme-araignée* (1989)	k. *Gone with the Wind*
12. *Danse avec les loups* (1990)	l. *On the Waterfront*
13. *Le Silence des agneaux* (1991)	m. *Around the World in 80 Days*
14. *La Dernière Marche* (1995)	n. *Dead Man Walking*
15. *Il faut sauver le soldat Ryan* (1998)	o. *Lord of the Rings*
16. *Le Seigneur des anneaux* (2001)	p. *On Golden Pond*

RÉPONSES : 1. c 2. k 3. l 4. m 5. j 6. i 7. d 8. a 9. p 10. g 11. h 12. e 13. f 14. n 15. b 16. o

C. Savez-vous en quel sport les personnes suivantes ont excellé ou continuent à exceller ? Les réponses suivent l'activité.

A	**B**
1. Zinédine Zidane	a. le hockey
2. Jean-Claude Killy	b. le football
3. René Lacoste	c. l'athlétisme
4. Alain Prost	d. le patinage
5. Surya Bonaly	e. le ski
6. Marie-José Pérec	f. le cyclisme
7. Bernard Hinault	g. la course automobile
8. Mario Lemieux	h. le tennis

RÉPONSES : 1. b 2. e 3. h 4. g 5. d 6. c 7. f 8. a

Votre Opinion

Répondez aux questions suivantes, puis comparez vos réponses à celles d'un(e) camarade de classe.

1. Jouez-vous d'un instrument de musique ?
2. Dans quelles circonstances écoutez-vous ou jouez-vous de la musique ?
3. Êtes-vous allé(e) à un concert récemment ? Si oui, dites ce que vous en avez pensé.
4. Avez-vous vu un film récemment ? Si oui, dites ce que vous en avez pensé.
5. Aimez-vous voir des films étrangers ou préférez-vous les films américains ?

L'actrice Catherine Deneuve

    6. Préférez-vous regarder des films au cinéma ou chez vous ?

    7. Faites-vous du sport ? Si oui, lequel ou lesquels ?

    8. Aimez-vous mieux les sports d'hiver ou les sports d'été ?

    9. Regardez-vous les émissions sportives à la télé ?

    10. Assistez-vous aux matchs de vos équipes universitaires ?

    11. Avez-vous une vedette préférée ? Avez-vous un musicien ou un athlète préféré ?

Mise en scène

Complétez en employant une ou plusieurs expressions du *Vocabulaire du thème,* puis jouez les dialogues.

    1. **A:** Quoi de neuf, (Nom) ?

        B: Je suis un peu fatigué(e), c'est tout. J'ai chanté et dansé toute la nuit !

        A: Où ça ?

        B: Dans mon lit ! J'ai rêvé que j'étais chanteur (chanteuse) de rock, et dans mon rêve...

        A: Et le public ? Il répondait ?

        B: Oui,...

        A: Pauvre (Nom), tu es toujours dans les nuages !

        B: Tu verras. Un jour, je serai... !

    2. **A:** Quel genre de film veux-tu voir ce soir ?

        B: J'ai envie de voir... Et toi ?

        A: Moi, j'ai envie de voir...

        B: Tu sais que je déteste...

        A: Et toi, tu sais que je déteste...

        B: Allons voir..., alors.

        A: D'accord !

The Passive Voice

Like English verbs, most French verbs possess an active and a passive voice. A verb is in the active voice if the subject acts, and in the passive voice if the subject is acted upon.

Active voice: Un débutant a composé cette chanson folklorique.
A beginner composed this folk song.

Jean analyse les films de Truffaut dans son cours de cinéma.
John analyzes Truffaut's films in his cinema course.

Passive voice: Cette chanson folklorique a été composée par un débutant.
This folk song was composed by a beginner.

Ce film sera discuté par toute la classe.
This film will be discussed by the entire class.

Formation of the Passive

The passive sentence is normally composed of: *subject + passive verb + agent.*

Le rôle principal sera joué par un acteur inconnu.
The main role will be played by an unknown actor.

The passive verb

The passive verb is composed of two parts: a tense of **être** + *past participle.* The past participle agrees in number and gender with the subject.

Ces CD cassés ont été vendus par un vendeur malhonnête !
These broken CDs were sold by a dishonest salesman!

Les paroles seront écrites par la chanteuse elle-même.
The lyrics will be written by the singer herself.

The agent

1. The person or thing performing the action on the subject is called the agent. The preposition **par** is normally used to introduce the agent.

   Le scénario a été écrit par un romancier célèbre.
   The script was written by a famous novelist.

   Le premier but a été marqué par Zinédine Zidane.
   The first goal was scored by Zinédine Zidane.

2. Note that the agent is not always expressed.

   Ce film d'épouvante a été beaucoup discuté.
   This horror film has been discussed a lot.

ACTIVITÉS

A. Traduisez en français les mots entre parenthèses en employant la **voix passive**. Puis lisez les phrases à haute voix.

1. Cette chanson sentimentale _____ (*was composed by*) un compositeur célèbre et _____ (*was sung by*) Édith Piaf.
2. Ce film français _____ (*was dubbed by*) un type qui ne connaît pas le français !
3. Vous êtes venu trop tard ! Tous les disques de Vanessa Paradis _____ (*have already been sold*).
4. La musique française moderne _____ (*was influenced by*) le jazz américain.
5. Ces concerts à la télévision _____ (*will be heard by*) beaucoup de spectateurs.
6. Notre équipe _____ (*was beaten by*) une équipe plus faible.
7. Ce morceau de musique _____ (*was composed by*) un débutant.
8. Elle préfère les films d'amour qui _____ (*were made by*) les grands réalisateurs d'Hollywood parce qu'elle aime les dénouements heureux.
9. La course _____ (*was won by*) un coureur sénégalais.

B. Traduisez en français, puis jouez les dialogues.

1. A: This song was composed by Brel.
   B: It was sung by Brel, but it was composed by Moustaki.
   A: No! It was sung by Brel and it was composed by Brel also.
   B: It was sung by Brel and it was composed by Moustaki!
   A: It was sung by Brel, it was composed by Brel, and it was recorded by Brel!
   B: It's beautiful, isn't it?
   A: So what (*Et alors*)?
   B: So (*Alors*) let's shut up and listen to it!

2. A: I didn't realize that Gérard Depardieu spoke English like an American.
   B: The film was dubbed, darling!

Use of the Passive

1. The passive voice is used only with verbs that normally take a direct object in the active voice (that is, transitive verbs). As a rule of thumb, the direct object of an active verb becomes the subject of a passive verb, and the subject of an active verb becomes the agent of a passive verb.

Active voice	Passive voice
Marie chante la chanson.	La chanson est chantée par Marie.
Mary sings the song.	*The song is sung by Mary.*
Jean a tourné le film.	Le film a été tourné par Jean.
John made the film.	*The film was made by John.*
Pierre a nettoyé la piscine.	La piscine a été nettoyée par Pierre.
Peter cleaned the pool.	*The pool was cleaned by Peter.*

Les Bleus, champions du monde en 1998

2. Note that reflexive verbs and verbs that take only indirect objects cannot be made passive in French.

Tout le monde s'est amusé à la fête.
Everyone had a good time at the party.
A good time was had by all at the party.

No passive possible: **s'amuser** is a reflexive verb.

Cette musique plaît à Nancy.
This music pleases Nancy.
Nancy is pleased by this music.

No passive possible: **plaire (à)** takes only an indirect object.

ACTIVITÉS

A. Mettez ces phrases actives à la **voix passive**, puis lisez-les à haute voix. Faites l'activité à tour de rôle avec un(e) camarade de classe.

MODÈLE   Les étudiants ont chanté une chanson.
              Une chanson a été chantée par les étudiants.

1. Ce film a scandalisé le public.
2. Brel a composé cette chanson.
3. Moustaki a écrit les paroles.
4. Dion a chanté cette chanson.
5. Cet adversaire faible a surpris le champion.

6. Truffaut a réalisé ce film.
7. Un amateur a doublé ce film !
8. Mon camarade de chambre a loué cette vidéo.
9. Mes parents ont acheté ce CD.

B. Par qui les morceaux de musique, les ouvrages et les films suivants ont-ils été composés, écrits ou réalisés ? Répondez selon le modèle.

MODÈLE   le film *La Grande Illusion* (Jean Renoir)
Il a été réalisé par Jean Renoir.

la chanson *Boléro* (Maurice Ravel)
Elle a été composée par Maurice Ravel.

la pièce *Cyrano de Bergerac* (Edmond Rostand)
Elle a été écrite par Edmond Rostand.

1. le conte *Candide* (Voltaire)
2. le roman *Les Misérables* (Victor Hugo)
3. l'opéra *Carmen* (Georges Bizet)
4. la pièce *Phèdre* (Jean Racine)
5. le roman *Madame Bovary* (Gustave Flaubert)
6. le roman *L'Étranger* (Albert Camus)
7. l'opéra *Faust* (Charles Gounod)
8. le film *Jules et Jim* (François Truffaut)
9. le recueil poétique *Les Fleurs du mal* (Charles Baudelaire)
10. la pièce *Le Tartuffe* (Molière)

C. Préparez une liste personnelle de trois morceaux de musique, d'ouvrages ou de films et demandez à un(e) camarade de classe par qui ils ont été composés, écrits ou réalisés.

The Active Voice as an Alternative to the Passive

The French tend to prefer the active voice to the passive voice.

1. If a passive sentence has an agent expressed, the passive verb may be put into the active voice with the passive agent as subject.

Passive: La Marseillaise a été chantée par les spectateurs.
The Marseillaise was sung by the spectators.

Active: Les spectateurs ont chanté la Marseillaise.
The spectators sang the Marseillaise.

2. If the passive sentence has no agent expressed, the passive verb is put into the active voice with the indefinite pronoun **on** as subject. **On** may be translated in English by *they* or more often by the English passive voice.

> *Passive:*   Le premier but a été marqué trop tard.
> *The first goal was scored too late.*
>
> *Active:*   On a marqué le premier but trop tard.
> *They scored the first goal too late.*   OR
> *The first goal was scored too late.*
>
> *Passive:*   Une audition m'a été accordée.
> *An audition was granted to me.*
>
> *Active:*   On m'a accordé une audition.
> *They granted me an audition.*   OR
> *I was granted an audition.*

Note that **on** is used as a subject only if the unexpressed agent is a person. Otherwise, the sentence remains in the passive voice.

Le cinéma a été totalement détruit en deux minutes.
The movie theater was totally destroyed in two minutes.
(It was destroyed by a natural disaster.)

3. English may use the passive voice to state general facts or actions. This English construction is often rendered in French by a reflexive verb. Some of the most common reflexives used in this way are **se faire, se dire, se comprendre, se voir, se vendre,** and **s'acheter.**

> Les CD se vendent partout.   Ça ne se dit pas en français.
> *CDs are sold everywhere.*   *That's not said in French.*
>
> Ça ne se comprend pas facilement.   Ça ne se fait pas ici.
> *That is not easily understood.*   *That's not done here.*

ACTIVITÉS

A. Transformez les phrases suivantes à la **voix active** en employant **on** selon le modèle. Faites l'activité à tour de rôle avec un(e) camarade de classe.

> MODÈLE   Le film a été censuré.
>   *On a censuré le film.*

1. La vedette a été critiquée.
2. Le pop-corn a été dévoré !
3. La salle de cinéma a été fermée.
4. Le réalisateur a été sifflé.
5. La chaîne stéréo a été volée !
6. Le film de guerre a été apprécié.
7. Le secret a été révélé.
8. La vidéo a été louée.
9. Le champion a été battu !
10. Le public a été choqué.

B. Imaginez que vous êtes dans une salle de cinéma à l'université. Les étudiants qui regardent le film sont très agités. Quelle serait la réaction du public dans les situations suivantes ? Répondez en employant les verbes **siffler** ou **applaudir** selon le modèle. Faites l'activité à tour de rôle avec un(e) camarade de classe.

> MODÈLE   Si le film était un navet ?
> *On le sifflerait !*
>
> Si les acteurs étaient sensationnels ?
> *On les applaudirait !*

1. Si le héros arrêtait le bandit ?
2. Si la vedette jouait mal ?
3. Si le héros embrassait passionnément l'héroïne ?
4. Si le scénario était bête ?
5. Si le film était mal doublé ?
6. Si le film avait un dénouement heureux ?
7. Si l'orchestre jouait mal ?
8. Si le professeur payait vos billets ?

C. Dans quel genre de film se voient les choses suivantes ? Répondez en employant l'expression **Ça se voit** et un genre de film (voir *Vocabulaire du thème*) selon le modèle. Faites l'activité à tour de rôle avec un(e) camarade de classe.

> MODÈLE   des cowboys qui se battent
> *Ça se voit dans les westerns.*

1. des personnages comme Mickey la souris et Donald le canard qui font des choses amusantes
2. des voyages interplanétaires
3. des soldats qui se battent
4. des monstres qui agissent de façon grotesque
5. des acteurs qui chantent et dansent
6. des acteurs qui ont des aventures passionnantes

D. Traduisez en français.   Comparez vos réponses à celles d'un(e) camarade de classe, puis lisez-les à haute voix.

1. Cassettes aren't sold here.
2. That is not done here.
3. Does rap sell better than classical music?
4. That's easily understood.
5. That's seen only in the movies.
6. That isn't said any more.

Édith Piaf

Édith Piaf (1915–1962) était une vraie enfant de la rue. Son père, Louis-Alphonse Gassion, était contortionniste et acrobate de rue, et sa mère, Anita Maillard, était chanteuse de rue. Découverte en 1935 par Louis Leplée, directeur d'un restaurant-cabaret, qui lui a donné le nom « piaf » (« petit oiseau » en argot) à cause de sa petite taille (*size*), elle est vite devenue une chanteuse de cabaret et de music-hall célèbre. Elle a fait deux tournées aux États-Unis et a fini par être appréciée du public américain. *La Vie en rose, Milord* et *Je ne regrette rien* sont parmi ses chansons les mieux reçues.

DISSERTATION (première partie) : REMUE-MÉNINGES

Réfléchissez aux questions suivantes, puis répondez-y brièvement en prenant quelques notes. En classe vous allez discuter vos réponses et vos idées avec un(e) camarade de classe. Essayez de noter les expressions que vous pourrez utiliser dans la *Dissertation (seconde partie)*, p. 346.

La musique

1. À votre avis, quelle partie d'une chanson est la plus importante : la mélodie ou les paroles ? Pourquoi ?
2. Quel est le rôle de la musique dans votre vie personnelle ? Est-ce simplement un divertissement ou la musique y joue-t-elle un rôle plus important ?
3. Quel est le rôle de la musique dans la société contemporaine ? Est-ce un rôle important, trop important, pas assez apprécié ?
4. Dites si vous aimez les genres suivants : la musique classique, l'opéra, le jazz, le rock, le rap, le blues, la musique folklorique. Y a-t-il des artistes que vous considérez comme maîtres d'un genre en particulier ?
5. À votre avis, quel est l'instrument de musique le plus agréable ?
6. Possédez-vous beaucoup d'enregistrements ? Sous quelle(s) forme(s) ?

Le cinéma

1. Êtes-vous cinéphile ? Combien de fois par mois allez-vous au cinéma ?
2. Quel(s) genre(s) de films préférez-vous ? Y a-t-il certains genres que vous refusez de regarder ?
3. Regardez-vous les films étrangers ? Lesquels préférez-vous ? Aimez-vous les voir en version originale, doublés ou sous-titrés ? Pourquoi ?
4. Quel est le meilleur film que vous ayez jamais vu ? Pourquoi voudriez-vous le recommander aux autres ?
5. Quel est le plus mauvais film que vous ayez jamais vu ? Pourquoi ce film est-il si horrible ?
6. À votre avis, est-ce que la société est influencée par le cinéma ? S'agit-il d'une influence positive ou négative ?

Les sports

1. Êtes-vous fanatique ou simplement amateur (*enthusiast*) de sport ? Aimez-vous tous les sports ou y en a-t-il que vous préférez aux autres ?
2. Aimez-vous mieux faire du sport ou regarder un match ? Pourquoi ?
3. Aimez-vous mieux les sports d'équipe ou les sports individuels ? Pourquoi ?
4. Êtes-vous sportif (sportive) ? Comment se manifeste votre esprit sportif ?
5. À votre avis, est-ce qu'en général on attache trop d'importance, pas assez d'importance ou juste assez d'importance aux sports dans notre société ? Par exemple, les grands athlètes sont-ils payés trop, assez ou trop peu ?
6. Quel est le sport le plus important dans votre pays ? Est-ce que tout le monde est d'accord avec votre choix ? Est-ce que ce sport est le sport numéro un à travers le monde ?

Le réalisateur François Truffaut

The Present Participle

The present participle is called a verbal adjective because it can be used as both a verb and an adjective. The present participle in English ends in *-ing: acting, singing, interesting.*

Formation of the Present Participle

The French present participle is formed by dropping the **-ons** ending of verbs in the present tense and adding **-ant**.

chanter :	**nous chantons**	→ **chantant**	*singing*
applaudir :	**nous applaudissons**	→ **applaudissant**	*applauding*
mentir :	**nous mentons**	→ **mentant**	*lying*
vendre :	**nous vendons**	→ **vendant**	*selling*

The present participles of **avoir, être,** and **savoir** are irregular.

avoir :	**ayant**	*having*
être :	**étant**	*being*
savoir :	**sachant**	*knowing*

Note that with verbs ending in **-cer** and **-ger, c** changes to **ç (c cédille)** and **g** to **ge** before the ending **-ant: commençant, nageant.**

ACTIVITÉ

Changez les infinitifs en **participes présents**. Faites l'activité à tour de rôle avec un(e) camarade de classe.

1. interpréter	6. faire	11. rire	16. émouvoir
2. applaudir	7. apprécier	12. critiquer	17. tourner
3. être	8. mentir	13. changer	18. finir
4. choisir	9. savoir	14. battre	19. commencer
5. gagner	10. passionner	15. partir	20. vendre

Use of the Present Participle

The participle used as a verb

1. When used as a verb, the present participle is invariable. Like all verbs, it may indicate an action or a state of being.

   Voulant devenir championne, Marie-José s'est entraînée tous les jours au gymnase.
   Wanting to become a champion, Marie-José trained every day in the gym.

   Se sentant triste, il est allé au cinéma.
   Feeling sad, he went to the movies.

2. The expression **en** + *present participle* is used to indicate that two actions are somewhat simultaneous. When **en** is so used, its English equivalent is often *while*. The expression generally refers to the subject of the sentence.

   Elles chantaient en jouant de la guitare.
   They sang while playing the guitar.

   En se promenant dans le parc, il a rencontré un accordéoniste.
   While walking in the park, he met an accordionist.

3. **Tout** is placed before **en** to stress the idea of simultaneity and/or opposition.

   Ce réalisateur tournait un film d'amour tout en écrivant le scénario d'un documentaire.
   This director was making a romantic film while at the same time writing the script of a documentary.

   Ce morceau moderne est harmonieux tout en étant discordant.
   This modern piece is harmonious even while being discordant.

4. The expression **en** + *present participle* is also used to indicate a relationship of manner with the verb in the main clause. The English equivalent is *by*.

   Je me rase en employant un rasoir électrique.
   I shave by using an electric razor.

   Elle est devenue célèbre en imitant Édith Piaf.
   She became famous by imitating Edith Piaf.

5. Note that **en** is the only preposition used with a present participle; **par** is never used.

The participle used as an adjective

When used as an adjective, the present participle, like all adjectives, agrees in gender and number with the noun it modifies.

Quelle remarque insultante !
What an insulting remark!

Il y a des scènes touchantes dans ce film.
There are some touching scenes in this film.

ACTIVITÉS

A. Changez l'infinitif en **participe présent** et complétez la phrase selon le modèle. Comparez vos réponses à celles d'un(e) camarade de classe.

MODÈLE   (Être) fou de rock, il...
Étant fou de rock, il allait toujours aux concerts de rock (il est devenu membre d'un groupe de rock, etc.).

1. (Être) hypocrite, Tartuffe...
2. (Vouloir) devenir meilleur joueur, il...
3. (Avoir) mal à la tête, elle...
4. (Savoir) très bien les paroles de la chanson, elles...
5. (Passer) devant la boîte, ils...

B. Faites une seule phrase en employant **en** + *participe présent* selon le modèle. Faites l'activité à tour de rôle avec un(e) camarade de classe.

MODÈLE   Je dîne. Je regarde la télé en même temps.
Je dîne en regardant la télé.

1. Je regarde la vidéo. Je rêve en même temps.
2. Nous jouons du piano. Nous chantons en même temps.
3. Vous riez. Vous pleurez en même temps.
4. Je mets un chapeau. Je cours en même temps.
5. Babette parle au téléphone. Elle écoute de la musique en même temps.
6. Céleste joue de la harpe. Elle pense au paradis en même temps.
7. Abélard embrasse Héloïse. Il ferme les yeux en même temps.

La Nouvelle Vague

Caractérisée par des innovations cinématographiques inspirées en partie par des réalisateurs américains tels qu'Orson Welles et Alfred Hitchcock, la Nouvelle Vague était un mouvement cinématographique populaire en France entre 1959 et 1970. Son but était de remplacer le cinéma narratif traditionnel (qu'on appelait « cinéma à papa ») par un cinéma plus dynamique et artistique qui utilisait des plans et des techniques variés et nonconventionnels. François Truffaut, Jean-Luc Godard, Claude Chabrol et Eric Rohmer comptaient parmi les plus grands réalisateurs de la Nouvelle Vague.

C. Complétez avec imagination en employant **en** + *participe présent*. Comparez vos réponses à celles d'un(e) camarade de classe.

1. Je parlais au téléphone...
2. J'écoutais de la musique...
3. Je conduisais...
4. Je jouais de la guitare...
5. J'étudiais...
6. Je regardais le match à la télévision...

D. Répondez aux questions suivantes en employant **en** + *participe présent* selon le modèle. Faites l'activité à tour de rôle avec un(e) camarade de classe.

MODÈLE   Comment comptez-vous réussir dans la vie ?
Je compte y réussir en travaillant dur.

1. Comment reste-t-on en forme ?
2. Comment gagne-t-on un match de football ?
3. Comment les spectateurs manifestent-ils leur approbation ?
4. Comment vous détendez-vous ?
5. Comment une bonne actrice perfectionne-t-elle son art ?
6. Comment développe-t-on sa collection d'enregistrements ?
7. Comment bat-on son adversaire ?

E. Changez l'infinitif en **participe présent** et faites l'accord si le participe est employé comme adjectif. Comparez vos réponses à celles d'un(e) camarade de classe et lisez-les à haute voix.

1. _____ (Vouloir) tourner un film sur l'enfance, le jeune réalisateur a étudié les films _____ (passionner) de Truffaut.
2. Quittons le stade. Le bruit est _____ (assourdir) et l'ambiance _____ (étouffer) !
3. _____ (Ouvrir) la fenêtre, il a entendu des cris _____ (percer).
4. J'ai trouvé que la nouvelle version de ce film est _____ (décevoir).
5. Quelle mélodie _____ (émouvoir) !
6. _____ (Surprendre) ses supporters, l'athlète a changé d'équipe.

The English Present Participle and the French Infinitive

It is often necessary to render an English present participle by an infinitive in French.

commencer par and finir par + infinitive

The verbs **commencer** and **finir** require **par** + *infinitive* instead of **en** + *present participle*.

La musicienne a commencé par jouer ses morceaux préférés.
The musician began by playing her favorite pieces.

Il a fini par accepter le rôle.
He ended up accepting (finally accepted) the role.

Lance Armstrong, vainqueur au Tour de France

passer du temps à + infinitive

When the verb **passer** means *to spend time*, the expression **à** + *infinitive* must be used to render the English present participle.

Elle a passé une heure à s'entraîner.
She spent an hour working out.

avant de, sans, and après + infinitive

The prepositions **avant de** and **sans** followed by the infinitive render the English *before* and *without + present participle.*

Il faut répéter beaucoup avant de chanter devant le public.
It is necessary to rehearse a lot before singing in public.

Il est allé voir le film sans savoir que c'était un navet !
He went to see the film without knowing it was a flop!

Note that the preposition **après** must be followed by the past infinitive (**avoir** or **être** + *past participle*). Its most frequent English equivalent is *after + present participle.*

Ils ont décidé d'aller au bistro après avoir gagné le match.
They decided to go to the bistro after winning (having won) the game.

Après être rentrés, ils ont bu du vin.
After returning home, they drank some wine.

Verbs of perception + infinitive

1. An infinitive, rather than a present participle, is usually used after verbs of perception such as:

   apercevoir   regarder
   écouter   sentir
   entendre   voir

2. The infinitive is rendered in English by the present participle.

   Je l'ai vu parler avec elle devant le stade il y a cinq minutes.
   I saw him speaking with her in front of the stadium five minutes ago.

   Passant devant le cabaret, j'ai entendu chanter mon chansonnier favori.
   Passing in front of the cabaret, I heard my favorite chansonnier singing.

   J'ai senti venir la victoire.
   I felt victory coming on.

   This construction may also be used to state a fact rather than to express an action in progress.

   Je les ai entendus chanter bien des fois.
   I heard them sing many times.

   Je l'ai vue jouer une vingtaine de fois.
   I saw her play some twenty times.

   The idiomatic expression **entendre parler de** means *to hear of.* It may be followed by a noun or a disjunctive pronoun. The expression **entendre dire que** means *to hear that* and is followed by an entire clause.

   Avez-vous jamais entendu parler d'Isabelle Adjani ?
   Have you ever heard of Isabelle Adjani?

   Oui, j'ai entendu parler d'elle.
   Yes, I've heard of her.

   J'ai entendu dire qu'Isabelle Adjani est une très bonne actrice.
   I've heard that Isabelle Adjani is a very good actress.

ACTIVITÉS

A. Répondez par une phrase complète. Comparez vos réponses à celles d'un(e) camarade de classe.

   1. Combien de temps passez-vous à déjeuner (à faire votre toilette le matin, à vous entraîner) ?
   2. De quels réalisateurs (écrivains, athlètes) français avez-vous entendu parler ?
   3. Qu'est-ce que vous faites avant de sortir sous la pluie (avant d'aller à la plage, avant de vous coucher) ?
   4. Qu'est-ce que vous faites après avoir fait du jogging (après avoir quitté le cinéma) ?
   5. De quels actrices ou acteurs français avez-vous entendu parler ?

B. Complétez en employant **avant de** selon le modèle. Comparez vos réponses à celles d'un(e) camarade de classe.

MODÈLE   Je prends mon petit déjeuner...

Je prends mon petit déjeuner avant de sortir (avant de me coucher).

1. Je me lave les mains...
2. J'ai mis un manteau...
3. J'ai mis mes lunettes de soleil...
4. Je suis allé(e) à la banque...
5. Je mets mon maillot de bain (mon uniforme)...

C. Traduisez en français, puis jouez les dialogues.

1. **A:** Have you ever heard of MC Solar?
   B: Yes, I've heard he's a very good French rapper (*rappeur*).
   A: I've heard him sing a few times.
   B: Is he really good?
   A: He's fantastic!

2. **A:** After eating last night I spent two hours looking at a video.
   B: Which one?
   A: *Le Retour de Martin Guerre*, with Gérard Depardieu.
   B: You know, I've heard of Gérard Depardieu, but I've never seen him act.
   A: You've never seen him act?
   B: I don't spend my time looking at videos. I study!

D. Traduisez en français les mots entre parenthèses. Comparez vos réponses à celles d'un(e) camarade de classe et lisez-les à haute voix.

1. Le professeur de cinéma a commencé _____ (*by describing*) le film et il a fini _____ (*by discussing*) sa signification profonde.
2. Ils lisent toujours des critiques _____ (*before going to see*) un film.
3. Elle a passé toute la soirée _____ (*listening to*) ses disques compacts et _____ (*looking at*) ses DVD.
4. Quelle chance ! Nous avons vu ce grand athlète _____ (*working out*).
5. Les spectateurs ont commencé _____ (*by applauding*) et ils ont fini _____ (*by booing*) les joueurs.
6. Pendant sa jeunesse, ce cycliste a passé beaucoup de temps _____ (*running*).
7. Ils étaient plus impressionnés quand ils l'ont vu _____ (*singing*) le blues en personne que quand ils l'ont entendu _____ (*singing*) le blues à la radio.
8. _____ (*After finishing*) de jouer le morceau de Chopin, la pianiste s'est levée pour accepter les applaudissements.
9. Ce boxeur a fini _____ (*by being*) champion du monde.
10. Mon frère vient de passer cinq heures _____ (*rehearsing*) pour son concert demain.
11. Elle ne peut pas aller voir un film _____ (*without dreaming*) qu'elle en est la vedette !
12. _____ (*After jogging*) pendant deux heures, mon amie a joué au tennis !
13. Je pouvais passer des heures _____ (*watching*) cet acteur _____ (*playing*) son rôle favori.

Le chanteur Patrick Bruel

The Causative Construction

The causative construction is used to express the idea of *having someone do something* or *having something done*. It is composed of two parts: a tense of **faire** + *infinitive*.

Je ferai réparer ma raquette.
I will have my racket repaired.

Comme il fait travailler ses joueurs !
How he has (makes) his players work!

The causative construction may have one or two objects.

François Truffaut

François Truffaut (1932–1984) était le réalisateur le plus connu de la Nouvelle Vague. En 1954, il a publié dans *Les Cahiers du cinéma* un article intitulé « Une certaine tendance du cinéma français », qui est devenu le manifeste de la Nouvelle Vague. Parmi ses nombreux films on compte *Les Quatre Cents Coups* (1959), *Jules et Jim* (1961), *L'Enfant sauvage* (1969) et *Le Dernier Métro* (1980). Il a apparu comme acteur dans plusieurs de ses films et aussi dans le film de Steven Spielberg, *Rencontres du troisième type*, où il a joué le rôle du savant (*scientist*) français, Claude Lacombe.

The Causative with One Object

When the causative has only one object, the object is a direct object.

> Je vais faire enregistrer votre belle voix.
> *I'm going to have your beautiful voice taped.*

> Il fait partir les journalistes.
> *He has (makes) the reporters leave.*

Note that the objects follow the infinitive in French, but come between the two verbs in English.

The Causative with Two Objects

When the causative has two objects, one object is usually a person and the other a thing. The person is the indirect object and the thing the direct object.

> Il fait analyser le film aux étudiants.
> *He has the film analyzed by the students.* OR *He has the students analyze the film.*

> Nous avons fait composer la musique à un musicien accompli.
> *We had the music composed by an accomplished musician.* OR
> *We had an accomplished musician compose the music.*

Object Pronouns with the Causative

Position

Direct and indirect objects are placed before **faire**.

> Je le fais envoyer demain.   Je la lui fais composer.
> *I'm having it sent tomorrow.*   *I'm having it composed by him.*

Agreement of past participle

The past participle **fait** is invariable in the causative construction.

> Je les ai fait venir.
> *I had them come.* OR *I made them come.*

Deux cyclistes américains au Tour de France

Le Tour de France, la plus prestigieuse compétition cycliste d'Europe, se déroule (*takes place*) par étapes (*stages*) sur plus de 3 000 km de routes irrégulières et montagneuses chaque année au mois de juillet. Récemment, le Tour a été dominé par deux cyclistes américains, Greg LeMond et Lance Armstrong. LeMond, qui a gagné pour la première fois en 1986, était le premier Américain à remporter la victoire. Il a gagné également en 1989 et 1990. L'exploit de Lance Armstrong a été même plus remarquable. Il a été vainqueur sept fois de suite, entre 1999 et 2005, un record unique, dépassant le record de cinq victoires consécutives atteint seulement par les membres du club des « Géants », c'est-à-dire les cyclistes européens légendaires : Jacques Anquetil, Eddy Merckx et Bernard Hinault de France, et Miguel Indurain d'Espagne.

ACTIVITÉS

A. Un(e) camarade de classe vous pose les questions suivantes. Répondez-y en employant une des expressions ci-dessous. Faites l'activité à tour de rôle.

sourire	réfléchir longuement	chanter
danser	pleurer	sursauter (*to jump*)
rêver	crier (*to scream*)	tenir la main de mon ami(e)
rire	frissoner (*to shudder*)	perdre la tête
penser à l'avenir	bâiller (*to yawn*)	

MODÈLE   Qu'est-ce qu'une comédie te fait faire ?
Elle me fait rire.

1. Qu'est-ce qu'un film d'épouvante te fait faire ?
2. Qu'est-ce qu'un film de science-fiction te fait faire ?
3. Qu'est-ce qu'un film policier te fait faire ?
4. Qu'est-ce qu'un film tragique te fait faire ?
5. Qu'est-ce qu'un film de guerre te fait faire ?
6. Qu'est-ce qu'un film de propagande te fait faire ?
7. Qu'est-ce qu'une comédie musicale te fait faire ?
8. Qu'est-ce que le rock te fait faire ?
9. Qu'est-ce qu'une chanson sentimentale te fait faire ?
10. Qu'est-ce qu'un match sensationnel te fait faire ?

B. À qui (à quel acteur, à quelle actrice, à quel réalisateur, à quelle réalisatrice, à quel[le] athlète) est-ce que la musique, les films ou les sports suivants vous font penser ? Répondez selon le modèle. Comparez vos réponses à celles d'un(e) camarade de classe.

MODÈLE   le jazz
Le jazz me fait penser à John Coltrane (Miles Davis, Ella Fitzgerald, etc.).

1. le rock	7. les chansons sentimentales
2. les comédies musicales	8. les films de science-fiction
3. les films d'épouvante	9. le hockey
4. les westerns	10. les films d'action
5. le football	11. le cyclisme
6. le rap	

Le football

En 1998, l'équipe de football de France, les Bleus, a remporté la victoire dans la Coupe du monde, marquant un moment exceptionnel dans l'histoire du football français et déclenchant (*setting off*) une célébration nationale extraordinaire.

C. Traduisez en français, puis lisez les phrases à haute voix. Comparez vos réponses à celles d'un(e) camarade de classe.

1. We are having the movie dubbed in France.
2. The director had the star leave.
3. What! They're having that bad actress play this difficult role?
4. Our professor is having us analyze Truffaut's film *Jules et Jim.*
5. The director had the movie criticized before filming the last shot.
6. What a nerve (*Quel culot*)! He's having his son play in this important game!
7. If you refuse, we'll have the soundtrack composed by a younger composer.
8. The director had one of the actors make the coffee!
9. Why is she having the class listen to that awful (*affreux*) tape?
10. Did you hear that Anne is having the game recorded?

Synthèse

Activités d'ensemble

I. Répondez en employant une ou deux phrases complètes. Comparez vos réponses à celles d'un(e) camarade de classe.

1. Avez-vous jamais été scandalisé(e) par un film ? Si oui, lequel ?
2. Jouez-vous d'un instrument de musique ? Si oui, duquel ? Répétez-vous souvent ?
3. Allez-vous voir des films avant d'en lire les critiques dans le journal ?
4. Avez-vous jamais vu tourner un film ?
5. Avez-vous jamais vu jouer votre musicien favori (vos musiciens favoris) en personne ?
6. Qu'est-ce qui ou qui est-ce qui vous fait rire ?
7. Transpirez-vous (*Do you sweat*) beaucoup en faisant du sport ?
8. Est-ce que la musique vous fait changer d'humeur (*mood*) ?
9. Qu'est-ce que vous aimez faire après avoir vu un film le samedi soir ?
10. Préférez-vous le football américain ou le football français ?
11. Avez-vous jamais quitté la salle de cinéma sans avoir vu le film jusqu'au bout ? Si oui, pourquoi ?
12. Avez-vous une collection intéressante de CD, de cassettes ou de DVD ? Quels sont vos CD (DVD) préférés (vos cassettes préférées) ?

II. **Traduisez en français.** Comparez vos réponses à celles d'un(e) camarade de classe et lisez-les à haute voix.

1. *That lazy athlete spent only one hour training.*
2. *The team won by scoring three goals.*
3. *I've heard she likes to hear the audience applaud.*
4. *Leaving the stadium, she heard a deafening sound.*
5. *Instead of jazz, rock-and-roll was being played in that nightclub.*
6. *While waiting in line, I saw the director of the film enter the movie theater.*
7. *The new cinematographic techniques in that film will certainly be applauded by movie fans.*

8. *She became famous by singing the songs of Brassens.*
9. *The musicians spent the evening* (la soirée) *recording the song.*
10. *Our professor had us analyze the meaning* (la signification) *of the film.*
11. *He began to appreciate music after studying harmony and rhythm.*
12. *I'm surprised you've heard of Belmondo.*
13. *I've never seen the French team play.*
14. *You* (On) *play tennis using a racket and you make a film using a camera.*
15. *The movie will be made by a very famous French director.*

Sujets de discussion

1. Décrivez un film que vous avez vu (genre, réalisateur, acteurs, personnages, intrigue, atmosphère, etc.). Faites deviner (*guess*) le titre du film aux autres étudiants.
2. Remarquez-vous une différence entre les films américains et les films étrangers ? Expliquez.

DISSERTATION (seconde partie)

Dans la *Dissertation (première partie)*, p. 334, vous avez pris des notes et avez discuté de la musique, du cinéma et des sports avec un(e) camarade de classe. Maintenant, vous allez employer les expressions que vous avez apprises pour écrire une dissertation.

Sujet de la dissertation : La vie de presque tout le monde est influencée par la musique, le cinéma et les sports, mais pas toujours au même degré. Laquelle de ces trois activités joue le rôle le plus important dans votre vie ?

Dans l'introduction, vous allez bien présenter le sujet de la dissertation, élaborant peut-être avec quelques détails ou opinions. Vous allez indiquer aussi la façon dont vous allez traiter le sujet. Par exemple, si vous allez traiter les activités par ordre d'importance dans votre vie, vous allez l'indiquer dans l'introduction. Dans le corps, vous allez expliquer jusqu'à quel point vous appréciez la musique, le cinéma et les sports. Vous allez donner des détails précis qui montrent le degré d'importance de chaque activité dans votre vie. Finalement, vous allez conclure en résumant vos arguments et en indiquant votre choix final. N'oubliez pas de consulter les expressions de transition (pp.17–18).

Appendix

Useful Expressions

Numbers

Cardinal numbers

1	un/une	**23**	vingt-trois	**80**	quatre-vingts
2	deux	**24**	vingt-quatre	**81**	quatre-vingt-un
3	trois	**25**	vingt-cinq	**82**	quatre-vingt-deux
4	quatre	**26**	vingt-six	**90**	quatre-vingt-dix
5	cinq	**27**	vingt-sept	**91**	quatre-vingt-onze
6	six	**28**	vingt-huit	**92**	quatre-vingt-douze
7	sept	**29**	vingt-neuf	**100**	cent
8	huit	**30**	trente	**101**	cent un
9	neuf	**31**	trente et un	**200**	deux cents
10	dix	**32**	trente-deux	**201**	deux cent un
11	onze	**40**	quarante	**1000**	mille
12	douze	**41**	quarante et un	**1001**	mille un
13	treize	**42**	quarante-deux	**1700**	dix-sept cents, mille sept cents
14	quatorze	**50**	cinquante		
15	quinze	**51**	cinquante et un	**1720**	dix-sept cent vingt, mille sept cent vingt
16	seize	**52**	cinquante-deux		
17	dix-sept	**60**	soixante	**5000**	cinq mille
18	dix-huit	**61**	soixante et un	**10.000**	dix mille
19	dix-neuf	**62**	soixante-deux	**100.000**	cent mille
20	vingt	**70**	soixante-dix	**1.000.000**	un million
21	vingt et un	**71**	soixante et onze	**1.000.000.000**	un milliard
22	vingt-deux	**72**	soixante-douze		

1. The numbers **81** and **91** do not take **et**.
2. **Quatre-vingts** and multiples of **cent** require **s** except when followed by another number: **quatre-vingts, quatre-vingt-un; deux cents, deux cent un. Mille** never takes **s: cinq mille**.
3. The decimal point and comma are reversed in English and French: *10,000* in English = **10.000** in French; *1.5* in English = **1,5** in French.

Ordinal numbers

Ordinal numbers are formed by adding the suffix **-ième** to cardinal numbers. If a cardinal number ends in mute **-e**, the **-e** is dropped before adding the suffix. The ordinal numbers **premier (première), cinquième,** and **neuvième** are exceptions.

premier/première	*first*	sixième	*sixth*	dixième	*tenth*
deuxième	*second*	septième	*seventh*	vingtième	*twentieth*
troisième	*third*	huitième	*eighth*	vingt et unième	*twenty-first*
quatrième	*fourth*	neuvième	*ninth*	centième	*one hundredth*
cinquième	*fifth*				

Collective numbers

Collective numbers indicate approximate value. They are equivalent to the expression *about, around* + number in English. Collective numbers are formed by adding the suffix **-aine** to cardinal numbers (the number **dizaine** is an exception). If a cardinal number ends in mute **-e,** the **-e** is dropped before adding the suffix. Collective numbers are feminine with the exception of **un millier** (*about, around a thousand*).

une dizaine	*about, around 10*	une centaine	*about, around 100*
une vingtaine	*about, around 20*	un millier	*about, around 1,000*
une cinquantaine	*about, around 50*		

Fractions

1/2 la moitié, demi(e)	**3/4** trois quarts	**7/8** sept huitièmes
1/3 un tiers	**1/5** un cinquième	**3/10** trois dixièmes
1/4 un quart	**1/6** un sixième	

Note that 1/2 used as a noun is expressed by **la moitié** and as an adjective by **demi(e)**: **la moitié de la classe, une demi-heure**.

Dates

Days		Months			
lundi	*Monday*	janvier	*January*	juillet	*July*
mardi	*Tuesday*	février	*February*	août	*August*
mercredi	*Wednesday*	mars	*March*	septembre	*September*
jeudi	*Thursday*	avril	*April*	octobre	*October*
vendredi	*Friday*	mai	*May*	novembre	*November*
samedi	*Saturday*	juin	*June*	décembre	*December*
dimanche	*Sunday*				

Quel jour sommes-nous aujourd'hui ?   *What is the day today?*

C'est aujourd'hui { lundi, le 15 septembre. / le lundi 15 septembre.   *Today is Monday, September 15.*

Quand êtes-vous né(e) ?   *When were you born?*

Je suis né(e) le 2 août 1963.

Je suis né(e) le deux août { dix-neuf cent soixante-trois. / mil neuf cent soixante-trois.   *I was born on August 2, 1963.*

1. Days and months are masculine in gender and are written in lowercase letters in French.
2. In dates, the form **mil** (not **mille**) is used: **en mil soixante-six**.
3. Dates of the month are expressed by cardinal numbers except *first*, which requires the ordinal number: **le premier janvier, le deux janvier**.

Weather Expressions

Weather expressions with *faire*

Il fait beau.	*The weather is fine.*	Il fait du vent.	*It is windy.*
Il fait mauvais.	*The weather is bad.*	Il fait du soleil.	*It is sunny.*
Il fait chaud.	*It is warm.*	Il fait jour.	*It is daylight.*
Il fait frais.	*It is cool.*	Il fait nuit.	*It is dark.*
Il fait doux.	*It is mild.*	Il fait clair.	*It is clear.*
Il fait sec.	*It is dry.*	Il se fait tard.	*It is getting late.*
Il fait humide.	*It is humid.*	Il fait de l'orage.	*It is stormy.*
Il fait bon.	*It is nice.*	Il fait brumeux.	*It is misty.*

Weather expressions with other verbs

Il neige.	*It is snowing.*	Il gèle.	*It is freezing.*
Il pleut.	*It is raining.*	Il grêle.	*It is hailing.*
Il tonne.	*It is thundering.*		

Seasons

été *summer*	printemps *spring*	en hiver *in the winter*
automne *fall*	en été *in the summer*	au printemps *in the spring*
hiver *winter*	en automne *in the fall*	

Note that the seasons are masculine in gender and are written in lowercase letters in French.

Time

Quelle heure est-il ?
What time is it?

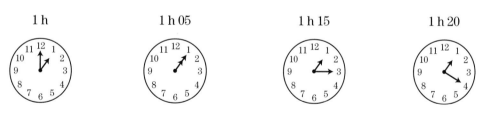

1 h — Il est une heure.

1 h 05 — Il est une heure cinq.

1 h 15 — Il est une heure et quart.

1 h 20 — Il est une heure vingt.

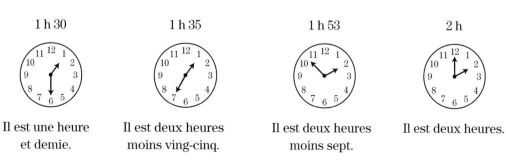

1 h 30 — Il est une heure et demie.

1 h 35 — Il est deux heures moins ving-cinq.

1 h 53 — Il est deux heures moins sept.

2 h — Il est deux heures.

1 h 45

Il est deux heures moins le quart.

12 h.

Il est midi (minuit).

Note that A.M. and P.M. are expressed by **du matin** *(in the morning)*, **de l'après-midi** *(in the afternoon)*, and **du soir** *(in the evening)*.

Verbs

Literary Tenses

In addition to the **passé simple,** French possesses three other literary tenses: the *past anterior,* the *imperfect subjunctive,* and the *pluperfect subjunctive.* These literary tenses, which almost never appear in the spoken language, are presented here so that students will be able to recognize them in the literature they read.

Past Anterior

Formation of the past anterior

passé simple of the auxiliary + past participle			
parler		**venir**	
j' eus parlé	nous eûmes parlé	je fus venu(e)	nous fûmes venu(e)s
tu eus parlé	vous eûtes parlé	tu fus venu(e)	vous fûtes venu(e)(s)
il	ils	il venu	ils venus
elle } eut parlé	} eurent parlé	elle } fut venue	} furent
on	elles	on venu	elles venues

Use of the past anterior

The pluperfect tense is usually used to express a past action that precedes another past action. The *past anterior,* however, is used to express a past action that immediately precedes another past action that is expressed by the **passé simple**. It usually appears after the conjunctions **quand, lorsque, dès que, aussitôt que,** and **après que**.

> Dès que le criminel eut commis le crime, on l'arrêta.
> *As soon as the criminal had committed the crime, he was arrested.*

> Nous commençâmes à bavarder après que le professeur fut sorti.
> *We began to chat after the professor had gone out.*

Note that the past anterior has the same English translation as the pluperfect tense.

Imperfect Subjunctive

Formation of the imperfect subjunctive

The *imperfect subjunctive* is formed by dropping the endings of the **passé simple** and adding the imperfect subjunctive endings. Like the **passé simple,** the imperfect subjunctive has three sets of endings. The pairings that follow show the corresponding ***passé simple*** *and imperfect subjunctive endings*

Passé simple endings		Imperfect subjunctive endings	
parler			
je parl**ai**	nous parl**âmes**	que je parl**asse**	que nous parl**assions**
tu parl**as**	vous parl**âtes**	que tu parl**asses**	que vous parl**assiez**
il elle on } parl**a**	ils elles } parl**èrent**	qu'il qu'elle qu'on } parl**ât**	qu'ils qu'elles } parl**assent**
finir			
je fin**is**	nous fin**îmes**	que je fin**isse**	que nous fin**issions**
tu fin**is**	vous fin**îtes**	que tu fin**isses**	que vous fin**issiez**
il elle on } fin**it**	ils elles } fin**irent**	qu'il qu'elle qu'on } fin**ît**	qu'ils qu'elles } fin**issent**
connaître			
je conn**us**	nous conn**ûmes**	que je conn**usse**	que nous conn**ussions**
tu conn**us**	vous conn**ûtes**	que tu conn**usses**	que vous conn**ussiez**
il elle on } conn**ut**	ils elles } conn**urent**	qu'il qu'elle qu'on } conn**ût**	qu'ils qu'elles } conn**ussent**

Use of the imperfect subjunctive

The *imperfect subjunctive* is translated like the *imperfect indicative*. It can also correspond to the *present conditional* (future of the past).

Indicative: Je savais qu'elle venait me rendre visite.
I knew she was coming to visit me.

Subjunctive: Je doutais qu'elle vînt me rendre visite.
I doubted that she was coming to visit me.

Conditional: Nous savions qu'il se sentirait à l'aise en France.
We knew that he would feel at ease in France.

Subjunctive: Nous doutions qu'il se sentît à l'aise en France.
We doubted that he would feel at ease in France.

In modern usage, the *imperfect subjunctive* is usually replaced by the *present subjunctive*.

Pluperfect Subjunctive

Formation of the pluperfect subjunctive

imperfect subjunctive of the auxiliary + past participle

finir	aller
que j' eusse fini	que je fusse allé(e)
que tu eusses fini	que tu fusses allé(e)
qu'il ⎫	qu'il ⎫ allé
qu'elle ⎬ eût fini	qu'elle ⎬ fût allée
qu'on ⎭	qu'on ⎭ allé
que nous eussions fini	que nous fussions allé(e)s
que vous eussiez fini	que vous fussiez allé(e)(s)
qu'ils ⎫	qu'ils ⎫ allés
⎬ eussent fini	⎬ fussent
qu'elles ⎭	qu'elles ⎭ allées

Use of the pluperfect subjunctive

The *pluperfect subjunctive* is translated like the *pluperfect indicative*. It can also correspond to the *past conditional*.

Indicative:	Je savais qu'ils s'étaient mariés !
	I knew they had gotten married!
Subjunctive:	Je craignais qu'ils ne se fussent mariés !
	I was afraid that they had gotten married!
Conditional:	J'étais sûr qu'on l'aurait condamné sans votre témoignage.
	I was sure that he would have been convicted without your testimony.
Subjunctive:	J'étais étonné qu'on l'eût condamné sans votre témoignage.
	I was astounded that he would have been convicted without your testimony.

The *pluperfect subjunctive* may replace the *pluperfect indicative* or the *past conditional*, or both, in conditional sentences.

Si elle avait suivi un régime, elle aurait été plus séduisante.
Si elle eût suivi un régime, elle aurait été plus séduisante.
Si elle avait suivi un régime, elle eût été plus séduisante.
Si elle eût suivi un régime, elle eût été plus séduisante.
If she had gone on a diet, she would have been more attractive.

In modern usage, the *pluperfect subjunctive* is usually replaced by the *past subjunctive*.

Verbes Réguliers (-er, -ir, -re)

Infinitif Participes	Indicatif				
	Présent	Imparfait	Passé composé		Futur
parler	parle	parlais	ai	parlé	parlerai
	parles	parlais	as	parlé	parleras
	parle	parlait	a	parlé	parlera
parlant	parlons	parlions	avons	parlé	parlerons
parlé	parlez	parliez	avez	parlé	parlerez
	parlent	parlaient	ont	parlé	parleront
finir	finis	finissais	ai	fini	finirai
	finis	finissais	as	fini	finiras
	finit	finissait	a	fini	finira
finissant	finissons	finissions	avons	fini	finirons
fini	finissez	finissiez	avez	fini	finirez
	finissent	finissaient	ont	fini	finiront
perdre	perds	perdais	ai	perdu	perdrai
	perds	perdais	as	perdu	perdras
	perd	perdait	a	perdu	perdra
perdant	perdons	perdions	avons	perdu	perdrons
perdu	perdez	perdiez	avez	perdu	perdrez
	perdent	perdaient	ont	perdu	perdront

Conditionnel	Impératif	Subjonctif	Temps littéraires	
Présent		Présent	Passé simple	Imparfait du subjonctif
parlerais		parle	parlai	parlasse
parlerais	parle	parles	parlas	parlasses
parlerait		parle	parla	parlât
parlerions	parlons	parlions	parlâmes	parlassions
parleriez	parlez	parliez	parlâtes	parlassiez
parleraient		parlent	parlèrent	parlassent
finirais		finisse	finis	finisse
finirais	finis	finisses	finis	finisses
finirait		finisse	finit	finît
finirions	finissons	finissions	finîmes	finissions
finiriez	finissez	finissiez	finîtes	finissiez
finiraient		finissent	finirent	finissent
perdrais		perde	perdis	perdisse
perdrais	perds	perdes	perdis	perdisses
perdrait		perde	perdit	perdît
perdrions	perdons	perdions	perdîmes	perdissions
perdriez	perdez	perdiez	perdîtes	perdissiez
perdraient		perdent	perdirent	perdissent

Verbes Irréguliers

Infinitif Participes	Indicatif			
	Présent	**Imparfait**	**Passé composé**	**Futur**
accueillir (voir **cueillir**)				
acheter	achète	achetais	ai acheté	achèterai
	achètes	achetais	as acheté	achèteras
	achète	achetait	a acheté	achètera
achetant	achetons	achetions	avons acheté	achèterons
acheté	achetez	achetiez	avez acheté	achèterez
	achètent	achetaient	ont acheté	achèteront
admettre (voir **mettre**)				
aller	vais	allais	suis allé(e)	irai
	vas	allais	es allé(e)	iras
	va	allait	est allé(e)	ira
allant	allons	allions	sommes allé(e)s	irons
allé	allez	alliez	êtes allé(e)(s)	irez
	vont	allaient	sont allé(e)s	iront
apparaître (voir **paraître**)				
appeler	appelle	appelais	ai appelé	appellerai
	appelles	appelais	as appelé	appelleras
	appelle	appelait	a appelé	appellera
appelant	appelons	appelions	avons appelé	appellerons
appelé	appelez	appeliez	avez appelé	appellerez
	appellent	appelaient	ont appelé	appelleront
apprendre (voir **prendre**)				
s'asseoir[1]	assieds	asseyais	suis assis(e)	assiérai
	assieds	asseyais	es assis(e)	assiéras
	assied	asseyait	est assis(e)	assiéra
asseyant	asseyons	asseyions	sommes assis(es)	assiérons
assis	asseyez	asseyiez	êtes assis(e)(s)	assiérez
	asseyent	asseyaient	sont assis(es)	assiéront
s'asseoir	assois	assoyais	suis assis(e)	assoirai
	assois	assoyais	es assis(e)	assoiras
	assoit	assoyait	est assis(e)	assoira
assoyant	assoyons	assoyions	sommes assis(es)	assoirons
assis	assoyez	assoyiez	êtes assis(e)(s)	assoirez
	assoient	assoyaient	sont assis(es)	assoiront
atteindre (voir **peindre**)				

[1]The verb *s'asseoir* has two acceptable variations, both of which are given here.

Conditionnel	Impératif	Subjonctif	Temps littéraires	
Présent		Présent	Passé simple	Imparfait du subjonctif

achèterais		achète	achetai	achetasse
achèterais	achète	achètes	achetas	achetasses
achèterait		achète	acheta	achetât
achèterions	achetons	achetions	achetâmes	achetassions
achèteriez	achetez	achetiez	achetâtes	achetassiez
achèteraient		achètent	achetèrent	achetassent

irais		aille	allai	allasse
irais	va	ailles	allas	allasses
irait		aille	alla	allât
irions	allons	allions	allâmes	allassions
iriez	allez	alliez	allâtes	allassiez
iraient		aillent	allèrent	allassent

appellerais		appelle	appelai	appelasse
appellerais	appelle	appelles	appelas	appelasses
appellerait		appelle	appela	appelât
appellerions	appelons	appelions	appelâmes	appelassions
appelleriez	appelez	appeliez	appelâtes	appelassiez
appelleraient		appellent	appelèrent	appelassent

assiérais		asseye	assis	assisse
assiérais	assieds-toi	asseyes	assis	assisses
assiérait		asseye	assit	assît
assiérions	asseyons-nous	asseyions	assîmes	assissions
assiériez	asseyez-vous	asseyiez	assîtes	assissiez
assiéraient		asseyent	assirent	assissent
assoirais		assoie	assis	assisse
assoirais	assois-toi	assoies	assis	assisses
assoirait		assoie	assit	assît
assoirions	assoyons-nous	assoyions	assîmes	assissions
assoiriez	assoyez-vous	assoyiez	assîtes	assissiez
assoiraient		assoient	assirent	assissent

Infinitif Participes	Indicatif				
	Présent	Imparfait	Passé composé		Futur
avoir	ai	avais	ai	eu	aurai
	as	avais	as	eu	auras
	a	avait	a	eu	aura
ayant	avons	avions	avons	eu	aurons
eu	avez	aviez	avez	eu	aurez
	ont	avaient	ont	eu	auront
battre	bats	battais	ai	battu	battrai
	bats	battais	as	battu	battras
	bat	battait	a	battu	battra
battant	battons	battions	avons	battu	battrons
battu	battez	battiez	avez	battu	battrez
	battent	battaient	ont	battu	battront
boire	bois	buvais	ai	bu	boirai
	bois	buvais	as	bu	boiras
	boit	buvait	a	bu	boira
buvant	buvons	buvions	avons	bu	boirons
bu	buvez	buviez	avez	bu	boirez
	boivent	buvaient	ont	bu	boiront
commencer	commence	commençais	ai	commencé	commencerai
	commences	commençais	as	commencé	commenceras
	commence	commençait	a	commencé	commencera
commençant	commençons	commencions	avons	commencé	commencerons
commencé	commencez	commenciez	avez	commencé	commencerez
	commencent	commençaient	ont	commencé	commenceront
comprendre (voir **prendre**)					
conduire	conduis	conduisais	ai	conduit	conduirai
	conduis	conduisais	as	conduit	conduiras
	conduit	conduisait	a	conduit	conduira
conduisant	conduisons	conduisions	avons	conduit	conduirons
conduit	conduisez	conduisiez	avez	conduit	conduirez
	conduisent	conduisaient	ont	conduit	conduiront
connaître	connais	connaissais	ai	connu	connaîtrai
	connais	connaissais	as	connu	connaîtras
	connaît	connaissait	a	connu	connaîtra
connaissant	connaissons	connaissions	avons	connu	connaîtrons
connu	connaissez	connaissiez	avez	connu	connaîtrez
	connaissent	connaissaient	ont	connu	connaîtront
construire (voir **conduire**)					
courir	cours	courais	ai	couru	courrai
	cours	courais	as	couru	courras
	court	courait	a	couru	courra
courant	courons	courions	avons	couru	courrons
couru	courez	couriez	avez	couru	courrez
	courent	couraient	ont	couru	courront
couvrir (voir **ouvrir**)					

Conditionnel	Impératif	Subjonctif	Temps littéraires	
Présent		Présent	Passé simple	Imparfait du subjonctif
aurais		aie	eus	eusse
aurais	aie	aies	eus	eusses
aurait		ait	eut	eût
aurions	ayons	ayons	eûmes	eussions
auriez	ayez	ayez	eûtes	eussiez
auraient		aient	eurent	eussent
battrais		batte	battis	battisse
battrais	bats	battes	battis	battisses
battrait		batte	battit	battît
battrions	battons	battions	battîmes	battissions
battriez	battez	battiez	battîtes	battissiez
battraient		battent	battirent	battissent
boirais		boive	bus	busse
boirais	bois	boives	bus	busses
boirait		boive	but	bût
boirions	buvons	buvions	bûmes	bussions
boiriez	buvez	buviez	bûtes	bussiez
boiraient		boivent	burent	bussent
commencerais		commence	commençai	commençasse
commencerais	commence	commences	commenças	commençasses
commencerait		commence	commença	commençât
commencerions	commençons	commencions	commençâmes	commençassions
commenceriez	commencez	commenciez	commençâtes	commençassiez
commenceraient		commencent	commencèrent	commençassent
conduirais		conduise	conduisis	conduisisse
conduirais	conduis	conduises	conduisis	conduisisses
conduirait		conduise	conduisit	conduisît
conduirions	conduisons	conduisions	conduisîmes	conduisissions
conduiriez	conduisez	conduisiez	conduisîtes	conduisissiez
conduiraient		conduisent	conduisirent	conduisissent
connaîtrais		connaisse	connus	connusse
connaîtrais	connais	connaisses	connus	connusses
connaîtrait		connaisse	connut	connût
connaîtrions	connaissons	connaissions	connûmes	connussions
connaîtriez	connaissez	connaissiez	connûtes	connussiez
connaîtraient		connaissent	connurent	connussent
courrais		coure	courus	courusse
courrais	cours	coures	courus	courusses
courrait		coure	courut	courût
courrions	courons	courions	courûmes	courussions
courriez	courez	couriez	courûtes	courussiez
courraient		courent	coururent	courussent

Infinitif Participes	Indicatif				
	Présent	Imparfait	Passé composé		Futur
craindre	crains	craignais	ai	craint	craindrai
	crains	craignais	as	craint	craindras
	craint	craignait	a	craint	craindra
craignant	craignons	craignions	avons	craint	craindrons
craint	craignez	craigniez	avez	craint	craindrez
	craignent	craignaient	ont	craint	craindront
croire	crois	croyais	ai	cru	croirai
	crois	croyais	as	cru	croiras
	croit	croyait	a	cru	croira
croyant	croyons	croyions	avons	cru	croirons
cru	croyez	croyiez	avez	cru	croirez
	croient	croyaient	ont	cru	croiront
cueillir	cueille	cueillais	ai	cueilli	cueillerai
	cueilles	cueillais	as	cueilli	cueilleras
	cueille	cueillait	a	cueilli	cueillera
cueillant	cueillons	cueillions	avons	cueilli	cueillerons
cueilli	cueillez	cueilliez	avez	cueilli	cueillerez
	cueillent	cueillaient	ont	cueilli	cueilleront
décevoir (voir **recevoir**)					
découvrir (voir **ouvrir**)					
décrire (voir **écrire**)					
déplaire (voir **plaire**)					
détruire (voir **conduire**)					
devenir (voir **venir**)					
devoir	dois	devais	ai	dû	devrai
	dois	devais	as	dû	devras
	doit	devait	a	dû	devra
devant	devons	devions	avons	dû	devrons
dû, due	devez	deviez	avez	dû	devrez
	doivent	devaient	ont	dû	devront
dire	dis	disais	ai	dit	dirai
	dis	disais	as	dit	diras
	dit	disait	a	dit	dira
disant	disons	disions	avons	dit	dirons
dit	dites	disiez	avez	dit	direz
	disent	disaient	ont	dit	diront
disparaître (voir **paraître**)					

Conditionnel	Impératif	Subjonctif	Temps littéraires	
Présent		**Présent**	**Passé simple**	**Imparfait du subjonctif**
craindrais		craigne	craignis	craignisse
craindrais	crains	craignes	craignis	craignisses
craindrait		craigne	craignit	craignît
craindrions	craignons	craignions	craignîmes	craignissions
craindriez	craignez	craigniez	craignîtes	craignissiez
craindraient		craignent	craignirent	craignissent
croirais		croie	crus	crusse
croirais	crois	croies	crus	crusses
croirait		croie	crut	crût
croirions	croyons	croyions	crûmes	crussions
croiriez	croyez	croyiez	crûtes	crussiez
croiraient		croient	crurent	crussent
cueillerais		cueille	cueillis	cueillisse
cueillerais	cueille	cueilles	cueillis	cueillisses
cueillerait		cueille	cueillit	cueillît
cueillerions	cueillons	cueillions	cueillîmes	cueillissions
cueilleriez	cueillez	cueilliez	cueillîtes	cueillissiez
cueilleraient		cueillent	cueillirent	cueillissent
devrais		doive	dus	dusse
devrais	dois	doives	dus	dusses
devrait		doive	dut	dût
devrions	devons	devions	dûmes	dussions
devriez	devez	deviez	dûtes	dussiez
devraient		doivent	durent	dussent
dirais		dise	dis	disse
dirais	dis	dises	dis	disses
dirait		dise	dit	dît
dirions	disons	disions	dîmes	dissions
diriez	dites	disiez	dîtes	dissiez
diraient		disent	dirent	dissent

Infinitif Participes	Indicatif				
	Présent	**Imparfait**	**Passé composé**		**Futur**
dormir	dors	dormais	ai	dormi	dormirai
	dors	dormais	as	dormi	dormiras
	dort	dormait	a	dormi	dormira
dormant	dormons	dormions	avons	dormi	dormirons
dormi	dormez	dormiez	avez	dormi	dormirez
	dorment	dormaient	ont	dormi	dormiront
écrire	écris	écrivais	ai	écrit	écrirai
	écris	écrivais	as	écrit	écriras
	écrit	écrivait	a	écrit	écrira
écrivant	écrivons	écrivions	avons	écrit	écrirons
écrit	écrivez	écriviez	avez	écrit	écrirez
	écrivent	écrivaient	ont	écrit	écriront
s'endormir (voir **dormir**)					
entretenir (voir **tenir**)					
envoyer	envoie	envoyais	ai	envoyé	enverrai
	envoies	envoyais	as	envoyé	enverras
	envoie	envoyait	a	envoyé	enverra
envoyant	envoyons	envoyions	avons	envoyé	enverrons
envoyé	envoyez	envoyiez	avez	envoyé	enverrez
	envoient	envoyaient	ont	envoyé	enverront
éteindre (voir **peindre**)					
être	suis	étais	ai	été	serai
	es	étais	as	été	seras
	est	était	a	été	sera
étant	sommes	étions	avons	été	serons
été	êtes	étiez	avez	été	serez
	sont	étaient	ont	été	seront
faire	fais	faisais	ai	fait	ferai
	fais	faisais	as	fait	feras
	fait	faisait	a	fait	fera
faisant	faisons	faisions	avons	fait	ferons
fait	faites	faisiez	avez	fait	ferez
	font	faisaient	ont	fait	feront
falloir	il faut	il fallait	il a	fallu	il faudra
fallu					
s'inscrire (voir **écrire**)					
joindre	joins	joignais	ai	joint	joindrai
	joins	joignais	as	joint	joindras
	joint	joignait	a	joint	joindra
joignant	joignons	joignions	avons	joint	joindrons
joint	joignez	joigniez	avez	joint	joindrez
	joignent	joignaient	ont	joint	joindront

Conditionnel	Impératif	Subjonctif	Temps littéraires	
Présent		**Présent**	**Passé simple**	**Imparfait du subjonctif**
dormirais		dorme	dormis	dormisse
dormirais	dors	dormes	dormis	dormisses
dormirait		dorme	dormit	dormît
dormirions	dormons	dormions	dormîmes	dormissions
dormiriez	dormez	dormiez	dormîtes	dormissiez
dormiraient		dorment	dormirent	dormissent
écrirais		écrive	écrivis	écrivisse
écrirais	écris	écrives	écrivis	écrivisses
écrirait		écrive	écrivit	écrivît
écririons	écrivons	écrivions	écrivîmes	écrivissions
écririez	écrivez	écriviez	écrivîtes	écrivissiez
écriraient		écrivent	écrivirent	écrivissent
enverrais		envoie	envoyai	envoyasse
enverrais	envoie	envoies	envoyas	envoyasses
enverrait		envoie	envoya	envoyât
enverrions	envoyons	envoyions	envoyâmes	envoyassions
enverriez	envoyez	envoyiez	envoyâtes	envoyassiez
enverraient		envoient	envoyèrent	envoyassent
serais		sois	fus	fusse
serais	sois	sois	fus	fusses
serait		soit	fut	fût
serions	soyons	soyons	fûmes	fussions
seriez	soyez	soyez	fûtes	fussiez
seraient		soient	furent	fussent
ferais		fasse	fis	fisse
ferais	fais	fasses	fis	fisses
ferait		fasse	fit	fît
ferions	faisons	fassions	fîmes	fissions
feriez	faites	fassiez	fîtes	fissiez
feraient		fassent	firent	fissent
il faudrait		il faille	il fallut	il fallût
joindrais		joigne	joignis	joignisse
joindrais	joins	joignes	joignis	joignisses
joindrait		joigne	joignit	joignît
joindrions	joignons	joignions	joignîmes	joignissions
joindriez	joignez	joigniez	joignîtes	joignissiez
joindraient		joignent	joignirent	joignissent

Infinitif Participes	Indicatif				
	Présent	**Imparfait**	**Passé composé**		**Futur**
lire	lis	lisais	ai	lu	lirai
	lis	lisais	as	lu	liras
	lit	lisait	a	lu	lira
lisant	lisons	lisions	avons	lu	lirons
lu	lisez	lisiez	avez	lu	lirez
	lisent	lisaient	ont	lu	liront
manger	mange	mangeais	ai	mangé	mangerai
	manges	mangeais	as	mangé	mangeras
	mange	mangeait	a	mangé	mangera
mangeant	mangeons	mangions	avons	mangé	mangerons
mangé	mangez	mangiez	avez	mangé	mangerez
	mangent	mangeaient	ont	mangé	mangeront
mentir	mens	mentais	ai	menti	mentirai
	mens	mentais	as	menti	mentiras
	ment	mentait	a	menti	mentira
mentant	mentons	mentions	avons	menti	mentirons
menti	mentez	mentiez	avez	menti	mentirez
	mentent	mentaient	ont	menti	mentiront
mettre	mets	mettais	ai	mis	mettrai
	mets	mettais	as	mis	mettras
	met	mettait	a	mis	mettra
mettant	mettons	mettions	avons	mis	mettrons
mis	mettez	mettiez	avez	mis	mettrez
	mettent	mettaient	ont	mis	mettront
mourir	meurs	mourais	suis	mort(e)	mourrai
	meurs	mourais	es	mort(e)	mourras
	meurt	mourait	est	mort(e)	mourra
mourant	mourons	mourions	sommes	mort(e)s	mourrons
mort	mourez	mouriez	êtes	mort(e)(s)	mourrez
	meurent	mouraient	sont	mort(e)s	mourront
naître	nais	naissais	suis	né(e)	naîtrai
	nais	naissais	es	né(e)	naîtras
	naît	naissait	est	né(e)	naîtra
naissant	naissons	naissions	sommes	né(e)s	naîtrons
né	naissez	naissiez	êtes	né(e)(s)	naîtrez
	naissent	naissaient	sont	né(e)s	naîtront
offrir	offre	offrais	ai	offert	offrirai
	offres	offrais	as	offert	offriras
	offre	offrait	a	offert	offrira
offrant	offrons	offrions	avons	offert	offrirons
offert	offrez	offriez	avez	offert	offrirez
	offrent	offraient	ont	offert	offriront
ouvrir	ouvre	ouvrais	ai	ouvert	ouvrirai
	ouvres	ouvrais	as	ouvert	ouvriras
	ouvre	ouvrait	a	ouvert	ouvrira
ouvrant	ouvrons	ouvrions	avons	ouvert	ouvrirons
ouvert	ouvrez	ouvriez	avez	ouvert	ouvrirez
	ouvrent	ouvraient	ont	ouvert	ouvriront

Conditionnel	Impératif	Subjonctif	Temps littéraires	
Présent		Présent	Passé simple	Imparfait du subjonctif
lirais		lise	lus	lusse
lirais	lis	lises	lus	lusses
lirait		lise	lut	lût
lirions	lisons	lisions	lûmes	lussions
liriez	lisez	lisiez	lûtes	lussiez
liraient		lisent	lurent	lussent
mangerais		mange	mangeai	mangeasse
mangerais	mange	manges	mangeas	mangeasses
mangerait		mange	mangea	mangeât
mangerions	mangeons	mangions	mangeâmes	mangeassions
mangeriez	mangez	mangiez	mangeâtes	mangeassiez
mangeraient		mangent	mangèrent	mangeassent
mentirais		mente	mentis	mentisse
mentirais	mens	mentes	mentis	mentisses
mentirait		mente	mentit	mentît
mentirions	mentons	mentions	mentîmes	mentissions
mentiriez	mentez	mentiez	mentîtes	mentissiez
mentiraient		mentent	mentirent	mentissent
mettrais		mette	mis	misse
mettrais	mets	mettes	mis	misses
mettrait		mette	mit	mît
mettrions	mettons	mettions	mîmes	missions
mettriez	mettez	mettiez	mîtes	missiez
mettraient		mettent	mirent	missent
mourrais		meure	mourus	mourusse
mourrais	meurs	meures	mourus	mourusses
mourrait		meure	mourut	mourût
mourrions	mourons	mourions	mourûmes	mourussions
mourriez	mourez	mouriez	mourûtes	mourussiez
mourraient		meurent	moururent	mourussent
naîtrais		naisse	naquis	naquisse
naîtrais	nais	naisses	naquis	naquisses
naîtrait		naisse	naquit	naquît
naîtrions	naissons	naissions	naquîmes	naquissions
naîtriez	naissez	naissiez	naquîtes	naquissiez
naîtraient		naissent	naquirent	naquissent
offrirais		offre	offris	offrisse
offrirais	offre	offres	offris	offrisses
offrirait		offre	offrit	offrît
offririons	offrons	offrions	offrîmes	offrissions
offririez	offrez	offriez	offrîtes	offrissiez
offriraient		offrent	offrirent	offrissent
ouvrirais		ouvre	ouvris	ouvrisse
ouvrirais	ouvre	ouvres	ouvris	ouvrisses
ouvrirait		ouvre	ouvrit	ouvrît
ouvririons	ouvrons	ouvrions	ouvrîmes	ouvrissions
ouvririez	ouvrez	ouvriez	ouvrîtes	ouvrissiez
ouvriraient		ouvrent	ouvrirent	ouvrissent

Infinitif Participes	Indicatif				
	Présent	**Imparfait**	**Passé composé**		**Futur**
paraître	parais	paraissais	ai	paru	paraîtrai
	parais	paraissais	as	paru	paraîtras
	paraît	paraissait	a	paru	paraîtra
paraissant	paraissons	paraissions	avons	paru	paraîtrons
paru	paraissez	paraissiez	avez	paru	paraîtrez
	paraissent	paraissaient	ont	paru	paraîtront
partir	pars	partais	suis	parti(e)	partirai
	pars	partais	es	parti(e)	partiras
	part	partait	est	parti(e)	partira
partant	partons	partions	sommes	parti(e)s	partirons
parti	partez	partiez	êtes	parti(e)(s)	partirez
	partent	partaient	sont	parti(e)s	partiront
payer	paie	payais	ai	payé	paierai
	paies	payais	as	payé	paieras
	paie	payait	a	payé	paiera
payant	payons	payions	avons	payé	paierons
payé	payez	payiez	avez	payé	paierez
	paient	payaient	ont	payé	paieront
peindre	peins	peignais	ai	peint	peindrai
	peins	peignais	as	peint	peindras
	peint	peignait	a	peint	peindra
peignant	peignons	peignions	avons	peint	peindrons
peint	peignez	peigniez	avez	peint	peindrez
	peignent	peignaient	ont	peint	peindront
permettre (voir **mettre**)					
plaindre (voir **craindre**)					
plaire	plais	plaisais	ai	plu	plairai
	plais	plaisais	as	plu	plairas
	plaît	plaisait	a	plu	plaira
plaisant	plaisons	plaisions	avons	plu	plairons
plu	plaisez	plaisiez	avez	plu	plairez
	plaisent	plaisaient	ont	plu	plairont
pleuvoir	il pleut	il pleuvait	il a	plu	il pleuvra
pleuvant polu					
pleuvant					
plu					
pouvoir	peux, puis	pouvais	ai	pu	pourrai
	peux	pouvais	as	pu	pourras
	peut	pouvait	a	pu	pourra
pouvant	pouvons	pouvions	avons	pu	pourrons
pu	pouvez	pouviez	avez	pu	pourrez
	peuvent	pouvaient	ont	pu	pourront
préférer	préfère	préférais	ai	préféré	préférerai
	préfères	préférais	as	préféré	préféreras
	préfère	préférait	a	préféré	préférera
préférant	préférons	préférions	avons	préféré	préférerons
préféré	préférez	préfériez	avez	préféré	préférerez
	préfèrent	préféraient	ont	préféré	préféreront

Conditionnel	Impératif	Subjonctif	Temps littéraires	
Présent		**Présent**	**Passé simple**	**Imparfait du subjonctif**
paraîtrais		paraisse	parus	parusse
paraîtrais	parais	paraisses	parus	parusses
paraîtrait		paraisse	parut	parût
paraîtrions	paraissons	paraissions	parûmes	parussions
paraîtriez	paraissez	paraissiez	parûtes	parussiez
paraîtraient		paraissent	parurent	parussent
partirais		parte	partis	partisse
partirais	pars	partes	partis	partisses
partirait		parte	partit	partît
partirions	partons	partions	partîmes	partissions
partiriez	partez	partiez	partîtes	partissiez
partiraient		partent	partirent	partissent
paierais		paie	payai	payasse
paierais	paie	paies	payas	payasses
paierait		paie	paya	payât
paierions	payons	payions	payâmes	payassions
paieriez	payez	payiez	payâtes	payassiez
paieraient		paient	payèrent	payassent
peindrais		peigne	peignis	peignisse
peindrais	peins	peignes	peignis	peignisses
peindrait		peigne	peignit	peignît
peindrions	peignons	peignions	peignîmes	peignissions
peindriez	peignez	peigniez	peignîtes	peignissiez
peindraient		peignent	peignirent	peignissent
plairais		plaise	plus	plusse
plairais	plais	plaises	plus	plusses
plairait		plaise	plut	plût
plairions	plaisons	plaisions	plûmes	plussions
plairiez	plaisez	plaisiez	plûtes	plussiez
plairaient		plaisent	plurent	plussent
il pleuvrait		il pleuve	il plut	il plût
pourrais		puisse	pus	pusse
pourrais		puisses	pus	pusses
pourrait		puisse	put	pût
pourrions		puissions	pûmes	pussions
pourriez		puissiez	pûtes	pussiez
pourraient		puissent	purent	pussent
préférerais		préfère	préférai	préférasse
préférerais	préfère	préfères	préféras	préférasses
préférerait		préfère	préféra	préférât
préférerions	préférons	préférions	préférâmes	préférassions
préféreriez	préférez	préfériez	préférâtes	préférassiez
préféreraient		préfèrent	préférèrent	préférassent

Infinitif Participes	Indicatif				
	Présent	**Imparfait**	**Passé composé**		**Futur**
prendre	prends	prenais	ai	pris	prendrai
	prends	prenais	as	pris	prendras
	prend	prenait	a	pris	prendra
prenant	prenons	prenions	avons	pris	prendrons
pris	prenez	preniez	avez	pris	prendrez
	prennent	prenaient	ont	pris	prendront
prévoir (voir **voir**)					
produire (voir **conduire**)					
promettre (voir **mettre**)					
recevoir	reçois	recevais	ai	reçu	recevrai
	reçois	recevais	as	reçu	recevras
	reçoit	recevait	a	reçu	recevra
recevant	recevons	recevions	avons	reçu	recevrons
reçu	recevez	receviez	avez	reçu	recevrez
	reçoivent	recevaient	ont	reçu	recevront
reconnaître (voir **connaître**)					
rejoindre (voir **joindre**)					
repeindre (voir **peindre**)					
retenir (voir **tenir**)					
revenir (voir **venir**)					
revoir (voir **voir**)					
rire	ris	riais	ai	ri	rirai
	ris	riais	as	ri	riras
	rit	riait	a	ri	rira
riant	rions	riions	avons	ri	rirons
ri	riez	riiez	avez	ri	rirez
	rient	riaient	ont	ri	riront
savoir	sais	savais	ai	su	saurai
	sais	savais	as	su	sauras
	sait	savait	a	su	saura
sachant	savons	savions	avons	su	saurons
su	savez	saviez	avez	su	saurez
	savent	savaient	ont	su	sauront
sentir	sens	sentais	ai	senti	sentirai
	sens	sentais	as	senti	sentiras
	sent	sentait	a	senti	sentira
sentant	sentons	sentions	avons	senti	sentirons
senti	sentez	sentiez	avez	senti	sentirez
	sentent	sentaient	ont	senti	sentiront

Conditionnel	Impératif	Subjonctif	Temps littéraires	
Présent		Présent	Passé simple	Imparfait du subjonctif
prendrais		prenne	pris	prisse
prendrais	prends	prennes	pris	prisses
prendrait		prenne	prit	prît
prendrions	prenons	prenions	prîmes	prissions
prendriez	prenez	preniez	prîtes	prissiez
prendraient		prennent	prirent	prissent
recevrais		reçoive	reçus	reçusse
recevrais	reçois	reçoives	reçus	reçusses
recevrait		reçoive	reçut	reçût
recevrions	recevons	recevions	reçûmes	reçussions
recevriez	recevez	receviez	reçûtes	reçussiez
recevraient		reçoivent	reçurent	reçussent
rirais		rie	ris	risse
rirais	ris	ries	ris	risses
rirait		rie	rit	rît
ririons	rions	riions	rîmes	rissions
ririez	riez	riiez	rîtes	rissiez
riraient		rient	rirent	rissent
saurais		sache	sus	susse
saurais	sache	saches	sus	susses
saurait		sache	sut	sût
saurions	sachons	sachions	sûmes	sussions
sauriez	sachez	sachiez	sûtes	sussiez
sauraient		sachent	surent	sussent
sentirais		sente	sentis	sentisse
sentirais	sens	sentes	sentis	sentisses
sentirait		sente	sentit	sentît
sentirions	sentons	sentions	sentîmes	sentissions
sentiriez	sentez	sentiez	sentîtes	sentissiez
sentiraient		sentent	sentirent	sentissent

Infinitif Participes	Indicatif				
	Présent	Imparfait	Passé composé		Futur
servir	sers	servais	ai	servi	servirai
	sers	servais	as	servi	serviras
	sert	servait	a	servi	servira
servant	servons	servions	avons	servi	servirons
servi	servez	serviez	avez	servi	servirez
	servent	servaient	ont	servi	serviront
sortir	sors	sortais	suis	sorti(e)	sortirai
	sors	sortais	es	sorti(e)	sortiras
	sort	sortait	est	sorti(e)	sortira
sortant	sortons	sortions	sommes	sorti(e)s	sortirons
sorti	sortez	sortiez	êtes	sorti(e)(s)	sortirez
	sortent	sortaient	sont	sorti(e)s	sortiront
souffrir (voir **offrir**)					
sourire (voir **rire**)					
se souvenir (voir **venir**)					
suivre	suis	suivais	ai	suivi	suivrai
	suis	suivais	as	suivi	suivras
	suit	suivait	a	suivi	suivra
suivant	suivons	suivions	avons	suivi	suivrons
suivi	suivez	suiviez	avez	suivi	suivrez
	suivent	suivaient	ont	suivi	suivront
surprendre (voir **prendre**)					
se taire	tais	taisais	suis	tu(e)	tairai
	tais	taisais	es	tu(e)	tairas
	tait	taisait	est	tu(e)	taira
taisant	taisons	taisions	sommes	tu(e)s	tairons
tu	taisez	taisiez	êtes	tu(e)(s)	tairez
	taisent	taisaient	sont	tu(e)s	tairont
tenir	tiens	tenais	ai	tenu	tiendrai
	tiens	tenais	as	tenu	tiendras
	tient	tenait	a	tenu	tiendra
tenant	tenons	tenions	avons	tenu	tiendrons
tenu	tenez	teniez	avez	tenu	tiendrez
	tiennent	tenaient	ont	tenu	tiendront
traduire (voir **conduire**)					
valoir	vaux	valais	ai	valu	vaudrai
	vaux	valais	as	valu	vaudras
	vaut	valait	a	valu	vaudra
valant	valons	valions	avons	valu	vaudrons
valu	valez	valiez	avez	valu	vaudrez
	valent	valaient	ont	valu	vaudront

Conditionnel	Impératif	Subjonctif	Temps littéraires	
Présent		Présent	Passé simple	Imparfait du subjonctif
servirais		serve	servis	servisse
servirais	sers	serves	servis	servisses
servirait		serve	servit	servît
servirions	servons	servions	servîmes	servissions
serviriez	servez	serviez	servîtes	servissiez
serviraient		servent	servirent	servissent
sortirais		sorte	sortis	sortisse
sortirais	sors	sortes	sortis	sortisses
sortirait		sorte	sortit	sortît
sortirions	sortons	sortions	sortîmes	sortissions
sortiriez	sortez	sortiez	sortîtes	sortissiez
sortiraient		sortent	sortirent	sortissent
suivrais		suive	suivis	suivisse
suivrais	suis	suives	suivis	suivisses
suivrait		suive	suivit	suivît
suivrions	suivons	suivions	suivîmes	suivissions
suivriez	suivez	suiviez	suivîtes	suivissiez
suivraient		suivent	suivirent	suivissent
tairais		taise	tus	tusse
tairais	tais	taises	tus	tusses
tairait		taise	tut	tût
tairions	taisons	taisions	tûmes	tussions
tairiez	taisez	taisiez	tûtes	tussiez
tairaient		taisent	turent	tussent
tiendrais		tienne	tins	tinsse
tiendrais	tiens	tiennes	tins	tinsses
tiendrait		tienne	tint	tînt
tiendrions	tenons	tenions	tînmes	tinssions
tiendriez	tenez	teniez	tîntes	tinssiez
tiendraient		tiennent	tinrent	tinssent
vaudrais		vaille	valus	valusse
vaudrais	vaux	vailles	valus	valusses
vaudrait		vaille	valut	valût
vaudrions	valons	valions	valûmes	valussions
vaudriez	valez	valiez	valûtes	valussiez
vaudraient		vaillent	valurent	valussent

Infinitif Participes		Indicatif			
		Présent	**Imparfait**	**Passé composé**	**Futur**
venir	viens	venais	suis	venu(e)	viendrai
	viens	venais	es	venu(e)	viendras
	vient	venait	est	venu(e)	viendra
venant	venons	venions	sommes	venu(e)s	viendrons
venu	venez	veniez	êtes	venu(e)(s)	viendrez
	viennent	venaient	sont	venu(e)s	viendront
vivre	vis	vivais	ai	vécu	vivrai
	vis	vivais	as	vécu	vivras
	vit	vivait	a	vécu	vivra
vivant	vivons	vivions	avons	vécu	vivrons
vécu	vivez	viviez	avez	vécu	vivrez
	vivent	vivaient	ont	vécu	vivront
voir	vois	voyais	ai	vu	verrai
	vois	voyais	as	vu	verras
	voit	voyait	a	vu	verra
voyant	voyons	voyions	avons	vu	verrons
vu	voyez	voyiez	avez	vu	verrez
	voient	voyaient	ont	vu	verront
vouloir	veux	voulais	ai	voulu	voudrai
	veux	voulais	as	voulu	voudras
	veut	voulait	a	voulu	voudra
voulant	voulons	voulions	avons	voulu	voudrons
voulu	voulez	vouliez	avez	voulu	voudrez
	veulent	voulaient	ont	voulu	voudront

Conditionnel	Impératif	Subjonctif	Temps littéraires	
Présent		**Présent**	**Passé simple**	**Imparfait du subjonctif**
viendrais		vienne	vins	vinsse
viendrais	viens	viennes	vins	vinsses
viendrait		vienne	vint	vînt
viendrions	venons	venions	vînmes	vinssions
viendriez	venez	veniez	vîntes	vinssiez
viendraient		viennent	vinrent	vinssent
vivrais		vive	vécus	vécusse
vivrais	vis	vives	vécus	vécusses
vivrait		vive	vécut	vécût
vivrions	vivons	vivions	vécûmes	vécussions
vivriez	vivez	viviez	vécûtes	vécussiez
vivraient		vivent	vécurent	vécussent
verrais		voie	vis	visse
verrais	vois	voies	vis	visses
verrait		voie	vit	vît
verrions	voyons	voyions	vîmes	vissions
verriez	voyez	voyiez	vîtes	vissiez
verraient		voient	virent	vissent
voudrais		veuille	voulus	voulusse
voudrais	veuille	veuilles	voulus	voulusses
voudrait		veuille	voulut	voulût
voudrions	veuillons	voulions	voulûmes	voulussions
voudriez	veuillez	vouliez	voulûtes	voulussiez
voudraient		veuillent	voulurent	voulussent

Answers to Chapter at a Glance Sections

Chapter 2

I.
1. vous flirtez
2. nous finissons
3. vous mentez
4. ils répondent
5. je bois
6. ils vont
7. ils craignent
8. nous mettons
9. vous apprenez
10. nous divorçons
11. tu achètes
12. elles emploient

II.
1. b
2. a
3. b

III.
1. *Depuis quand* Bernard flirte-t-il avec ma petite amie ?
2. *Depuis combien de temps* sortez-vous avec Alain ?

IV.
1. Brigitte vient de trouver une maison.
2. Ils viennent de se marier.

V.
1. *Choisis (Choisissez)* une carrière !
2. *Réponds (Répondez)* tout de suite !
3. *Faisons* la vaisselle.
4. *Suivons* un régime.

VI.
1. *N'allons pas* au cinéma !
2. *Ne* faites *pas* votre lit !

VII.
1. *Tiens !* C'est une bonne idée, ça !
2. *Voyons !* Vous n'êtes pas vraiment sérieuse !
3. *Tiens !* Il pleut !

VIII.
1. Louise *les* déteste.
2. Elle n'*en* parle jamais.
3. Elles veulent *y* habiter.
4. Ne *lui* parlez pas !

IX.
1. Robert *lui en* donne.
2. Laure *le leur* a annoncé.

X.
1. Je suis sûr que Madeleine est amoureuse de *lui !*
2. *Vous et moi* (OR *Toi et moi),* nous sommes toujours en retard.

XI.
1. Votre sœur est-elle indépendante ? — Oui, *elle l'est.*
2. Hélène et Barbara sont-elles ambitieuses ? — Non, *elles ne le sont pas.*

Chapter 3

I.
1. communication/*féminin*
2. biologie/*féminin*
3. latin/*masculin*
4. Californie/*féminin*
5. promesse/*féminin*
6. travail/*masculin*
7. moment/*masculin*
8. symbolisme/*masculin*

II. 1. l'ami/*l'amie*
   2. l'oncle/la *tante*
   3. l'acteur/l'*actrice*
   4. le chat/la *chatte*

III. 1. la mère/*les mères*
   2. l'œil/*les yeux*
   3. le fils/*les fils*
   4. le bijou/*les bijoux*
   5. le journal/*les journaux*
   6. le feu/*les feux*

IV. 1. *Le peuple* américain respecte la famille.
   2. Il y avait dix *personnes* à notre réunion de famille.
   3. Ces vieilles *gens* sont très sympathiques.

V. 1. *Les parents* devraient-ils jouer avec leurs enfants ?
   2. *Le petit Robert* est impossible *le matin*.

VI. 1. Paris se trouve *en* France.
   2. La Nouvelle-Orléans se trouve *en* Louisiane.
   3. New York se trouve *aux* États-Unis.
   4. Londres se trouve *en* Angleterre.
   5. Les Champs-Élysées se trouvent *à* Paris.
   6. Tokyo se trouve *au* Japon.

VII. 1. *Les* enfants ont-ils *des* obligations envers leurs parents ?
   2. J'ai *des* tantes qui adorent *les* chats.

VIII. 1. Il a deux sœurs mais il n'a pas *de* frères.
   2. Les Mercier font beaucoup *de* sacrifices pour leurs enfants.
   3. Je connais *des* enfants qui n'obéissent pas à leurs parents.
   4. Ma camarade de chambre a *de* bons rapports avec sa famille.
   5. Avez-vous souvent *des* disputes avec vos parents ?

IX. 1. Quand votre famille va-t-elle revenir *de* France ?
   2. Mon avion part *des* États-Unis la semaine prochaine.
   3. Mon camarade de chambre vient *du* Canada.
   4. Ma cousine vient *de* Saint-Louis.

Chapter 4

I. 1. je me lave
   2. tu te couches
   3. elle s'habille
   4. nous nous parlons
   5. vous vous endormez
   6. ils se téléphonent

II. 1. *Ne* vous asseyez *pas*.
   2. *Ne* te dépêche *pas !*
   3. *Ne* nous marions *pas !*

III. 1. Ils s'écoutent.
   2. Nous nous regardons.

IV. 1. *Nous nous rappelons* (OR *Nous nous souvenons de*) la pollution à Los Angeles.
2. Oui, *je me souviens de* (OR *je me rappelle*) Geneviève !

V. 1. nous avons visité
2. ils ont entendu
3. j'ai fini
4. nous avons dit
5. j'ai fait
6. tu as pris
7. elle est allée
8. elles se sont promenées
9. ils se sont parlé

VI. 1. je dansais
2. tu allais
3. elle choisissait
4. nous étions
5. vous aviez
6. elles nageaient

VII. 1. Elle *a entendu* un oiseau chanter dans les arbres.
2. Ils *parlaient* de l'ambiance poétique de Paris.
3. Quand il *était* plus jeune, il *regardait* ce lac pendant des heures !
4. Hier le ciel *était* bleu et l'air *était* frais.
5. Oui, nous *avons vu* un artiste célèbre à Montmartre !
6. Ils *attendaient* depuis une heure quand ils ont vu le train arriver.

VIII. Le mois dernier ma famille et moi *sommes allés*[1] à la campagne. Il *faisait*[2] beau et le ciel *était*[3] bleu. Alors nous *avons décidé*[4] de faire un pique-nique dans le bois. Pendant que nous *déjeunions*,[5] nous *avons entendu*[6] un bruit étrange derrière nous. Nous *nous sommes retournés*[7] et nous *avons vu*[8] un ours qui s'*approchait*[9] de nous ! Il *était*[10] très grand et *avait*[11] l'air méchant ! Nous *nous sommes levés*[12] tout de suite et nous *avons couru*[13] jusqu'à la voiture. L'ours *a mangé*[14] tous les sandwichs !

IX. 1. Nous *sommes sorti(e)s* du bar à trois heures du matin.
2. Où *avez-vous laissé* votre chapeau ?
3. Nous *avons quitté* la ville à cause du bruit.

X. 1. Ils *venaient de finir* (OR *venaient de terminer*) l'examen quand le professeur a ramassé les copies.
2. Nous *venions de visiter* New York quand il a commencé à pleuvoir.

Chapter 5

I. 1. *Respecte-t-il* les pauvres ?
2. Ces ouvriers *vont-ils* faire la grève ?
3. Cette étrangère *a-t-elle* de la classe ?
4. Ses parents *ont-ils gagné* beaucoup d'argent ?

II. 1. *Est-ce qu*'il respecte les pauvres ? Il respecte les pauvres, *n'est-ce pas ?*
2. *Est-ce que* ces ouvriers vont faire la grève ? Ces ouvriers vont faire la grève, *n'est-ce pas ?*
3. *Est-ce que* cette étrangère *a* de la classe ? Cette étrangère a de la classe, *n'est-ce pas ?*

4. *Est-ce que* ses parents ont gagné beaucoup d'argent ? Ses parents ont gagné beaucoup d'argent, *n'est-ce pas ?*

III. 1. *Pourquoi* ce fonctionnaire *ira-t-il* loin ?
      OR *Pourquoi est-ce que* ce fonctionnaire *ira* loin ?
2. *Comment est* ce vendeur ?
      OR *Comment* ce vendeur *est-il ?*
3. *Où* ce snob *habite-t-il ?*
      OR *Où est-ce que* ce snob *habite ?*
      OR *Où habite* ce snob ?
4. *Quand* le patron *est-il arrivé ?*
      OR *Quand est-ce que* le patron *est arrivé ?*

IV. 1. *Qu'est-ce qu'il est devenu* après ses études ?
      OR *Qu'est-il devenu* après ses études ?
2. *Qu'est-ce qui l'intéresse* beaucoup ?
3. *Qui (*OR *Qui est-ce qui)* a une grande fortune ?

V. 1. *Quel* mauvais patron !
2. *Laquelle* de ces jeunes filles a de si bonnes manières ?

VI. 1. *Qu'est-ce que (*OR *Qu'est-ce que c'est que)* la bourgeoisie ?
2. *Quelle est* la date aujourd'hui ?

VII. 1. Elle *n'*est *pas* vendeuse.
2. *Ne* jouent-ils *pas* au bridge ce soir ?
3. Je *n'*aime *pas* critiquer les gens.
4. Pourquoi *ne* suis-je *pas* né riche ?
5. Il est important de *ne pas* être snob.

VIII. 1. Je *ne* suis *jamais* allé à l'opéra.
2. Je *ne* veux *plus* de bière.

IX. 1. Ce millionnaire *n'*a *rien* fait pour aider les pauvres.
2. *Personne ne* veut vivre dans la misère.

X. 1. Elle *n'*est vulgaire *qu'*avec ses amies.
2. Elle *n'*aime *que* les gens cultivés.

XI. 1. Ils *n'*ont *aucune* intention de partir.
2. *Aucune* classe sociale *n'*est parfaite.
3. Il *ne* veut devenir *ni* médecin *ni* avocat.

XII. 1. Je crois que non.
2. Il n'y a rien d'intéressant ici !
3. Merci. — De rien.
      OR Merci. — Il n'y a pas de quoi.

Chapter 6

I.
1. responsable/*responsable*
2. privé/*privée*
3. ambitieux/*ambitieuse*
4. lucratif/*lucrative*
5. long/*longue*
6. blanc/*blanche*
7. gros/*grosse*
8. doux/*douce*
9. gentil/*gentille*
10. beau/*belle*

II.
1. les employés ambitieux
2. les candidats qualifiés
3. les nouveaux directeurs
4. les sénateurs libéraux

III.
1. un ministre *intelligent*
2. une *bonne* ambiance
3. l'*ancien* président
4. une *vieille* usine *italienne*

IV.
1. des réformes *sociales*
2. un homme et une femme *honnêtes*
3. une *demi*-heure

V.
1. Cet homme d'affaires a l'air raisonnable.
2. L'argent la rend heureuse.

VI.
1. facile/*facilement*
2. sérieux/*sérieusement*
3. patient/*patiemment*
4. meilleur/*mieux*
5. bon/*bien*

VII.
1. On parle *beaucoup* de ce sénateur.
2. On l'a *déjà* acheté.
3. On est *moralement* responsable de ses actions.

VIII.
1. Peut-être votre travail est-il permanent.
   OR Peut-être que votre travail est permanent.
2. Peut-être le directeur a-t-il compris son erreur.
   OR Peut-être que le directeur a compris son erreur.

IX.
1. Je pense que *tous* les employés sont compétents.
2. Il a perdu *toute* sa fortune.
3. *Tout* le monde est venu.

X.
1. Les députés sont *tous* venus.
2. Les secrétaires sont *toutes* allées au restaurant.

XI.
1. La faillite est *moins* agréable que la fortune.
2. Le travail est *plus* souhaitable *que* le chômage.

XII.
1. la plus jeune femme d'affaires
2. l'homme politique le plus libéral

XIII.
1. Mon ordinateur marche *mieux* que le vôtre.
2. Bien sûr, c'est le *meilleur* ouvrier de l'usine !

Chapter 7

I. le futur **le conditionnel**
1. je mangerai je mangerais
2. tu sortiras tu sortirais
3. elle vendra elle vendrait
4. nous ferons nous ferions
5. vous serez vous seriez
6. elles auront elles auraient

II. le futur antérieur **le conditionnel passé** **le plus-que-parfait**
1. j'aurai visité j'aurais visité j'avais visité
2. tu auras menti tu aurais menti tu avais menti
3. il aura attendu il aurait attendu il avait attendu
4. nous aurons promis nous aurions promis nous avions promis
5. vous serez venu(e)(s) vous seriez venu(e)(s) vous étiez venu(e)(s)
6. ils seront partis ils seraient partis ils étaient partis

III. 1. Je suis sûr que notre recette *gagnera* le prix.
2. Quand j'*irai* à Tours, je visiterai les châteaux de la Loire.
3. Ce garçon *aura dépensé* tout son argent avant d'être payé !

IV. 1. Si j'étais à votre place, je *ne sortirais pas* avec elle.
2. Henri ne savait pas que Renée *avait déjà apporté* le vin.
3. Si ce couturier *avait fait* cela, il *n'aurait pas vendu* une seule robe !

V. 1. Quand ce chef était jeune, il *parlait* toujours de cuisine.
2. L'architecte a dit qu'il *arriverait* à dix heures.

VI. 1. Non, elle n'est pas obligée d'acheter ces vêtements en solde, mais elle *devrait* le faire !
2. Cet ambassadeur *devait* faire beaucoup de voyages à Montréal.
3. Il *a dû* (OR *devait*) mettre un chapeau parce qu'il faisait froid.
4. Un gourmet *ne devrait pas* être un glouton !
5. Janine *n'aurait pas dû* prendre cette photo.
6. Un professeur *doit* avoir beaucoup de patience.
7. Isabelle *devait* servir du caviar, mais ça coûte trop cher !
8. Pourquoi as-tu fait ça ? Tu *dois* être fou !
9. J'ai mal au ventre. J'*ai dû* manger trop de fromage.
10. Je *dois* partir tout de suite.
11. Le président *doit* arriver bientôt.

Chapter 8

I. 1. Comment ! Nous avons perdu les chèques de voyage *qui* étaient dans nos valises ?
2. Voilà la belle étrangère *que* nous avons vue à Versailles.

II. 1. Expliquez-nous *ce que* vous avez vu en France.
2. Quel gourmand ! La cuisine française est tout *ce qui* l'intéresse !

III. 1. Je vous présente Anne-Marie, la femme avec *qui* je compte visiter le Sénégal.
   2. Voici l'argent avec *lequel* je vais acheter les souvenirs.

IV. 1. Je sais à *quoi* vous pensez.
   2. Elle m'a dit bonjour au moment *où* elle m'a vu.

V. 1. Voici le touriste désagréable *dont* je parlais.
   2. C'est *ce dont* il est si fier !

VI. 1. Il est francophone ? *Qu'est-ce que* cela signifie ?
   2. Voici *ce qu'*on a trouvé dans la chambre d'hôtel !
   3. Voilà la femme bizarre *que* j'ai rencontrée au Louvre.
   4. *Qui* avez-vous vu pendant les vacances ?

VII. 1. Idiot ! *N'importe qui* pourrait lire cette carte !
   2. Ce francophile ferait *n'importe quoi* pour visiter la Martinique.

VIII. 1. *cette* dame   4. *ce* livre
   2. *cet* étranger   5. *ces* maisons
   3. *Ces coutumes-ci* nous sont familières mais *ces coutumes-là* nous sont étrangères.

IX. 1. *Celui* qui a l'esprit ouvert n'aura pas de problèmes.
   2. Geneviève et Marguerite sont des touristes très différentes : *celle-ci* est gentille tandis que *celle-là* est insolente !
   3. Quelles photos préférez-vous, *celles* de Gisèle ou *celles* de Marc ?

X. 1. *Ça* (OR *Cela*) m'est égal.
   2. Faisons un échange ! Si vous me donnez *ceci* (OR *cela*) je vous donne *cela* (OR *ceci*).

XI. 1. Sont-*elles* françaises ou canadiennes ?
   2. *C'*est une excursion qu'il faut faire !
   3. *Ce* sont les beaux souvenirs dont nous avons parlé.
   4. *C'*est ma carte d'identité.

XII. 1. *Il est* intéressant *de* comparer deux cultures différentes.
   2. Vous êtes-vous jamais senti seul ? — Oui, et *c'est* difficile *à* supporter !

XIII. 1. Nous avons rendu visite à nos parents *ce matin-là*.
   2. Nous passons *ce mois-ci* à la Guadeloupe.
   3. Il est parti *le lendemain*.
   4. Moi, je pars *demain*.

Chapter 9

I. 1. parler   2. que je *fasse*
   a. que je *parle*   3. que tu *réfléchisses*
   b. que tu *parles*   4. qu'il *réponde*
   c. qu'elle *parle*   5. que nous *criions*
   d. que nous *parlions*   6. que vous *veniez*
   e. que vous *parliez*   7. qu'ils *viennent*
   f. qu'elles *parlent*

II. 1. bavarder
    a. que j'aie *bavardé*
    b. que tu aies *bavardé*
    c. qu'elle ait *bavardé*
    d. que nous ayons *bavardé*
    e. que vous ayez *bavardé*
    f. qu'elles aient *bavardé*

    2. partir
    a. que je *sois parti(e)*
    b. que tu *sois parti(e)*
    c. qu'elle *soit partie*
    d. que nous *soyons parti(e)s*
    e. que vous *soyez parti(e)(s)*
    f. qu'elles soient *parties*

III. 1. Faut-il que nous *parlions* français pour bien comprendre la culture française ?
    2. Je voudrais que vous *allumiez* la télé.
    3. Je suis contente qu'il *fasse* plus beau demain.
    4. Il est désolé que vous *n'ayez pas perfectionné* votre accent à Paris l'année dernière.

IV. 1. Je suis étonnée que vous ne *compreniez* pas l'argot. (*subj*)
    2. Elle sait que nous *nous fâcherons* quand nous apprendrons cette nouvelle ! (*ind*)
    3. Je suis heureux que vous *soyez venu(e)(s)* hier. (*subj*)
    4. Il est vrai qu'on *apprécie* mieux sa propre langue après avoir étudié une langue étrangère. (*ind*)
    5. Il faut que vous *vous exprimiez* lentement mais correctement. (*subj*)
    6. Bien que nous *nous disputions* de temps en temps, nous nous tutoyons toujours. (*subj*)
    7. Je suis certain que nous *sommes* abonnés à *L'Express*. (*ind*)
    8. Vous n'apprendrez pas une langue en une semaine, qui que vous *soyez*. (*subj*)
    9. Je pense que cette émission *est* bête. (*ind*)
    10. Croyez-vous que ce journaliste *soit* malhonnête ? (*subj*)
    11. Y a-t-il un étudiant qui *sache* toute la grammaire française ? (*subj*)
    12. Est-ce la meilleure plaisanterie que vous *ayez jamais entendue* ? (*subj*)

V. 1. Je voudrais *être* polyglotte un jour.
    2. Je voudrais que vous *lisiez* l'éditorial de ce journal.
    3. Faut-il que nous *payions* la publicité ?
    4. Il faut *manger* pour vivre et non pas vivre pour manger !
    5. Parlez plus fort pour que je *puisse* vous entendre !
    6. Il est parfois important de *parler* couramment une langue étrangère.

Chapter 10

I. 1. *mon* livre
    2. *sa* peinture
    3. *son* imagination
    4. *notre* bibliothèque
    5. *vos* (OR *tes*) romans
    6. *leurs* idées

II. 1. Cette actrice ne se lave jamais *les* cheveux !
    2. *Son* poète favori est Baudelaire.

III. 1. L'imagination de cet écrivain est moins riche que *la vôtre* (OR *la tienne*).
    2. Cet auteur aime bien critiquer les romans des autres, mais il ne veut pas qu'on critique *les siens* !

IV. 1. Voyons ! Ce roman policier *n'est pas à vous* (OR *à toi*) !
    2. Mais si ! Il *est à moi* !

V. 1. *La pièce de Racine* est une tragédie.
    2. *Les idées de vos amis* (OR *de tes amis*) me déplaisent !

VI. 1. Je crois qu'elle *a mal à la tête.*
2. L'acteur n'a pas joué parce qu'il *était* (OR *a été*) *malade.*

VII. 1. derrière la scène
2. contre la maison
3. entre nous
4. au milieu de sa chambre
5. près de la bibliothèque

VIII. 1. Mon livre est *sur la table à côté de la fenêtre.*
2. Je peux lire ce best-seller *en une heure !*
3. Cette actrice *aux yeux bruns* est très gentille.

IX. 1. Nous avons trois romans *à* lire cette semaine.
2. Ce romancier a essayé *de* plaire au public mais il n'a pas réussi *à* le faire.
3. Voulez-vous assister au spectacle avec moi ? (*no preposition*)
4. Dans ce roman, il s'agit d'un homme qui refuse *de* mentir.
5. Mon ami m'a conseillé *de* suivre un cours de peinture.

X. 1. Je *cherche* un livre de poche intéressant.
2. Nous *nous intéressons à* la littérature moderne.
3. Les spectateurs *rient de* vous parce que vous *ressemblez à* Charlie Chaplin !

XI. 1. Que pensez-vous *de* Jean-Jacques Rousseau ?
2. Un acteur pense toujours *à* son public.
3. La littérature pornographique manque souvent *de* valeur artistique.
4. Juliette manque beaucoup *à* Roméo.

XII. 1. Ils vont au spectacle *à* bicyclette.
2. Nous allons au festival d'Avignon *en* bateau.

Chapter 11

I. 1. Cette chanson folklorique *est chantée par* un groupe sensationnel.
2. Le morceau de Debussy *sera joué par* un pianiste américain.
3. Cette farce *a été écrite* au Moyen Âge.

II. 1. Le grand public a été scandalisé par ce documentaire violent.
2. Deux rôles seront joués par cet acteur.

III. 1. On a filmé cette scène en noir et blanc.
2. Comment ! On a censuré le dessin animé de Disney ?
3. On a joué ce match sous la pluie.

IV. 1. Cela (Ça) se fait facilement.
2. Cela (Ça) ne se dit pas en français.

V. 1. écouter/*écoutant*
2. finir/*finissant*
3. vendre/*vendant*
4. faire/*faisant*
5. avoir/*ayant*
6. vouloir/*voulant*

VI. 1. *Étant* amateur de musique, il est allé au concert.
2. Ce compositeur buvait de la bière *en composant* une chanson à boire.
3. Ce musicien est devenu célèbre *en travaillant* tous les jours.

VII. 1. Il passe plus de temps à *regarder* les westerns à la télévision qu'à *étudier !*
2. Comment peut-elle regarder ce film *sans rire ?*
3. Je l'ai entendu *chanter* une chanson sentimentale au cabaret.

VIII. 1. Il fait laver sa voiture.
2. Le fait-il faire tout de suite ?
OR Est-ce qu'il le fait faire tout de suite ?
3. Il a fait sortir (partir) son ami(e).

Vocabularies

<hr>

French-English Vocabulary

This vocabulary contains French words and expressions found in the activities and the *Vocabulaire du thème*. Cognates and other easily recognizable words have not been included.

Abbreviations

adj	adjective	*inv*	invariable	*pp*	past participle
adv	adverb	*m*	masculine	*pron*	pronoun
f	feminine	*n*	noun	*subj*	subjunctive
fam	familiar	*pl*	plural	*v*	verb
inf	infinitive				

A

l' **abeille** *f* bee
abolir to abolish
abonner: s'___ à to subscribe to
abord: d'___ first
abuser to abuse
accompagner to accompany
l' **accord** *m* agreement; **être d'___ (avec)** to agree (with); **d'___ !** agreed!
l' **accueil** *m* welcome, reception
accueillant(e) hospitable
accueillir to welcome
l' **accusé(e)** *m,f* defendant
accusé(e) accused
l' **achat** *m* purchase; **faire des ___s** to go shopping
acheter to buy
acquitter to acquit
l' **acteur** *m* actor
l' **activité** *f* activity
l' **actrice** *f* actress
les **actualités** *f* news
actuel (actuelle) present
actuellement presently, now
adapter: s'___ à to adapt to
l' **addition** *f* check (in a restaurant)
l' **adolescent(e)** *m,f* teenager
adoptif (adoptive) adopted
l' **adresse** *f* address
l' **adversaire** *m,f* opponent
l' **affaire, les affaires** *f* affair, deal; *pl* business
l' **affiche** *f* poster

affirmer to maintain
affreux (affreuse) frightful, awful
afin: ___ de (+ *inf*) in order to, to; **___ que** (+ *subj*) in order that, so that
l' **âge** *m* age; **Moyen Âge** Middle Ages
âgé(e) old
l' **agence** *f* **de voyages** travel bureau
l' **agent** *m* **de police** police officer
l' **agent** *m* **de voyages** travel agent
agir to act; **il s'agit de** it is a question of
agité(e) agitated
l' **agneau** *m* lamb
agréable pleasant
aider to help
ailleurs elsewhere; **d'___** besides, moreover
aimable likeable
aimer to love, to like; **___ mieux** to prefer
l' **aîné(e)** *m, f* the elder, the eldest
ainsi thus; **___ que** *conj* as well as
l' **air** *m* air; **avoir l'___** to seem; to look
l' **aise** *f* ease; **à l'___** at ease, comfortable
aisé(e) well-to-do
ajouter to add
alimentaire dietary
l' **alimentation** *f* food
allemand(e) German
aller to go; **s'en ___** to leave; **___ chercher** to go get
l' **allocation** *f* allowance, benefits
allumer to turn on
alors then; so; **et ___ ?** so what?
l' **amateur** *m* enthusiast, connoisseur; amateur
l' **ambiance** *f* atmosphere

ambitieux (ambitieuse) ambitious
l' **âme** *f* soul
améliorer to improve
l' **ami** *m* friend, boyfriend; **le petit ___** boyfriend
l' **amie** *f* friend, girlfriend; **la petite ___** girlfriend
l' **amitié** *f* friendship; **lier ___ avec** to make friends with
amnésique amnesic
l' **amour** *m* love
amoureux (amoureuse) loving; **être ___ de** to be in love with; **tomber ___ de** to fall in love with
l' **amphithéâtre** *m* amphitheatre
amusant(e) amusing
amuser to amuse; **s'___** to amuse, enjoy oneself; **s'___ bien** to have a good time
l' **an** *m* year; **avoir seize ___** to be sixteen years old
l' **ancêtre** *m, f* ancestor
ancien (ancienne) ancient; former
anglais(e) English
l' **anglicisme** *m* Anglicism
angoissé(e) anguished
animé(e) lively
l' **anneau** *m* ring
l' **année** *f* year
l' **anniversaire** *m* anniversary; birthday
l' **annonce** *f* announcement; **___ publicitaire** advertisement
l' **anonymat** *m* anonymity
anonyme anonymous
l' **anthropologie** *f* anthropology
apercevoir to make out, catch sight of; **s'___ de** to notice
apparaître to appear
appareil (appareil-photo) *m* camera
l' **apparence** *f* appearance
l' **appartement** *m* apartment
appartenir à to belong (to)
l' **appel** *m* call, appeal
appeler to call; **s'___** to be called, named
applaudir to applaud
apporter to bring
apprécier to appreciate
apprendre to learn
l' **approbation** *f* approval
approcher: s'___ de to approach, draw near
approuver to approve of
l' **appui** *m* support
après after; **d'___** according to
l' **après-midi** *m, f* afternoon
l' **araignée** *f* spider
arbitraire arbitrary
l' **arbre** *m* tree
l' **argent** *m* money
l' **argot** *m* slang
l' **arme** *f* weapon
l' **armée** *f* army
arrêter to stop, arrest; **s'___** to stop, to come to a stop
arriver to arrive; to happen; **___ à** to manage to

l' **arriviste** *m, f* social climber
l' **aspirateur** *m* vacuum cleaner; **passer l'___** to vacuum
assassiner to assassinate
asseoir to sit, seat; **s'___** to sit down
assez enough; quite; **en avoir ___** to be fed up
l' **assiette** *f* dish, plate
assis(e) seated
assister à to attend
assourdir to deafen
assuré(e) assured
assurer to assure
l' **athlétisme** *m* track and field events
atteindre to achieve
attendre to wait for; to expect
l' **attention** *f* attention, care; **faire ___ à** to pay attention to, be careful
attirant(e) attractive
attirer to attract, draw
attraper to catch
l' **auberge** *f* inn
aucun(e) any; **ne... ___** no, not any, not a single one
au-dessus (de) above, over
l' **auditeur (auditrice)** *m, f* listener (radio)
l' **augmentation** *f* **(de salaire)** raise
aussi also, too; **___... que** as . . . as; **___** (+ *inverted verb*) therefore; and so
aussitôt que as soon as
autant as much
l' **auteur** *m* author
l' **autobus** *m* bus
autoritaire overbearing
l' **autorité** *f* authority
l' **auto-stop** *m* hitchhiking
autre other
autrement otherwise
l' **avance** *f* advance; **d'___** in advance; **à l'___** in advance
avancer to advance
avant before; **___ de** (+ *inf*) before; **___ Jésus-Christ** B.C. (before Christ)
l' **avantage** *m* advantage
avare greedy
avaricieux (avaricieuse) greedy
l' **avenir** *m* future; **à l'___** in the future
l' **aventure** *f* adventure
aventureux (aventureuse) adventuresome
avide greedy
l' **avion** *m* plane
l' **avis** *m* opinion; **à mon ___** in my opinion
l' **avocat(e)** *m, f* lawyer
avoir to have; **___ besoin de** to need; **___ du mal à** (+ *inf*) to have trouble; **___ envie de** to feel like; **___ l'air** to seem, to look; **___ peur** to be afraid; **___ seize ans** to be sixteen years old; **en ___ assez** to be fed up; **Qu'est-ce qu'il y a ?** What's the matter?; **il y a** there is, there are; **il y a deux heures** two hours ago
avorter to have an abortion
l' **avortement** *m* abortion
avouer to admit

B

le **bagage** piece of luggage; **faire ses ___s** to pack
la **bague** ring
la **baguette** baguette; French stick
le **bain** bath; **prendre un ___ de soleil** to sunbathe
le **baiser** kiss
la **baisse** fall, decline; **en ___** falling
baisser to lower
le **bal** dance
banal(e) commonplace
la **bande** tape; **___ dessinée (BD)** comic strip, comic book
la **banlieue** suburbs
le **banquier (la banquière)** banker
la **barbe** beard
la **barre** bar
bas (basse) low; **à voix ___** in a low voice
le **bataillon** battalion
le **bateau** boat, ship
le **bâtiment** building
bâtir to build
battre to beat, hit; **se ___** to fight
bavard(e) talkative
bavarder to chat
la **BD (bande dessinée)** comic strip
beau (bel), (belle) beautiful; **il fait ___** the weather is beautiful
beaucoup (de) a lot, much, many
le **beau-frère** brother-in-law
le **bénéfice du doute** benefit of the doubt
le **besoin** need; **avoir ___ de** to need
le **best-seller** bestseller
bête stupid
la **bêtise** stupidity; **dire des ___s** to speak nonsense
le **beurre** butter
la **bibliothèque** library
la **bicyclette** bicycle; **faire de la ___** to go bicycle riding
bien well; **___ que (+ subj)** although; **___ sûr** certainly; **___ sûr que non** certainly not; **___ des** many
le **bien** (the) good; **les ___s** possessions
bien-aimé(e) beloved
bientôt soon
la **bienvenue** welcome
la **bière** beer
le **bifteck** steak
le **bijou** jewel
bilingue bilingual
blaguer to kid
blâmer to blame
blanc (blanche) white
bleu(e) blue; **un ___** bruise
boire to drink
le **bois** wood; woods
la **boisson** beverage
la **boîte** box, can; **___ (de nuit)** (night) club
bon (bonne) good; **___ marché inv** cheap; **le ___ sens** common sense; **de bonne heure** early
le **bonbon** candy

le **bonheur** happiness
bon marché inv inexpensive
la **bonté** goodness
le **bord** edge, shore
la **bouche** mouth
la **boucherie** butcher's shop
bouger to move
le **boulanger (la boulangère)** baker
la **boulangerie** bakery
le **bouquin fam** book
la **bourgeoisie** middle class
le **bout** end; tip
la **boutique** shop
le **bouton** button
le **bras** arm
bref (brève) short
la **Bretagne** Brittany
brièvement briefly
brillamment brilliantly
briller to shine
le **bronzage** (sun)tan
bronzer: se ___ to tan; **bronzé** tanned
la **brosse à dents** toothbrush
brosser to brush; to scrub; **se ___ les dents** to brush one's teeth
le **bruit** noise
brun(e) brown; dark-haired
brusque abrupt
la **brusquerie** abruptness
bruyamment loudly, noisily
bruyant(e) noisy
bûcher fam to cram
le **bureau** office
le **but** goal

C

ça that
le **cadeau** gift
cadet (cadette) younger, youngest
le **cafard** roach; **avoir le ___** to feel blue
le **cahier** notebook
le **calmant** tranquilizer
le, la **camarade de chambre** roommate
la **caméra** movie camera
le **campagnard (la campagnarde)** country dweller
la **campagne** country
le **camping** camping; **faire du ___** to go camping
le **canard** duck
le **cancre** bad student, dunce
le **candidat (la candidate)** candidate
la **candidature** candidacy; **poser sa ___** to run for office
le **canotier** boater
la **cantatrice** (opera) singer, diva
la **carte** menu; card; map; **___ postale** postcard; **jouer aux ___s** to play cards; **___ d'identité** ID card
le, la **cartographe** cartographer
casser to break
la **cassette** cassette
la **cause** cause; **à ___ de** because of
causer to cause; to chat, talk

le **CD** *inv* compact disc
ceci this
la **ceinture** belt
cela (ça) that
célèbre famous
célibataire single; le, la ___ single person
celui, celle, ceux, celles the one; ___-**ci** the latter; ___-**là** the former
censé(e) supposed; **être** ___ (+ *inf*) to be supposed to
la **censure** censorship
censurer to censor
le **centre-ville** downtown
cependant however
cesse: sans ___ constantly
cesser (de) to stop, cease
ceux (celles) these, those
chacun(e) each (person)
la **chaîne** channel; ___ **stéréo** stereo system
chaleureusement warmly
la **chambre** room
le **champ** field
la **chance** luck; **avoir de la** ___ to be lucky
le **changement** change
la **chanson** song; ___ **à boire** drinking song
le **chansonnier** songwriter
le **chant** song
le **chanteur (la chanteuse)** singer
le **chapeau** hat
chaque each
la **charcuterie** pork butcher's, delicatessen
le **charcutier (la charcutière)** pork butcher, owner of a charcuterie
charmant charming
le **charpentier** carpenter
la **chasse** hunting
le **chat (la chatte)** cat
châtain brown-haired; ___ **clair** light brown
chaud(e) hot; **il fait** ___ it's hot (weather)
chauve bald
chauvin chauvinistic (fanatically patriotic)
le **chef** head, leader; chef
le **chêne** oak
le **chèque de voyage** traveler's check
cher (chère) dear; expensive
le **chéri (la chérie)** darling
chercher to look for; **aller** ___ to go get
le **cheval** horse; ___ **de bois** wooden horse
le **chevet** bedhead, bolster (long, cylindrical pillow); top of the head ; **livre de** ___ bedside book
le **cheveu (pl cheveux)** hair
la **chèvre** goat
chez at the home, place of
le **chien** dog
le **chiffre** figure
la **chimie** chemistry
chinois(e) Chinese
choisir to choose
le **choix** choice
le **chômage** unemployment; **être au** ___ to be unemployed
le **chômeur (la chômeuse)** unemployed person
choquant(e) shocking

la **chose** thing
le **chou** cabbage
la **choucroute** sauerkraut
chuchoter to whisper
chut shh! hush!
la **chute** fall
ci-dessous, ci-dessus below, above
le **ciel (pl cieux)** sky; heaven
le **cinéma** movies, cinema
cinématographique cinematographic
le, la **cinéphile** movie fan
cinquante fifty
la **circonstance** circumstance: ___ **atténuante** extenuating circumstance
la **circulation** traffic
les **ciseaux** *m* scissors
le **citadin (la citadine)** city dweller
la **citation** quotation
le **citoyen (la citoyenne)** citizen
la **clarté** clarity
la **classe** class: **avoir de la** ___ to have class
le **classement** classification, rating
la **clé** key
le **client (la cliente)** client, customer
le **clochard** bum
clos: à huis ___ behind closed doors
le **cochon** pig
le **code** code; ___ **de la route** highway code, rules of the road
le **cœur** heart; **avoir mal au** ___ to feel nauseous
le **coin** corner
la **colère** anger; **se mettre en** ___ to become angry
le, la **collègue** colleague
coller to glue, stick
la **colonne** column
combien (de) how much, how many
la **comédie** comedy
commander to order
comme like, as; how; ___ **il faut** proper; as things should be
commencer to begin, start
comment how, what; ___ + **être** what is (someone or something) like; ___ **faire** how to go about
le **commentateur (la commentatrice)** commentator
le **commerce** business
commettre to commit
le **communisme** communism
le, la **communiste** communist
le **compagnon (la compagne)** companion
compatissant(e) compassionate
compétent(e) competent
complaisant(e) accommodating
composer to compose
le **compositeur** composer
comprendre to understand; **cela se comprend** that is understandable
compris included; **y** ___ including
compromettant(e) compromising
compromettre to compromise
le **compromis** compromise

le **compte: se rendre ___ de** to realize; **tenir ___ de** to take into account
compter to count on, intend
la **comtesse** countess
le **concert** concert
le, la **concierge** building caretaker
conclure to conclude
la **concurrence** competition
le, la **concurrent(e)** competitor
le, la **condamné(e)** condemned; convict
condamner to condemn
condition *f* condition; **à ___ que** (+ *subj*) on condition that
conduire to drive
la **conférence** lecture
la **confiance** confidence; **avoir ___ en** to have confidence in
la **confiserie** confectioner's, candy store
le **confiseur** (la **confiseuse**) confectioner; candy maker
le **conflit** conflict
confus(e) confused
confusément confusedly
le **congé** leave
la **connaissance** knowledge; acquaintance; **faire la ___ de** to meet, make the acquaintance of
connaître to know, be acquainted with; **se ___** to be known
connu(e) known
le **conseil** advice
le **conseiller** (la **conseillère**) adviser
conseiller (**à** + *n* + **de** + *inf*) to advise someone to do something
le **consentement** consent
consentir to consent
conservateur (**conservatrice**) conservative
le **consommateur** (la **consommatrice**) consumer
la **consommation** consumption
constamment constantly
construire to construct
consulter to consult
le **conte** short story
contemporain contemporary
contenir to contain
content(e) happy
le **contenu** content
le **conteur** (la **conteuse**) short-story writer
le **contraire** contrary; **au ___** on the contrary
le **contraste** contrast; **faire ___ avec** to contrast with
le **contrat** contract
contre against; **le pour et le ___** the pros and cons; **par ___** on the other hand
contribuer to contribute
convaincre to convince
convenable proper, suitable
le **copain** (la **copine**) *fam* friend, buddy
la **copie** paper; copy
coquet (**coquette**) coquettish; particular about one's appearance
corriger to correct
le **côté** side; **à ___ de** beside, next to

la **côtelette** chop
coucher: se ___ to go to bed; **se ___ à la belle étoile** to sleep out in the open
le **coucou** cuckoo
le **coup** knock, blow; **tout à ___** all of a sudden
coupable guilty
la **coupe** cup
couper to cut
couramment fluently
le **courant** current; **être au ___** to be in the know, be up on
le **coureur** (la **coureuse**) runner; **___ automobile** racing driver
courir to run
le **courriel** e-mail
le **courrier** mail; **___ du cœur** lonely-hearts column; **___ électronique** e-mail
le **cours** course, class; **___ obligatoire** required course; **au ___ de** in the course of, during; **___ facultatif** elective
la **course** run, race, outing; **faire des ___s** to go shopping; to do errands
court(e) short
le **couteau** knife
coûter to cost; **___ cher** to be expensive
la **coutume** custom
la **couture** fashion; **haute ___** high fashion
le **couturier** (la **couturière**) dress designer, dressmaker
couvrir to cover
craindre to fear, be afraid of
la **crèche** day-care center
créer to create
la **crémerie** store selling dairy products
le **crémier** (la **crémière**) dairy merchant
la **crêpe** crepe, pancake
le **cri** cry, shout
crier to shout, cry out
le **crime** crime; **___ passionnel** crime of passion; **___ prémédité** premeditated crime
le **criminel** (la **criminelle**) criminal
la **crise** crisis; attack; **___ de foie** bilious attack
le **critère** criterion
la **critique** criticism
le **critique** critic
critiquer to criticize; to critique
croire to believe, think
la **croix** cross
cueillir to pick, harvest
la **cuisine** kitchen; cooking; **faire la ___** to do the cooking, cook
le **cuisinier** (la **cuisinière**) cook, chef
la **cuisse de grenouille** frog's leg
le **culot** nerve
cultivé(e) cultured
cultiver to cultivate
curieux (**curieuse**) curious; odd, unusual
le **cyclisme** cycling
le, la **cycliste** cyclist

D

d'abord first

d'accord !   agreed!
d'ailleurs   besides, moreover
la **dame**   lady
d'après   according to
débattre   to debate, discuss
débrouiller: se ___   to get along, manage
le **début**   beginning, start
le, la **débutant(e)**   beginner
décevoir   to disappoint; to deceive
le **décor**   decor, scenery
décourager   to discourage
découvrir   to discover
décrire   to describe
la **déesse**   goddess
le **défaut**   fault
défavorable   unfavorable
le **défilé**   parade; **___ de mode**   fashion show
dégoûter   to disgust
déjà   already; before
déjeuner   to have lunch; **le ___**   lunch
demain   tomorrow
demander   to ask
demi-   *inv* half-; step-
démissionner   to resign
la **démocratie**   democracy
démoder: se ___   to go out of fashion, become outdated
dénoncer   to denounce
le **dénouement**   ending; **___ heureux**   happy ending
la **dent**   tooth
le **départ**   departure
dépasser   to exceed, surpass
dépaysé(e)   lost, homesick
dépêcher: se ___   to hurry up
dépendre de   to depend on
dépenser   to spend
dépit: en ___ de   despite
déplacer: se ___   to move about, travel
déplaire   to displease; **cela me déplaît**   I don't like that
déprimé(e)   depressed
depuis   since, for
le **député** (la **députée**)   representative
dériver   to derive
dernier (dernière)   last
derrière   behind; **le ___**   behind
dès   from, starting; **___ maintenant**   from now on; **___ que** as soon as
désagréable   unpleasant
le **désastre**   disaster
descendre   to go down; to come down; to take down
désert(e)   deserted
déshabiller: se ___   to undress
désigner   to designate
désobéir (à) to disobey
désolé(e)   very sorry, grieved
le **désordre**   disorder
le **dessert**   dessert
le **dessin**   drawing; **___ animé**   cartoon
le **destin**   destiny
détendre: se ___   to relax
la **détente**   relaxation

détruire   to destroy
la **dette**   debt
devant   in front of
devenir   to become
deviner   to guess
la **devinette**   riddle
le **devoir**   duty; **les ___s**   homework
dévorer   to devour
le **dialecte**   dialect
le **diamant**   diamond
le **dictateur**   dictator
la **dictature**   dictatorship
le **dicton**   saying
le **dieu**   god
diffuser   to broadcast
le **digestif**   after-dinner drink, liqueur
le **dilemme**   dilemma
le **dimanche**   Sunday
le **dîner**   dinner; **___** *v* to have dinner
le **diplôme**   degree; **obtenir son ___**   to graduate
dire   to say, tell; **___ des bêtises**   to speak nonsense; **___ du bien (mal) de**   to speak well (badly) of; **c'est-à-dire**   that is to say; **vouloir ___**   to mean
le **directeur** (la **directrice**)   director
la **discothèque**   discothèque
le **discours**   speech; **faire un ___**   to make a speech
discret (discrète)   discreet
discuter (de)   to discuss, chat
disparaître   to disappear
disponible   available
la **dispute**   quarrel
disputer: se ___   to quarrel
le **disque**   record; **___ compact**   compact disc
la **dissertation**   essay
distingué(e)   distinguished
la **distraction**   entertainment
divertir   to entertain, amuse; **se ___**   to amuse, enjoy oneself
le **divertissement**   entertainment, recreation
diviser   to divide
le **divorce**   divorce
divorcer   to divorce; **___ d'avec quelqu'un** to divorce someone
le **documentaire**   documentary
le **doigt**   finger
le **domaine**   domain; **dans le ___ de**   in the area, sphere of
le **domicile**   place of residence
dominé(e)   dominated
le **dommage**   damage; injury; **il est, c'est ___** it's a pity; it's too bad
donc   therefore
le **dos**   back
la **douane**   customs; **passer à la ___**   to pass through customs
le **douanier** (la **douanière**)   customs officer
doubler   to dub
la **douche: prendre une ___**   to take a shower
le **doute**   doubt; **mettre en ___**   to question; **sans ___**   no doubt, probably
douter (de)   to doubt

douteux (douteuse) doubtful
doux (douce) sweet; gentle
le drapeau flag
dresser to draw up
droit(e) straight, upright
le droit law (the profession, the study); right (moral, legal); avoir le ___ (de) (+ *inf*) to have the right (to)
la droite right; de ___ rightist
drôle funny, odd
d'une part... d'autre part on the one hand . . . on the other hand
dur(e) hard, harsh
la durée length

E

l' eau *f* water
l' échange *m* exchange
échapper à to escape, elude, avoid; s'___ de to escape from, break out of
échouer (à) to fail
l' écolier (écolière) *m, f* schoolchild
l' économie *f* economy
économiser to save
écouter to listen (to)
l' écran *m* screen
écraser to smash
écrire to write
les écrits *m* writings
l' écrivain *m* writer
l' éducation *f* upbringing
égal(e) equal; cela m'est ___ I don't mind, it's all the same to me
également equally; also
l' égalité *f* equality
l' égard *m* consideration, respect: à l'___ de regarding; manquer d'___s envers to lack consideration, respect for
l' église *f* church
égoïste selfish
l' électeur (l'électrice) voter
l' élève *m, f* student; pupil
élevé(e) brought up; bien ___ well brought up; mal ___ badly brought up
élever to raise, bring up
élire to elect
éloigné(e) distant, remote
élu(e) (*pp of* élire) elected
embarrassé(e) embarrassed
embaucher to hire
embrasser to kiss; embrace
l' émission *f* broadcast, program
emmener to take
émouvoir to move, touch
empêcher to prevent
l' emploi *m* job; ___ du temps schedule
l' employé(e) *m, f* employee
employer to use; s'___ to be used
emporter to take away, to sweep away
l' emprisonnement *m* imprisonment; l'___ perpétuel life imprisonment
l' emprunt *m* borrowing
emprunter to borrow
en *prep* in; to; by; *pron* of it/them

enceinte pregnant
encore again; still, yet; pas ___ not yet
endormir: s'___ to fall asleep
l' endroit *m* place
énerver to get on one's nerves; s'___ to get excited, irritated
l' enfant *m, f* child; ___ unique only child; petits-___s grandchildren
enfin finally; in short
engager to hire
enlever to take off
l' ennui *m* trouble, problem; boredom
ennuyer to bore, trouble: s'___ to be bored
ennuyeux (ennuyeuse) boring
énorme enormous
l' enquête *f* survey
enragé(e) out-and-out, radical, rabid
l' enregistrement *m* recording
enregistrer to record
l' enseignement *m* teaching; ___ supérieur higher education
enseigner to teach
ensemble together
ensuite then; afterwards
entendre to hear; ___ dire que to hear that; ___ parler de to hear of; s'___ avec to get along with
enthousiaste enthusiastic
entier (entière) whole; en ___ in its entirety
entourer to surround
l' entracte *m* intermission
entraider: s'___ to help one another
entre between
l' entrée *f* second course, course before the main course; entrance
l' entreprise *f* firm
envers toward
l' envie *f* wish, desire; urge, craving; avoir ___ de to feel like
environ approximately
envoyer to send
l' épicerie *f* grocery store
l' épicier (épicière) *m, f* grocer
l' épinard *m:* les ___s spinach
l' époque *f* age, era, time; à l'___ at the time
épouser to marry
l' épouvante *f* horror
l' époux (épouse) *m, f* spouse
l' équipe *f* team
l' ère *f* era
érotique erotic
l' erreur *f* mistake
l' escalier *m* stairs
l' escargot *m* snail
espagnol(e) Spanish
espérer to hope
l' espion (espionne) *m, f* spy
espionner to spy
l' esprit *m* mind, spirit; avoir l'___ ouvert to have an open mind
l' essai *m* essay
essayer (de) to try (to)
l' essayiste *m, f* essayist

essuyer to wipe
l' **estomac** *m* stomach
établir to establish
l' **étage** *m* floor
l' **état** *m* state; l'**État** the government
l' **été** *m* summer
l' **étoile** *f* star; **se coucher à la belle ___** to sleep outdoors
étonnant(e) surprising, amazing
étonné(e) astonished, amazed, surprised
l' **étonnement** *m* astonishment
étonner to astonish, amaze, surprise
étouffer to stifle, suffocate
étrange strange
l' **étranger (étrangère)** *m, f* foreigner; *adj* foreign; **à l'___** abroad
être to be; **___ au courant de** to be in the know about; **___ en train de** to be in the process of
étroit(e) close, narrow
l' **étude** *f* study; **faire ses ___s** to go to college, to study
étudier to study
eux (elles) they, them
l' **événement** *m* event
éventuellement possibly
éviter to avoid
l' **examen** *m* exam
exceller to excel
exceptionnel (exceptionnelle) exceptional
l' **excursion** *f* tour, trip; **___ accompagnée** guided tour
l' **exemple** *m* example; **par ___** for example
exercer to exercise
exigeant(e) demanding
l' **expatrié(e)** *m, f* expatriate
expliquer to explain
l' **exploit** *m* exploit, feat
exploiter to exploit
l' **explorateur (exploratrice)** *m, f* explorer
l' **exposé** *m* talk
exprimer to express; **s'___** to express oneself
l' **externe** *m, f* off-campus student
extirper to extirpate, eradicate

F

fabriquer to manufacture; **___ en masse** to mass-produce
la **face** face; **en ___ de** opposite; **faire ___ à** to face
fâché(e) angry
fâcher: se ___ to get angry
facile easy
la **façon** way
la **facture** bill, invoice
faible weak
la **faillite** bankruptcy; **faire ___** to go bankrupt
la **faim** hunger; **avoir ___** to be hungry
faire to make, to do; **___ du sport** to do sports; **il fait beau** it is a beautiful day
le **fait** fact
falloir to be necessary; **il ne faut pas** one must not

familier (familière) familiar
fatigué(e) tired
fauché(e) *fam* broke
le **faune** faun
faut: il ___ it is necessary, one must
la **faute** error
faux (fausse) false; **chanter ___** to sing off key
la **femme** woman; wife; **___ politique** politician; **___ au foyer** housewife; **___ d'affaires** businesswoman
la **fenêtre** window; **par la ___** out the window
la **ferme** farm
fermé(e) closed
le **fermier (la fermière)** farmer
la **fessée** spanking
la **fête** feast, festival; party
le **feu** fire
la **fiche** form
fidèle faithful
fier (fière) proud
fier: se ___ à to trust
la **fille** daughter; girl
le **film** film
filmer to film
le **fils** son; **___ naturel** illegitimate son
la **fin** end
financier (financière) financial
la **finesse** fineness; delicacy
finir (de + *inf*) to finish
fixement fixedly
fixer to set; **___ rendez-vous** to make an appointment
flâner to stroll
la **flânerie** stroll
flatter to flatter
le **flatteur (la flatteuse)** flatterer
la **fleur** flower
fleuri(e) decorated with flowers
le **fleuve** (major) river
flirter to flirt
le **flirteur (la flirteuse)** flirt
la **foi** faith
le **foie** liver; **crise de ___** bilious attack
la **fois** time
folklorique folk
le, la **fonctionnaire** civil servant
le **fond** bottom
le **fondateur (la fondatrice)** founder
fonder to set up; to found
le **fonds** fund
la **fontaine** fountain
la **forêt** forest
forger to forge
la **formation** education, training
la **forme** shape, form
formidable great, fantastic
fort(e) strong; **parler ___** to speak loudly
le **forum** forum; **___ de discussion** chatroom
le **fossé** ditch, trench; **___ entre les générations** generation gap
fou (fol), (folle) crazy; *n* fool
fouiller to search (a person, a suitcase, etc.)

la **foule** crowd
le **four** *fam* flop (theater)
la **fourchette** fork
fournir to furnish
le **foyer** (the) home, household
frais (fraîche) fresh, cool
la **fraise** strawberry
le **franc** franc (unit of money)
franc (franche) frank
français(e) French
franchement frankly
le, la **francophile** Francophile (*one who is extremely fond of the French*)
le, la **francophobe** Francophobe (*one who hates the French*)
le, la **francophone** Francophone (*one who speaks French*)
frapper to hit, to strike; ___ **à la porte** to knock at the door
frénétiquement wildly
fréquemment frequently
fréquenter to frequent
le **frère** brother
le **fromage** cheese
le **front** forehead
fugitif (fugitive) fleeting, elusive
fumer to smoke
la **fusée** rocket

G

gagner to earn; to win
gai(e) gay, lively
la **galerie** gallery
le **garçon** boy; waiter (*outdated*)
garder to keep
garer to park
gaspiller to waste
le **gâteau** cake
gâter to spoil
la **gauche** left; **de** ___ leftist
le, la **géant(e)** giant, giantess
geler to freeze
gênant(e) embarrassing, awkward
gêné bothered
gêner to bother
le **génie** genius
le **genou** knee; **les** ___**x** lap
le **genre** type; gender; genre
les **gens** *m, f* people; **jeunes** ___ young people; young men
gentil (gentille) nice
le **gentilhomme (les gentilshommes)** gentleman
la **gentillesse** graciousness, kindness
gentiment kindly
la **géographie** geography
gérer to manage
gesticuler to gesticulate
gifler to slap
la **glace** mirror; ice cream
le **glouton (la gloutonne)** glutton
le, la **gosse** *fam* kid
le **gourmand (la gourmande)** *m, f* gourmand; glutton

le **goût** taste
goûter to taste
la **grammaire** grammar
grand(e) tall; great
grandir to grow (up)
gras (grasse) fat; **faire la grasse matinée** to sleep late
le **gratte-ciel** skyscraper
gratter to scratch, to scrape
gratuit(e) free
la **grenouille** frog
la **grève** strike; **faire la** ___ to go on strike, strike
le, la **gréviste** *m, f* striker
gris(e) gray; drunk
gronder to scold
gros (grosse) big, fat; **la grosse tête** nerd, brain
grossier (grossière) gross, coarse
grossir to get fat
guère: ne... ___ hardly, scarcely
la **guerre** war
le **guide** tour guide; guidebook
la **guillotine** guillotine

H

An asterisk (*) indicates a word beginning with an aspirate **h**.

habiller: s' ___ to get dressed
l' **habitant(e)** *m, f* inhabitant; resident
habiter to live in
l' **habitude** *f* habit
habituer: s' ___ **à** to get used to
*__haïr__ to hate
l' **haleine** *f* breath
le *__harcèlement sexuel__ sexual harassment
*__hardi(e)__ hardy, daring
le *__haricot__ bean
l' **harmonie** *f* harmony
le *__hasard__ chance
la *__hausse__ increase; **en** ___ rising
*__haut(e)__ high, tall; **à** ___**e voix** out loud
*__hautain(e)__ condescending
la *__haute couture__ high fashion
la *__haute société__ high society
hebdomadaire weekly
*__hélas__ alas
l' **herbe** *f* grass
hériter de to inherit
l' **héroïne** *f* heroine
le *__héros__ hero
l' **heure** *f* hour, time; **à l'** ___ on time; **de bonne** ___ early
heureusement happily, luckily, fortunately
heureux (heureuse) happy
hier yesterday; ___ **soir** last night
l' **histoire** *f* history; story
l' **hiver** *m* winter
l' **homme** man; ___ **d'affaires** businessman; ___ **politique** politician
honnête honest
les **honoraires** *m* fees

la *honte   shame; avoir ___ to be ashamed
  *honteux (honteuse)   shameful
l' horreur *f*   horror; faire ___ à   to horrify
  *hors de   out of, outside
le *hors-d'œuvre *m, inv*   first course
  *huer   to boo
  *huis: à ___ clos   behind closed doors
  *huit   eight
l' humeur *f*   mood; être de bonne (mauvaise)
  ___ to be in a good (bad) mood
l' humour *m*   humor
l' hymne *m*   hymn; ___ national   national
  anthem

I

l' idée *f*   idea
  idiot(e)   stupid
l' idiotisme *m*   idiom
l' île *f*   island
  il s'agit de   it is a question of
l' imbécile *m, f*   fool
  importer (à quelqu'un)   to be important (to
  someone); n'importe où   anywhere (at all);
  n'importe quand   anytime (at all); n'importe
  qui   anyone (at all); n'importe quoi
  anything (at all)
  impressionné(e)   impressed
  impressionner   to impress
  inconnu(e)   unknown
l' inconvénient *m*   disadvantage, drawback
  indépendant(e)   independent
l' indigène *m, f*   native
  indiquer   to indicate
  indulgent(e)   indulgent, lenient
l' infirmier (infirmière) *m, f*   nurse
l' informatique *f*   computer science
l' ingénieur *m*   engineer
  ingrat(e)   ungrateful; thankless
  inhumain(e)   inhuman
l' inhumanité *f*   inhumanity
  injuste   unjust, unfair; être ___ envers   to
  be unfair to
  inoubliable   unforgettable
  inquiet (inquiète)   worried
  inquiéter   to worry; to be a worry to; s'___
  to worry
  inscrire: s'___   to enroll, to register
  installer: s'___   to settle
l' instituteur (institutrice) *m, f*   teacher
  (elementary school)
  insu: à l'___ de quelqu'un   without
  somebody knowing
  insulter   to insult
  insupportable   unbearable, intolerable
l' intention *f*   intention: avoir l'___ de   to
  intend to
  intéresser   to interest; s'___ à   to be
  interested in
l' internaute *m, f*   Internet user
l' interne *m, f*   on-campus student
l' internet *m*   Internet
l' interprétation *f*   interpretation
  interpréter   to interpret
  interroger   to question

  interrompre   to interrupt
  intrépide   intrepid, fearless
l' intrigue *f*   plot
l' invité(e) *m, f*   guest
  isolé(e)   isolated
l' isolement *m*   isolation
l' itinéraire *m*   itinerary
  ivre   drunk

J

  jaloux (jalouse)   jealous
  jamais   ever, never; ne... ___   never
la jambe   leg
  japonais(e)   Japanese
le jardin   garden
le jardinier (la jardinière)   gardener
le jargon   jargon
  jeter   to throw; to throw away
le jeu   game; ___ de mots   play on words
  jeune   young; les ___   young people
la jeune fille   girl
la jeunesse   youth
  joindre   to join
  joli(e)   pretty
  jouer   to play; to act
le jouet   toy
le joujou   toy
le jour   day; huit ___s   a week; quinze ___s
  two weeks
le journal   newspaper; ___ parlé   radio news
la journée   day
le juge   judge
  juif (juive)   Jewish
le jumeau (la jumelle)   twin
la jupe   skirt
le, la juré(e)   jury member, juror
le jury   jury
  jusqu'à   until, as far as; ___ ce que (+ *subj*)
  until
  juste   just, fair; être ___ envers   to be fair to

K

le kilo(gramme)   kilo(gram) (= *2.2 lbs*)

L

  là-bas   there, over there
le lac   lake
  lâche   loose; cowardly
  laid(e)   ugly
le lait   milk
  lancer   to throw; ___ un nouveau produit
  to launch a new product; se ___ dans la
  politique   to go into politics
le langage   language (*of an individual;
  vocabulary*)
la langue   tongue; language (of a people); ___
  étrangère   foreign language; ___ maternelle
  native language; ___ vivante, morte   living,
  dead language
le lapsus   slip, mistake; faire un ___   to make a
  slip of the tongue
  laver   to wash; se ___   to wash (oneself)
la leçon   lesson

le **lecteur** (la **lectrice**) reader
le **lecteur de disque compact** compact disc player
la **lecture** reading
le **légume** vegetable
le **lendemain** the next day; **le ___ matin** (the) next morning
lent(e) slow
lentement slowly
lequel (laquelle, lesquels, lesquelles) which; whom
la **lessive** laundry
la **lettre** letter; **les ___s** humanities, literature
leur their *adj*; **le, la, les ___(s)** theirs *pron*
lever to lift, raise; **se ___** to get up
libanais(e) Lebanese
libéral(e) liberal
libéré(e) liberated
la **liberté** freedom
la **librairie** bookstore
libre free
le **licenciement** layoff
licencier to lay off
le **lien** tie
lier to tie; **___ amitié avec** to make friends with
le **lieu** place; **___ commun** commonplace; **au ___ de** instead of; **avoir ___** to take place; **s'il y a ___** if necessary
la **lieue** league
la **ligne** line; **en ___** on line
la **limonade** lemon soda
le **linge** linen; underwear
la **liqueur** liqueur (an after-dinner drink)
le **lit** bed
la **littérature** literature
le **livre** book; **___ de chevet** bedside book; **___ de poche** paperback
le **logement** lodging, housing
la **loi** law (rule, statute)
loin far; **de ___** by far
le **loisir** leisure, spare time
long (longue) long
long: le ___ de along
longtemps (for) a long time
longuement for a long time, at length
louche shady, suspicious
louer to praise; to rent
le **loup** wolf
lourd(e) heavy
lucratif (lucrative) lucrative
la **lumière** light
le **lundi** Monday
la **lune** moon; **___ de miel** honeymoon
la **lutte** fight, struggle; **la ___ des classes** class struggle
lutter to fight
le **luxe** luxury
le **lycéen** (la **lycéenne**) secondary-school student

M

la **machine à écrire** typewriter
le **machisme** (male) chauvinism

la **madame** (*pl* **mesdames**) madam; Mrs.
mademoiselle (*pl* **mesdemoiselles**) Miss, Ms.
le **magasin** store; **grand ___** department store
le **magnétophone** tape recorder
le **magnétoscope** VCR
maigrir to lose weight, slim down
le **maillot de bain** bathing suit
maintenant now
maintenir to maintain, uphold
la **mairie** city hall; town hall
mais but
la **maison** house
le **maître** master
la **maîtresse de maison** housewife
majeur(e): personne ___e adult
le **mal** trouble, difficulty; pain, illness; evil; *adv* badly; **___ du pays** homesickness
malade sick
malgache Madagascan
malgré in spite of
le **malheur** misfortune
malheureux (malheureuse) unhappy, unlucky, unfortunate
malhonnête dishonest
malin (maligne) evil, wicked
la **malle** trunk; **faire sa ___** to pack one's trunk
malsain(e) sick, unhealthy
manger to eat
les **manières** *f* manners; **faire des ___** to put on airs
la **manifestation** demonstration
le **manifeste** manifesto
manifester to show; to demonstrate
le **mannequin** (fashion) model
le **manque** lack
manquer to miss; **tu me manques** I miss you; **___ de** to lack; **___ à sa parole** to go back on one's word; **___ d'égards envers** to be inconsiderate of
le **manteau** coat
le **manuel** textbook
le **maquillage** makeup
maquiller: se ___ to make up (one's face)
le **marbre** marble
la **marche** walking, walk, step
le **marché** market; **bon ___** *inv* cheap
marcher to walk; to work, function
le **mari** husband
marié(e) married
marier: se ___ (avec) to get married (to)
la **marine** seascape
la **marque** brand
la **masse** mass; **fabriquer en ___** to mass-produce
le **match** game
maternel (maternelle) maternal; **langue maternelle** mother tongue
les **mathématiques** *f* mathematics
le **matin** morning; **du ___** A.M.
la **matinée** morning; **faire la grasse ___** to sleep in
mauvais(e) bad
le **mécanicien** (la **mécanicienne**) mechanic

méchant(e) mean
mécontent(e) dissatisfied
le **médecin** doctor
la **médecine** medicine
le **médicament** medicine
méditer to meditate
méfier: se ___ de to distrust
meilleur(e) *adj* better; **le ___** the best
le **mel** e-mail
la **mélodie** melody, tune
le **melon** melon
même *adj* same; -self; *adv* even; **quand ___** anyway
menacer to threaten
le **ménage** housework; household
ménagers: les travaux ___ household chores
le, la **mendiant(e)** beggar
mener to lead
le **mensonge** lie
mensuel (mensuelle) monthly
le **menteur (la menteuse)** liar; *adj* lying
mentir to lie
le **menton** chin
le **menu** menu
mépriser to despise
la **mer** sea
la **mère** mother
mériter to deserve, earn
la **météorologie** weather report
le **métier** trade
le **métro** subway
le **metteur en scène** director
mettre to put, place; to put on; to take (time); **___ en valeur** to emphasize, highlight; **se ___** to sit or stand; **se ___ à** to begin; **se ___ en colère** to get angry
le **meuble** piece of furniture
le **meurtre** murder
le **meurtrier (la meurtrière)** murderer
le **micro-ordinateur** microcomputer
mieux *adv* better; **le ___** the best; **tant ___** so much the better
le **milieu** milieu, environment; **au ___** in the middle
mille *inv* a thousand
le **millier** thousand
mince thin
le **ministre** minister
le **minuit** midnight
le **miroir** mirror
la **mise en scène** production, staging
la **misère** misery
mi-temps: à ___ part-time
la **mode** fashion; style
moindre lesser; **le ___** the least
moins less, fewer; **de ___ en ___** less and less; **à ___ que** (+ *subj*) unless; **au ___** at least
le **mois** month
la **moitié** half
le **moment** moment; **au ___ où** at the time when
la **monarchie** monarchy

le **monde** world; people; **tout le ___** everybody
mondial(e) worldwide
la **monnaie** currency; change
monoparental(e) single-parent
le **monsieur (***pl* **messieurs)** mister; sir
monstrueux (monstrueuse) monstrous
la **montagne** mountain
le **montant** amount
monter to go up, to climb; to get into (a vehicle)
la **montre** watch
montrer to show
moquer: se ___ de to make fun of
moralement morally
le **morceau** piece
le **mot** word; **les ___s croisés** crossword puzzle; **jeu de ___s** play on words
la **moto** (motor)bike
mou (mol), (molle) soft
la **mouche** fly
le **mouchoir** handkerchief
mouillé(e) wet
le **moulin** mill
mourir to die
le **moustique** mosquito
la **moutarde** mustard
le **mouton** mutton
moyen (moyenne) middle; average; **le ___** means, way
mûr(e) mature
la **muraille** great wall
le **murmure** murmur; **les ___s** mutterings
le **musée** museum
le **musicien (la musicienne)** musician
la **musique** music
musulman(e) Muslim
le **mythe** myth

N

nager to swim
le **nageur (la nageuse)** swimmer
naïf (naïve) naïve
le **nain** dwarf
la **naissance** birth; **contrôle** m **des ___s** birth control
naître to be born
natal(e) native
la **nature** nature; **___ morte** still life
naturel (naturelle) natural; **enfant ___** illegitimate child
le **navet** flop (movie)
ne... ni... ni neither . . . nor; **ne... que** only
né(e) (*pp of naître*) born
négliger to neglect
la **neige** snow
neiger to snow
le **néologisme** neologism (a new word, or new meaning for an established word)
le **nerf** nerve
nerveux (nerveuse) nervous
nettement clearly
le **nettoyage** cleaning
nettoyer to clean

neuf (neuve) new
le **neveu** nephew
le **nez** nose
ni nor; **ne... ___... ___** neither . . . nor
le **nid** nest
la **nièce** niece
noir(e) black
le **nom** name; noun; **au ___ de** in the name of
le **nombre** number
nombreux (nombreuse) numerous, many, large
nommer to name
non plus neither
nos our
la **nostalgie** nostalgia
notamment notably, in particular
la **note** grade; **___ d'hôtel** hotel bill
la **notice nécrologique** obituary
la **nourriture** food
nouveau (nouvel), (nouvelle) new; **___-né** newborn
la **nouvelle** short story; news
nucléaire nuclear
nu(e) naked; **le ___** nude
le **nuage** cloud
la **nuit** night
le **nymphéa** white water lily

O

obéir (à) to obey
objectif (objective) objective
obligé(e) obligated; **être ___ de (+ inf)** to be obligated to, to have to
obsédé(e) obsessed
obtenir to obtain
l' **occasion** f opportunity, chance; **avoir l'___ de** to have the opportunity, chance to; **d'___** used, second-hand
occuper: s'___ de to take care of, take charge of
l' **odeur** f odor, smell
l' **œil** m (pl **yeux**) eye
l' **œuf** m egg
l' **œuvre** f (artistic, literary) work
l' **oignon** m onion
l' **oiseau** m bird
l' **oncle** m uncle
l' **ongle** m nail
l' **onglier** m manicure set
opprimer to oppress
l' **orchestre** m orchestra
l' **ordinateur** m computer
l' **oreille** f ear
l' **oreiller** m pillow
l' **ornement** m ornament, decoration
l' **orphelin(e)** m, f orphan
osé(e) daring
oser to dare
où where; when; **___ que (+ subj)** wherever
oublier (de) to forget
l' **ours** m bear
ouvert(e) open
ouvertement openly

l' **ouvrage** m work
l' **ouvrier (ouvrière)** m, f worker
ouvrir to open

P

le **pain** bread
paisible peaceful
la **paix** peace
la **palme** palm leaf
le **pantalon** pants
le **papier** paper
le **paquet** package
par by; **___ exemple** for example; **___ terre** on the ground
le **paradis** heaven, paradise
paraître to appear
le **parc** park; **___ à thèmes** theme park
parce que because
pareil (pareille) similar; such a
le **parent** parent; relative
paresseux (paresseuse) lazy
parfait(e) perfect
parfois sometimes
le **parfum** perfume
parler to speak; **___ bas (fort)** speak softly (loudly)
parmi among
la **parole** word (spoken); lyrics; **manquer à sa ___** to go back on one's word
le **parrain** godfather
la **part** share; **à ___ égale** equally
le **partage** sharing
partager to share
le, la **partenaire** partner
le **parti** political party
la **partialité** bias
particulier (particulière) particular
la **partie** party; part; **faire ___ de** to be part of; **___ de billard** game of billiards
partiel (partielle) partial; **à temps ___** part-time
partir to leave
le, la **partisan(e)** supporter
partout everywhere
le, la **parvenu(e)** upstart
passé last; past; **le ___** past
le **passeport** passport
passer to pass; **___ un examen** to take a test; **___ du temps** to spend time; **se ___** to happen; **se ___ bien** to go well
le **passe-temps** pastime
passionnant(e) exciting, fascinating
passionnément passionately
passionner to excite, fascinate; **se ___ pour** to have a passion for
le **patinage** skating
patiner to skate
la **pâtisserie** pastry shop; pastry, cake
le **pâtissier (la pâtissière)** confectioner, pastry cook
la **patrie** homeland
le **patron (la patronne)** boss

la **patte** paw, leg, (animal's) foot
pauvre poor; **le, la ___** poor person
la **pauvreté** poverty
le **pays** country
le **paysage** landscape
le **paysan** (la **paysanne**) peasant; hick
la **peau** skin
la **pêche** fishing; peach; **aller à la ___** to go fishing
peindre to paint
la **peine** effort, trouble; **___ de mort** death penalty; **à ___** hardly, scarcely
peint(e) painted
le **peintre** painter
la **peinture** painting; paint
la **pelouse** lawn
pendant *prep* during, for; **___ que** *conj* while
pénible hard, painful
la **pensée** thought, thinking
penser to think; **___ à, de** to think of
la **pension** boarding house
perceptif (perceptive) perceptive
percer to pierce
perdre to lose; **se ___** to get lost
perfectionner to improve, refine
permettre to permit, allow
le **personnage** character (in a play, book, etc.)
la **personne** person
personne no one, nobody; **ne... ___, ___ ne** no one, nobody
perspicace perceptive, perspicacious
la **perte** loss
peser to weigh
petit(e) small; **___s-enfants** grandchildren; **___ à ___** little by little; **les ___ es annonces** classifieds
peu (de) little, few; **à ___ près** approximately
le **peuple** (the) people
la **peur** fear; **avoir ___ de** to be afraid of
peut-être maybe, perhaps; **___ que** perhaps
le **phallocrate** *fam* male chauvinist
la **photo** photograph, picture
la **phrase** sentence
la **physique** physics
le **pichet** pitcher
la **pièce** play; room
le **pied** foot; **à ___** on foot
la **pilule** pill
le **pipi** *fam* urine; **faire ___** to urinate
le **pique-nique** picnic; **faire un ___** to have a picnic
piquer to sting
la **piqûre** sting; injection
pire worse; **le ___** the worst
pis worse; **tant ___** too bad
la **piste sonore** soundtrack
la **pitié** pity; **avoir ___ de** to have pity for
pittoresque picturesque
la **place** square; seat; **à la ___** in its place, instead; **sur ___** on the scene
la **plage** beach

plaider to plead
plaire (à) to please
plaisanter to joke, kid
la **plaisanterie** joke
le **plaisir** pleasure
le **plan** (film) shot; map
le **plat** course, dish; **___ principal** main course
le **plateau** tray
plein full; **à ___ temps** full-time
pleurer to cry
pleuvoir to rain
le **plombier** plumber
la **pluie** rain; **sous la ___** in the rain
plupart: la ___ (de) most
plus more, most; **de ___** furthermore; **de ___ en ___** more and more; **en ___ de** in addition to; **moi non ___** neither do I; **ne... ___** no more, no longer
plusieurs several
la **poche** pocket; **livre de ___** paperback
la **poésie** poetry
le **poète** poet
le **point** point, period; **ne... ___** not (at all)
le **pois** pea; **les petits ___** peas
le **poisson** fish
la **poissonnerie** fish shop
le **poissonnier** (la **poissonnière**) fish vendor
le **poivre** pepper
poli(e) polite
la **politesse** politeness, good manners
polonais(e) Polish
polyglotte polyglot (speaking or writing several languages)
la **pomme** apple; **___ de terre** potato
le **pont** bridge
la **porte** door, gate
porter to carry; to wear
le **portrait** portrait, picture
poser to put, place; **___ sa candidature** to run for office; **___ une question** to ask a question
posséder to possess
le **poste** position, job; (TV) set
le **pot-de-vin** bribe
la **poterie** pottery
la **poupée** doll
pour in order to, to; **___ que** (+ *subj*) in order that, so that; **le ___** pro; **le ___ et le contre** the pros and cons
le **pourboire** tip
le **pourcentage** percentage
poursuivre to pursue
pourtant however
pourvu(e) provided; **___ que** (+ *subj*) provided that
pouvoir to be able; **il se peut** it is possible; *m* power
la **prairie** meadow
pratique practical
précis(e) precise
prédire to predict
le **préjugé** prejudice
prématuré(e) premature

premier (première) first; ___ **ministre** Prime Minister

prendre to take; ___ **le petit déjeuner** to have breakfast

les **préparatifs** *m* preparations

le, la **président(e)** president

presque almost

pressé(e) pressed, hurried

prétendre to claim, maintain

prêt(e) ready; **le ___-à-porter** ready-to-wear (clothes)

prêter to lend

le **prêtre** priest

la **preuve** proof

le **principe** principle; **par ___** on principle

le **printemps** spring

la **prison** prison

le **prisonnier** (la **prisonnière**) prisoner

privé(e) private

le **prix** price; prize

le **problème** problem

le **procès** trial; **faire le ___ de** to take action against

le **produit** product

profond(e) deep

le **programme** program, platform

le **progrès** progress

le **projet** plan, project

projeter to project

la **promenade** walk; **faire une ___** to take a walk

promener: se ___ to walk; **se ___ en voiture** to ride around in a car, to take a drive

la **promesse** promise

promettre to promise

prononcer to pronounce

propos: à ___ de about; concerning

la **proposition** proposal; clause

propre (*after n*) clean; (*before n*) own

protégé(e) protected

protéger to protect

prouver to prove

le **proverbe** proverb

prudent(e) prudent

la **psychologie** psychology

le **public** audience, public; **le grand ___** the general public

publicitaire advertising; **l'annonce** *f* ___ advertisement

la **publicité** advertising, advertisement; **faire de la ___** to advertise

puis then

puisque since

puissamment powerfully

puissant(e) powerful

punir to punish

la **punition** punishment

Q

le **quai** river bank

qualifié(e) qualified

quand when; ___ **même** anyway

quant à as for

le **quartier** district, neighborhood

que that, which, who, whom; what; **ce ___** what; **___... ou non** whether . . . or not; **ne... ___** only

quel (quelle) what, which; ___ **que** (+ *subj*) whatever

quelque some; a few; ___ **chose** *m* something

quelquefois sometimes

quelques-uns (quelques-unes) some, a few

quelqu'un somebody

qu'est-ce que what

qu'est-ce qui what

la **queue** tail; line; **faire la ___** to wait in line

qui who, whom; **ce ___** what; **qui que** (+ *subj*) whoever

quinze fifteen; **tous les ___ jours** every two weeks

quitter to leave

quoi what; ___ **de neuf?** What's new?; ___ **que** + *subj* whatever; **n'importe ___** anything at all; **il n'y a pas de ___** you're welcome

quoique (+ *subj*) although

quotidien (quotidienne) daily

R

raconter to tell (a story, etc.)

raffiné(e) refined

rafraîchir to refresh

la **raison** reason; **avoir ___** to be right

raisonnable reasonable

ramasser to gather, pick up

le **rang** rank

rappeler: se ___ to remember

le **rapport** rapport, relationship; **par ___ à** with regard to, compared with

rapporter to bring back; **se ___ à** to relate to

raser: se ___ to shave

rassembler to gather together, assemble

rater to flunk (an exam); to miss (a train)

ravi(e) delighted, overjoyed

réactionnaire reactionary

réagir to react

le **réalisateur** director

réaliser to carry out

réaliste realistic

récemment recently

la **recette** recipe

recevoir to receive

la **recherche** research; **à la ___ de** in search of

la **réclame** advertisement

reconnaître to recognize

reconnu(e) recognized

reçu(e) (*pp of* **recevoir**) received; **bien (mal) ___** well (badly) received

le **recueil** collection, anthology

la **rédaction** composition

réduire to reduce

réel (réelle) real, true

le **réfectoire** dining hall

réfléchir (à) to think, reflect

la **réforme** reform
le **refus** refusal
refuser (de) to refuse
le **regard** look
regarder to look at; to concern
le **régime** diet; **suivre un ___** to be (go) on a diet
la **règle** rule; **en ___** in order
regretter to regret, be sorry
la **reine** queen
rejeter to reject
remarquer to remark, notice
remercier (de) to thank (for)
remettre to put back; to put off
remplacer to replace
rempli(e) filled
remporter to win
le **remue-méninges** brainstorming
rémunéré(e) paid
la **rencontre** meeting, encounter
rencontrer to meet
le **rendez-vous** meeting, date, appointment; **avoir ___ avec** to have a date with; **fixer ___** to make an appointment
rendre to return (something); **___ (+ adj)** to make . . . ; **___ visite à** to visit (a person); **se ___ compte de** to realize
renforcer to reinforce, strengthen
le **renseignement** information
renseigner to inform; **se ___** to inform oneself
rentrer to return (home)
renvoyer to fire
répandre to spread
réparer to repair
le **repas** meal
répéter to repeat; to rehearse, practice
la **répétition** rehearsal
répondre to answer, respond
la **réponse** answer
le **repos** rest
reposant(e) restful
reposer: se ___ to rest, relax
repousser to push back, repel
la **représentation** performance
représenter to represent, perform
réserver to reserve
la **résidence** residence hall
respirer to breathe
responsable responsible
ressembler à to resemble
rester to remain, stay
le **résumé** summary; resume
résumer to summarize
rétablir to re-establish
le **retard** delay; **avoir du ___** to be late, not on time; **être en ___** to be late
le **retour** return; **être de ___** to be back
retourner to return; **se ___** to turn around
la **retraite** retirement; **prendre sa ___** to go into retirement
retrouver to find
réussir (à) to succeed; **___ à un examen** to pass an exam

la **réussite** success
le **rêve** dream
le **réveil** alarm clock
le **réveille-matin** alarm clock
réveiller to awaken; **se ___** to wake up
révéler to reveal
revenir to come back
rêver to dream; **___ de** to dream about, of
rêveur (rêveuse) dreamy; **le ___** dreamer
réviser to review
la **révision** revision, review
revoir: au ___ good-bye
révoltant(e) revolting
révolter: se ___ to revolt
la **richesse** wealth
le **rideau** curtain
rien nothing; **ne... ___, ___ ne...** nothing; **de ___** You're welcome
rigoler to laugh
rire to laugh; **___ aux éclats** to laugh heartily
risquer to risk
la **rivière** (small) river
la **robe** dress
le **roi** king
le **rôle** role; **à tour de ___** taking turns
le **roman** novel; **___ policier** mystery
le **romancier (la romancière)** novelist
rompre to break
le **rond** circle
rouler to roll; to go
roux (rousse) red-headed
la **rubrique** heading
la **ruche** beehive
la **rue** street
rusé(e) sly
russe Russian
rustique rustic
le **rythme** rhythm

S

le **sac** bag; sack
sage well-behaved; wise
sain(e) healthy
saisir to seize
le **salaire** salary
sale dirty
la **saleté** filth; dirtiness
la **salle** room; hall; **___ de bains** bathroom
le **salon** living room
le **sang** blood
sans without; **___ que (+ subj)** without
le, la **sans-abri** inv homeless person
la **santé** health; **à votre ___** to your health
satisfaisant(e) satisfying
le **saucisson** sausage
sauf except
le **saumon** salmon
sauter to jump
sauvage wild
sauver to save; **se ___** fam to leave, flee
le **savant (la savante)** scholar
savoir to know (a fact), know how
le **savon** soap

le **scandale** scandal
scandaliser to scandalize, shock
le **scénario** script, scenario
la **scène** stage, scene
sceptique skeptical
sec (sèche) dry
sécher to skip (a class)
le **secret** secret
le, la **secrétaire** secretary
le **secteur** sector
séduire to seduce
séduisant(e) attractive, sexy
le **seigneur** lord
seize sixteen
le **séjour** stay
le **sel** salt
selon according to
la **semaine** week
semblable similar
sembler to seem
le **sénateur** (la **sénatrice**) senator
le **sens** meaning, sense; **bon ___** common sense
sensible sensitive
la **sentence** sentence
sentir to smell; to feel; **se ___** to feel
sérieux (sérieuse) serious; **prendre au ___** to take seriously
le **serpent** snake
le **serveur** (la **serveuse**) waiter, waitress
servir to serve; **se ___ de** to use
seul(e) alone; **à elle ___e** by herself, on her own
seulement only
sévère strict, stern
le **shampooing** shampoo
si *conj* if; *adv* yes; so; **___ (+ adj) + que** however (+ adj)
le **siècle** century
siffler to hiss, boo; to whistle
la **signification** meaning
signifier to mean
la **sirène** mermaid, siren
le **site** site
la **situation** job
situer to situate, locate; **se ___** to be located
le **ski** ski; skiing
le **socialisme** socialism
le, la **socialiste** socialist
la **sœur** sister
la **soif** thirst; **avoir ___** to be thirsty
soigner to care for, take care of
soigneusement carefully
le **soin** care
le **soir** evening, night; **ce ___** tonight; **du ___** P.M.
la **soirée** evening; party
le **soldat** soldier
le **solde** sale; **en ___** on sale
le **soleil** sun; **au ___** in the sun
solitaire lonely
le **sommeil** sleep; **avoir ___** to be sleepy
somptueux (somptueuse) luxurious
le **son** sound

la **sonate** sonata
songer à to think of
sonner to sound, go off, ring
la **sorte** sort, kind
la **sortie** outing; **___ en famille** family outing
sortir to go out, leave; to take out; **___ à deux** to go out as a couple; **___ en groupe** to go out in a group; **___ seul(e)** to go out alone
le **souci** problem
le **souffle** breath
souffrir to suffer
souhaitable desirable
souhaiter to wish
souligné(e) underlined
la **soupe** soup
le **sourire** smile; *v* to smile
sous under
le **sous-titre** subtitle
sous-titrer to subtitle
le **souvenir** souvenir; **se ___ de** to remember
souvent often
le **speaker** (la **speakerine**) announcer
spécialiser: se ___ en to major in
le **spectacle** show
le **sport** sport, sports; **faire du ___** to play sports
sportif (sportive) athletic
le **stade** stadium
stationner to park
le **statu quo** status quo
la **stéréo** stereo
stimulant(e) stimulating
le **stylo** pen
le **succès** hit
suffisant(e) sufficient
suggérer to suggest
suite: de ___ in succession, in a row
suivant(e) *adj* following; *prep* according to
suivi(e) followed
suivre to follow; **___ un cours** to take a course
supporter to bear, stand
sur on
sûr(e) sure, certain; **bien ___** of course
surfer to surf; **___ sur le net** to surf the net
surprenant(e) surprising
surprendre to surprise
surpris(e) surprised
surtout above all, especially
susciter to arouse, give rise to, create
le **suspect** (la **suspecte**) suspect
le **suspens** suspense
sympathique nice
le **syndicat** union

T

le **tableau** blackboard; painting
tâcher to try
taire: se ___ to be quiet
tandis que whereas
tant *adv* so much; **___ mieux** so much the better; **___ pis** too bad; **___ que** *conj* as long as
la **tante** aunt
le **tapis** rug

la **tapisserie** tapestry
tard late
la **tarte** pie
la **tasse** cup
le **taudis** slum
teindre to dye
la **teinture** dye
tel, telle such
télécharger: ___ un fichier to download (upload) a file
la **télécopie** fax
téléphoner (à) to phone
le **téléspectateur (la téléspectatrice)** television viewer
le **téléviseur** television set
tellement so, so much
le **témoignage** testimony
le **témoin** witness
la **tempête** storm
le **temps** time; weather; tense; **de ___ en ___** from time to time; **à ___ partiel** part-time; **quel ___ fait-il ?** what is the weather?; **à plein ___** full-time
la **tendance** tendency; **avoir ___ à** to have a tendency to
tendre tender
la **tendresse** tenderness
tenir to hold; **___ de quelqu'un** to take after someone; **___ compte de** to take into account
la **tentation** temptation
la **tente** tent
tenter to tempt
terminer to finish
la **terrasse** terrace
la **terre** earth; soil; **par ___** on the ground
terrestre earthly
le **terroir: produits du ___** local products
le, la **terroriste** terrorist
le **texte** text, lines
le **TGV (train à grande vitesse)** TGV, high-speed train
le **thé** tea
le **thème** theme
timide timid
tirer to pull; to draw; **___ au but** to shoot
le **tiret** dash
le **titre** title
tituber to stagger
la **toile** cloth; canvas, painting; **___ d'araignée** spider's web
toilette: faire sa ___ to get ready (get washed and dressed)
le **toit** roof
le **tombeau** tomb
tomber to fall
le **ton** tone
tondre to mow, cut
le **tort** fault; **avoir ___** to be wrong
la **tortue** turtle
tôt early
toujours always; still
la **tour** tower

le **tour** tour; turn; **à ___ de rôle** taking turns
le, la **touriste** tourist
le **tourne-disque** record player
la **tournée** tour
tourner to turn; **___ un film** to make a film
tout: tout, tous, toute, toutes *adj* all, every, any; *adv* all, quite; *pron* all, everything; **___ à coup** all of a sudden; **___ à fait** totally; **___ de suite** right away; **___ en** while; **pas du ___** not at all; **tous les deux** both
le **trac** stage fright; **avoir le ___** to have stage fright
la **traduction** translation
traduire to translate
la **tragédie** tragedy
train: en ___ de in the process of, busy
le **traité** treaty
le **traitement de texte** word processor, word processing
traiter to treat
tranquille tranquil, calm
le **transport** transportation; **le moyen de ___** means of transportation
le **travail** work; **les travaux ménagers** household chores
travailler to work; **___ à temps partiel, à plein temps** to work part-time, full-time
travailleur (travailleuse) hardworking
travers: à ___ through, throughout
traverser to cross
le **tremblement** trembling; **___ de terre** earthquake
trente thirty
le **tribunal** court
tricher to cheat
triste sad
tromper to cheat on, deceive; **se ___** to make a mistake
la **tromperie** deceit
la **trompette** trumpet
le **trompeur (la trompeuse)** cheater, deceiver
trop (de) too much, too many
le **trou** hole
trouver to find; **se ___** to be located
tuer to kill
tutoyer to say **tu** to someone
le **type** *fam* guy, fellow; type, kind

U

unique only
uni(e) united
l' **union** *f* **libre** living together out of wedlock, common-law marriage
usé(e) used, worn
l' **usine** *f* factory
utile useful

V

les **vacances** *f* vacation; **les grandes ___** summer vacation
la **vache** cow
le **va-et-vient** coming-and-going

la **vague**   wave

vain(e)   futile, empty

le **vainqueur**   winner, victor

la **vaisselle**   dishes; **faire la ___**   to do the dishes

la **valeur**   value

la **valise**   suitcase; **faire la ___**   to pack the suitcase

valoir   to be worth; **il vaut mieux** it is better

vaniteux (vaniteuse)   vain, conceited

la **vedette**   movie star

la **veille**   the day before

le **vendeur (la vendeuse)**   salesperson

vendre   to sell; **se ___**   to be sold

venir   to come; **___ de**   to have just

le **vent**   wind

le **ventre**   stomach; **avoir mal au ___**   to have a stomach ache

le **ver**   worm

le **verdict**   verdict

véritable   true, genuine

véritablement   truly

le **verre**   glass; **prendre un ___**   to have a drink

la **version**   version; **en ___ originale**   in the original

vert(e)   green

le **vêtement**   garment; *pl* clothing, clothes

veuf (veuve)   widowed; *m, f* widower, widow

la **viande**   meat

la **victime**   victim

vide   empty

la **vidéo**   video

la **vie**   life; **la ___ active**   work force

la **vieillesse**   old age

vieux (vieil), (vieille)   old; **mon ___** *fam* old man

vilain *adj*   nasty, bad; **le ___**   bad person, guy

la **ville**   city; **en ___**   downtown

le **vin**   wine

le **vinaigre**   vinegar

le **viol**   rape

violer   to rape

le, la **violoniste**   violinist

le **visage**   face

la **visite**   visit; **la ___ guidée**   guided tour

visiter   to visit (a place)

vite   quickly

le **vitrail**   stained-glass window

vivant(e)   lively; living

vivre   to live

voir   to see; **se ___**   to be seen

le **voisin (la voisine)**   neighbor

la **voiture**   car

la **voix**   voice; **à haute ___**   out loud; **à ___ basse**   in a low voice

le **vol**   theft; flight

voler   to steal

voter   to vote

le, la **vôtre** *pron*   yours

vouloir   to want; **___ dire**   to mean; **en ___ à quelqu'un**   to hold a grudge against someone

vouvoyer   to say **vous** to someone

le **voyage**   trip

voyager   to travel

le **voyageur (la voyageuse)**   passenger; traveler

le **voyou**   hoodlum

vraiment   really

la **vue**   sight; view

vulgaire   vulgar

Y

les **yeux**   *m.* (*sing* **l'œil**)   eyes

Z

zut !   darn it!

English-French Vocabulary

This vocabulary contains most of the English words and expressions in the activities.

Abbreviations

adj	adjective	*inf*	infinitive	*pp*	past participle
adv	adverb	*lit*	literally	*prep*	preposition
conj	conjunction	*m*	masculine	*pron*	pronoun
f	feminine	*n*	noun	*subj*	subjunctive
fam	familiar	*pl*	plural	*v*	verb

An asterisk (*) indicates a word beginning with an aspirate **h**.

A

abortion l'avortement *m*
abuse abuser de
accept accepter
accident l'accident *m*
accommodating complaisant(e)
according to selon, suivant, d'après
accuse accuser
accused accusé(e)
acquit acquitter
act agir; **___ a role** jouer un rôle
action l'action *f*
actor l'acteur *m*
actress l'actrice *f*
adapt oneself to s'adapter à
addition l'addition *f*; **in ___** de plus; **in ___ to** en plus de
admire admirer
adopted adoptif, adoptive
advertise faire de la publicité
advertisement la publicité, annonce *f* publicitaire
advertising la publicité
advise conseiller
adviser le conseiller, la conseillère
afraid: to be ___ of avoir peur de, craindre
African *n* l'Africain *m*, l'Africaine *f*; africain, africaine *adj*
after après
again encore
against contre
agree être d'accord
agreed d'accord
air l'air *m*; **to put on ___s** faire des manières
alarm: ___ clock le réveil; le réveille-matin
all tout, tous, toute, toutes *adj/pron*; tout, toute(s) *adv*
already déjà
also aussi
always toujours
A.M. du matin
amaze étonner
amazed étonné(e)
amazing étonnant(e)

ambition l'ambition *f*
ambitious ambitieux, ambitieuse
American *n* l'Américain *m*, l'Américaine *f*; américain, américaine *adj*
among parmi
amphitheatre l'amphithéâtre *m*
amusing amusant(e)
analyze analyser
Anglicism l'anglicisme *m*
angry fâché(e) *adj*; **to be ___ with** être en colère contre; **to get ___** se fâcher
announce annoncer
anonymous anonyme
another un(e) autre
answer répondre
anthropology l'anthropologie *f*
anywhere (at all) n'importe où
apartment l'appartement *m*
appearance l'apparence *f*
applaud applaudir
appreciate apprécier
approach s'approcher de
April avril *m*
arbitrary arbitraire
arrest arrêter
arrive arriver
article l'article *m*
artistic artistique
as comme *conj*; **___ for** quant à ; **___ ... ___** aussi... que; **___ much** autant; **___ soon ___** aussitôt que
ask (for) demander; **___ a question** poser une question
aspirin l'aspirine *f*
assassin l'assassin *m*
assassinate assassiner
astonish étonner
astonished étonné(e)
astonishment étonnement *m*
astounded étonné
atmosphere l'ambiance *f*
attack attaquer
attend assister à; **___ to** s'occuper de

attentively soigneusement
attitude l'attitude *f*
attractive séduisant(e)
audience le public
author l'auteur *m*
avoid éviter
awful affreux (affreuse), terrible, atroce

B

back le dos
bad mauvais(e); **Too ___!** Dommage!
badly mal
bankrupt: to go ___ faire faillite
bankruptcy la faillite
bath le bain; **___ room** salle *f* de bains
be être; **___ in the know about** être au courant de; **___ in the process of** être en train de; **___ sick** être malade
bear l'ours *m*
beautiful beau (bel), belle
because parce que; **___ of** à cause de
become devenir
bed: top of the ___ le chevet
bedside book le livre de chevet
bee l'abeille *f*
before avant (de + *inf*)
beggar le mendiant, la mendiante
begin commencer (à *or* de + *inf*); se mettre à + *inf*
beginner le débutant, la débutante
beginning le commencement, le début
behind le derrière *n*; derrière *prep*
believable croyable
belong être à, appartenir à
benefit le bénéfice
besides d'ailleurs
best le meilleur, la meilleure *adj*; le mieux *adv*
bestseller le best-seller
better meilleur(e) *adj*; mieux *adv*; **it is ___** il vaut mieux
between entre
bicycle la bicyclette; **to go ___ riding** faire de la bicyclette
bilingual bilingue
birth control le contrôle des naissances
blue: to feel ___ avoir le cafard
blues le blues
boat le bateau
boo *huer, siffler
book le livre; le bouquin *fam;* **bedside ___** le livre de chevet; **paperback ___** le livre de poche; **text___** le manuel
bore ennuyer; **to be bored** s'ennuyer
boredom l'ennui *m*
boring ennuyeux, ennuyeuse
boss le patron, la patronne
boyfriend le petit ami
brand la marque
brave courageux, courageuse
break away se séparer de
breakfast le petit déjeuner
bribe le pot-de-vin
brilliant brillant(e)
bring apporter
broadcast diffuser *v;* la diffusion *n*

brother le frère
brown brun(e)
brush: to ___ one's teeth se brosser les dents
buddy le copain, la copine
build construire
bum le clochard, la clocharde
business le commerce, les affaires *f;* **a ___** une entreprise
businessman l'homme *m* d'affaires
businesswoman la femme d'affaires
busy occupé(e); **to ___ oneself with** s'occuper de; **to be ___ doing something** être en train de
but mais
buy acheter

C

camera l'appareil (appareil-photo) *m;* **movie ___** la caméra
camping le camping; **to go ___** faire du camping
candidate le candidat, la candidate
car la voiture, l'auto *f*
career la carrière
care le soin
care for soigner
carefully soigneusement
cassette la cassette
cat le chat, la chatte
catch attraper
cease cesser (de + *inf*)
censor censurer
censorship la censure
certainly certainement
change *v* changer de; *n* le changement; la monnaie
channel la chaîne
character le caractère; le personnage (*in a play, book, etc.*)
chat bavarder, causer, discuter; **___room** le forum de discussion
chauvinism (male) le machisme
chauvinist (male) le macho
chauvinistic chauvin(e)
cheat tricher; **___ on someone** tromper quelqu'un
check le chèque; **(restaurant) ___** l'addition *f;* **traveler's ___** le chèque de voyage
chicken le poulet
child l'enfant *m, f;* **only ___** l'enfant unique
choose choisir
chore: household ___s les travaux *m* ménagers
cinematographic cinématographique
circumstance la circonstance
citizen le citoyen, la citoyenne
city la ville
city dweller le citadin, la citadine
civil servant le, la fonctionnaire
class la classe; **high ___** la haute société; **middle ___** la bourgeoisie; **working ___** la classe ouvrière; **to have ___** avoir de la classe
classical classique
classifieds les petites annonces *f*
classroom la salle de classe
clean propre *adj;* nettoyer *v*
clearly nettement
client le client, la cliente
close fermer

club: (night) club   la boîte (de nuit)
coarse   grossier, grossière
coffee   le café
cold   froid; **it is ___**   il fait froid
come   venir
comedy   la comédie
comics   les bandes dessinées *f*
commentator   le commentateur, la commentatrice
commit   commettre
commonplace   le lieu commun
communism   le communisme
communist   communiste *adj*; le, la communiste *n*
compact disc   le disque compact; **___ player**   le lecteur de disque compact
company   l'entreprise *f*
competent   compétent(e)
competition   la concurrence
competitor   le concurrent, la concurrente
compose   composer
composer   le compositeur
computer   l'ordinateur *m;* **___ science**   l'informatique *f*
concerning   en ce qui concerne
concert   le concert
conclusion   la conclusion; **in ___**   en conclusion
condemn   condamner
confused   confus(e)
consequence   la conséquence
consequently   par conséquent
conservative   conservateur, conservatrice *adj*; le conservateur *n* la conservatrice
consumer   le consommateur, la consommatrice
continue   continuer (à *or* de + *inf*)
contrary   le contraire; **on the ___**   au contraire
convict   le condamné, la condamnée
cooking: to do the ___, to cook   faire la cuisine
coquettish   coquet, coquette
correct   corriger
costume   le costume
country   le pays
country dweller   le campagnard, la campagnarde
courageous   courageux, courageuse
course   le cours; **elective ___**   le cours facultatif; **required ___**   le cours obligatoire; le plat *(meal)*
court   le tribunal
cousin   le cousin, la cousine
cram   bûcher *fam*
crazy   fou (fol), folle; **to be ___ about**   se passionner pour
create   créer
crime   le crime; **___ of passion**   le crime passionnel
criminal   le criminel
crisis   la crise
critic   le critique
criticism   la critique
criticize   critiquer
crossword puzzle   les mots croisés
cultural   culturel, culturelle
cup   la tasse
curious   curieux, curieuse
custom   la coutume
customer   le client, la cliente
customs   la douane; **___ officer**   le douanier, la douanière; **to pass through ___**   passer à la douane

cut   couper; **to ___ the lawn**   tondre la pelouse

D

daily   quotidien, quotidienne
dangerous   dangereux, dangereuse
dare   oser
darling   chéri *nm*, chérie *nf*
darn it!   zut !, zut alors !
date   la date, le rendez-vous; **to have a ___ with**   avoir rendez-vous avec
day   le jour, la journée; **all ___ long**   toute la journée; **the next ___**   le lendemain
day-care center   la crèche
deafen   assourdir
deafening   assourdissant
deal   l'affaire *f*
dear   cher, chère; **my ___**   mon cher, ma chère
death penalty   la peine de mort
deceive   tromper; décevoir
decide   décider (de + *inf*)
declare   déclarer
decor   le décor
defendant   l'accusé *m*, l'accusée *f*
demanding   exigeant(e)
democracy   la démocratie
democratic   démocratique
demonstration   la manifestation
denounce   dénoncer
depend (on)   dépendre (de)
describe   décrire
deserve   mériter
desirable   souhaitable
dessert   le dessert
detective   l'inspecteur *m*, le détective
dialect   le dialecte
dictator   le dictateur
dictatorship   la dictature
diet   le régime; **to be on a ___**   suivre un régime
difficult   difficile
dining hall   le réfectoire
director   le réalisateur, le metteur en scène, le directeur
dirty   sale
discothèque   la discothèque
discover   découvrir
discrimination   la discrimination
dish   l'assiette *f*; le plat
dishes: to do the ___   faire la vaisselle
disobey   désobéir à
distress   la misère
distrust   se méfier de
divorce   le divorce *n*; divorcer (d'avec quelqu'un) *v*
do: to ___ the cooking (the dishes, the shopping, the housework, etc.)   faire la cuisine (la vaisselle, les courses, le ménage, etc.); **that is not done**   cela ne se fait pas
doctor   le médecin
documentary   le documentaire
dollar   le dollar
dormitory   la résidence universitaire
doubt   le doute *n*; douter (de) *v*
download: to ___ a file   télécharger un fichier
downtown   le centre-ville

dream le rêve *n;* rêver de *v*
dress s'habiller *v*
drink boire; **to have a ___** prendre un verre
drunk ivre
dub doubler
dunce le cancre
during pendant
dynamic dynamique

E

each chaque *adj;* chacun *pron*
each other l'un l'autre
earn mériter, gagner
ease l'aise *f;* **to feel at ___** se sentir à l'aise
easily facilement
eat manger
economics les sciences *f* économiques
economy l'économie *f*
editorial l'éditorial *m*
elder l'aîné *m,* l'aînée *f*
elected élu(e) *(pp of* élire*)*
election l'élection *f*
electrician l'électricien m, l'électricienne f
element: out of one's ___ dépaysé(e)
e-mail le mel, le courriel
employee l'employé *m,* l'employée *f*
encourage encourager (à + *inf*)
end la fin
ending le dénouement *(play, film);* **happy ___** le dénouement heureux
English l'anglais *m;* anglais, anglaise *adj;* **___man** l'Anglais *m;* **___woman** l'Anglaise *f*
enough assez
enter entrer (dans)
entertain divertir; **to ___ oneself** se divertir
entertainment la distraction
enthusiastic enthousiaste
environment le milieu
equal égal(e) *adj;* l'égal *m,* l'égale *f*
equality l'égalité *f*
error l'erreur *f*
escape échapper à *(elude, avoid);* s'échapper de *(break out of)*
essay l'essai *m;* la dissertation; la rédaction
essayist l'essayiste *m*
evening la soirée
every tout (toute, *etc.*); chaque
everyone tout le monde
exaggerate exagérer
exam l'examen *m;* **to fail, flunk an ___** échouer à, rater un examen; **to pass an ___** réussir à un examen; **to take an ___** passer un examen
example l'exemple *m;* **for ___** par exemple
except sauf
expensive cher, chère
exploited exploité(e)
express exprimer
extended élargi(e)
extenuating atténuant(e)
eye l'œil *m,* les yeux *pl*

F

face le visage
fact le fait; **in ___** en effet

factory l'usine *f*
fair juste
faithful fidèle
family la famille *n;* familial(e) *adj;* **___ outing** la sortie en famille
famous célèbre
fan le, la cinéphile *(movie)*
fantastic fantastique, merveilleux (merveilleuse)
far loin; **as ___ as** jusqu'à; **___ from** loin de
farm la ferme
farmer le fermier, la fermière
fascinating fascinant(e)
fashion la couture; la mode; **high ___** la haute couture; **to be in ___** être à la mode
fat gras, grasse; gros, grosse; **to become ___** grossir
father le père
fax la télécopie *n;* **to send, receive a ___** envoyer, recevoir une télécopie
February février
feel se sentir (mal à l'aise, dépaysé[e], etc.)
feminine féminin(e)
feminist le, la féministe
few: a ___ quelques *adj;* quelques-uns *pron;* peu de
field le champ
fight se battre
file: to download a ___ télécharger un fichier
film le film *n;* filmer *v;* **to make a ___** tourner un film
finally enfin, finalement
find trouver
finish finir
fire renvoyer *(from a job)*
firm l'entreprise *f*
first premier, première
fish le poisson
fishing: to go ___ aller à la pêche
five cinq
flirt flirter *v;* le flirteur, la flirteuse
flop le four *(theater);* le navet *(cinema)*
fluently couramment
fly voler *v;* la mouche *n*
folk folklorique *adj*
follow suivre
food la nourriture
foot le pied
for pour, pendant, depuis
forbid défendre (à + *n* + de + *inf*)
force: the work ___ la vie active
foreign étranger, étrangère
foreigner l'étranger *m;* l'étrangère *f*
forget oublier (de + *inf*)
former ancien; **the ___** celui-là, celle-là, ceux-là, celles-là
fortunately heureusement
forty quarante
free libre
French le français; français, française *adj;* **___man** le Français; **___woman** la Française
frequent fréquenter *v*
friend l'ami *m,* l'amie *f;* **to make ___s with** lier amitié avec
frightened: to be, to get ___ avoir peur
frightful affreux, affreuse
frog la grenouille; **___s' legs** les cuisses *f* de grenouille

frustrated frustré(e)
full-time à plein temps
funnies les bandes dessinées
furthermore de plus

G

game le jeu; **video ___** le jeu vidéo
generation gap le fossé entre les générations
geography la géographie
get obtenir; **___ ahead** aller loin; **___ along** s'entendre, se débrouiller; **___ angry** se fâcher, se mettre en colère; **___ frightened** avoir peur; **___ lost** se perdre; **___ married** se marier; **___ sick** tomber malade; **___ used to** s'habituer à
ghetto le ghetto
girl la jeune fille
girlfriend la petite amie, l'amie *f*
give donner; **to ___ a speech** faire un discours
glass le verre
glutton le glouton, la gloutonne
go aller; **___ away** s'en aller; **___ in** entrer dans; **___ out** sortir; **___ fishing** aller à la pêche; **___ shopping** faire des courses
goal le but
good bon, bonne
grade la note
graduate obtenir son diplôme
grass l'herbe *f*
great formidable *fam*, génial(e) *fam*
gross grossier, grossière
group le groupe, la bande
guide le guide
guidebook le guide
guillotine la guillotine
guilty coupable

H

hand la main; **on one ___ . . . on the other ___** d'une part... d'autre part
happen arriver, se passer
happy heureux, heureuse; content(e)
hard difficile, dur(e), pénible (*work*)
hardworking travailleur, travailleuse
harmony l'harmonie *f*
hat le chapeau
hate détester; *haïr
have avoir; **to ___ something done** faire faire quelque chose
have just venir de
headache le mal de tête *n;* **to have a ___** avoir mal à la tête
heading la rubrique
health la santé
hear entendre; **to ___ that** entendre dire que; **to ___ of** entendre parler de
help aider (à + *inf*)
her son, sa, ses
here ici
hero le *héros
heroine l'héroïne *f*
hers le sien (la sienne, les siens, les siennes); à elle
hesitate hésiter (à + *inf*)
hick le paysan, la paysanne

hide cacher, dissimuler
high society la *haute société
hire engager
his son, sa, ses *adj;* le sien (la sienne, les siens, les siennes); à lui *pron*
hiss siffler
hit frapper *v;* le coup *n;* le succès (*play, show, etc.*)
hitchhike faire de l'auto-stop
home la maison; **the ___** le foyer; **to be ___** être à la maison
homeland la patrie
homeless: ___ person le, la sans-abri *inv*
homesick dépaysé(e); **to be ___** avoir le mal du pays
homework les devoirs *m*
honest honnête
honeymoon la lune de miel *n;* passer la lune de miel *v*
hoodlum le voyou
hope l'espoir *m;* espérer *v*
horoscope l'horoscope *m*
horror l'épouvante *f*
hospitable accueillant(e)
hour l'heure *f*
household chores les travaux ménagers
househusband l'homme au foyer
housewife la femme au foyer
housework le ménage
however cependant, pourtant; **___ (+ adj)** si (+ *adj*) + que (+ *subj*)
humanly humainement
hungry: to be ___ avoir faim
hurry se dépêcher (de + *inf*)
husband le mari
hypocrite hypocrite *adj;* l'hypocrite *m, f*

I

ice cream la glace
ID card la carte d'identité
idiom l'idiotisme *m*
if si
image l'image *f*
imagination l'imagination *f*
immediately immédiatement
importance l'importance *f*
important important(e)
impossible impossible
impress impressionner
imprisonment l'emprisonnement *m;* **life ___** l'emprisonnement perpétuel
improve améliorer, perfectionner
in dans, en, à; **___ + *temporal expression*** dans, en
inconsiderate: to be ___ of manquer d'égards envers
independent indépendant(e)
indiscreet indiscret, indiscrète
indulgent indulgent(e)
inexpensive bon marché
influence l'influence *f;* influencer *v*
in front of devant
inhuman inhumain(e)
injustice l'injustice *f*
innocent innocent(e)
insect l'insecte *m*
instead of au lieu de

insult   l'insulte *f;* insulter *v*
intelligence   l'intelligence *f*
intelligent   intelligent(e)
intention   l'intention *f*
interest   l'intérêt *m*
interested   intéressé(e); **to be ___ in**   s'intéresser à
interesting   intéressant(e)
intermission   l'entracte *m*
Internet   l'internet *m*
interpretation   l'interprétation *f*
irresponsible   irresponsable
isolated   isolé(e)

J

jam   la confiture
jargon   le jargon
jazz   le jazz
jealous   jaloux, jalouse
job   le poste, l'emploi *m*
joke   la plaisanterie
journalist   le, la journaliste
judge   le juge
juror   le juré, la jurée
jury   le jury
just   juste; **to have ___ done something**   venir de + *inf*

K

keep   tenir; garder; **___ one's word**   tenir, garder sa parole
kid   le, la gosse *fam*
kill   tuer
king   le roi
kiss   embrasser *v;* baiser *n*

L

lack   le manque *n;* manquer de *v*
lake   le lac
language   la langue (*of a people*); le langage (*of an individual, vocabulary*); **foreign ___**   la langue étrangère; **living, dead ___**   la langue vivante, morte; **native ___**   la langue maternelle
last   dernier, dernière; **___ night**   hier soir
late   en retard
Latin Quarter   le Quartier latin
latter: the ___   celui-ci, celle-ci, ceux-ci, celles-ci
laugh   le rire *n;* rire *v,* rigoler *fam;* **___ at**   rire de
laughter   les rires *m*
law   le droit (*the profession, the study*); la loi (*rule, statute*)
lawn   la pelouse
lawyer   l'avocat *m,* l'avocate *f*
layoff   le licenciement *n*
lay off   licencier *v*
lazy   paresseux, paresseuse
learn   apprendre (à + *inf*)
leave   partir; sortir; quitter; s'en aller; laisser
leftist   de gauche
leg   la jambe
lenient   indulgent(e)
less   moins
let   que (+ *subj*); laisser (+ *inf*)
liar   le menteur, la menteuse
liberal   libéral(e) *adj;* le libéral, la libérale *n*

liberated   libéré(e)
library   la bibliothèque
lie   mentir *v;* le mensonge *n*
life   la vie
lift   lever, soulever
like   aimer *v;* **to feel ___**   avoir envie de; comme *prep*
likeable   aimable
line   la queue, la file; **to wait in ___**   faire la queue
lines   le texte
listen (to)   écouter
listener   l'auditeur, l'auditrice
literature   la littérature
live   habiter
lively   animé(e)
logical   logique
lonely hearts column   le courrier du cœur
long   long, longue; **a ___ time**   longtemps; **as ___ as**   tant que; **how ___?**   depuis quand, depuis combien de temps ?
look   regarder; **___ at**   regarder; **___ for**   chercher; **___ like**   ressembler à
lose   perdre; **to ___ weight**   maigrir
lost   perdu(e), dépaysé(e); **to get ___**   se perdre
lot: a ___ of   beaucoup de
love   l'amour m; **to be in ___ (with)**   être amoureux (de)
lucrative   lucratif, lucrative
luxurious   somptueux, somptueuse
luxury   le luxe
lyrics   les paroles *f*

M

magazine   le magazine, la revue
main   principal(e)
maintain   maintenir
major   la spécialisation *n;* se spécialiser en *v*
make   faire; **___ + adj**   rendre + *adj;* **to ___ a film**   tourner un film
makeup   le maquillage *n;* maquiller *v*
male chauvinism   le machisme
man   l'homme *m*
manage (a business)   gérer (une entreprise)
manners   les manières *f*
many   beaucoup
map   la carte
marriage   le mariage
married   marié(e)
marry   se marier avec; **to get married**   se marier
mathematics   les mathématiques *f*
mature   mûr(e)
meal   le repas
mean   méchant(e)
meat   la viande
mechanic   le mécanicien, la mécanicienne
meditate   méditer; **___ about**   méditer sur
meeting   le rendez-vous
melody   la mélodie
member   le membre
menu   la carte, le menu
Mexico   le Mexique
microcomputer   le micro-ordinateur
middle   le milieu; **___ class**   la classe moyenne; **in the ___ of**   au milieu de

milk   le lait
millionaire   le, la millionnaire
mind   l'esprit *m;* **to have an open ___**   avoir l'esprit ouvert
mine   le mien (la mienne, les miens, les miennes); à moi
minister   le, la ministre
minute   la minute
miserable   misérable
misery   la misère
miss   mademoiselle *f*
miss   manquer
mistrust   se méfier de
modest   modeste
monarchy   la monarchie
Monday   lundi *m;* **on ___s**   le lundi
money   l'argent *m*
month   le mois
monthly   mensuel, mensuelle
moon   la lune
morally   moralement
more   plus
moreover   de plus
morning   matin *m;* **in the ___**   le matin
mosquito   le moustique
mountain   la montagne
movies   le cinéma
mow   tondre
mug   attaquer
murder   le meurtre *n;* commettre un meurtre *v;* **to ___ French**   parler français comme une vache espagnole
murderer   le meurtrier, la meurtrière
music   la musique
musician   le musicien, la musicienne
must   devoir
mystery novel   le roman policier

N

name   le nom; **my ___ is . . .**   je m'appelle...
native   l'indigène *m, f*
near   près de
necessary   nécessaire; **to be ___**   falloir, être nécessaire
need   avoir besoin de *v*
neglect   négliger *v*
neglected   négligé(e)
neither   ni; **___ . . . nor**   ne... ni... ni
neologism   le néologisme
nerd   la grosse tête
never   jamais; ne... jamais
news   les nouvelles *f;* le journal télévisé, le journal parlé, les actualités *f*
next   prochain(e);   **___ to**   à côté de
nice   gentil, gentille; sympathique
night   la nuit, le soir; **last ___**   hier soir
nightclub   la boîte de nuit
no   non; **___ more, longer**   ne... plus; **___ (+ noun)** aucun; **___ one**   personne ne, ne... personne
nobody   personne; ne... personne, personne ne
noise   le bruit
noon   midi *m*
north   le nord
nose   le nez

not   pas, ne... pas; **___ at all**   pas du tout
nothing   rien, ne... rien, rien ne; **___ + adj**   rien de + *adj;* **It's ___**   De rien
nouveau riche   le nouveau riche
novel   le roman *n*
novelist   le romancier, la romancière
now   maintenant
nuclear   nucléaire

O

obey   obéir à
objective   objectif, objective
offer   offrir
office   le bureau
often   souvent
on   sur; **___ the ground**   par terre
one: the ___   celui, celle
only   seulement, ne... que; **an ___ child**   un(e) enfant unique
open   ouvrir *v;* ouvert *adj;* **to have an ___ mind** avoir l'esprit ouvert
opera   l'opéra *m*
opinion   l'opinion *f,* l'avis *m;* **in my ___**   à mon avis
opponent   l'adversaire *m, f*
opposite   en face de
oppress   opprimer
orchestra   l'orchestre *m*
order   ordonner (à + *n* + de + *inf*)
original   original; **in the ___**   en version originale
orphan   l'orphelin *m,* l'orpheline *f*
others   les autres, autrui
our   notre, nos
ours   le, la, les nôtre(s)
outing   la sortie; **family ___**   la sortie en famille
overbearing   autoritaire
owe   devoir
own   propre

P

painful   pénible
pal   le copain, la copine
parent   le parent
park   garer
part-time   à temps partiel
party   la soirée, la fête; le parti (*political*)
pass   passer; **to ___ through customs**   passer à la douane
passport   le passeport
pay for   payer
peaceful   paisible
peasant   le paysan, la paysanne
pen   le stylo
people   les personnes *f,* les gens *m, f,* le monde, le peuple, on
perfect   parfait(e)
perform   représenter
performance   la représentation
perfume   le parfum
permit   permettre (à + *n* + de + *inf*) *v*
person   la personne; **street ___**   le, la sans-abri
pessimistic   pessimiste
phone   le téléphone *n;* téléphoner à *v*
picnic   le pique-nique; **to have a ___**   faire un pique-nique

picture   la photo
picturesque   pittoresque
pill   la pilule
place   l'endroit *m*, le lieu; **at someone's ___**   chez
plan   le projet
plane   l'avion *m*
platform   le programme
play   la pièce *n*; jouer *v*; **___ a game or sport**   jouer à (*+ game or sport*); **___ an instrument**   jouer de (*+ instrument*)
playwright   l'auteur dramatique *m*
plead   plaider
pleasant   agréable
please   s'il vous plaît, s'il te plaît, veuillez (*formal*); plaire à *v*
plot   l'intrigue *f*
poet   le poète
poetry   la poésie
police   la police
policeman   l'agent *m* de police
polite   poli(e)
political science   les sciences *f* politiques
politician   l'homme *m* politique, la femme politique
politics   la politique; **to go into ___**   se lancer dans la politique
pollution   la pollution
polyglot   polyglotte
poor   pauvre
popcorn   le pop-corn
popular   populaire
position   le poste, l'emploi *m*
postcard   la carte postale
pound   la livre
power   le pouvoir
practice   répéter (un rôle, un morceau de musique)
praise   louer
prefer   préférer
pregnant   enceinte
prejudice   le préjugé
premeditated   prémédité(e)
preparations   les préparatifs *m*; **to make ___**   faire les préparatifs
president   le président, la présidente
press   la presse
prison   la prison
prisoner   le prisonnier, la prisonnière
private   privé(e)
probably   probablement, sans doute
product   le produit; **to launch a new ___**   lancer un nouveau produit
production   la mise en scène
profession   la profession
professionally   professionnellement
professor   le professeur
program   le programme; l'émission *f* (*television*)
progress   le progrès; **to make ___**   faire des progrès
promise   promettre (à *+ n +* de *+ inf*) *v*
promotion   la promotion
pronounce   prononcer
proper   comme il faut
proud   fier, fière
prove   prouver
proverb   le proverbe
prudent   prudent(e), sage

psychology   la psychologie
public   public, publique *adj*; le public; **the general ___**   le grand public
punish   punir
punishment   la punition
pursue   poursuivre; **to ___ a career**   poursuivre une carrière
puzzled   perplexe

Q

qualified   qualifié(e)
quarrel   la dispute *n*; se disputer *v*
Quarter: Latin ___   le Quartier latin
question   la question *n*; interroger, poser une question *v*
quickly   vite, rapidement
quiet   tranquille *adj*; **to be ___**   se taire

R

racket   la raquette
rain   la pluie; pleuvoir *v*
raise   l'augmentation *f*; élever *v*
rap   le rap
rape   le viol; violer *v*
reactionary   réactionnaire *adj*; le, la réactionnaire *n*
reader   le lecteur, la lectrice
reading   la lecture
ready   prêt(e)
realize   se rendre compte (de)
really   vraiment, réellement
reasonable   raisonnable
reasonably   raisonnablement
received   reçu(e) (*pp of* recevoir)
recipe   la recette
record   le disque *n*; enregistrer *v*
recording   l'enregistrement *m*
record player   le tourne-disque
refined   raffiné(e)
reform   la réforme
refuse   refuser (de *+ inf*)
regarding   à l'égard de
rehearsal   la répétition
rehearse   répéter
relationship   le rapport
relax   se détendre
remember   se souvenir de, se rappeler
repair   réparer
representative   le député
republican   le républicain, la républicaine *n*; républicain(e) *adj*
resemble   ressembler à
resign   démissionner
resist   résister à
respect   respecter *v*
responsible   responsable
rest   se reposer
return   revenir, retourner; **___ home**   rentrer
revolt   la révolte *n*; se révolter *v*
rhythm   le rythme
rich   riche
right   le droit; **to be ___**   avoir raison; **to have the ___ to**   avoir le droit de
right away   tout de suite
rightist   de droite

river la rivière (*small*), le fleuve
rock and roll le rock
role le rôle
room la chambre, la pièce
roommate le, la camarade de chambre
run courir; ___ **for office** poser sa candidature
rustic rustique

S

sacrifice le sacrifice *n*
sad triste
salad la salade
salary le salaire
sale le solde; **on** ___ en solde
satisfied content(e), satisfait(e)
Saturday samedi *m*
say dire; **that is not said** cela ne se dit pas
scandal le scandale
scandalize scandaliser
scenario le scénario
scene la scène
scenery le décor
schedule l'emploi *m* du temps
science fiction la science-fiction
scold gronder
score marquer un but
scream crier
screen l'écran *m*
script le scénario
search fouiller *v*
seascape la marine
secret le secret
secretary le, la secrétaire
sector le secteur
see voir
seem sembler, avoir l'air (+ *adj*)
selfish égoïste
sell vendre
semester le semestre
senator le sénateur, la sénatrice
send envoyer
sentence la sentence (*prison*)
separate (from) se séparer (de)
serious sérieux, sérieuse
set (TV) le poste
sexual harassment le *harcèlement sexuel
sexy séduisant(e)
share partager
shine briller
shock scandaliser, étonner *v*
shop la boutique *n*; faire des courses *v*
shopping: to go ___ faire des courses, des achats
short bref, brève *adj*; à court *adv*; **in** ___ (en) bref
short story la nouvelle, le conte
short-story writer le conteur, la conteuse
shot le plan (*film*)
show le spectacle *n*; montrer *v*
shower: to take a ___ prendre une douche
shut up se taire
sick malade; **to get** ___ tomber malade
sincerity la sincérité
sinecure la sinécure (job or responsibility involving little or no work)
sing chanter

singer le chanteur, la chanteuse
single célibataire
sir monsieur *m*
sister la sœur
site le site
skiing le ski; **to go** ___ faire du ski
skip: to ___ **a class** sécher *fam* un cours
skyscraper le gratte-ciel
slang l'argot *m*
slap gifler *v*
sleep le sommeil *n*; dormir *v*; ___ **outdoors** dormir à la belle étoile
slim down maigrir
slip: to make a ___ **of the tongue** faire un lapsus
slowly lentement
slums les taudis *m*
small petit(e)
smart intelligent(e)
smile le sourire *n*; sourire *v*
snake le serpent
snob le, la snob
snow neiger *v*; la neige *n*
so si, tellement; ___ **much** tant, tellement
social climber l'arriviste *m, f*
socialism le socialisme
socialist socialiste; le, la socialiste *n*
softly doucement
solitary solitaire (person)
solution la solution
something quelque chose
son le fils
soon bientôt; **as** ___ **as** dès que, aussitôt que
sophisticated sophistiqué(e)
sorry: to be ___ regretter; **very** ___ désolé(e) *adj*
sound le son; le bruit
soundtrack la bande originale
south le sud
souvenir le souvenir
spaghetti les spaghettis *m*
spanking la fessée
speak parler; ___ **loudly** parler fort; ___ **nonsense** dire des bêtises; ___ **softly** parler bas; ___ **well, badly of someone** dire du bien, du mal de quelqu'un
spectator le spectateur, la spectatrice
speech le discours; **to give, make a** ___ faire un discours
spend dépenser (*money*); passer (*time*) à (+ *verbe*)
splendid splendide
spoiled gâté(e)
spy l'espion, l'espionne *n*; espionner *v*
stadium le stade
stage la scène; **to have** ___ **fright** avoir le trac
stagger tituber
star la vedette (*movie*)
status quo le statu quo
stay le séjour *n*; rester *v*; ___ **home** rester à la maison
steal voler
step: ___**brother** le demi-frère; ___**father** le beau-père; ___**mother** la belle-mère; ___**sister** la demi-sœur
stereo la stéréo
stereotype le stéréotype

stern sévère
stimulating stimulant(e)
sting piquer
stomach l'estomac *m*, le ventre; ___ **ache** le mal de ventre; **to have an upset** ___ avoir mal à l'estomac
stop arrêter, cesser (de + *inf*)
store le magasin; **department** ___ le grand magasin
strange étrange, bizarre
street la rue; ___ **person** le, la sans-abri
strict sévère
strike la grève; **to go on** ___ faire la grève
striker le, la gréviste
stroll flâner
student l'étudiant *m*, l'étudiante *f*; **bad** ___ mauvais(e) étudiant(e), le cancre; **off-campus** ___ l'externe *m, f*; **on-campus** ___ l'interne *m, f*
study étudier
stupid bête
style le style
subjective subjectif, subjective
subscribe to s'abonner à
subtitle le sous-titre *n*; sous-titrer *v*
suburbs la banlieue
subway le métro
succeed réussir
sugar le sucre
suitcase la valise; **to pack the** ___ faire la valise
sunbathe prendre un bain de soleil
supporter le partisan, la partisane
surf: to ___ **the net** surfer sur le net
surprise étonner
surprised surpris(e), étonné(e)
surprising étonnant(e)
surrounded entouré(e); ___ **by** entouré(e) de
suspect le suspect, la suspecte *n*; se douter de *v*
suspicious louche
sweet doux, douce

T

table la table
take prendre; ___ **a course** suivre un cours; ___ **an exam** passer un examen
talk parler; ___ **nonsense** dire des bêtises
tanned bronzé(e)
tape la bande *n*
taste le goût *n*; **to have good (bad)** ___ avoir bon (mauvais) goût
tea le thé
teach enseigner
teacher le professeur; l'instituteur *m*, l'institutrice *f* (*elementary school*)
technique la technique
telecast l'émission *f*
tell dire (à + *n* + de + *inf*); ___ **a story** raconter une histoire
tender tendre *adj*
terrorist le, la terroriste
testimony le témoignage
thank remercier; ___ **for** remercier de, pour
thanks merci
that ce, cet, cette, *adj*; cela *pron*
theft le vol
their leur, leurs

then alors; puis, ensuite
there y, là; ___ **is, are** il y a
therefore donc; aussi + *inverted verb*
thin mince
thing la chose
think penser, croire, réfléchir; **I don't** ___ **so** Je pense que non
thirsty avoir soif
this ce, cet, cette, *adj;* ceci *pron*
threaten menacer
time l'heure; le temps; la fois; **a long** ___ longtemps; **at the same** ___ à la fois, en même temps; **at that** ___ à ce moment-là; **from** ___ **to** ___ de temps en temps; **what** ___ **is it?** quelle heure est-il ?
timid timide
tip le pourboire
tired fatigué(e)
title le titre
today aujourd'hui
together ensemble
tomorrow demain
tonight ce soir
too much trop (de)
totally totalement, tout à fait
tour l'excursion *f;* **guided** ___ la visite guidée
tourist le, la touriste
toward vers, envers
toy le jouet
trade le métier
traditional traditionnel, traditionnelle; traditionaliste
traffic la circulation
tragedy la tragédie
train le train
tranquil tranquille
travel voyager *v*
travel agent l'agent(e) *n* de voyages
travel bureau l'agence *f* de voyages
traveler's check le chèque de voyage
treat traiter
tree l'arbre *m*
trial le procès
trip le voyage; **to take a** ___ faire un voyage
true vrai(e), véritable
truly vraiment
trunk la malle; **to pack one's** ___ faire sa malle
trust se fier à
truth la vérité
try essayer (de + *inf*) *v*; goûter à (*food*)
tune la mélodie
turn around se retourner
turn on allumer; ___ **off** éteindre
turtle la tortue
twin le jumeau, la jumelle
typewriter la machine à écrire

U

unbearable insupportable
under sous
understand comprendre
underprivileged défavorisé(e)
unemployed au chômage; ___ **person** le chômeur, la chômeuse
unemployment le chômage

unfair   injuste
unfortunate   malheureux, malheureuse
ungrateful   ingrat(e)
unhealthy   malsain(e)
union   le syndicat
unjustly   injustement
unknown   inconnu(e) *adj;* ___ **to**   à l'insu de *prep*
unpleasant   désagréable
upbringing   l'éducation *f*
upset: to have an ___ **stomach**   avoir mal à l'estomac
use   employer, utiliser, se servir de

V

vacation   les vacances *f*
VCR   le magnétoscope
vegetable   le légume
verdict   le verdict
very   très
victim   la victime
video   la vidéo
viewer   la téléspectateur, la téléspectatrice
visit   visiter (*a place*); rendre visite à (*a person*)
voice   la voix
vote   voter *v;* le vote *n*
vulgar   vulgaire

W

wait   attendre; ___ **for**   attendre; ___ **in line**   faire la queue
waiter   le garçon, le serveur
waitress   la serveuse
walk   la promenade *n;* marcher *v;* **to take a** ___   se promener, faire une promenade
want   vouloir
war   la guerre
warm   chaud(e); chaleureux, chaleureuse; **it is** ___   il fait chaud (*weather*)
warmly   chaleureusement
wash   laver *v*
waste   gaspiller *v*
watch   regarder *v;* la montre *n;* ___ **out**   (faites) attention
wealthy   riche, aisé(e)
weather report   la météo(rologie)
week   la semaine
weekend   le week-end
weigh   peser
weight: to lose ___   maigrir

welcome   accueillir, souhaiter la bienvenue à quelqu'un
well   bien; **well!** Eh bien !
well-behaved   sage
well-bred   bien élevé(e)
well-to-do   aisé(e)
western   le western
what!   comment !
whatever   quel que (+ *subj*); quoi que (+ *subj*)
when   quand, lorsque
whereas   tandis que
wherever   où que (+ *subj*)
whistle   siffler *v*
whoever   qui que (+ *subj*)
wholly   totalement, tout à fait
whose   dont
why   pourquoi; ___ **not**   pourquoi pas
wife   la femme
wildly   frénétiquement
win   gagner
window   la fenêtre
wish   vouloir, désirer
with   avec, de, à
witness   le témoin
woods   le bois
word   le mot, la parole (*spoken*)
word processing   le traitement de texte
word processor   le traitement de texte
work   le travail, l'ouvrage *m* (*of fiction etc.*); ___ **force**   la vie active; **in the** ___ **of**   chez; travailler *v;* **to** ___ **part-time, full-time**   travailler à temps partiel, à plein temps
worker   l'ouvrier *m,* l'ouvrière *f*
world   le monde
worst   le pire, le plus mauvais
write   écrire
writer   l'écrivain *m*
writings   les écrits *m*
wrong: to be ___   avoir tort

Y

year   l'an *m,* l'année *f*
yesterday   hier
young   jeune
youngest   le cadet, la cadette *n*
yours   le tien (la tienne, les tiens, les tiennes); le, la, les vôtre(s); à toi; à vous
youth   la jeunesse

Index des noms propres

Les noms propres qui se trouvent dans les activités sont identifiés brièvement dans cet index. Les noms propres évidents ne sont pas inclus.

A

Adjani, Isabelle (1955–) Actrice française

Aix-en-Provence Ville de Provence

Algérie Pays francophone situé en Afrique du Nord

Alpes Le plus vaste et le plus élevé des ensembles montagneux d'Europe, s'étendant de la France à travers l'Allemagne, la Suisse, l'Italie, l'Autriche et l'ancienne Yougoslavie, et dont le point culminant est le mont Blanc

Alsace Province française située dans le nord-est du pays dont la capitale est Strasbourg.

Arc de Triomphe Monument à Paris construit en 1836 où se trouve la pierre tombale (*tomb stone*) du Soldat inconnu

B

Bâ, Mariama (1929–1981) Écrivain sénégalais

Baker, Joséphine (1906–1975) Danseuse, chanteuse américaine qui fit fureur (*was all the rage*) dans les music-halls de France

Balzac, Honoré de (1799–1850) Écrivain français, auteur de *La Comédie humaine*

Baudelaire, Charles (1821–1867) Poète français, auteur de *Les Fleurs du mal*

Beaujolais villages (le) Vin de Beaujolais, région au centre de la France

Beauvoir, Simone de (1908–1986) Écrivain et philosophe existentialiste

Belgique Pays situé au nord de la France

Belmondo, Jean-Paul (1933–) Acteur français

Berlioz, Hector (1803–1869) Compositeur romantique français

Bernhardt, Sarah (1844–1923) Actrice française, née Henriette Rosine Bernard

Bizet, Georges (1838–1875) Compositeur français qui composa l'opéra *Carmen*

Bolshoï (le ballet) Corps de ballet russe

Bonaly, Surya (1973–) Patineuse française

Bonnard, Pierre (1867–1947) Peintre français

Brassens, Georges (1921–1981) Compositeur et chanteur français

Brel, Jacques (1929–1978) Compositeur et chanteur belge

Bruel, Patrick (1959–) Acteur et chanteur français

C

Camus, Albert (1913–1960) Écrivain français, auteur du roman *L'Étranger*

Cancun Station balnéaire (*seaside resort*) au Mexique

Cannes Station balnéaire (*seaside resort*) sur la Côte d'Azur

Casta, Laetitia (1978–) Actrice et mannequin français

Césaire, Aimé (1913–) Poète et homme politique martiniquais

Cézanne, Paul (1839-1906) Peintre français

Champs-Élysées (les, *m*) Un des boulevards principaux de Paris

Chanel, Coco (1883-1971) Couturière française qui créa le style moderne

Chartres Ville située au sud-ouest de Paris où se trouve une cathédrale médiévale célèbre

Churchill, Winston (1874–1965) Homme politique anglais, chef d'État pendant la Deuxième Guerre mondiale

Chirac, Jacques (1932–) Homme politique français, Président de la République (1995–)

Coltrane, John (1926–1967) Compositeur et saxophoniste américain

Coluche (1944–1986) Humoriste et acteur français, fondateur des « restos du cœur », association qui offre des repas aux sans-abri

Comédie-Française (la) Théâtre national français situé à Paris

Congo (le) Pays francophone situé en Afrique équatoriale

Corneille, Pierre (1606–1684) Auteur dramatique français, auteur de la pièce *Le Cid*

Côte d'Azur Région française au bord de la Méditerranée dont les principales stations balnéaires (*seaside resorts*) sont Cannes, Nice et Saint-Tropez

Cresson, Édith (1934–) Première femme française à être premier ministre (chef du gouvernement) 1991–1992

Curie, Marie (1861–1934) Physicienne et chimiste française d'origine polonaise

Cyrano de Bergerac Personnage principal dans la pièce d'Edmond Rostand *Cyrano de Bergerac*

D

Dakar Capitale du Sénégal

Davis, Miles (1926–1991) Compositeur de jazz et trompettiste américain

Debussy, Claude (1862–1918) Compositeur français

De Gaulle, Charles (1890–1970) Général, homme d'État et premier président de la Cinquième République (1959–1969), auteur de *Mémoires de guerre*

Delacroix, Eugène (1798–1863) Peintre français

Deneuve, Catherine (1947–) Actrice française

Depardieu, Gérard (1948–) Acteur français

Descartes, René (1596–1650) Philosophe et mathématicien français qui affirma : « Je pense donc je suis ».

Diderot, Denis (1713–1784) Écrivain et philosophe français

Dion, Céline (1968–) Chanteuse québécoise

Dior, Christian (1905–1957) Couturier français

Don Juan Personnage du théâtre et de la littérature qui est devenu le symbole de la séduction

Dumas, Alexandre (1802–1870) Écrivain français, auteur du roman *Les Trois Mousquetaires*

E

Eiffel, Gustave (1832–1923) Ingénieur français qui a construit la tour Eiffel

Éluard, Paul (1895–1952) Poète français connu pour ses poèmes d'amour

Express (l') Magazine hebdomadaire français

F

Fauré, Gabriel (1845–1924) Compositeur français

Fellini, Federico (1920–1993) Réalisateur italien

Festival d'Avignon (le) Festival de théâtre à Avignon en Provence

Fitzgerald, Ella (1918–1996) Chanteuse de jazz américaine

Flaubert, Gustave (1821–1880) Écrivain français, auteur du roman *Madame Bovary*

Index

Credits

Literary

Page 17: Excerpt from *Le Petit Prince* by Antoine de Saint-Exupéry, copyright 1943 by Harcourt, Inc. and renewed 1971 by Consuelo de Saint-Exupéry. Reprinted by permission of the publisher.

Photo

Page 1: Bob Handelman/Stone/Getty Images. **Page 5:** Digital Vision/Age Fotostock America, Inc. **Page 7:** Jaume Gual/Age Fotostock America, Inc. **Page 9:** Banana Stock/Age Fotostock America, Inc. **Page 12:** Jaume Gual/Age Fotostock America, Inc. **Page 15:** Corbis Images. **Page 21:** Image Source/Age Fotostock America, Inc. **Page 26:** Eliane Sulle/Getty Images. **Page 29:** Getty Images. **Page 33:** Owen Franken/Corbis Images. **Page 38:** Andersen-Ross/Age Fotostock America, Inc. **Page 43:** Corbis Images. **Page 59:** Corbis Images. **Page 69:** Martin Barraud/Getty Images. **Page 72:** Chev Wilkinson/Getty Images. **Page 78:** Bronwyn Kidd/Getty Images. **Page 85:** China Tourism Press/Getty Images. **Page 89:** Peter Turnley/Corbis Images. **Page 94 (top):** Goodshoot/Age Fotostock America, Inc. **Page 94 (bottom):** Annie Griffiths Belt/Corbis Images. **Page 99:** Corbis Images. **Page 104:** Robert Harding World Imagery/Getty Images. **Page 107:** Karl Weatherly/Corbis Images. **Page 115:** Owen Franken/Corbis Images. **Page 120:** Tibor Bognar/Corbis Images. **Page 126 (top):** Bernard Bisson/Corbis Sygma. **Page 126 (bottom):** Banana Stock/Age Fotostock America, Inc. **Page 130:** CARDINALE STEPHANE/Corbis Images. **Page 136:** Peter Turnley/Corbis Images. **Page 142:** JEAN-MARC LOOS/Reuters/Corbis Images. **Page 149:** Hubert Stadler/Corbis Images. **Page 154:** Doug Scott/Age Fotostock America, Inc. **Page 159:** Ray Juno/Corbis Images. **Page 163:** Reuters/Corbis Images. **Page 169:** AP/Wide World Photos. **Page 175:** FORESTIER YVES/Corbis Sygma. **Page 180:** Reuters/Corbis Images. **Page 191:** Rolf Bruderer/Corbis Images. **Page 195:** Leland Bobbe/Corbis Images. **Page 200:** Julio Donoso/Corbis Sygma. **Page 206:** Andersen-Ross/Age Fotostock America, Inc. **Page 209:** Abilio Lope/Corbis Images. **Page 215:** Eric Ryan/Getty Images. **Page 220:** Sandro Vannini/Corbis Images. **Page 222:** Daniel Laine/Corbis Images. **Page 227:** Thomas Coex/AFP/Getty Images. **Page 232:** Tommaso di Girolamo/Age Fotostock America, Inc. **Page 237:** Walter Bibikow/Age Fotostock America, Inc. **Page 245:** Philip Gould/Corbis Images. **Page 251:** Gabe Palmer/Corbis Images. **Page 256:** Gaudenti Sergio/Kipa/Corbis Images. **Page 268:** Age Fotostock America, Inc. **Page 274:** David Seri/Age Fotostock America, Inc. **Page 278:** SETBOUN/Corbis Images. **Page 283:** Eric Robert/VIP Production/Corbis Images. **Page 286:** Michael S. Lewis/Corbis Images. **Page 292:** Annebicque Bernard/Corbis Sygma. **Page 298:** Reuters/Corbis Images. **Page 304:** Bob Krist/Corbis Images. **Page 309:** Getty Images. **Page 316:** Julio Donoso/Corbis Sygma. **Page 321:** Patrick Hertzog/AFP/Getty Images. **Page 327:** Jerome Prebois/Corbis Images. **Page 330:** Omar Torres/AFP/Getty Images. **Page 335:** Sunset Boulevard//Corbis Sygma. **Page 339:** Robert Laberge/Getty Images. **Page 342:** Pascal Potier/Alamo/Corbis Sygma.